# 新零售学

陈海权 / 编著

人民邮电出版社

北京

图书在版编目（CIP）数据

新零售学 / 陈海权编著. -- 北京 : 人民邮电出版
社，2019.9（2022.12重印）
ISBN 978-7-115-49700-0

Ⅰ．①新… Ⅱ．①陈… Ⅲ．①零售业－商业经营－高
等学校－教材 Ⅳ．①F713.32

中国版本图书馆CIP数据核字(2018)第234853号

## 内 容 提 要

本书结合商业的变迁，全面、系统地介绍了零售业的基本知识，对零售业的发展规律
与本质也进行了详细的阐述。同时，本书重点关注互联网发展背景下的零售变革，特别是
新零售革命的商业逻辑、新业态、新模式、创新路径、创新策略，为下一轮新零售变革提
供了方向性的指引。

本书可作为高等院校经济管理类相关课程的教材，也可作为 MBA 的教学书，还可作
为各类零售企业经营管理人员的参考书。

◆ 编　　著　陈海权
　　责任编辑　许金霞
　　责任印制　焦志炜
◆ 人民邮电出版社出版发行　　北京市丰台区成寿寺路 11 号
　　邮编　100164　　电子邮件　315@ptpress.com.cn
　　网址　https://www.ptpress.com.cn
　　涿州市京南印刷厂印刷
◆ 开本：720×960　1/16
　　印张：17.5　　　　　　　　　　2019 年 9 月第 1 版
　　字数：434 千字　　　　　　　2022 年 12 月河北第 7 次印刷

定价：52.00 元

读者服务热线：(010)81055256　印装质量热线：(010)81055316
反盗版热线：(010)81055315
广告经营许可证：京东市监广登字 20170147 号

零售业的变革是人类历史上重要的经济变革之一。自 20 世纪 90 年代中期开始，中国零售业用了 10 余年的时间走过了日本近 50 年、美国近 100 年的路程。改革开放以来，中国零售业走出了独特的发展轨迹，在与国外零售企业的碰撞和交汇中，不断引入新的理念和业态，并进行了一次又一次的创新。中国本土零售业在与跨国零售企业的同台竞争中，竞争力得到不断提高，形成了一批如苏宁、国美、百联等超过千亿元规模的大型零售企业。根据日本瑞穗银行的预测，2019 年中国的零售额有望与美国持平甚至赶超美国。这是中国成为经济超级大国的标志，中国庞大的国内市场将会吸引更多的外资企业加入中国零售业。

不过，在全球化和信息化的大背景下，中国零售业面临着前所未有的挑战。一是中国加入 WTO 后本土零售企业和跨国零售企业（又称跨国流通企业）与龙共舞之后，零售业态在不断分化，零售观念在不断调整，精细化管理成为竞争的新课题。二是电子商务的迅猛发展给传统零售业带来了巨大的挑战，如何触网成为众多零售商的新课题。

如果说顾客是企业的"上帝"，那么零售是商品体现其价值的最终环节。零售业是一个社会性很强的行业，不仅是城镇大众的聚集地，还是社会文化的承载者。倡导高品位的消费方式和生活方式，是零售企业不可推卸的社会责任。本书结合商业的变迁，全面、系统地介绍了零售业的基本知识，对零售业的发展规律与本质也进行了详细的阐述。在论述中，加入了丰富的企业案例，以加深读者对零售业的理解。本书还对"互联网+零售"的趋势进行了深入剖析，并详细阐述了零售业的创新之道。

本书的雏形是作者在日本学成归国后在暨南大学和日本兵库县立大学上课的讲义以及给国内多家大型企业培训过程中积累的相关材料。作者结合近年零售业发展的最新动态，搭建了本书的框架结构。本书内容体系完整且紧跟我国零售业和电子商务发展的步伐，结合电子商务时代线上与线下融合发展的大趋势，通过案例展现零售业背后的发展历程，解读企业的最佳实践成果。同时，本书的出版还得到了国务院侨务办公室和暨南大学的共同资助。在此，谨对所有有助于本书出版的人士表示衷心的感谢。

由于作者的水平有限，本书难免存在疏漏和不当之处，恳请广大读者不吝赐教，作者将在重印之时对不足之处加以纠正。

陈海权

于暨南大学明湖苑

2019 年 2 月 8 日

# Contents 目录

# 第一章
# 走进新时代的零售业

【主要内容】

（1）1999 年：中国零售业界大变天

（2）第一次流通革命在中国

（3）我国传统零售业的薄弱性

（4）互联网引领中国第二次流通革命

（5）新零售人才培育面临的巨大挑战

---

在零售行业，你只要有激情，就会有大量的机会。

很少有企业能提供这样的机会：你在加盟两三年后，就成为采购人员，负责采购价值 5 000 万美元或上亿美元的商品。

——杰伊·贝克：美国科尔士百货公司（Kohl's Corp）总裁

---

## 案例导读

### 我们身边的零售

当我们想要买一件衣服时，你会想去哪里买呢？是隔壁的超市，是远一点的百货公司，还是在市中心或者郊区的购物中心？似乎它们有点不一样，但是它们的区别又在哪里呢？

当我们走进身边的超市，里面似乎有我们生活中很多的必需品，如肉类、饮料、水果、蔬菜、文具……但是当我们想在里面买一支进口钢笔，或者买数码相机的电池时，我们却发现里面没有这些东西，这又是为什么呢？超市里面的货品似乎总是摆放得有一定的规律，同样的货品有时堆在一起，有时又放在架子上，有时还有一张彩色的纸条在货品上面。这些又代表什么呢？

近年来，网络零售兴起，一批电商平台崛起，电商改变了消费行为，正在引领中国零售业的大变革，线上线下融合成为发展趋势。

零售，我们似乎对它很熟悉，但是里面又似乎有很多学问。本章，让我们一起走进中国零售业。

# 一、1999 年：中国零售业界大变天

## （一）连锁超市时代的到来

1999 年，中国零售业界迎来了历史性时刻。当年，国家国内贸易局公布了中国零售业 50 强，这是我国第一次将传统百货公司和连锁超市混合排名。排行榜中，传统百货公司在 10 强排行中只占了 4 席，将半壁江山拱手让给了大型连锁超市。1999 年年底，中国有连锁企业 1 500 家，各种形式的门店 2.6 万个，销售额达到 1 500 亿元，同比增长 50%。长期稳坐中国零售业龙头老大位置的上海第一百货商店股份公司被上海联华超市股份有限公司超过，位居次席。这意味着数十年来以传统百货商店为主的中国零售业，将逐渐进入以连锁超市、百货公司为主，多种经营方式并存的业态多样化时代（见表 1-1），连锁超市已经开始在国内零售市场中逐步确立领导地位。

表 1-1　1999 年国内零售企业前 10 名

| 名次 | 零售企业 | 业态 |
|---|---|---|
| 1 | 上海联华超市股份有限公司 | 超市、综合超市、便利店 |
| 2 | 上海第一百货商店股份公司 | 百货商店 |
| 3 | 家乐福（中国）有限公司 | 大卖场 |
| 4 | 上海华联商厦股份有限公司 | 百货商店 |
| 5 | 华联超市股份有限公司 | 超市 |
| 6 | 上海豫园商城股份有限公司 | 百货商店 |
| 7 | 三联商社 | 专业店 |
| 8 | 上海农工商超市公司 | 综合超市 |
| 9 | 沃尔玛（中国）有限公司 | 大卖场 |
| 10 | 大连商场集团公司 | 百货商店 |

资料来源：中国连锁经营协会。

## （二）百货公司的惨败

对比 1998 年和 1999 年的销售额增长幅度，传统百货公司更是呈现日薄西山的没落之态。50 强中销售增长呈负数的 10 家企业中有 9 家为百货公司。北京王府井百货股份公司高居"榜首"，增长率为-28.2%。北京城乡贸易中心股份公司、广州百货大厦、广州友谊商店股份公司、上海第一百货商店股份公司、中兴商业大厦、北京蓝岛大厦、北京燕莎友谊商城和天津滨江商厦有限公

司紧随其后，增长率均为负数。连锁超市后来居上的原因是：①相对于传统百货公司包袱较少，人员素质比较高；②大量借鉴和引进了国外成功的管理经验和技术，国外超市最早进入经济发达的沿海地区，因此沿海城市学习国外管理经验有一定的优势。例如，深圳万佳在与同城的世界零售巨头贴身肉搏的过程中不断学习，丰富了经验，抓住了市场机会，增强了实力。

## （三）零售业的可能性

2018 年 7 月，《财富》杂志发布 2018 年世界 500 强排行榜，沃尔玛百货有限公司（以下简称"沃尔玛"）居于首位。2018 年，沃尔玛的营业收入是 5 003.43 亿美元，这使零售企业沃尔玛连续五年居于世界 500 强之首（见表 1-2）。这一消息使全世界零售行业为之一振，大家似乎从零售业这一传统而古老的行业中看到了新的生机。

表 1-2　沃尔玛营业额和排名变化情况（2000—2018 年）

| 年份 | 年营业额（亿美元） | 世界 500 强排名 |
|---|---|---|
| 2000 | 1 668.09 | 第二 |
| 2001 | 1 932.95 | 第二 |
| 2002 | 2 198.12 | 第一 |
| 2003 | 2 465.25 | 第一 |
| 2004 | 2 630.09 | 第一 |
| 2005 | 2 879.89 | 第一 |
| 2006 | 3 156.54 | 第二 |
| 2007 | 3 511.39 | 第一 |
| 2008 | 3 787.99 | 第一 |
| 2009 | 4 056.07 | 第三 |
| 2010 | 4 082.14 | 第一 |
| 2011 | 4 218.49 | 第一 |
| 2012 | 4 469.50 | 第三 |
| 2013 | 4 691.62 | 第二 |
| 2014 | 4 762.94 | 第一 |
| 2015 | 4 856.51 | 第一 |
| 2016 | 4 821.30 | 第一 |
| 2017 | 4 858.73 | 第一 |
| 2018 | 5 003.43 | 第一 |

零售业在国民经济中占有重要地位，是公认的基础产业和支柱产业，是现代社会中最重要的产业之一。全球 500 强企业中约 8% 是零售企业[①]，美国 50 强企业中约 20% 是零售企业，全球财

---

① 2016 年数据，世界 500 强中有 37 家是零售企业，占 7.4%。

富排行榜的前 10 名中有 6 名从事零售业。另外，美国 140 万家零售商每年创造着超过 2 万亿美元的销售额，有近 2 000 万人在从事零售终端的工作，这几乎与从事制造业的人数不相上下。

1992 年至 2002 年，我国商业增加值在 8%~8.9%。2002 年社会消费品零售总额跨过 4 万亿元大关，与 1978 年相比，增长了 25.24 倍。2008 年社会消费品零售总额突破了 11 万亿元，2009 年增长了 15.5%，达到了近 13 万亿元。国家统计局的数据显示，2016 年，社会消费品零售总额为 33.23 万亿元，比 2015 年增长 10.7%，2015 年是 30 万亿元，2014 年是 27 万亿元。可以看出，社会消费品零售业已成为拉动国内消费需求的重要力量，流通产业已成为国家必不可少的支柱产业之一。

# 二、第一次流通革命在中国

## （一）超市的起源与发展

### 1. 超市在世界的发展

超市（Supermarket）是零售业的一种新型业态，最早于 1930 年出现在美国。它的出现带来了商业的第二次革命，从根本上改变了传统的销售方式，极大地促进了零售业连锁经营的快速发展（见表 1-3）。

表 1-3　零售业态发展史

| 序号 | 零售业态 | 成立年份 |
| --- | --- | --- |
| 1 | 百货公司 | 1852 年，法国 BON MARCHE 百货公司成立 |
| 2 | 连锁店（连锁经营） | 1910 年，美国 A&P 茶叶公司开创连锁经营的先河 |
| 3 | 超级市场 | 1930 年，美国 KING KULLEN 超级市场成立 |
| 4 | 便利店 | 1942 年，美国 7-11 便利店成立 |
| 5 | 购物中心 | 1945 年，美国购物中心的概念开始萌芽 |
| 6 | 折扣商店 | 1958 年，美国 K—MART 设立食品折扣店 |
| 7 | 大卖场 | 1963 年，法国家乐福成立 |
| 8 | 仓储式商店 | 1966 年，德国麦德龙会员制仓储店成立 |

环顾世界零售业的发展趋势，超市压倒百货公司已是不争的事实。2016 年，世界零售业 50 强中，超市已经占据绝对主导地位，其销售额占到 50 强销售总额的 35%。如果加上折扣店等新业态，比重甚至超过了 40%，而百货公司的销售额只占到 50 强销售总额的 14%（见表 1-4）。

表 1-4　2016 年世界零售业巨头前 20 名排行榜

| 排名 | 公司名称 | 2016 年财年集团收入（亿美元） |
| --- | --- | --- |
| 1 | 美国沃尔玛（Wal-Mart Stores，Inc.） | 4 856.51 |
| 2 | 美国好市多（Costco Wholesale Corporation） | 1 126.40 |

续表

| 排名 | 公司名称 | 2016 年财年集团收入（亿美元） |
|------|----------|----------------------------------|
| 3 | 美国克罗格（The Kroger Co.） | 1 084.65 |
| 4 | 德国 Schwarz 集团（Schwarz Unternehmenstreuhand KG） | 1 026.94 |
| 5 | 英国乐购（Tesco PLC） | 997.13 |
| 6 | 法国家乐福（Carrefour S.A.） | 984.97 |
| 7 | 德国阿尔迪（Aldi Einkauf GmbH & Co.） | 864.70 |
| 8 | 德国麦德龙（Metro Ag） | 855.70 |
| 9 | 美国家得宝（The Home Depot Inc.） | 831.76 |
| 10 | 美国沃尔格林（Walgreens Boots Alliance Inc.） | 763.92 |
| 11 | 美国塔吉特公司（Target Corporation） | 726.18 |
| 12 | 美国亚马逊（Amazon.com.Inc.） | 700.80 |
| 13 | 法国欧尚集团（Groupe Auchan SA） | 696.22 |
| 14 | 美国 CVS 健康（CVS Health Corporation） | 677.98 |
| 15 | 法国卡西诺公司（Casino Guichard-Perrachon S.A.） | 644.62 |
| 16 | 日本永旺集团（Aeon Co. Ltd.） | 614.36 |
| 17 | 德国艾德卡（Edeka Group） | 609.60 |
| 18 | 美国劳氏公司（Lowe's Companies，Inc.） | 562.23 |
| 19 | 日本柒和伊控股（Seven & i Holdings Co. Ltd.） | 538.39 |
| 20 | 德国 Rewe 集团（Rewe Combine） | 511.68 |

## 2. 连锁经营在中国的发展

我国连锁经营在 20 世纪初就出现过萌芽，但是规模小，管理落后。20 世纪 80 年代初，我国引入"自选商场"。真正的连锁超市起步于 20 世纪 90 年代初，在走过了艰难的创业期后，现在已经成为全国商业领域各种零售业态中增长最快的业态之一。

1990 年，广东东莞虎门镇糖烟酒公司创建了我国第一家连锁超市——美佳超级市场。随后国内的超市如雨后春笋般涌现。1991 年 9 月，上海联华超市在一个居民区开出了第一家正规的超级市场（超市的运营采用了国际上的标准做法），在 800 平方米营业面积内供应近 3 000 种日用品和副食品，从此拉开了中国商业创新的序幕。1996 年后一批世界级大型超市（家乐福、沃尔玛等）相继进入中国。与此同时，各地纷纷出现区域性的单体或连锁超市，如上海华联、武汉中百超市等。从此，超市的发展进入快速发展轨道（见表 1-5）。

表 1-5 中国百强连锁企业的发展情况（2001—2017 年）

| 项目<br>年份 | 销售额（亿元） | 门店数（个） |
|------|----------------|--------------|
| 2001 | 1 620 | 13 117 |
| 2002 | 2 465 | 16 986 |
| 2003 | 3 580 | 20 082 |

续表

| 项目<br>年份 | 销售额（亿元） | 门店数（个） |
|---|---|---|
| 2004 | 4 968 | 30 416 |
| 2005 | 7 076 | 38 260 |
| 2006 | 8 552 | 69 117 |
| 2007 | 10 022 | 105 191 |
| 2008 | 11 892 | 120 735 |
| 2009 | 13 600 | 136 880 |
| 2010 | 16 600 | 150 000 |
| 2011 | 16 507 | 55 407 |
| 2012 | 18 664 | 93 983 |
| 2013 | 20 390 | 94 591 |
| 2014 | 20 963 | 107 366 |
| 2015 | 20 628 | 111 187 |
| 2016 | 21 000 | 114 224 |
| 2017 | 21 800 | 109 814 |

资料来源：根据中国连锁经营协会以及媒体报道整理。

## （二）跨国零售巨头推动中国第一次流通革命

1992 年 7 月，我国开始允许外资进入中国零售市场，日本八佰伴是第一家进入中国零售市场的外资企业。截至 1999 年年底，经国务院正式批准的中外合资零售企业只有 28 家，经地方政府批准的共有 277 家，引进资金约 20 亿美元。1999 年，在全国商业零售企业排名榜上，第三名和第九名分别是家乐福（总部在法国）和沃尔玛（总部在美国）。值得一提的是，这两个全球零售企业，分别于 1995 年、1996 年进入中国。

自 2004 年 12 月，中国流通领域进入全面对外开放阶段。从那时开始，外资流通企业在中国市场实现全方位扩张（见表 1-6）。面对外资零售企业"大军压境"，国内企业普遍感到空前的竞争压力与生存危机。在北京、广州、上海、南京、深圳等地的繁华商业地段，外资零售企业尤其是大型超市拉走了大批客源。一些城区的商业地段改造，也不得不通过引入著名的外资超市，才能提高该商圈的档次和人气。

表 1-6　在华外资零售企业的店铺扩张情况　　　　　单位：个

| 年份<br>企业名称 | 进入<br>中国<br>时期 | 全面对外开放前 | | | 全面对外开放后 | | | | | | | |
|---|---|---|---|---|---|---|---|---|---|---|---|---|
| | | 2001 | 2002 | 2004 | 2005 | 2007 | 2009 | 2011 | 2013 | 2014 | 2015 | 2016 |
| 沃尔玛 | 1996 年 | 19 | 26 | 43 | 56 | 100 | 175 | 267 | 407 | 411 | 432 | 439 |
| 家乐福 | 1995 年 | 27 | 36 | 62 | 81 | 109 | 156 | 203 | 236 | 237 | 234 | 319 |
| 麦德龙 | 1996 年 | 15 | 16 | 27 | 30 | 37 | 42 | 54 | 75 | 81 | 82 | 87 |

续表

| 年份＼企业名称 | 进入中国时期 | 全面对外开放前 | | | 全面对外开放后 | | | | | | | |
|---|---|---|---|---|---|---|---|---|---|---|---|---|
| | | 2001 | 2002 | 2004 | 2005 | 2007 | 2009 | 2011 | 2013 | 2014 | 2015 | 2016 |
| 乐购/特易购 | 2005年 | — | 8 | 40 | 39 | 52 | 79 | 103 | 144 | 121 | 并入华润 | — |
| 卜蜂莲花（原易初莲花） | 1997年 | — | 22 | 31 | 68 | 75 | 77 | 71 | 77 | 77 | 82 | 82 |
| 欧尚 | 1999年 | 2 | 2 | 12 | 13 | 20 | 35 | 45 | 59 | 68 | 409 | 446 |
| 大润发 | 1997年 | — | 35 | 40 | 60 | 85 | 121 | 185 | 264 | 304 | 409 | 446 |

注：2015 年，欧尚与大润发合并为高鑫零售公司；乐购在 2015 年已并入华润，故 2015 年、2016 年无数据

## （三）新业态、外资的影响以及大型本土零售企业的出现

### 1. 新业态和外资的影响

从 20 世纪 90 年代开始，新型零售业态的涌现与迅猛发展对市场经济的发育产生了深远的影响，彻底打破了中国商业在计划经济时期形成的传统格局，从网点布局、行业结构和商品流通规模等方面影响和改变着中国的商业格局。

特别是在外资零售企业不断地进入中国零售领域时，流通革命使过去生产领域的利润向流通领域中的分销领域转移。以市场消费需求为起点，围绕满足即期消费需求、开发潜在消费需求、创造崭新消费需求这三个需求，市场上不断涌现新的流通组织形式。

（1）形成了社会化的物流配送体系。以第三方物流为纽带组成的供应链、销售链，形成了新型的分销体系。

（2）形成了一批大型跨国流通企业集团。这些集团以连锁、特许连锁等形式，通过现代化的管理手段，使企业的组织成本极小化，从而使企业的边际利润极大化。

（3）形成了各种创新的经营业态。超级市场、仓储式商店、便利店、专业店、无店铺销售等新型业态如雨后春笋般地发展起来。

此后，随着改革开放的深入发展，在经济体制由计划经济向市场经济转型的过程中，国内的流通产业发生了巨大的变化。2016 年，中国的连锁百强销售额高达 2.1 万亿元，同比增长 3.5%；门店总数 11.4 万余个，同比增长 5.9%。短短的十余年，中国零售业的发展走完了日本近 50 年、美国近百年的零售业发展历程。

### 2. 大型本土零售企业的诞生

在国外零售巨头携带各种各样的新业态进入中国的时候，中国零售业不仅善于学习世界发达国家和地区零售业的先进管理理念和技术，而且在激烈的市场竞争中努力拼搏，不断创新，积累了具有中国优良传统和现代特色的经验，从而诞生了一大批具有一定竞争力的企业，培育了一大批观念新颖、目光远大、经营有方的零售精英。2002 年，上海华联销售额达到 214.73 亿元；2003

年，新组建的上海百联集团销售额达到 700 亿元，成为中国零售业的"巨无霸"。另外，苏宁、国美等家电连锁店以独特的经营模式实现了高速发展。2008 年，国美、苏宁的销售额双双突破 1 000亿元。苏宁云商集团股份有限公司、国美电器有限公司自 2008 年连续轮流占据中国连锁百强的第一名和第二名，其高速成长的背后也反映了中国商业经营者居安思危的忧患意识和大胆创新的企业家精神。

中国连锁经营协会 2016 年 5 月 16 日公布的"2016 年中国连锁百强"企业名单显示，苏宁云商集团股份有限公司以 1 735 亿元的销售额和 1 510 家门店的连锁规模，蝉联中国连锁百强榜首，进一步巩固了其中国最大商业零售企业的地位。国美电器有限公司、华润万家有限公司、康成投资（中国）有限公司、沃尔玛分别以 1 647 亿元、1 035 亿元、933 亿元和 767 亿元（四舍五入后）的销售业绩排名第二至第五位。

# 三、我国传统零售业的薄弱性

## （一）产业规模小，市场集中度低

总体来讲，我国零售企业的发展都未达到成熟阶段。虽然近年来我国零售企业经过不断发展，规模日益扩大，但仍无法与发达国家的零售企业相比。同时，国内的零售企业以小商店居多，特别是个体商店，比重高达 92%。2012—2016 年，我国零售百强企业销售额占社会消费品零售总额的比重分别是 9.0%、8.6%、8.0%、6.9%、6.4%。虽然每年都有不同程度的增长，但依然比重较低，产业集中度较低。

## （二）结构不合理

我国零售企业扩大规模的方式主要是单体扩张，该方式限制了企业规模的发展，同时导致了产业集中度低。不同的行业、企业、地域之间条块分割、地区封锁，导致企业组织结构松散。从 20世纪 90 年代开始，新型业态（如超市、折扣店、大卖场等）主要集中在少数行业和东部沿海大中城市，经济不发达的中西部地区相对滞后，使流通产业发展显得非常不均衡，流通业呈现小、散、乱、弱的状态。

## （三）管理和技术落后

当代的零售业体现出了科学管理和高科技应用的竞争，它要求零售企业借助于各种新的技术设施，实现信息化、数字化、网络化管理。目前，物流配送能力和信息化水平依然是制约我国传统零售企业发展的重要因素。第一，物流配送能力差。连锁零售企业主要有四种配送模式：一是建立自己的物流配送中心；二是直接请供应商配送；三是与供应商建立共同配送中心；四是委托第三方物流进行配送。企业选择何种物流配送模式应结合零售自身的情况，但我国众多零售企业在选择物流配送模式时往往没有考虑零售业态的分类、商店的选址、商店的数量、商店是否配有内仓等影响因素，从而形成了配送能力较差的局面，难以发挥连锁经营低成本的优势。第二，信息化水平低，在信息化投资方面还有待加强。

### （四）经营缺乏特色

零售企业经营缺乏特色与其经营和管理理念落后有关。一是经营观念落后。我国零售企业目前普遍把"利润"，而不是"顾客满意"放在优先考虑的位置，工作重心停留在对顾客的"吸引"和"招揽"层次，而没有进一步推进到"服务"和"满足"上。二是业态布局不合理，结构失调。这主要表现在城市大型商场超常规发展，传统商业中心重复建设，而农村新型业态发展滞后，网点数量不多，规模普遍偏小，超级市场的规模优势和低价特征难以体现。三是业态选择存在盲目性。在百货业一家独大的时候，我国企业纷纷效仿，大力发展百货业。近年来，在无人便利店等新业态出现的时候，大家又都趋之若鹜。但这些企业都没有结合自身的实际情况选择经营业态，也没有体现经营特色，发挥各种业态的优势。

### （五）资本实力偏弱

长期以来，国内零售企业形成了依靠银行贷款、占压供应商货款的发展模式，自由资金或者从其他途径获得的资金比重很小，普遍面临着资金不足的窘境。而且由于货款结算不及时，导致进货价格偏高。而外资零售企业大多资金实力雄厚，它们利用资金优势买断经营，结算及时，进货价格往往低于市场价的 10%～40%，在价格竞争中处于绝对优势地位，给国内零售企业带来了很大的竞争压力。

# 四、互联网引领中国第二次流通革命

## （一）网络零售成为领军军团

电子商务是传统零售业与互联网融合的标志性产物。随着互联网技术的发展，越来越多的人选择在网上购物，由此产生了线上购物网站。线上便捷的支付以及良好的体验，使人们更倾向于在网上购物。当今比较知名的电子商务平台有天猫、京东、苏宁云商、唯品会、亚马逊等。2015年，中国网络零售业凭借多年的高增长和巨大的消费市场体量，已占据全球网络零售市场最大的份额。根据 eMarketer 的统计，2015 年全球零售市场销售总额约为 22.5 万亿美元，同比增长 5.6%；以中国、日本为代表的亚太地区零售约为 8.57 万亿美元，约占全球零售市场销售总额的 38%，成为全球零售市场中占比最大的地区。

另外，中国电子商务研究中心的监测数据显示，近年来，网络零售市场交易规模不断扩大，2016 年中国网络零售市场交易规模达 53288 亿元，相比 2014 年的 2.82 万亿元增长了近 1 倍，实物商品网络零售交易额占到社会消费品零售总额的 12.6%，超过同年连锁百强（约占 8%的市场份额），中国成为全球第一大网络零售国家。2012 年，电商企业首次被纳入全国零售百强榜单（中国商业联合会和中华全国商业信息中心联合发布）。2013 年，天猫首次超越传统实体企业，成为中国零售业的王者。电商企业销售额占销售总额的比例不断提高，2015 年 7 家电商的销售增速同比增长 56.2%，销售规模占零售百强销售总额的 41.7%。

2016 年，我国零售百强企业销售总额达 4.82 万亿元，同比增长 18.5%，高于社会消费品零售总额增速 8.1 个百分点。电商依然保持较快增长，但增速有所放缓。百强企业中前 6 家电商企业的销售总额共为 2.47 万亿元，同比增长 34.2%，占百强企业整体销售额的比重为 51.2%，6 家电商企业对百强零售企业整体销售额增长的贡献率为 83.5%。其中，京东为中国最大零售商（自营+B2C 平台+实体），大商集团为中国最大实体零售商，天猫为中国最大 B2C 零售平台。2017 年，广大零售企业积极主动转型升级，不断加快创新步伐。2017 年中国零售百强企业的销售总额达到 6.08 万亿元，同比增长 26%，增速较 2016 年提高 7.5 个百分点。天猫和京东继续领跑，2017 年销售额分别达到 2.11 万亿元、1.29 万亿元。可以发现，中国的零售市场从跨国公司引领时代走向电商平台引领的时代。

## （二）消费需求升级弱化传统零售优势

自互联网出现之后，人们的消费理念、消费方式、消费习惯都发生了改变，呈以下特点：消费时间碎片化，消费空间虚拟化，消费商品多元化、消费服务个性化等。消费者更加注重个性化服务和个性化商品的提供，希望卖家采用定制的形式向其发布商品。百货商店或超市不再是唯一的购物场所，在线购物在消费者生活中所占比例越来越高，越来越多的人在午休、上班途中甚至深夜购物，购物时间零碎。

根据联商网的不完全统计，2016 年，我国七大零售业态的 121 家零售业上市公司共实现营收 16 828.77 亿元，净利润达 986.71 亿元。其中，营收在 10 亿元以上的公司 107 家，实现营收 16 752.98 亿元，净利润达 984.56 亿元。营收在 10 亿元以上的 107 家公司净利润率较 2015 年有大幅度增长。其中，2016 年阿里巴巴的净利润高达 578.71 亿元，同比增长 35%（见表 1-7）。这 121 家上市公司中包括 55 家百货购物中心、13 家连锁超市、36 家服饰公司、5 家家电连锁公司、5 家连锁药店、4 家电商公司、3 家休闲食品公司。

表 1-7　2016 年中国零售业上市公司营收排行榜

| 排名 | 企业 | 营收（亿元） | 增幅 | 净利润（亿元） | 增幅 | 门店数 |
|------|------|------|------|------|------|------|
| 1 | 京东 | 2 602 | 44.00% | 10 | 216.96% | / |
| 2 | 阿里巴巴 | 1 582.73 | 56.00% | 578.71 | 35.00% | / |
| 3 | 苏宁云商 | 1 485.8 | 9.62% | 7.04 | -29.17% | 1 510 |
| 4 | 高鑫零售 | 1 004.41 | 4.20% | 25.71 | 5.20% | 446 |
| 5 | 国美电器 | 766.95 | 18.73% | 3.25 | -73.00% | 1 628 |
| 6 | 唯品会 | 565.9 | 40.80% | 28.7 | 30.40% | / |
| 7 | 永辉超市 | 492.32 | 16.82% | 12.42 | 105.18% | 487 |
| 8 | 百联股份 | 470.77 | -4.35% | 9 | -29.04% | 1 770 |
| 9 | 重庆百货 | 338.47 | -7.25% | 4.19 | 16.88% | 261 |
| 10 | 大商股份 | 280.88 | -8.90% | 7.03 | 6.17% | 160+ |
| 11 | 联华超市 | 266.66 | 2.00% | -4.5 | 9.46% | 3 648 |

续表

| 排名 | 企业 | 营收（亿元） | 增幅 | 净利润（亿元） | 增幅 | 门店数 |
|------|------|------------|------|--------------|------|--------|
| 12 | 宏图高科 | 205.13 | 9.61% | 4.47 | 5.98% | 457 |
| 13 | 屈臣氏中国 | 179.86 | −4.00% | / | / | 2 929 |
| 14 | 王府井百货 | 177.95 | 2.70% | 5.75 | −13.07% | 38 |
| 15 | 鄂武商A | 176.9 | 0.95% | 9.92 | 24.06% | 88 |
| 16 | 天虹股份 | 172.73 | −0.71% | 5.24 | −56.63% | 228 |
| 17 | 银泰商业 | 172.14 | 2.70% | 13.2 | 0.20% | 49 |
| 18 | 海澜之家 | 170 | 7.39% | 31.23 | 5.74% | 5 243 |
| 19 | 百盛集团 | 165.99 | −8.30% | 1.47 | 179.10% | 53 |
| 20 | 金鹰商贸 | 164 | 0.70% | 4.08 | −60.77% | 31 |

资料来源：亿邦动力。

传统零售业以实体店为主要特征，经营标准化、客户群体清晰化是其固有优势。电子商务的快速发展极大地削弱了传统零售业的原有优势，给传统零售业的发展带来较大的挑战。其中，连锁百货企业从2015年开始进入负增长状态。

## （三）线上线下融合是今后零售业发展的主流方向

斑马技术公司（Zebra）发布的亚太及全球零售行业的研究报告显示，亚太地区88%的零售商希望在未来四年内支持线上购物-店内提货模式，从而进一步完善全渠道购物，力争2021年亚太地区实现76%的零售商能够为客户提供定制化的到店服务。研究报告还显示，虽然在线和移动商务已经改变了消费者的购物体验，但是全球91%的零售销售还是在实体店完成的。因此，72%的零售商计划重新构建供应链。

2016年是电商与实体店合作落地的一年，如天猫与银泰商业集团达成战略合作，共同探索线上线下O2O融合发展；京东到家牵手欧尚，合作商超O2O，力推"百万便利店"项目，还在线下开设了"京东母婴体验店"。

当前，我国大部分的零售商家正在加大对供应链转型的投资力度，注重对库存状态的追踪，以进行促销；一部分零售商开始将大数据管理列为业务关键型因素，还有很多零售商将"线上购物，线下提货"作为重要目标。随着消费者的预期在不断变化，以及技术的不断进步，全球零售业都处在转型中，物联网、机器学习/认知计算和自动化将是全球零售商最关心的技术趋势。

《中国零售行业发展报告（2016/2017年）》显示，从2017年开始，互联网、大数据、云计算等信息技术在中国的应用更加普遍，居民消费需求发生较大的变化。伴随着零售业发展的宏观政策、技术需求环境的持续改善，《国务院办公厅关于推动实体零售创新转型的意见》（国办发〔2016〕78号）的出台，为实体零售创新转型指明了方向，营造了良好环境。今后，零售企业线上线下全方位深入融合、多元消费场景、多业态协同提供一站式聚合服务等特征将日益明显。可以说，零售业在当今不断变化的时代存在着巨大的发展空间。

# 五、新零售人才培育面临的巨大挑战

随着互联网影响的不断深入，新零售人才的培养面临着前所未有的挑战。目前，制约我国零售企业扩张的5大难题分别是人才、资金、企业内部管理、效益创造及风险回避与控制、学习与创新能力。排在第一位的就是人才难题，而其余四个难题中，企业内部管理、效益创造及风险回避与控制、学习与创新能力等难题也与人才缺乏密切相关。例如，由于缺乏高素质人才，企业在解决组织架构调整、企业运作流程再造、企业文化整合、团队协作、供应链管理及改造僵化的管理体制等问题时会捉襟见肘。因此，一旦解决了人才问题，其他难题也可以迎刃而解。在零售业竞争日趋激烈、市场细分越来越复杂、利润越来越少的今天，零售企业急需高素质人才来降低运营风险、创造新效益增长点[①]。

网络零售、连锁店经营与传统零售那种"一手交钱一手交货"的简单交易模式已有很大不同。在技术方面，网络零售、连锁店经营对人才的要求与传统零售业不同，网络零售、连锁店经营需要大量的能熟练运用网络信息技术、物流管理、冷冻保鲜等高新科技的人才。在管理方面，网络零售、连锁店经营对人才的要求也与传统零售业不同，从投资风险管理、选点布局、物流配送等宏观管理，到每一家店面的货品陈列、顾客人流线路、商品促销策划、店铺智能化等各方面都有很大的学问。

因此，运营连锁店、网络零售的高层管理者应该是高素质的复合型人才，而一线具体负责操作的中低层管理人员还需要兼通技术与管理。

# 六、零售业被重新定义与本书的尝试

在全球化、信息化、消费革命的大背景下，零售业的概念正在被重新定义。如何正确把握当今零售业的发展态势？学术界认为企业起码要满足以下要求，一是全球视野和零售跨国经营；二是国际化和本土化；三是线上与线下的结合；四是高科技在零售业中的导入和应用；五是基于消费者视角的零售业态创新；六是零售经营模式和管理的创新。

本书将结合人类商业的变迁，全面、系统地介绍零售业的基本知识，汲取全球零售经典知识，对零售业发展的规律与本质进行详细的阐述，在论述中加入了丰富的企业案例，以便于读者理解。当然，本书还会分析"互联网+零售"的发展趋势，探索新零售时代的创新之道，特别是结合近年来零售业发展的最新动态，紧扣我国零售业和电子商务发展的特点，结合线上与线下融合发展的大趋势，致力通过理论和案例展现相关零售企业背后的发展机制，为我国零售业的发展建言献策。

---

① 对零售企业来说，管理人才的需求十分迫切，从外界寻求成熟的管理人才便是一种便捷的手段。行业间相互"挖人"现象严重，造成中高级管理人才非正常离职率高。北京、上海等地本土零售企业人才流失比例已经接近35%。

# 【本章小结】

（1）1999年是中国零售业界的历史性时刻——连锁超市时代到来。

（2）在1999年我国零售企业50强前10名中，连锁超市就占了一半，而百货公司仅占4席。

（3）新型零售业态的涌现与迅猛发展对中国市场经济的发育产生了深远的影响，彻底打破了中国商业在计划经济时期所形成的传统格局，并从网点布局、行业结构和商品流通规模等方面影响和改变着中国的商业格局。

（4）跨国零售巨头推动了中国第一次流通革命，本土零售企业与跨国零售巨头在中国国内相互争夺人才资源、商品资源、顾客资源及地理资源。

（5）我国传统零售业的薄弱性主要表现在：产业规模小且市场集中度低、组织结构不合理、信息化程度低、经营方式和观念落后、国际化程度低等。

# 【本章重要概念】

连锁经营　　业态多样化　　电子商务　　流通革命

# 【思考与练习】

（1）第二次流通革命有哪些特征？

（2）目前，中国零售业面临什么样的难题？主要瓶颈是什么？

（3）你认为我国当前需要什么样的零售人才？

# 【拓展阅读】

### 中国零售行业发展趋势及其需要解决的问题

**一、发展趋势**

1．构建线上线下融合新格局

实体零售与网络电商正逐步从独立、对抗走向融合、协作，从而实现优势互补、共赢。零售模式终将发展成面向线上线下全客群，提供全渠道、全品类、全时段的新型零售模式。

2．多业态跨界协同趋势明显

在新零售时代，零售企业将围绕多样化、个性化的消费需求开展业务，各类商业综合体将聚合教育、亲子、医疗、健身、旅游、商务等多样的服务业态，从以往单纯的购物中心逐渐转型为体验中心，为消费者提供全方位一站式的服务体验。例如，天虹百货逐步推动自身转型升级，对旗下门店的主题场景、零售、餐饮与娱乐三大板块统一按照2∶1∶1的比例布局，为消费者营造舒适的购物环境，同时也满足了不同消费群体的购物、休闲、娱乐需求。

### 3．社交化、场景化模式成主流

在互联网时代，以广告为主的单向传播方式效果不断衰减，口碑、信任成为零售品牌得到消费者认可的重要因素。未来的零售企业将不再是纯粹的商品售卖者，而将成为整合资源、打造社交化业务生态、实现多方共赢的市场组织者。据估算，2020年中国社交电商商户规模将达到2 400万户，市场规模将突破万亿元，未来5年零售行业将有10倍以上的拓展空间。

### 4．重构智能高效供应链体系

传统零售企业对全供应链控制能力较弱，信息传导响应不及时、供需错配导致了企业库存高、周转率低、商品同质化严重等问题。未来，新供应链将实现全链条数字化，通过进行数据分析掌握消费需求，以需定产，柔性制造，深耕上游供应链，保障企业的差异化、高端化、定制化战略精准实施，最终实现零售升级。

### 5．社区商业进入黄金发展期

在场地租金攀升、企业利润下降的大环境下，门店越开越小俨然已成为中国实体零售不可阻挡的发展趋势，便利店、精品超市、社区型购物中心等将成为零售企业寻求转型升级的重要方向。伴随着中国社区零售整合化、全渠道发展进程逐步加快，投资成本低、成熟周期短的社区零售必将成为支撑行业发展的重要推手。从长期发展角度看，"小而美"的社区化零售业态更符合新形势下消费市场的客观需求。

## 二、急需解决的问题

### 1．传统经营模式亟须变革

零售业传统经营模式存在以下弊端。一是从零供合作方式角度看，仍有部分企业将入场费、联营扣点作为其主要利润来源。零售商引厂进店、出租柜台，不掌握商品终端，不参与销售过程，不直接服务消费者，自主经营功能衰退，市场敏感度低。二是从竞争方式角度看，百货商店、超市、购物中心同质化较为严重，千店一面、千店同品现象突出，其中百货业中约87%的商品雷同。同质化必然导致过度的价格竞争，零售企业微利经营甚至无利经营。三是从销售模式角度看，一件商品从厂家经过层层代理商，再到终端销售店，最后到消费者手中，经过层层加价，价格虚高，缺乏市场竞争力。

### 2．商业网点布局仍待优化

实体零售市场高度竞争。截至2015年，限额以上法人零售企业营业面积比2011年增长53.8%。同时，商业网点发展不均衡、结构性过剩、配套设施不完善等问题凸显。从区域结构角度看，零售行业发展呈现东强西弱的特点，尤其是在连锁等现代商业组织形式发展方面，西部与东部有很大差距。在城市内部，中心城区商业网点集中，商业体建设过剩，同质化竞争严重。重庆市五大商圈商业体量超过400万平方米，业态老旧，其中观音桥朗晴广场空置率逾40%。从业态结构角度看，大型百货商店、超级市场饱和。据联商网的不完全统计，2016年全国范围内百货与购物中心业态关闭56家门店，大型超市业态关闭129家门店，而"最后一公里"社区商业仍处于初级阶段，在社区便利店铺数量上，我国仅有54家。

### 3．成本高企压缩利润空间

随着近年来国家陆续出台有效措施，流通企业税费成本、融资成本等有所下降，但受制于物流成本高、房地产价格上涨、人工成本增加等因素，零售企业经营成本压力依然较大。从物流成本角度看，中国物流行业集中度低，行业信息化、标准化发展滞后，这导致了中间环节多、周转期长、效率低下等问题，物流成本依然偏高。据中国物流与采购联合会的数据，2016年社会物流总费用占GDP的比重为14.9%，比2015年下降1.1个百分点，但仍比美、日、德等发达国家高出一倍左右，高于全球平均水平约5个百分点。特别是冷链物流建设滞后，全国冷藏车人均保有量不足美国的十分之一；农商品"最初一公里"冷链基础设施不完善，无法第一时间预冷、分级、包装、标准化，导致全国每年农商品损耗超过3000亿元。从租金成本角度看，房地产价格上涨推涨商业地产租金，这在一线城市表现得尤为明显。

4．数据收集和应用水平有待提高

中国大部分传统零售企业的数据基础较为薄弱，数据管理技术落后，数据思维意识不强，在会员管理、商品管理等方面数据应用依然不足。从数据获取角度看，中国传统零售企业收集数据的方式较为单一，主要是POS机数据和历史交易数据，收集交易过程数据能力较弱，消费者行为数据缺失。

从数据应用角度看，传统零售企业数据管理技术较为落后，数据细粒度不够，数据标准化、数据孤岛问题尚未解决。

5．市场公平秩序尚待改善

近年来，中国在规范市场秩序、建立公平有序的市场竞争环境上取得了显著成效，但部分领域、环节还存在不诚信、不规范、不公平的现象。

资料来源：搜狐网。

CHAPTER

# 第二章
# 商业的发展与零售业态

## 【主要内容】
（1）商业的诞生与发展
（2）零售业的内涵和本质
（3）主要零售业态的特征
（4）我国零售业态的发展轨迹与特征
（5）网络零售的发展

> 电子商务正在改写中国的商业史。
>
> ——陈海权

案例导读

### 华润万家经营的各种业态

　　华润万家（China Resources Vanguard Co. Ltd.，CR Vanguard）是中央直属的国有控股企业集团、世界 500 强企业华润（集团）有限公司旗下优秀的零售连锁企业品牌，也是中国最具规模的零售连锁企业品牌之一。华润万家有限公司旗下拥有华润万家、苏果、欢乐颂、中艺、华润堂、Ole'、blt、VanGO、Voi_la!、LEONARDO、VIVO 采活、Pacific Coffee 等多个著名品牌，其中超市业务已连续多年位居中国连锁超市第一位。

　　三十多年的发展历程，使华润万家成为全国大型零售连锁企业品牌。2014 年，华润万家与TESCO 中国业务合并，这是民族零售品牌与国际接轨、实现跨越式发展的重要一步。目前，合资完成后的华润万家已进入全国 30 个省、自治区、直辖市和特别行政区，250 个城市，员工人数超过 30 万。截至 2015 年 12 月，华润万家拥有门店 3 397 家，实现销售额 1 094 亿元，成为中国快速消费品连锁百强第一名。华润万家目前的业务发展区域已遍布华东、华南、华北、西北、东北、华中等地区，主营大卖场、生活超市、便利超市三种业态。其中，大卖场提供齐全的商品品种，最大限度地满足消费者"一站式"的购物需求；生活超市则以经营快速消费品为主，为现代城市居民快节奏的城市生活提供了便利；便利超市以社区居民为依托，突出了便利优势。

自成立以来，华润万家以持续改善消费者生活品质为己任，引领现代、健康的生活方式，三种业态优势互补，为消费者提供高品质、超值的商品与服务。同时，针对细分市场，华润万家开拓了以中高消费市场为定位的 Ole'创新业态。Ole'精品超市是华润万家旗下的高端超市品牌。

资料来源：华润万家网站。

**思考题**：什么是零售业态？华润万家主要经营哪几种业态？这些业态有何特征和差异？

# 一、商业的诞生与发展概述

## （一）商品生产和商品交换

人类发展史就是社会分工的历史。迄今为止，人类共经历了三次社会大分工：畜牧业与农业的分离，手工业与农业、畜牧业的分离，商业与农业、畜牧业、手工业的分离。在现代社会，社会分工表现为一个庞大、复杂的分类体系。国民经济分为以农业、工业、建筑业、运输业、通信业、商业、金融业等为核心的第一、第二、第三产业。同时，现代企业内部的分工也日益细化，形成了生产社会化、劳动社会化、商品社会化的新格局。

商品是用于交换的劳动商品。它大约产生于原始社会末期，随人类社会第二次社会大分工的出现而出现，而商品经济是商品生产和商品交换的总和。商品生产和商品交换的两个基本条件如下。

一是社会分工。社会分工是指社会劳动划分和独立化为不同部门和行业。各行业的生产者为了满足自身在生产和生活方面的多种需要，产生了相互交换商品的需求。社会分工是人类社会从事各种劳动的社会划分及其独立化、专业化，是人类需求多样化和劳动生产力提高的必然结果。

二是明晰的产权制度。不同的生产资料和劳动商品的所有者，不能无偿地占有对方的商品，要想取得对方的商品，必须通过等价交换，即把各自的商品进行交换。商品经济产生和发展的主要经济条件，决定了劳动商品必然成为不同生产者之间相互交换其劳动的物质承担者，决定了商品生产和商品交换必然成为不同生产者之间经济交往关系的实现形式。

## （二）商品交换的历史发展

社会分工的发展，一方面提高了劳动生产率，增加了每个行业的经济规模和效益；另一方面，加强了不同行业之间的相互依赖关系，促进了商品经济的产生。这种相互依赖是通过商品交换来实现的。商品交换就是指人们在社会分工条件下相互交换劳动商品，以满足各自需要的经济行为。后来，商品交换演变为商品所有者按照等价交换的原则相互自愿让渡商品所有权的经济行为。商品交换的历史发展经历了以下三个过程：①从偶然的商品交换到经常的商品交换；②从物物交换到商品流通（以货币为媒介的商品交换）；③从简单商品流通到发达商品流通（以商业为媒介的商品交换）。

## （三）商业的产生与发展

### 1. 商业的产生

商业产生的历史前提是简单商品流通和货币流通的存在（货币产生，买卖分裂，为商业的独立提供了直接的可能性）。同时，社会分工与商品交换的产生，使再生产过程表现为生产过程与交换过程的统一。交换是再生产过程不可缺少的条件和前提。

但是，生产与交换又是相互矛盾的，这种矛盾主要表现在以下几个方面：第一，流通时间和生产时间的矛盾；第二，生产和交换两种职能在空间上的矛盾；第三，生产和交换两种活动方式的矛盾（技能上的矛盾）。为了解决上述矛盾，一个专门从事交换而不从事生产的"组织"产生了。商业就是专门从事商品交换活动的"组织"。

### 2. 商业的一般含义

商业是商品经济发展到一定阶段的产物，它从生产中独立出来，专门从事商品购销活动。它是通过组织商品流通来获取盈利的经济活动，并随着社会经济的发展而发展。

### 3. 商业的基本职能及其特点

媒介商品交换，组织商品流通，沟通生产者与消费者，实现商品的价值和使用价值是商业的基本职能。商业职能的特点有：①商业的基本职能是媒介商品交换；②商业在执行自身职能的同时，也谋求自身的经济利益；③商业职能具有一般性。

商业的派生职能可以分为4类。①调节职能。生产和消费在时间、空间、数量上隔离，产生供给与需求的不一致。商业通过商品调运、储存，可以解决这一矛盾，这也是商业的重要经济职能之一。②融资职能。商人要卖，必须先买，暂时对消费者实行资本垫付。商业的融资职能还表现在预购、赊销上。③风险职能。商业风险来自于商品产销间的矛盾：商业的垫付垫支使生产和消费的风险转化为商业的风险。④信息职能。商业作为生产和消费的中介，不仅熟悉市场情况，还可以利用市场经营活动和消费需求分析所获得的大量商务信息，通过传递，起到引导生产和消费、提高商品销量的作用。

### 4. 商业的分类、特征与贡献

（1）商业的分类。

商业的分类方式有以下几种。

一是按业种进行分类。业种是指为满足消费者的某类用途需求而形成的商业营业种类，特征是"卖什么"。具体而言，按业种分类，商业分为生产资料商业和消费品商业，消费品商业又可以分为零售、餐饮、娱乐、服务等。

二是按业态进行分类，即按商业的经营方式或商品销售方式进行分类，也叫经营或销售方式分类。这种分类方法常用于零售商业的分类。业态是指为满足某类目标顾客的消费需求进行相应的要素组合而形成的不同经营形式或商业营业形态，特征是"怎么卖"。便利店、折扣店、超市、大型超市、仓储会员店、百货商店、专业店、家居建材店、购物中心、厂家直销店、电视购物、邮购、网上商店、自动售货亭、电话购物等都属于业态的类别。

三是按流通阶段进行分类，即按商品流通所处的阶段进行分类，商业可分为批发商业和零售商业。

四是按流通范围进行分类，即按商品流通的空间范围进行分类，商业可分为国内商业与国际商业。

商业的分类如图 2-1 所示。

（2）商业的特征。

第一，吸纳劳动力的能力较强，具有就业机器功能。第二，进入与退出难度较低，竞争激烈。第三，具有技术进步的从属性。商业对技术的要求低，只要能发掘市场，用心经营，经营者就可以从中获得一定的利润。这使得商业企业在技术开发上动力不足，更倾向于使用现有的成熟技术。第四，行业集中度较低。

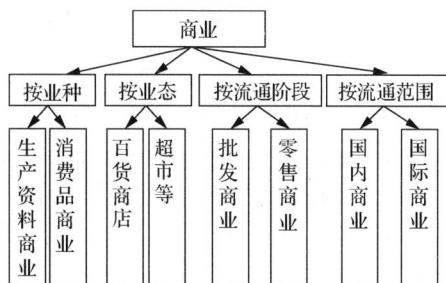

图 2-1　商业的分类

商业作为竞争性产业，其进入与退出难度较低、政府管制少、投资少、收益见效快，使得商业市场上存在无数的"玩家"。当在市场上获得了一定的市场份额后，商业企业要想在这个市场上扩大市场份额，将要投入较高成本。

（3）商业的贡献。

一是对国民经济总产值的贡献。促进国民经济增长的"三驾马车"为：投资、进出口和消费。其中，进出口、消费都与零售业有着直接的关系。零售业一边引导生产，一边引导消费，零售商业实际上对整个国民经济的加速运行发挥了重要的作用。二是对充分就业的贡献。商业的一个基本特征就是对劳动力有较强的吸纳能力。正因为有这个特征，商业才成为一个对充分就业有特别贡献的产业。一国就业水平的高低在很大程度上取决于该国的商业发展水平。三是对经济增长的贡献。商业增长对经济增长的推动作用十分明显。四是对财政收入的贡献。商业对财政收入的贡献，也就是商业为政府提供的财政收入的多少。商业对财政收入贡献的大小，可以用商业税收总额及其占全部财政收入的比例来衡量。五是商业对城市功能的贡献。零售商业属于"城市服务产业"，良好的商业设施能够提升城市的服务功能和城市形象。六是对国民福利的贡献。商业在提高国民收入、提供消费者闲暇、满足消费者爱好这三方面与国民福利具有直接的相关性。

### 5. 商业的发展

（1）五次零售革命。

零售业态的变迁是一个国家和地区社会发展、经济增长和技术变革的必然产物。纵观人类商业史，流通发展历史上大致发生了五次零售革命（见表 2-1，详见第四章）。

表 2-1　世界普遍公认的五次零售革命

| 项目 | 年份 | 业态 | 创新属性 |
| --- | --- | --- | --- |
| 第一次革命 | 1852 年 | 百货商店 | 业态创新 |
| 第二次革命 | 1859 年 | 连锁商店 | 组织形式变革 |

续表

| 项目 | 年份 | 业态 | 创新属性 |
|------|------|------|----------|
| 第三次革命 | 1930 年 8 月 | 超级市场 | 业态创新 |
| 第四次革命 | 1960 年 | 仓储店、折扣店等 | 业态创新 |
| 第五次革命 | 1990 年 | 网络零售、线上线下融合 | 业态创新 |

第一次零售革命表现为百货商店的产生。百货商店最早于 1852 年产生于法国巴黎，它的诞生打破了前店后厂的小作坊运作模式，是零售商业对以机械化为基础的大批量生产体制的直接反应，标志着零售业第一次重大革命的开始。百货商店的诞生带来了两方面的变化：在生产端，支持大批量生产，降低了商品的价格；在消费端，百货商店像博物馆一样陈列商品，使购物成为一种娱乐和享受。由于兼顾了成本和体验，百货商店成为一种经典的零售业态，一直延续到今天。

第二次零售革命表现为连锁商店的产生。百货商店产生后，随着现代大工业的发展，零售业急需一种与大工业规模化的生产要求相适应的零售业态。1859 年，美国大西洋和太平洋茶叶公司（A&P）建立的第一家连锁门店被人们视为世界上最早的直营连锁商店。连锁商店建立了统一化管理和规模化运作的体系，提高了门店运营的效率，降低了成本。同时，连锁商店分布范围更广，选址贴近居民社区，使购物变得非常便捷。

第三次零售革命表现为超级市场的诞生。20 世纪 30 年代，在世界经济大萧条背景下，消费者不断缩减日常开支。另外，人们生活节奏的加快，激发了人们一周一次购物的行为。超级市场在继承百货商店经营模式的基础上，在经营方法上进行了创新，满足了城市居民的需要，开创了开架销售、自我服务的模式，为消费者创造了一种全新的购物体验。

第四次零售革命表现为仓储店、折扣店等多种业态的出现。由于社会经济的进步，人们的消费行为变得越来越多元化，各种新型业态不断诞生，满足了不同消费人群的需求。

第五次零售革命表现为网络零售、线上线下融合的智慧零售变革。在信息时代，网络技术的发展对零售业的影响是巨大的，它的影响远远超越了前几次技术革新对零售业的影响。互联网、电子商务改变了人们传统的消费理念，人们足不出户就可以享受更优质、更廉价、更广泛的商务服务。另外，由于大数据、云计算、VR 等新技术的应用，零售业经营与管理变得更智能、更智慧。

（2）批发业的发展。

随着商品生产的发展，商品购销量逐渐增大，流通范围不断扩展，使生产者和生产者之间、生产者和零售商之间进行直接商品交换的难度加大，因此专门从生产者处直接购进商品，再转卖给其他生产者或零售商的批发商业产生了。批发商业的产生，使商业部门内部有了批发、零售之间的分工，产生了一种不与消费者直接发生关系的商业。在互联网的推动下，批发商业正在被重构。例如，深圳怡亚通以消费者为核心，以物流为基础，以完善的供应链服务平台为载体，以互联网新技术为共享手段，构建七大服务平台，全面覆盖流通行业里的 500 万家终端门店，紧密聚合品牌企业、经销商/渠道商、物流商、金融机构、增值服务商等各大群体，致力于打造一个跨界融合、平台共享、共融共生的 B2B2C/O2O 供应链商业生态圈。

# 二、零售业与零售业态

## （一）零售业和零售业态的内涵

### 1. 零售业的内涵

零售是一种交易形式，是将商品或服务直接出售给最终消费者的销售活动，也是向消费者提供销售商品的一种商业活动环境，消费者从零售商店获得商品及与商品有关的无形服务。

零售业是指向消费者（包括个人和社会集团）提供所需商品及其相关服务为主的行业。它直接关系到居民的生活质量和生活方式，是社会资源分配的一个重要阶段——也是最后阶段。传统零售业的特征如下。①直接将商品出售给消费者，不包含各类批发商和进出口商。②出售的是生活资料，而非生产资料。③出售的是有价商品而非无偿服务。④属于流通领域而非生产领域。因此，零售业的职责就是在恰当的时间和地点，以恰当的数量和价格，用恰当的形式向需求者提供恰当的商品。

### 2. 零售业态的内涵

要明白零售业态的内涵，首先要弄清"业种"和"业态"的关系。"业种"是指"卖什么"；"业态"是指"怎么卖"，也可以理解为营业形式。

零售业态即零售店铺的营业形态，是指零售企业为满足不同的消费需求而形成的不同经营形态，是指零售业的经营者在店铺这一零售业经营的具体场所，采用或实行的各种经营战略的总和。

零售企业经营者以特定目标市场为对象，对店铺的选址、备货、规模、价格策略、销售方法、附加服务和设施等经营内容进行决策。这些决策的结果就形成了零售业态。不同的经营内容，不同的决策组合，可以形成不同的业态，这些业态又可以表现出不同的组织形态。因此，在理论上，零售业的形态可以无限增多。

## （二）中外零售业态的分类

### 1. 不同国家业态的发展均有不同的路径

发达国家的多业态发展格局，欧美国家用了 100 多年才形成，日本作为后发展的发达国家，从第二次世界大战后也用了差不多 50 年时间才形成（见图 2-2）。改革开放后的经济腾飞，使这些发达国家在漫长岁月中逐步发展起来的主要零售业态，仅用了十多年就全部涌入我国。

### 2. 国际上零售业态的一般分类

（1）对于零售业态的分类，目前国际上主要以零售店的选址、规模、目标顾客、商品结构、店堂设施、经营方式、营业时间、服务功能、价格策略等为分类依据。

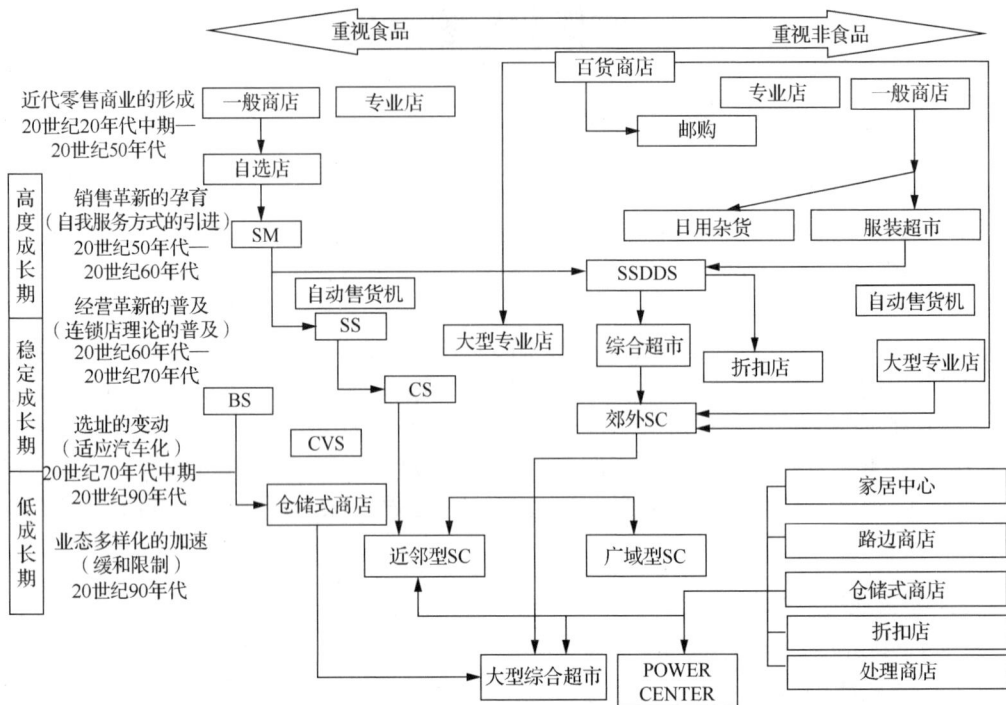

注：SM—超市，SSDDS—自我服务廉价商店，SS—大型综合超市，CS—方便综合商店（超市、卡加商店、服装超市等的混合店铺），SC—购物中心，BS—小型食品廉价店，CVS—方便店

图 2-2  日本零售业态变化图

（2）美国把零售店分为百货商店、超级市场、折扣店、一般商店、服装专卖店、仓库俱乐部、药店、便利店、杂货店等九类。

（3）日本对零售业态的分类与美国基本相同，但增加了自动售货机、邮购及无店铺销售形式。

### 3. 我国零售业态的分类

各种新兴业态自 20 世纪 90 年代初引入我国以来发展势头强劲，超级市场、专业店、专卖店、便利店等如雨后春笋般出现，打破了传统百货商店这一单一业态的局面。我国理论界对零售业态的研究滞后于现实，不仅理论界自身对零售业态的认识存在较大分歧，而且与国内商业主管部门对业态的规范意见不尽一致。

1998 年，政府统计系统中的贸易统计年报开始增设零售业态统计。当时，研究和设计我国零售业态统计时，主要考虑了两个因素：一是我国零售各业态的发展水平和所处的生命周期；二是统计上的可操作性。我国按照零售业态发展的客观进程，在国际通行的业态分类总体框架下进行必要的合并，把零售业态分为四大类进行统计，即百货商店、超级市场、专业（专卖）店和其他。不过，到目前为止，我国在国民经济统计中依然采用业种的分类。国家统计局在第三次修订《国民经济行业分类》的基础上新编了 2016 年版，将零售业划分为 9 个大类，具体分类情况如表 2-2 所示。

表 2-2　国家统计局行业分类——零售业

| 代码 | 类别名称 | 说明 |
|---|---|---|
| 521 | 综合零售 | 指百货零售、超级市场零售、其他综合零售 |
| 522 | 食品、饮料及烟草制品专门零售 | 指专门经营粮油、食品、饮料及烟草制品的店铺零售活动 |
| 523 | 纺织、服装及日用品专门零售 | 指专门经营纺织面料、纺织品、服装、鞋、帽及各种生活日用品的店铺零售活动 |
| 524 | 文化、体育用品及器材专门零售 | 指专门经营文具、体育用品、图书、报刊、音像制品、首饰、工艺美术品、收藏品、照相器材及其他文化用品的店铺零售活动 |
| 525 | 医药及医疗器材专门零售 | 指专门经营各种化学药品、生物药品、中药、医疗用品及器材的店铺零售活动 |
| 526 | 汽车、摩托车、燃料及零配件专门零售 | 指专门经营汽车、摩托车、汽车部件、汽车零配件及燃料的店铺零售活动 |
| 527 | 家用电器及电子商品专门零售 | 指专门经营家用电器和计算机、软件及辅助设备、电子通信设备、电子元器件及办公设备的店铺零售活动 |
| 528 | 五金、家具及室内装饰材料专门零售 | 指专门经营五金用品、家具和装修材料的店铺零售活动，以及在家具、家居装饰、建材城（中心）及展销会上设摊位的销售活动 |
| 529 | 货摊、无店铺及其他零售业 | 指货摊食品零售，货摊纺织品、服装及鞋零售，货摊日用品零售，互联网零售，邮购及电视、电话零售，旧货零售，生活用燃料零售，其他未列明零售业 |

资料来源：根据国家统计局 2016 年 9 月 20 日发布的资料改编。

## （三）主要零售业态

### 1. 百货商店

百货商店是指在一个建筑物内，集中了若干专业的商品部，向消费者提供多种类、多品种商品及服务的综合性零售形态。在国外，百货商店是时尚生活的引领者。百货商店产生于 19 世纪 60 年代，引领了零售业的第一次革命。百货商店经过了三个发展时期，1880 年至 1914 年是百货商店的发展期，1914 年至 1950 年为百货商店的成熟期，1950 年以后为百货商店的衰落期。

百货商店的特点如下。①拥有豪华店堂，从事大规模经营，营业面积在 5 000 平方米以上。②地处城市中心或交通要道，能在较大范围内吸引大量消费者。③经营商品的范围广泛，品种繁多，小批量，高毛利。④管理上实行商品部制，由各部门负责商品计划、销售业务、商品管理并实行独立核算。⑤采取柜台销售与自选（开架）销售相结合的方式。⑥采取定价销售方式，可以退货。⑦兼营一些其他项目，为消费者提供多方位的服务。

### 2. 超级市场

超级市场是实行自主服务和集中式一次性付款的销售方式，以销售包装食品、生鲜食品和日常生活用品为主，满足消费者日常生活必需品需求的零售业态，普遍实行连锁经营方式。超级市场是采取自选销售方式（自助服务），以销售大众化生活用品为主，满足消费者一次性购买多种商品及服务的综合性零售形态。

超级市场产生于1930年的美国纽约，被称为零售业的第二次革命。超级市场经过初期的迅速发展，到20世纪60年代在发达国家已进入成熟阶段，其后发展速度逐步放慢。进入20世纪80年代，超级市场又开始发生一些重要的变化：一是超级市场向大型化方向发展；二是商品和服务向多样化和综合化方向发展；三是在经营业态上转向细分化。

超级市场的种类如下。①按照组织形式不同，超级市场分为独立超级市场和连锁超级市场。②按照经营特征不同，超级市场分为传统超级市场和新型超级市场。③按营业面积的大小，超级市场可以分为大型、中型、小型和自动售货店。④按商品的组合和目标消费者不同，超级市场可以分为精品超市、一般超市。

超级市场的主要特征如下。①商品构成以食品、服装、日用杂货等日常必需品为主，可基本上满足消费者一次性购齐生活用品的要求。②采取开架自选，实行自我服务和一次性集中结算。③薄利多销，商品周转速度快。④商品新鲜、洁净，明码标价，并在包装上注明商品的质量和重量。⑤实行商品部经营管理制度，按部门陈列出售商品。⑥店址主要设在居民住宅区或郊区，有停车场。⑦具有一定的规模。⑧结算点多设在出口处。

### 3. 专业店与专卖店

专业店一般是指经营一类或几类商品，拥有专业知识丰富的销售人员，可提供适当的售后服务，以满足消费者对某大类商品选择需求的零售业态，如服装店、家具店、花店等。也有人认为专业店还应包括专门经营某一特定消费对象所需商品的商店。常见的专业店有时装店、鞋店、食品店、电器店、珠宝店等。专业店与专卖店有本质的区别，前者专门经营某种或某类商品，后者则专门经营某种品牌的系列商品，如海尔电器专卖店、李宁牌体育用品专卖店、格力空调专卖店、苹果手机专卖店等。

专业店的特点如下。①选址多样化，多数设在繁华商业中心、商店街或百货商店、购物中心内。②营业面积根据主营商品特点而定。③商品结构体现专业性、深度性，品种丰富，选择余地大，主营商品占经营商品的90%以上，能在深度上满足消费需求；所经营的商品、品牌具有自己的特色。④有明确的目标市场，针对性强。⑤经营方式灵活，多与厂家合作；经营特色明显，个性化突出；采取定价销售和开架销售。⑥从业人员对所售商品有相当的专业知识，可以为消费者提供系列化的售前、售中、售后服务。

专卖店指专门经营或授权经营某一制造商品牌的系列商品，适应消费者对品牌选择需求的零售业态。近年也出现了一批专卖某一个品牌的集合店，如名创优品。

专卖店的特点如下。①选址在繁华商业区、商店街或百货商店、购物中心内。②营业面积根据主营商品特点而定。③商品以著名品牌、大众品牌商品为主。④销售体现为量小、质优、高毛利。⑤商店的陈列、照明、包装、广告讲究。⑥采取定价销售和开架销售。⑦注重品牌声誉，从业人员须具备丰富的专业知识。

### 4. 便利店

便利店是指以经营加工食品等居民日常生活离不开的挑选意义不大的消费品为主，在时间和地点上都给消费者提供最大便利的小型独立或合伙经营的商店。

便利店的特征如下。①主要分布在居民住宅区、主干线公路边以及车站、医院、娱乐场所、机关、团体、企事业单位所在地。②营业面积在 100 平方米左右。③购物步行 5 ~ 7 分钟可到达。④商品以速成食品、饮料、小百货为主，有即时消费性、小容量、应急性等特点。⑤以开架自选货为主，结算在收银处统一进行。⑥营业时间长，一般在 16 小时以上，甚至 24 小时，终年无休。

## 5. 仓储式商店

仓储式商店是一种仓库与商场合二为一的零售业态，主要设在城乡接合部、交通要道，其目标客户以中小零售商、餐饮店、集团和有交通工具的消费者为主。此业态的商店营业面积大，一般为 10 000 平方米左右。商品主要以食品（有一部分生鲜商品）、家庭用品、体育用品、服装衣料、文具、家用电器、汽车用品、室内用品等为主。

仓储式商店的特点如下。①经营范围广泛，包括食品、日用品、耐用品等。②规模较大，设备简陋，人员较少，费用和价格较低。③采取仓库式陈列方式，并采用自选式销售方式。此外，还设有较大规模的停车场。④批量作价，多是成件或大包装出售。⑤多实行会员制。

上述有固定营业场地的零售业态有不同要求（见表 2-3）。

表 2-3　零售行业不同业态对于收入和面积的要求

| 项目 | 业态人均 GDP（美元） | 面积（平方米） |
|---|---|---|
| 百货商店 | 1 000 | 5 000 以上 |
| 超级市场 | 2 500 | 1 000 ~ 10 000 |
| 专业店 | 4 000 | 1 00 ~ 1 000 |
| 便利店 | 6 000 | 100 |
| 仓储式商店 | 8 000 | 10 000 |

## 6. 无店铺零售企业

零售业除了上述各种有固定营业场地的类型外，还有无店铺零售企业，主要有网络商店、邮购商店、目录样本商店、自动售货机、访问销售等。其中，网络商店是通过互联网开展商品经营活动的一种商店形式。零售商在互联网上开设虚拟商店，建立网上营销的网站，上网的消费者可以访问网站，浏览商品目录等各种信息，找到合意的商品后可以直接向零售商订货，通过电子转账系统付款。零售商则通过快递公司把商品寄给消费者。邮购商店是指通过商品目录或广告宣传材料等资料，使消费者以电话或邮件订购，待收到订单后再寄送商品的商店。

## 7. 无人商店

随着移动支付的普及，让消费者自助下单的"无服务员"模式，受到不少企业的青睐。近年来，"无人商店"的探索已经开始，其代表如 Takego、Amazon Go、缤果盒子等。无人商

图 2-3　第一家落户广州的无人商店：CommaSmart 逗号智能商店

店（见图2-3）是对零售的三个核心本质"消费者、场景、商品"中的"场景"核心进行的一次探索，主要采用目前主流的 RFID 标签技术识别商品，同时还集成了一系列人工智能技术，如人脸识别、动作行为识别、计算机视觉识别等。

零售业态的主要类型及特点如表 2-4 所示。

表 2-4　零售业态的主要类型及特点

| 项目 | 百货商店 | 超级市场 | 便利店 | 仓储式商店 | 折扣店 | 专业店 |
|---|---|---|---|---|---|---|
| 目标消费者 | 初期为女士，中期为所有人，后期为白领女士 | 家庭主妇 | 男士或者男女青年 | 中小商人和机关团体 | 追求廉价的家庭主妇 | 机关团体 |
| 店址 | 市中心或郊外的购物中心 | 住宅区或者郊区 | 住宅区，干道旁 | 城乡接合部、干道旁 | 商业街或者干道旁 | 商业街及购物中心 |
| 规模 | 一般在 5 000 平方米以上 | 大型：2 500～5 000 平方米 中型：400～2 500 平方米 小型：120～400 平方米 | 一般在 100 平方米左右 | 一般在 10 000 平方米以上 | 数千平方米 | 不定 |
| 商品结构 | 初期综合 后期专业 | 食品 日常生活用品 | 日常必需品 | 综合 | 综合或专业 | 专业 |
| 价格策略 | 初期廉价 后期高价 | 低价 | 中等，高于超市 | 超低 | 低价 | 一般或较高 |
| 商店设施 | 越来越豪华 | 简洁，不豪华 | 简单，不豪华 | 简陋 | 简陋 | 雅致豪华，个别简陋 |
| 销售方法 | 面对面销售，部分开架 | 自我服务，统一交款，出入分开 | 自我服务，统一交款，出入分开 | 自我服务，批量销售 | 自我服务 出入合一 | 一般有导购员 |
| 附加服务 | 消费建议 送货上门 | 很少 | 代收公共费用 代加工食品 | 几乎没有 | 基本没有 | 指导购买 |
| 革新性 | 明码标价 可以退货 | 自我服务 连锁经营 | 营业 12 小时以上，多为特许经营 | 仓库式陈列 会员制 | 低成本运营 | 专业化经营 |
| 产生时间、地点 | 1852 年，法国巴黎 | 1930 年，美国纽约 | 1946 年，美国 | 1964 年，德国 | 20 世纪 40 年代，美国 | — |
| 进入中国的时间、地点 | 1900 年，哈尔滨秋林公司 | 1981 年，广州友谊商店附设超市 | 1990 年，东莞美佳（较完善的为 1992 年深圳的 7-11） | 1993 年，广州天河广客隆 | 目前无真正意义上的折扣店 | — |

阅读资料 2-1

## 零售业态辨析

1. 相似零售业态辨析

（1）百货商店不等于购物中心。

（2）大型超市不等于仓储式商店。

（3）小型超市不等于便利店。

（4）自选商场不等于超级市场。

（5）专业店不等于专卖店。

2. 连锁店不是零售业态

一个多世纪以来先后出现的百货商店、超级市场、便利店、折扣店等都是独立于其他类型的零售业态，连锁店则不同，既有便利店连锁，又有超市连锁、专业店连锁等。随着市场细分化趋势的加剧，不仅在零售商业，在餐饮业、服务业中也都广泛存在着连锁经营的形式，如我国目前发展较快的超级市场和品牌专卖店，一般都采取连锁经营方式。

一般而言，连锁店是指在核心企业或总店的领导下，由众多小规模的、分散的、经营同类商品或服务的零售企业，通过规范化经营，来实现规模效益的经济联合组织形式。连锁店应由若干分店组成，其特征是：经营同类商品；使用统一商号；采购与销售相分离，统一采购配送。

3. 购物中心不是零售业态

购物中心（Shopping Center / Shopping Mall）是一组零售商店及有关商业设施的群体组合。其主要以中心商业区或城乡接合部、交通要道的百货商店或超级市场作为核心店，与各类专业店、专卖店、快餐店等组合而成。核心店的面积一般不超过购物中心面积的80%，由发起者有计划地开设、布局、统一规划，店铺独立经营，服务功能齐全，集零售、餐饮、娱乐为一体。其与商业街和我国大型商品交易市场类似，属于商业集聚组织形态。

购物中心的特点如下。①众多业主共同组成一个市场或商场。②各业主自主经营，自由定价，不受购物中心制约。③购物中心的管理职能大多为物业管理。

阅读资料 2-2

## 走向成熟的综合超市

百佳是屈臣氏全资拥有的附属公司，是香港食物零售业界的翘楚，并在澳门等华南地区占重要的市场地位，店铺总数345家，2012年营业总额为217亿港元。百佳为香港地区第二大连锁超市，市场占有率达33.1%。

中国连锁经营协会发布的《2012年中国连锁百强》及相关榜单显示，2012年中国连锁百强企业中，百佳（中国区）总营收为40.77亿元，较2010年下滑5.1%，排名也从2011年的76位跌落至87位。

2013年，对于和记黄埔放盘百佳的原因，业内也有颇多揣测，最主流的观点是由于百佳的业绩问题。暨南大学管理学院教授陈海权认为，在综合超市业态迈入成熟期的当下，百佳面临激烈的竞争环境，迟迟未能在中国内地市场取得优势地位，作为历史悠久的洋行、世界财富500强的跨国企业，和记黄埔面对此局面必然"很难受"。

百佳被放盘的消息触动了零售行业的敏感神经，被认为是当前零售业态变局的折射。"大型综合超市这一零售业态在中国发展已近二十年，在当前诸如电子商务、专营店等零售新业态的冲击下，大型综合超市业态的成熟期加速到来，必然面临新的拐点。可以说，这一业态已经生病了，并且难以痊愈。"陈海权说。

中国商业联合会专家工作委员会委员钟升指出，近年来在零售业成本居高不下、投入难以为继、收益大幅下降的同时，"三高"问题（人工成本、能源费用、商业租金高）带来的压力日益凸显。中国连锁经营协会的调查显示，2012年以大型零售企业为主的中国连锁百强企业的平均房租较2011年上涨21%，人工费用上涨20.5%，水电费上涨16%。

陈海权认为，为满足"一站式购物"需求而产生的大型综合超市，在租金、人力、运营等各方面成本日益高企的大环境下，难以挽回地步入衰老。尽管可以通过精细化管理、信息化升级、物流和供应链优化等措施来缓解衰老，但大势已去，因此，相关企业必然要考虑未来的前途问题，百佳以及和记黄埔也不例外。2013年2月，步百思买的后尘，欧洲最大电器连锁集团麦德龙旗下的万得城宣布撤出中国。2012年，法资零售卖场家乐福、美资零售卖场沃尔玛、英资零售巨头乐购也在中国市场关闭了数家门店。

与之相应的是变化。一方面，零售行业的新业态正在成长中，如生鲜超市、电子商务等。这从百佳在广州市场上的动作可见端倪。百佳中国政府与公共事务部总监廖穗湘透露，百佳正佳广场店正在升级改造中，新业态taste高端食品超市的面积则由原来的1.3万平方米减至6 000多平方米。另一方面，百佳的社区超市也已经在部署中，2013年4月，百佳花地人家店开业，门店营业面积不到800平方米，是广州最小的百佳超市，也是百佳在广州对社区超市业态的首次尝试。

此外，企业兼并的案例屡见不鲜，百佳的未来或许也将是如此。对此，陈海权表示乐观："零售行业的兼并潮早就开始了，已经成为一种常态。这个行业变化非常快，行业领导者交替非常密集，外来的挑战者非常多。在这一背景下，兼并潮会持续不断，而这种持续不断的兼并也正是行业整合发展的表现。"

资料来源：《南方日报》。

# 三、我国零售业的发展轨迹、特征及零售企业面临的三大变革

## （一）我国零售业的发展轨迹

改革开放以来，我国零售业走出了独特的发展轨迹。在与国外零售企业的碰撞和交汇中，伴

随着新的理念和业态的引入和推广，我国零售业进行着一次又一次的创新。

从 20 世纪 80 年代中期开始，我国零售业界进入了改革期。1990 年 12 月，我国第一家连锁超市在东莞虎门诞生。不过，我国并没有按照西方国家所经历过的流通革命的模式按部就班地进行变革，而是成了国际上各种流行零售业态的"展览大厅"。在资本主义商业革命 100 年历程中出现的各种零售业态，在我国短短几年都出现了。目前在西方国家市场上出现的零售业态在中国都能找到，各种业态令人眼花缭乱，如食品超市、综合超市、大卖场、便利店、折扣店、仓储式商店、网上购物、电视购物等。其中，超级市场、便利店等业态在经济相对发达的一些大中城市迅速扩展并显示出了强大的生命力。

零售业态的发展变化受社会经济发展水平、消费需求变化、商业竞争及零售业态自身生命周期等多种因素的共同作用，这些因素共同推动零售业态不断推陈出新。目前，我国已经形成百货商店、综合超市、便利店、专业店、专卖店、折扣店、仓储式商店、网络零售等多业态共同发展的局面。

## （二）我国零售业的发展特征

我国零售业的发展有两个显著特征。

一是各种新型业态同时出现，没有明显的时间阶段性。中国零售业的改革与发展取得了举世瞩目的显著成绩，呈现了良好的发展态势。零售业态的引进、创新速度正在不断加快。20 世纪 90 年代是中国零售业态的引进时期，在不到 20 年的时间里，中国的零售市场就走完了西方国家经过 100 多年才走完的零售业态的发展历程。

二是部分新型业态具有明显的不足，与国际上通行的标准业态有一定差距。中国零售业面临的最大问题是"自主创新"过少。

## （三）我国零售企业面临的三大变革

零售业是一个瞬息万变的行业。在消费者需求多样化、竞争越来越激烈的年代，零售企业必须增强创新意识，在改革创新中不断寻求发展。创新是零售企业不断满足消费者增长的需求、打破千店一面局面、不断提高经营能力的助推器。唯有创新，才能使零售企业在竞争中出类拔萃并立于不败之地。

零售业是根植于本地的产业，在改革创新的浪潮中，零售业只有对本地市场进一步挖掘，并保证基本的日常运营能力，才有可能在竞争中处于优势地位。零售业与人们的生活息息相关，其创新不需要惊天动地，而在于细节。只有把细节作为着眼点，才能深化企业的内涵，实现企业利润区的突围，不断找到新的增长点。因此，创新既需要时刻把握消费者的需求和购物行为的变化，不断修正现有购物体验设计，更好地适应当地市场的需求，又离不开基本运营能力的保证和提高。如今，中国零售企业正面临三大变革：一是业态创新；二是线上线下融合；三是精细化管理。

（1）业态创新——中国本土零售企业突围的利刃。西方零售革命的历程表明，不同零售业态的产生往往与不同的生产力发展水平相适应，国外成熟的业态模式未必都适合中国，我们绝不能一味复制照搬，开发适合国情的零售业态是零售业未来发展的方向，也是零售专业人士应该共同追求的目标。

（2）线上线下融合——中国零售业发展的必然趋势。与电子商务发展初期不同，实体店的价值被重新认知。特别是随着移动互联网的普及率越来越高，人口红利已经越来越少。同时，随着各种智能商品的不断涌现，线上入口和渠道越来越碎片化，在线零售的流量成本、获客成本越来越高。此外，在消费升级的大环境下，如今"90后""00后"的消费喜好、消费习惯和消费需求都有着新的特点，他们注重个性化、场景化的消费体验，因此商品的展示与体验成为关注点。对纯电商企业而言，需要实际感知、实际体验的场景化的体验式服务是其最大软肋。在电商冲击下的实体商业也开始探索线上运营，试图寻找一条生存之道。线上线下融合成为中国零售业发展的必然趋势。

（3）精细化管理——中国零售企业可持续发展的关键。零售人经常会讲两个非常重要的词，一个是单品管理，另一个是品类管理。二者都离不开信息化。信息化是零售业实施精细化管理的重要抓手，目前国内零售企业对IT的应用还停留在"办公自动化"水平上，仍然满足于数据汇报，不能进行真正的智能分析。跨国零售企业的实践表明，IT不只是单纯的管理工具，而且是企业塑造竞争优势的关键因素之一，信息化在零售业发展当中是服务零售企业的。深度信息化是零售业发展走向规范化、精细化的有力武器。当然，信息化不是万能的，培育感性和悟性，提高学习能力是我国本土零售企业业态创新的关键。

# 四、网络零售的发展

在过去的几年中，网络零售一直享受着中国的互联网人口红利，因此大部分企业都把关注点放在线上渠道的完善和加强上。然而，人口红利的逐渐消失，智能手机的大规模普及，移动支付和虚拟现实的兴起等，使线上线下融合的客户体验越来越重要。

2012—2017年，我国网络零售市场交易规模逐年递增，如图2-4所示。中国电子商务研究中心发布的《2016年度中国网络零售市场数据监测报告》（以下简称《报告》）显示，2016年我国网络零售市场规模达53 288亿元，同比增长39.1%。2016年我国网络零售市场交易规模占到社会消费品零售总额的14.9%，较2015年提高了2.2个百分点。2016年我国网络购物用户规模达到5亿人，相比2015年的4.6亿人增长了8.6%。

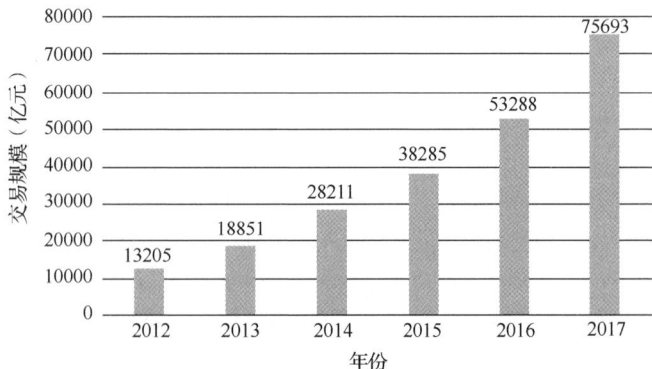

图2-4　2012—2017年我国网络零售市场交易规模

## （一）网络零售的内涵与分类

网络零售是指交易双方以互联网为媒介进行的商品交易活动，即通过互联网进行信息的组织和传递，实现有形商品和无形商品所有权的转移或服务的消费。买卖双方利用电子商务（线上）实现交易信息的查询（信息流）、交易（资金流）和交付（物流）等。网络零售也称网络购物，经历了 C2C 等发展形式之后，B2C 可分为以下几类。一是第三方交易平台型 B2C（如淘宝、天猫）；二是综合型 B2C（如亚马逊、京东）；三是传统生产企业网络直销型 B2C；四是传统零售商网络销售型 B2C（如国美）；五是纯网商（网络卖家，商品自产自销和购销）；六是社交电商。其中，社交电商是从电子商务中衍生的一种新模式，其以社交媒介为传播途径，通过社交互动的手段来达成商品交易。特别是在近年移动互联网迅速发展的背景下，其通过关注、分享、讨论、互动等与实体店、网店、移动商店融为一体，成为全渠道的重要组成部分。

## （二）网络零售的实现方式和盈利条件

### 1. 网络零售的实现方式

作为零售行业的新兴业态，网络零售正在深刻影响着传统零售行业的发展。网络零售以远高于传统零售行业的增长速度冲击着传统零售行业，传统零售商纷纷尝试网络零售业态，以满足消费者的需求。

网络零售以两种形式存在：一种是新兴网络商店形式，如亚马逊、京东商城、当当网；另一种是传统实体店转型的形式，如苏宁易购。网络零售发展迅速，从无到有，从小到大。除了资金、人才、运营经验等问题，难以兼容线上线下优势，成为传统零售发展电子商务的最大绊脚石。

### 2. 网络零售的盈利条件

尽管网络零售额在世界范围内实现了高速增长，但是盈利仍然是困扰网络商家的问题。电商的成本越来越高。据不完全统计，现在的电商成本之高已不亚于实体店：人工 11%、网络平台扣点 5.5%、推广成本 15%、快递 12%、售后 2%、财务成本 2%、水电房租 2%，加上税务，如果没有 50% 以上的毛利率，商家根本没有办法持续经营。今后网络零售商保持合理的利润主要通过以下两种方式实现。

① 与传统零售类似，精耕细作，严格控制成本。商品开发、物流管理、商品的进销存管理、客户关系管理，自产自销的企业还涉及生产流程管理，方方面面都需要更加科学化、专业化的支持，以降低成本，特别是要通过合理的采购、仓储、配送规划有效地控制物流成本。

② 依托互联网优势，以创意营销发掘即兴消费需求。网络零售可以与社区功能相结合，以激发群体性的非理性或者非必需的消费行为。

在实际的网络零售运营中，企业对于精耕细作或创意营销往往各有侧重。供应链和物流等后台体系的建设，是保证商品类、保持商品低价、优化客户体验的关键因素。供应链、物流链的改善都离不开 IT 信息系统研发的长期投入。

# 【本章小结】

（1）商品生产和商品交换的两个基本条件是：社会分工，生产资料和劳动商品归属于不同的所有者。

（2）商业是商品经济发展到一定阶段的产物，是以组织商品流通来获取盈利的经济活动。

（3）商业一般可按商品流通产业、业种、业态、流通阶段、流通范围分类。

（4）零售业的职责是必须在恰当的时间和地点，以恰当的数量和价格、恰当的形式向需求者提供恰当的商品。

（5）零售业态的内涵涉及业种及业态两方面：业种指"卖什么"，即商品的种类，业态指"怎么卖"，即经营的形态。

（6）连锁店不是零售业态。连锁店与超市的差异是：连锁店是组织形态的变革，超市的出现代表着服务方式和销售技术的变革。

（7）购物中心也不是零售业态。购物中心是一组零售商店及有关商业设施的群体组合。

（8）中国零售业态的发展有两个显著特点：一是各种新型业态同时出现，没有明显的阶段性；二是部分新型业态具有明显的不足，与国际上通行的标准业态相比有较大差距。

（9）网络零售是指交易双方以互联网为媒介进行的商品交易活动，即通过互联网进行信息组织和传递，可实现有形商品和无形商品所有权的转移或服务的消费。

# 【本章重要概念】

商业　　　零售业　　　业种　　　业态　　　百货商店　　　超级市场　　　专业店　　　专卖店
便利店　　购物中心　　网络零售

# 【思考与练习】

（1）零售业在国民经济发展中有什么意义和作用？

（2）百货商店与综合超市、购物中心有什么区别？

（3）迄今为止中国零售业态的发展特征是什么？

（4）今后中国零售企业面临的变革是什么？

（5）网络零售可以分为几类？

# 【拓展阅读】

## 不可消灭的实体商业

伴随着电子商务市场竞争的日趋白热化，纯电商面临流量红利衰竭的窘境，线下传统的供应链体系也同样面临需要嫁接更高效、先进的互联网技术以实现转型提效的难题。电商的迅速崛起颠覆了人们传统的购物习惯，越来越多的人开始接受这种新的购物方式。然而，无论互联网企业为拓展经营领域，开发新的零售方式，以吸引更多的商户入驻平台，还是实体零售企业积极调整策略，整合发展求生存，消费者关注的只是良好的购物体验。

艾瑞咨询预测，中国网络购物交易规模的增长率将逐年下降，将从 2011 年 70.2% 的高增长率下降到 2018 年 16% 的增长率，之后增长率有可能降到个位数。AC 尼尔森的调查也显示，67% 的消费者还是更享受在实体店铺购物带来的愉悦和满足。埃森哲的调查则发现，从方便性的角度看，进行购物体验改善的实体零售企业仍然占有绝对优势，93% 的消费者表示实体店购物非常方便，远远高于网络（75%）和移动设备（61%）；未来通过实体零售企业购物的消费者比例会逐年攀升，网上进行购物的消费者的比例将会逐年下降。

经过初期的爆发式发展，我国的电商开始从人口密度高且消费能力强的一、二线城市及东部发达地区等具有电商相对优势的区域向地广人稀的中西部地区及三、四、五线城市扩张，这导致电商"最后一公里"的配送成本迅速增加；与之相比，实体零售商在三、四、五线城市的租金成本相比一、二线城市明显降低，这是因为受电子商务冲击，实体零售商生存艰难，在此背景下，租金下降是必然结果，成本优势的天平会向实体零售商倾斜。电商与实体零售商间成本较量的核心变量是电商的物流成本和实体零售商的租金成本，这两项成本是决定彼此胜负的关键。当租金环境和物流环境的变化导致成本的天平偏向于实体零售企业的时候，实体零售企业便能获得非常有利的反转时机。相比于线上电商流量成本的不断升高，实体零售企业不仅能提供较好的品牌广告的可视性，还会成为零售发展中一个低成本的流量入口，迎来成本降低、销量增加的反转窗口期。

对此，有研究机构预测，到 2020 年，纯网络零售占社会零售总额的比重在 20% 左右。这说明，依然有 80% 左右的交易在线下发生，实体零售业还有较大的发展空间和潜力。实体零售业不会消亡，未来还有很大的发展空间。电子商务与实体零售业将逐步趋于融合，全渠道是共同选择。由于消费者向线上迁移，故品牌商和实体零售商纷纷向线上转型，线上与线下融合发展是大势所趋。未来的实体零售业是用互联网、云计算、大数据武装起来的商业生态，不具备这些服务能力的流通企业将会被技术进步无情淘汰，就像马车被汽车替代一样。

在线上线下融合发展的大趋势下，线下实体零售企业和线上电商间的冲突已逐渐趋于理性。有不少实体零售企业也坦陈是互联网的发展给整个行业带来了颠覆性的变化，零售业必须要顺应潮流，走融合发展的道路。同时，其认同零售业的未来发展必然是线上线下一体化。

资料来源：根据《中国物流与采购》（2017 年第 4 期）整理。

CHAPTER

# 第三章
## "互联网+"与新零售变革

【主要内容】
（1）互联网带来的改变
（2）"互联网+"的价值
（3）O2O 模式的变革与发展
（4）新零售变革：数字化转型和价值重塑

> 上天下凡，线上与线下融合是这个时代的主流。
>
> ——陈海权

 **案例导读**

### "互联网+"成为消费模式新常态

对于消费模式的内涵，学者们存在着不同的理解。人们的消费模式在很大程度上受所在的社会的结构制约。有学者认为，越是多元化的社会，越容易接受新的消费品和消费服务。中国社会科学院周叔莲教授指出，消费模式主要指一定时期的消费特征，具有包括消费内容、消费水平、消费结构、消费方式、消费爱好和消费趋势在内的深邃内涵。西安交通大学文启湘教授认为，人们的消费模式是指在一定时期内，居民的消费水平、消费结构与消费方式等。总体上看，消费模式主要包含人们的消费关系和行为方法，反映了消费者的消费内容、基本趋势，既指导消费者的消费活动，又对消费者的消费行为进行社会价值判断；消费模式不仅反映了消费的主要内容，还反映了经济社会生活的准则。

如果说在过去 20 年里，线上零售和线下零售是两个平行共存的世界，那么近年来这两个世界的分界线正在消失。在移动互联网技术、定位技术、大数据技术等的推动下，线上与线下融合发展的 O2O 模式受到广泛的关注和应用。埃森哲无缝零售研究结果显示，消费者期待通过全渠道获得无缝式购物体验。实体店、网店、移动商店和社交媒体的线上线下、全渠道融合是主流，一人一店的时代即将来临。实践表明，互联网大大拓展了全社会沟通活动的空间，极大地变革着人们的消费模式。"互联网+"背景下的消费模式完全不同于传统消费模式，对产品生产、市场流通、经营销售都产生了巨大的影响，合成了消费模式的新常态。

**思考题：**互联网对消费行为有哪些主要影响？

# 一、互联网带来的改变

## （一）互联网已成为中国人必不可少的工具

中国互联网络信息中心（CNNIC）发布的第 39 次《中国互联网络发展状况统计报告》显示，截至 2016 年 12 月，中国网民规模超 7.31 亿人，相当于欧洲人口总量；互联网普及率达到 53.2%，超过全球平均水平 3.1%，超过亚洲平均水平 7.6%。中国网民中，手机网民占比达 95.1%，人们的线下手机支付习惯已经形成，如图 3-1 所示。

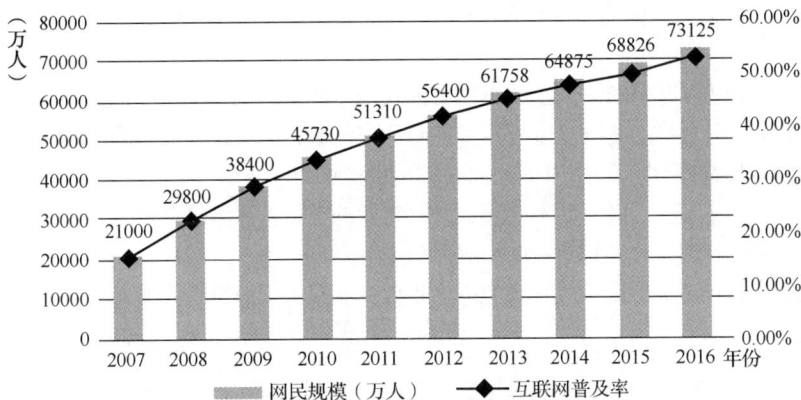

图 3-1　中国网民规模和互联网普及率[1]

随着移动终端的普及，无线网络覆盖区域的扩大，互联网将在现有基础上进一步影响我们的生活和工作，在诸多方面改变我们的工作形态，从而产生更多的商业机会。

## （二）互联网背景下用户主权时代来临

由于互联网具有开放透明、去中心化、信息整合等特点，因此互联网消费一方面简化了传统

---

[1] 资料来源：中国产业信息网。

消费的流通环节，拉近了企业与消费者间的距离，另一方面解决了商家和消费者信息不对称的问题，甚至通过大数据技术的广泛应用实现了消费潜力的挖掘。

电商时代是前所未有的消费者维权意识崛起的时代，商家从单纯的规模、低价竞争向商品和服务的竞争方向转变。从某种意义上讲，电子商务正掀起一场消费与流通领域的民主化运动，旨在消灭信息不对称。电商企业最大的竞争对手是消费者，在互联网经济时代，"用户至上"已成为生态系统的硬性要求，使用户体验达到极致、为商品赋予情感成为商家的必修课。这需要提高供应链效率，如小米手机每周迭代一次，微信第一年迭代开发44次。事实上，对消费者需求的把握就是一个测试的过程，这要求电商进行的商品创新是一个精益求精和迭代的过程，根据需求反馈而成长。

总之，基于消费者视角开发商品和服务，优化供应链管理和客户体验成为中国电商竞争的新焦点，电子商务的创新发展正在回归商业的本质。

### （三）互联网的发展对零售企业的影响

"互联网+"是对传统产业潜力的再次挖掘和对产业要素的重新组合，用互联网思维去提升传统产业。"互联网+"对传统零售行业的冲击主要表现在价格、终端和销售控制、商业模式等方面，零售企业的发展将呈现以下趋势。

（1）用户至上。互联网使得用户社群化和粉丝化成为未来的发展趋势。培养忠实消费者是零售企业的长久发展目标，只有从消费者角度出发维护其利益，企业才能获取长久利益。在当前零售变革的环境下，结合当前的消费环境、社会需求，重构新的消费价值观，才能有效地推动零售变革。

（2）线下与线上零售同价。线上线下同价模式是一种保护传统零售行业的重要价格模式。

（3）更注重用户体验。零售企业一定要注重用户体验，同质化的、强调功能性的商品将越来越没有竞争力，那些拥有一流用户体验的商品将会脱颖而出。

（4）个性化需求成为主流，定制化将成为零售业的常态。欲满足用户的多样化需求，企业对商品必须不断创新，以提高零售企业的影响力和竞争力。

（5）大数据营销成为标配。用户大数据为零售企业提供了消费趋势和需求信息，为企业指明了发展方向。

# 二、"互联网+"的价值

互联网知识的渗透使各行各业产生了巨大的改变。传统企业将互联网看成一种技术或渠道。互联网1.0是一个"消费互联网"，解决的是消费端的问题，如新的渠道、沟通方式。在消费互联网阶段，创新价值最重要的是营销至上、流量为王和虚拟经济。不过，互联网不仅可被看成技术，还代表着生活方式和从未有过的全新顾客价值体验。这种全新的顾客价值属性，使传统企业从原有的商业模式中无法找到理想的途径。小米公司真正厉害的地方，是能够把制造能力和互联网的属性组合得很好，既能够提供好的商品，又让好的商品具有互联网属性。新兴的互联网企业正好迎合了拥有互联网思维和生活方式的新族群的价值需求，而这个族群又具有愿意尝试新事物的习惯，消费者新需求和新的消费者两个因素的叠加，给新兴互联网企业创造了一个机会窗口。互联网思维的精髓在于"互联"，把各种事物联系起来，把生意的链条变长，设计更复杂的规则。若单纯看其中任何一个环节，似乎没什么了不起，但组合起来就创造了价值。因此，互联网思维的精髓可以概括为整合、融合、创新。"互联网+"的价值，就是利用互联网技术打破原有业务中的信息不对称局面，实现效率重构。互联网的类型划分如表 3-1 所示。

表 3-1　互联网的类型划分

| 类型 | 解释 |
| --- | --- |
| +互联网 | 物理叠加，改善存量 |
| 互联网+ | 化学反应，创造增量 |

# 三、O2O 模式的变革

## （一）电子商务的核心和 O2O 模式变革

电子商务的核心是商业模式创新和服务创新，其优势主要体现为不受时间、空间的限制。例如，2008 年 8 月在广州成立的唯品会，率先在国内开创了"特卖"这一独特的商业模式，构建了"零库存"的物流管理以及与电子商务无缝对接的模式。天猫则采用的是集市模式，京东是从自营模式开始的。

近年来，线上（Online）与线下（Offline）融合发展就是商业模式和服务模式创新的综合体现，即 O2O（Online to Offline）。O2O 业务流程各个阶段的技术创新和应用实践如图 3-2 所示。

目前，O2O 主要包括三种模式：一是仓库融合，即同品牌线上线下销售渠道共用仓库，使网络销售可以做到就近发货，以更好地发挥品牌多仓多点的优势；二是门店融合，即线下店铺与线上店铺相辅相成，取得共享资源、同步销售、融合管理的效果，从而提高市场份额；三是服务方式融合，即融合线上线下客户数据、多样化的售后服务方式，优化用户体验，完善整个服务流程。O2O 的三种模式如图 3-3 所示。

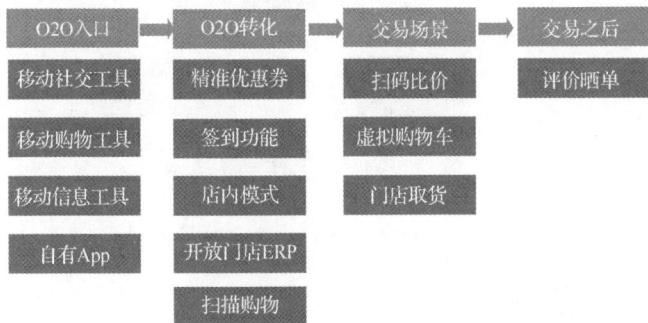

图 3-2　O2O 业务流程各个阶段的技术创新和应用实践示意图

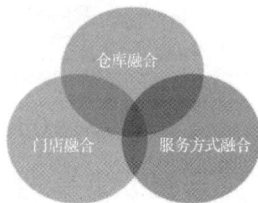

图 3-3　O2O 的三种模式

在电子商务迅猛发展的今天，发布商品不难，获得一定的初期用户也不难，后续的运营和服务能力才是电商企业生存的关键。服务和运营是形成品牌、核心竞争力的关键。从线上或线下购物对于消费者来说并不重要，"实体店+电子商务+移动网络"的全渠道零售时代正式开启。全渠道零售（Omni-Channel Retailing），是指企业为了满足消费者在任何时候、任何地点，以任何方式购买的需求，采取整合实体渠道、电子商务渠道和移动电子商务渠道的方式销售商品或服务，提供给消费者无差别的购买体验。

## （二）O2O 模式的价值

O2O 模式，简而言之就是"1+1=N"，可充分释放价值倍增效应，如图 3-4 所示。消费者将需求传递 O2O 平台，进而通过平台传递给线下商家，实现多方共赢。O2O 模式的价值主要体现在以下三个方面。

一是有效锁定消费价值链。O2O 模式提供了丰富、全面、及时的商家及商品信息，能够帮助消费者快速筛选并订购适宜的商品或服务，提供全面的、个性化的购物体验。

二是让线下消费信息传递更及时、更准确。信息不对称为商家和消费者带来困扰。90%左右的消费者希望促销信息更准确、更及时。然而，尽管商家每年度都会根据销售等因素对推广及品牌传播进行重新规划，但依旧没有明显的效果。线上线下一体化的 O2O 模式能够使消费者实时获取信息，从而迅速提高商品知名度和品牌形象。

三是带来线上交易增量。对于线上商家而言，O2O 模式在减少对选址的依赖、大幅度降低运营成本的同时，有助于商家掌握用户消费轨迹，持续深入地进行客情维护，实现精准营销（团购、信息发布、优惠券、营销推广、签到、消费拼单），为消费者创造节约型购物惊喜体验，使高黏度消费者成倍增加。不仅如此，本地化程度较高的垂直网站借助 O2O 模式，能够争取更多的商家资源，为商家提供更多增值服务。

综上所述，O2O 模式服务提升的路径为线上销售—线下消费—线上反馈—线下提升，如图 3-5 所示。O2O 模式依托的关键资源离不开大用户、大信息和大数据，需要迫切解决审货、物流配送、供应链和服务等问题。

图 3-4　O2O 模式的价值

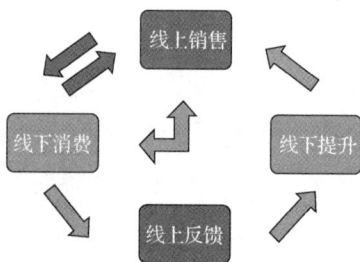

图 3-5　O2O 模式服务提升的路径

## （三）O2O 模式的核心和成功的关键

在 O2O 模式中，Offline 指的是线下实体店面、服务、商品等，Online 指的是线上店铺、互动等，to 可指互动及引导。也就是说，无论是哪一种 O2O 模式，都离不开线下实体企业、线上虚拟空间以及线上线下的引流和互动。同时，O2O 作为一种商业模式，其本质仍旧是交易。所以，移动 O2O 思维的核心包括虚实互动、引流思维及以交易为目的。虚实互动，是指企业的线下相关业务及企业功能与线上平台（自建 App、移动电商平台、移动社交平台等）形成有效的业务连接和互动，为用户提供贯穿线上和线下，包含售前、售中和售后的完整消费体验。引流思维，是指引来流量的思维。流量分为两类：一类是企业在线上移动端的流量，包括企业自建 App 的流量和微信、微博、电商平台上的流量；另一类是企业在线下的流量，包括企业线下实体店的消费者流量、企业通过电话等非网络工具获取的消费者流量等。

无论是在线上还是线下，作为企业的一种商业模式，O2O 仍旧以交易为目的。从消费者的角度看，商品交易流程最少要包括如下环节：商家提供商品—消费者通过某种渠道购买—消费者付款—消费者拿货/商家送货。商家必须为消费者提供这一流程的所有渠道，包括商品信息展示渠道（消费者需要了解商品信息，并对商品进行比较）、购物渠道（包括线上和线下的购物渠道）、付款渠道（线下和线上的付款渠道最好能够保持畅通）、物流渠道。

O2O 模式的成功运营至少包括以下三个关键点。

第一，电子商务是一个全网营销的过程，O2O 也不例外：在线上营销和接单，在线下提供体验、服务和配送。在这个过程中，商家要让消费者感觉到"这就是我心里想要的商品"，引起共鸣，才能使消费者成为铁杆粉丝。

第二，O2O 模式是一种分站、分仓、分销的模式。为什么要分站呢？例如，对于家纺行业，秋季的时候，南方在卖床单、单被，北方可能已经在卖棉被了。这时就需要一个既有总站又有分站的平台。

第三，线上线下的数据同步。这就需要建设和打通通道。总部的数据、分站（连锁加盟店）的数据是实时更新的，这要求总部和分站（连锁加盟店）有一个快速反应的机制和系统。

总的来说，互联网时代来临，O2O 成为新商业的热点话题。零售业的数字化创新将开启未来智慧商业的大门，智慧零售正在快速形成和发展。但是，目前零售业前台的数字化水平要领先于后台，即数字化营销、全渠道策略明显领先于商品数字化和供应链数字化。

阅读资料

## 亚马逊"下凡"

作为目前世界上最大的电子商务企业，亚马逊开始了线下实体店的尝试。2016 年年底，在西雅图第七大街 2131 号，亚马逊悄然开设了它的第一家实体超市 Amazon Go。这个面积约 170 平方米的超市没有收银员，没有扫条形码结账的流程。消费者进入商店后扫描手机上的 Amazon Go 软件，从货架上拿取或者放回商品，然后可以径直出门。

互联网企业开设实体店有着核心优势——高科技和大数据。亚马逊在官方介绍中说，Amazon

Go 使用的是最先进的购物技术，通过计算机视觉、深度学习、触感混合等技术完成对消费者在店内消费的记录，从而完全免去了排队结账的过程。例如，亚马逊采用线上销售搜集的数据可以预测实体店的销售情况，降低库存，尽量展示最有可能被客户选中的商品。所以无论是亚马逊还是阿里巴巴，它们锻造的实体零售店很有可能成为传统实体零售店的 2.0 版本。不过这个新版本的实体零售店是否会被市场接受还需要时间的检验。

# 四、新零售变革：数字化转型和价值重塑

消费升级与技术变革是新零售爆发的根源。一方面，传统零售业利用新兴技术解锁商机，探索新模式；另一方面，消费者对购物体验升级、场景本地化的诉求，使得强势的电商企业探索线上线下融合。阿里巴巴私有化银泰，投资三江购物、新华都以及高鑫零售等，腾讯参投永辉超市旗下超级物种，入股步步高、海澜之家等，以及 Amazon Go、盒马鲜生、缤果盒子、喜茶等线下线上融合新业态的诞生等，无不印证着"线下不死、实体未亡"，新零售的概念陡然成为热词。

## （一）新零售的提出

2016 年 10 月 13 日，阿里巴巴集团董事局主席马云在云栖大会上发表演讲，提出了"新五通一平"（新零售、新制造、新金融、新技术和新能源，提供一个公平创业的环境和竞争的环境）。马云指出，纯电商时代很快会结束，未来十年、二十年，没有电子商务这一说，只有新零售，线上线下和物流必须结合在一起，才能催生真正的新零售。

2017 年 4 月 2 日，马云在 IT 领袖峰会上再次提及新零售。马云认为，电子商务在未来五年内依旧高速增长，但是我们要思考十年以后会怎么样。十年以后，纯电商会很艰难，线下零售也会很艰难，所以新零售实际上要把线上线下物流整合在一起，以后的零售不是思考怎么卖东西，而是怎么服务好客户。传统零售采用的各种各样的促销方式，想的任何方法，都是怎么卖东西。因此，从卖东西走向服务，这是巨大的变革。

另外，京东创始人刘强东 2017 年也发表了署名文章《零售不存在新与旧，改变的是零售业基础设施》，指出这场革命改变的不是零售，而是零售的基础设施。零售的基础设施将变得极其可塑化、智能化和协同化，从而推动"无界零售"时代的到来，实现成本、效率、体验的升级。

2018 年 3 月，腾讯创始人马化腾提出的"智慧零售"正面回答了新零售的表现形式。未来，数据赋能、场景优化、服务升级将像阳光、空气和水一样，成为零售业的标配。我们研究发现，每个时代都有新零售业态诞生，这一轮的新零售变革表现为"新信息集成革命"下的业态重组和模式创新。零售企业的每一次创新都是新的生产方式、消费方式和技术力量共同作用的结果。新零售变革的三角模型，如图 3-6 所示。这一次的变革比以往任何一次零售革命都来得凶猛，影响不断深入和全面，正在推动产业融合。

图 3-6 新零售变革的三角模型

随着时间的推移，"新零售"在行业内被频繁提起。招商证券利用图谱的方式将我国"新零售"

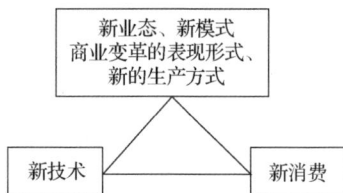

的主要竞争格局直观、全景式地展现了出来（见图 3-7）。可以发现，当前中国新零售的版图是由阿里巴巴、腾讯两家互联网巨头牵引发展的。

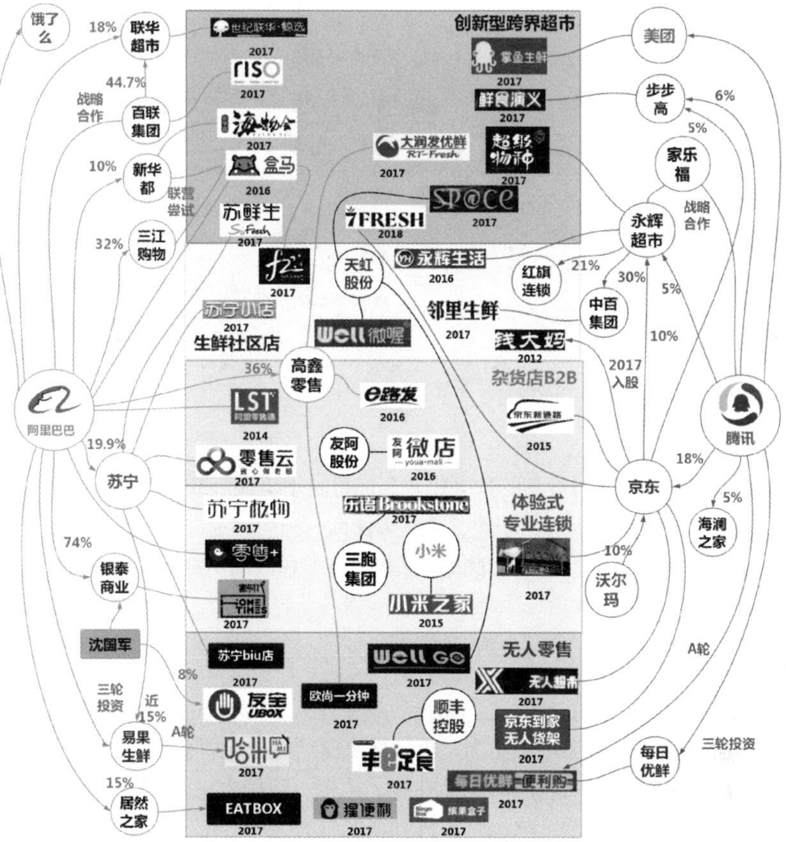

图 3-7　中国新零售版图（截至 2018 年 3 月）①

　　什么是新零售？新零售是指以消费者为核心，对要素资源进行重新配置，即突破"线上"销售商品的局限，通过各种资源整合重构，实现线上销售与线下销售的有机结合。其是以线上线下融合为根本，互联网和物联网、人工智能及大数据等领先技术为驱动，面向线上线下全客群，提供跨场景的智慧连接的新型零售模式。其利用互联网和大数据，将"人、货、场"等传统商业要素重构，包括重构生产流程、重构商家与消费者的关系、重构消费体验。新零售的目的，不仅是要完成企业内部组织的重构，更重要的是完成企业与企业间的重构，完成整个商业业态的重构。

　　新零售的本质是用大数据重构"人、货、场"等商业要素，助力运营科学化，如图 3-8 所示。"人、货、场"的数字化只是第一步，第二步将全面重构品牌、消费者乃至企业内部的生产关系。

---

① 资料来源：招商证券。

商家通过提供商业场景、支付、金融、云计算、大数据、物流各个环节的商业基础设施，致力于让每一个零售商都能够更好地服务消费者，提升消费者的体验。那么，"人、货、场"是怎样通过大数据进行重构的呢？

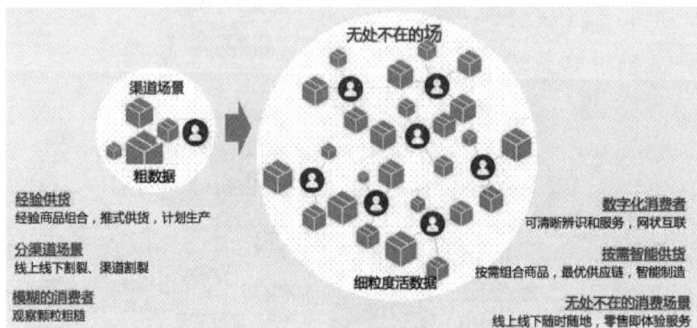

图 3-8　新零售："人、货、场"的重构

### 1. "人"的重构

"人"的重构主要体现为消费者的数字化。当你打开手机淘宝或者支付宝页面，后台立刻就能知道你是谁，知道你的性别、年龄、职业、喜欢买什么……当你走进线下门店，如亚马逊还在试验中的无人收款超市 Amazon Go，门店也能借助互联网技术和数据识别你，这时线上的"人"和线下的"人"成为了一体。

### 2. "货"的重构

一是商品的数码化和运营的科学化。无论商品在什么地方，人们都可以对其进行实时监控。类似的跟踪技术在物流体系的运用中更为常见。只要找到电子化"锚点"，如条形码和二维码，或者物联网传感器，我们就能让货物随时随地在线、可知、可控。二是商品结构重构。零售的核心是利用商品来满足消费者的需求，这也是零售创新的核心之一。

### 3. "场"的重构

新零售视野之下，"场"会纳入"在线"的体系，只是"场"的物理程度最高，电子化和智能化需要经过一个漫长的过程。目前的形态都只是不同程度的试验场，并无真正成型的模式，如盒马鲜生运用前店后仓，重新设计科学的动线，对"场"进行了智能化改造。优化门店体验的主要路径重点有两个——场景、体验。今后零售企业需要尽快打破以传统商品为中心的零售场景，创造更多的生活场景、社交场景等，把零售变成社交零售、体验零售、慢速生活的场景。新零售的形式越多，整个行业生态就会越丰富。

## （二）新零售的价值取向

2011 年 8 月，Noesis 发布了《全球零售趋势》调查报告。Noesis 为零售的价值下了一个新的定义：Value 不等于 Money。物质不一定就是有价值的，价值在于乐趣、激情、自然、挑战……零售业发展的价值取向是乐趣、体验、社会化。善待消费者，保护消费者利益，才是 21 世纪零售舞台的焦点。零售业的最高境界是：企业通过整体的努力来满足消费者心理及功能性的需求，让每一次消费都成为消费者的美好体验。安达信和得克萨斯农工大学零售研究中心的调查研究结果表明，新的零售价值包括：满足、尊重消费者的个人需求；满足和超越消费者的期望，而非基本需求；与消费者的接触向心理深层方向发展；高效地将消费者零售经历个性化；领导社区发展，而不局限于参与，注重社会责任，如图 3-9 所示。

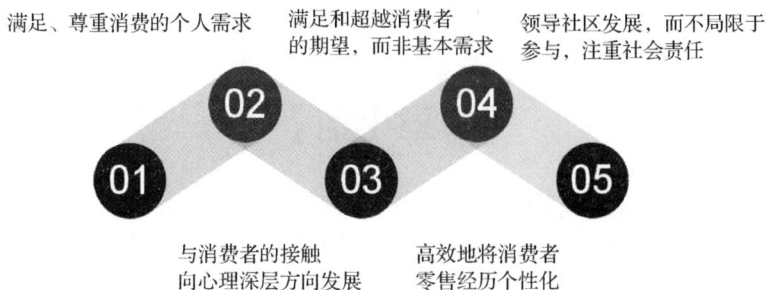

图 3-9　新零售的价值取向

真正把消费者放在心里，知道消费者想要什么、不想要什么，颠覆的是传统的思维模式和行为方式，需要的恰恰是自我变革的勇气和决心。零售业的本质不会因为科技的变化而变化，在恰当的时间、恰当的地点，为恰当的消费者提供恰当的商品和服务，如图 3-10 所示。

图 3-10　零售业的本质从来没有发生变化

## （三）新零售的未来趋势

### 1. 互联网红利消退，体验式消费重获关注，融合已成趋势

一是电商成本高，增长天花板难以突破。经历了早期粗放式增长，流量电商红利期已成过去式。互联网流量红利逐步消退，纯电商竞争日趋激烈，开店、运营、物流、推广等多项费用增长，使得电商成本优势不再，线上成本与线下成本几近相同，价格优势不再明显。纯电商时代已经成为过去式。

二是消费体验升级，线下价值被再度挖掘。伴随着消费升级，商品和服务深入融合，消费者除购买优质商品，对于体验式消费的需求也逐渐凸显。消费包括商品消费和服务消费两部分，其发展呈多元化趋势。线下实体店可通过多业态融合、消费场景的搭建、更强的品牌认知、更佳的售后服务、更优质的消费体验获得消费者青睐，满足消费者的多元化需求。单纯依赖流量增长的线上模式和仅靠开店的线下模式增长已经见顶，线上线下融合会成为零售行业的新突破点。

### 2. 布局全渠道，打通线上、线下

线上巨头发现了线下实体店在渠道、场景体验及供应链方面的优势，频频合作，意在重构传

统零售业态。在我国，以阿里巴巴、京东为代表的互联网巨头正瞄准新零售这一领域，布局线下，通过股权合作，深化与线下实体零售商的合作，克服轻度合作难以协调的问题，从流量、系统到供应链、物流全面推进。线下通过品牌背书、售后服务、门店仓储、较好的消费体验向线上融合，线上平台价值、物流先发优势及供应链整合能力也将不断革新线下消费。

目前，实体商业正在以超常规的速度被重构，会越来越关注消费体验。实体商业数字化转型的主要目的是提高运营效率，节约业务成本，优化绩效，提升消费体验。未来零售企业应重点进行人才投资，人才是这个行业发展的关键。

# 【本章小结】

（1）上天下凡是互联网时代零售业发展的方向，全渠道时代来临。

（2）O2O 主要包括三种模式：一是仓库融合，即同品牌线上线下销售渠道共用仓库，使网络销售可以做到就近发货，以更好地发挥品牌多仓多点的优势；二是门店融合，即线下店铺与线上店铺相辅相成，取得共享资源、同步销售、融合管理的效果，从而提高市场份额；三是服务方式融合，即融合线上线下客户数据、多样化的售后服务方式，优化用户体验，完善整个服务流程。

（3）电子商务的核心是商业模式创新和服务创新，其优势主要是不受时间、空间的限制。

# 【本章重要概念】

O2O　　全渠道　　新零售　　商业模式创新

# 【思考与练习】

（1）全渠道指的是什么？

（2）马云所说的新零售的含义是什么？

（3）O2O 有哪几种模式？

（4）O2O 模式的核心和成功的关键点是什么？

（5）零售业如何实现数字化转型？

# 【拓展阅读】

## 优衣库"双十一"夺冠

2012 年，优衣库成为全球第四大快时尚品牌，位居西班牙快时尚品牌 ZARA、瑞典快时尚品牌 H&M 和美国快时尚品牌 GAP 之后。在 2016 年天猫"双十一"购物节中，优衣库成为全品类销售最快破亿元的品牌，连续 3 年成为服装类最先破亿元的品牌，并且在 2016 年"双十一"当天上午，优衣库天猫官方旗舰店商品全面售罄，在活动结束时，优衣库还位居热门行业商家销售额排名榜首。从一家毫不起眼的小店到如今全球四大快时尚品牌之一，甚至一举夺得天猫"双十一"销售额榜首之位，优衣库这个日本服饰品牌究竟是如何做到的呢？

（一）融合线上线下

（1）线上与线下联动。在天猫"双十一"期间，优衣库将线上与线下的渠道打通，消费者在优衣库天猫官方旗舰店下单并付款后，会在 24 小时之内收到优衣库已经完成备货的通知；之后消费者便可以在全国 100 多个城市的超过 400 家门店便捷取货。与此同时，优衣库也会在门店的部分商品之中，选取一些实行与线上相同的"双十一"优惠价格。虽然听起来步骤十分简单，但这并不是一件容易实现的事情。对于任何消费品牌而言，库存都是一个重要的商业数据，线上线下联动则意味着优衣库需要打通两个不同销售渠道的库存数据，同时做好足够的库存储备与管理工作。优衣库需要在 24 个小时甚至更短的时间内，处理突然拥入的大量订单，同时完成线下门店的备货工作。可见，优衣库已经具备一个较为完善的库存管理系统。

（2）线上为线下引流。在电商流行的今天，优衣库的 App 和官网在努力地把用户往线下实体店引。优衣库的 App 为用户提供了位置导航服务，用户可以通过 App 应用查找距离自己最近的店铺及其联络方式、营业时间、销售商品范围等信息，还可以通过导航查找到达店铺的路线。这种做法使得优衣库节省了大量的物流成本，并且线下消费辅以导购试穿功能，可优化用户的消费体验，有助于提高消费者的满意度、降低退货率。

（二）转变价值主张

2013 年年底，优衣库将 Slogan 由 Made for All（造服于人）换成了现在的 Life Wear（服适人生），将价值主体归还给了消费者。"Made for All（造服于人）"从制造者的角度强调制造商的功能、作用，而"Life Wear（服适人生）"从使用者的角度，阐释了优衣库对消费者穿着体验的重视。这就意味着，从 2013 年起，优衣库就率先进入了"用户时代"。

（三）注重品牌宣传

（1）App 主打品牌宣传。优衣库的 App 以宣传品牌和商品搭配、陈列为主，没有直接在线购买功能。如果点击购买，则页面会跳转到天猫商城。这意味着优衣库的线上销售功能全部让渡给了天猫官方旗舰店。这一做法使得用户在使用优衣库 App 的过程中减少了购买暗示，让优衣库 App 真正发挥作用，也增加了用户的好感度。

（2）活动主张互动化。2014 年优衣库主推项目——"搭出色"。优衣库在全国 14 座城市推出虚拟试衣镜，用户在活动期间可前往指定的优衣库门店，选择优衣库服饰试穿并通过"搭出色"虚拟试衣设备完成互动流程，扫描二维码获得活动作品，将活动作品分享至微信朋友圈。同时，用户可用文字说明照片中的哪一件服饰为优衣库的商品，吸引或邀请好友支持自己，即可获得中奖机会。如果没有前往店铺，消费者还可以用优衣库的服饰搭配其他服装或者配饰，上传作品后同样可以作为选手参加活动。通过这一活动，消费者可以认识到"基本款"的多种可能，体会"基本款+各种配饰"也有时尚感。"搭出色"项目在二三线城市的消费者中效果显著。截至 2014 年11 月 5 日，此活动的参与人次接近 140 万。值得一提的是，在这些项目中，优衣库并不加上一键购买的链接——只分享，不鼓励购买。这一"不想让消费者感到时刻都劝导他们买买买"的做法瞬间提升了优衣库在大众心目中的品牌形象。

（四）打造商品内容

（1）丰富商品结构。2016 年 1 月，优衣库打破原有的商品分类，以生活方式为维度，推出 Uniqlo U、Sport、Knit、Jogger 4 种场景服饰，以满足人们不同的穿着需要。

（2）以生活场景呈现新品。优衣库首次以生活场景呈现 Life Wear 新品，改变了以往按商品系列展示的传统，在现场呈现了现代生活中的多个经典场景。以风格、功能性、面料等为维度匹配在这些场景下适合穿着搭配的 Life Wear 新品。

（3）用原创设计升级商品系列。2016 年 3 月，优衣库以"萌酷潮趣"四大主题，与纽约当代艺术大师 KAWS 联名推出春夏 UT 系列，用原创设计升级了原有的系列服饰，从而提高了优衣库的时尚度。

（4）利用 KOL 演绎品牌理念。2016 年 3 月，优衣库以"不同世代，穿悦生活"为主题，在"60 后"到"00 后"5 个不同年龄层中，寻找到了 6 位不同领域的 KOL，通过不同场景下的服装搭配展现和身边榜样的亲身演绎，阐释了优衣库"Life Wear（服适人生）"的品牌理念。

【解读】App 具有服务性质和内容传达性质，微信等社交媒体平台则是与消费者深入对话的渠道。线上和线下店铺都是树立品牌形象、宣传品牌的窗口，App、社交媒体等也可以让消费者了解品牌，更好地进行互动与消费。优衣库将线上与线下融合，始终注重品牌的传播、商品内容的丰富和消费者的体验。

# 第四章
# 零售业态演变规律

**【主要内容】**

（1）五次零售业革命

（2）零售业态演变理论

> 自主创新是零售企业发展的动力源泉。只有敢于创新的企业才能长盛不衰。
>
> ——陈海权

 **案例导读**

## 超市的诞生

1930 年 8 月，美国人迈克尔·库仑（Michael Cullen）在美国纽约州开办了第一家超级市场（或称超市）——金库仑联合商店。当时，美国正处于经济大萧条时期，迈克尔·库仑运用他几十年的食品经营经验精确设计了低价策略，并首创了商品品种分类定价方法。他的超级市场平均毛利率只有 9%，和当时美国一般商店 25%～40% 的毛利率相比是非常令人吃惊的。为了保证售价低，必须做到进货价格低。在当时，只有大量进货才能压低进价，迈克尔·库仑就以连锁经营的方式，建立了保证大量进货的销售系统。同时，他首创了自助式销售方式，采用一次性集中结算方式。超级市场这一业态的诞生和发展，被称为零售业的第三次革命。

20 世纪 30 年代中期以后，超级市场这种零售业态从美国逐渐传到了日本和欧洲各国。1990 年 12 月，我国第一家连锁超市在东莞虎门诞生。

**思考题：** 超级市场为什么会诞生？

# 一、零售业的五次革命

零售业态的变迁是一个国家和地区社会发展、经济增长和技术变革的必然产物。零售业的变化达到发生重大变革的程度，必须满足三个特征：一是革新性，产生一种全新的零售经营方式、组织形式和管理方法，并取得支配地位；二是冲击性，新的零售组织和经营方式将对旧组织、旧方式带来强烈的冲击，同时影响着消费者购物方式的变化和厂商关系的调整；三是广延性，变革不是转瞬即逝的，会扩展到一定的空间、延续一定的时间。从这几方面考察，零售业在变迁历史中，大致发生了五次革命，如图4-1所示。

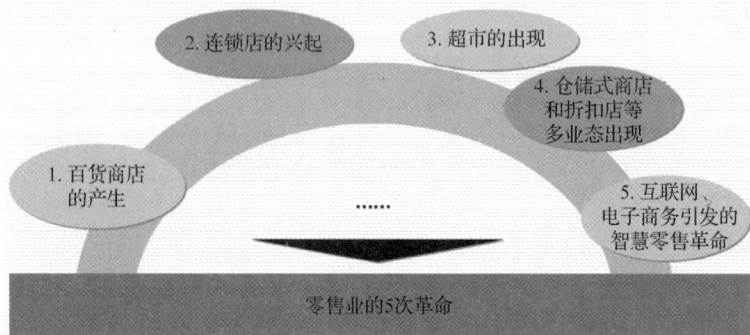

图 4-1　零售业的 5 次革命

## （一）第一次零售业革命：百货商店的产生（业态创新）

零售业的第一次革命以百货商店的诞生为重要标志。百货商店于 1852 年产生于法国巴黎。百货商店形成的原因主要有两个。一是工业革命促进了交通运输的发展和商品流通手段的革新，同时使商品丰富起来，为大规模百货商店的产生提供了可能性。百货商店的出现，是对以机械化为基础的大量生产体制的直接反应。二是工业革命加速了城市发展进程，不仅将分散的购买力集中于城市，而且造就了城市居民的享乐阶层，使大规模百货商店的产生成为必要。

在美国，百货商店于 19 世纪 60 年代萌芽，到 19 世纪末 20 世纪初发展达到了高峰。它适应了当时的经济发展，引发了第一次零售革命：经营品种较多，满足了消费者多样化的需求，节约了消费者的购物时间，给厂商提供了展示自己商品的固定场所，同时成为城市发展的名片，如图4-2所示。

百货商店的首创性体现在以下几个方面：①实行消费者自由进出商店的原则，从而极大地增加了消费者流量；②采取定价制度，实行商品明码标价，提高了交易的透明度；③经营的商品门类齐全、

图 4-2　百货商店是城市的名片

品种繁多、存货充足，且讲究商品陈列；④实行柜台销售，并由销售人员向消费者提供各种服务；⑤实行退货制度，最大限度地保证了消费者的利益；⑥遵循"薄利多销"的原则，加速了商品的周转速度；⑦在组织管理上实行商品部制度，提高了商店的管理效率。

百货商店满足了社会的需求，获得了巨大的发展。它的发展轨迹也与一般零售业态几近相似，主要表现在：①发展势头由兴旺到衰落；②价格定位由低向高；③消费者由普通百姓过渡为中产阶层；④商品由日用品转向高档商品；⑤服务由单一走向多元；⑥柜台由封闭走向敞开；⑦经营由自营走向兼有出租柜台等。另外，由于百货商店不断地调整与改革，在困境中寻求新的空间，因此它的衰落速度不是很快。传统商店与百货商店的比较如表 4-1 所示。

表 4-1　传统商店与百货商店的比较

| 传统商店 | 百货商店 |
| --- | --- |
| 单项经营，如布料店、鞋帽店、杂货店 | 综合经营，主要经营日用品 |
| 限制消费者进入、谢绝参观 | 自由进入 |
| 价格有弹性、随意性、强制性、欺骗性 | 明码标价，一视同仁 |
| 货物售出概不退换 | 自由退货、换货 |
| 采用高盈利、低周转策略，价格较高，毛利率为 40%～50% | 采用低盈利、高周转策略，价格较低，毛利率为 13.5% |

百货商店的出现和发展结束了"作坊"店铺的时代，使其自然地成为零售业霸主和一个城市的中心。它是大城市发展的产物，同时促进了大城市的形成与发展，推动了工业革命的发展，适应了工业革命流水线作业的要求。

### （二）第二次零售业革命：连锁店的兴起（经营组织变革）

第二次零售业革命的标志是连锁店的兴起。百货商店产生后，随着现代大工业的发展，零售业急需一种与大工业规模化的生产要求相适应的零售模式。大批量的生产要求大批量流通，要求店铺经营实现组织化和规模化。单一的百货商店显然无法满足这个要求，社会上急需一种新的零售经营组织，采取同一形态、相同原则经营多家店铺的连锁店刚好适应了这种变化。另外，工业化促进了运输和通信条件的改善，物流和仓储的效率大大提高，这使得连锁体系的建立成为可能。但是，为了适应社会化大生产的需要，连锁店还要把现代化的大生产与流通企业的规模经营、消费者的自由购买及个性化消费有机地结合起来。

1859 年，美国大西洋和太平洋茶叶公司（A&P）建立了世界上第一家直营连锁门店。1910 年，连锁经营在零售领域得到广泛应用，其实质就是将社会化大生产的基本原理应用于流通领域，达到提高协调运作能力和规模化经营效益的目的。连锁店是在同一总部的指导和管理下，经营同类商品，使用统一的商号，采取统一采购配送方式实现规模经营的组织形式。采购功能和销售功能的完全分离是连锁经营的本质和核心。

连锁经营包括正规连锁、自由连锁和特许连锁三种经营形式。连锁店的基本特征为：①简单化（Simplification），现代商业讲求迅速，越简单的流程越能快速完成任务；②专业化（Specialization），工作将趋向细分或专业化，在商品方面则强调差异化；③标准化（Standardization），工作将趋向标准化，每一件事都依照标准形式去做。

总之，连锁店将分散的单个店铺组织了起来，取得了大规模生产所要求的大规模销售效果，同时促进了零售组织化程度的提高。因此，连锁店经营方式大大推进了零售业的现代化进程，在流通史上具有划时代的意义。传统商店与连锁店的比较如表4-2所示。

表4-2　传统商店与连锁店的比较

| 项目 | 传统商店 | 连锁店 |
|---|---|---|
| 经营方式 | 或小而分散，或大而集中 | 批量购入工农业商品，通过分散的小店铺汇集成大规模的配送中心，很好地解决了产与销之间的矛盾 |
| 管理水平 | 分散和零乱 | 标准化运作和统一管理 |
| 运作方式 | 单式运作 | 循环运作，即用规模效益实现较低售价，再用较低售价扩大规模 |

## （三）第三次零售业革命：超市的出现（业态创新）

第三次零售革命的标志是20世纪30年代超市的出现。1930年8月，一家名叫"king kullen"的食品超市在美国诞生。经营者在开店海报中这样为自己的超市造势："我们要做世界上最大的价格粉碎者"。时年，美国正在经历经济大恐慌，人们纷纷缩减开支，勉强度日。"king kullen"食品超市的产生以及其宣扬的理念与当时的消费需求相匹配，得到了广大消费者的支持。

不过，超市之所以能得到迅速发展，主要在于经营方法的创新。它继承了百货商店规模大、品种多的优势，采用开架自选售货方式，制定了低费用、低毛利、低价格的政策。这在人们生活节奏加快后，满足了城市居民一周一次的购物需要。此外，超市适当吸取了百货商店和连锁经营的优势，采取大量进货、批量销售的方式，以降低商品价格，对消费者有较大的吸引力。当然，超市也有劣势，如服务不全面，缺乏亲切感，盈亏点较高。传统商店与超市的比较如表4-3所示。

表4-3　传统商店与超市的比较

| 项目 | 传统商店 | 超市 |
|---|---|---|
| 自我服务性 | 消费者传递购买信息，营业员传递商品 | 消费者成为商店主人，自由来往，任意挑选，自由度提高 |
| 一次购买性 | 分店购买 | 能够买全日常生活所需商品 |
| 店址边缘性 | 围绕城市中心设置 | 向居民住宅区渗透，塑造了一种全新郊区商业格局 |
| 设备现代性 | 人工操作 | 应用信息系统科学化管理 |

环顾世界零售业的发展现状，超市压倒百货商店已是不争的事实。世界零售业50强企业中，超市已经占据绝对主导地位，其销售额占50强企业销售总额的35%。如果加上折扣店等新业态，比重超过了40%，而百货商店的销售额只占50强企业销售总额的14%。超市的出现对零售业的发展产生了以下影响。

（1）开架售货方式流行。虽然开架售货并不是超市首创，但这种售货方式因超市的发展而广泛传播。它采用自选购物方式，作为重要的竞争手段，不仅冲击了原有的零售业态，还影响了关联新零售业态的发展。

（2）节省人们的购物时间。超市集中销售各类生活用品，提供"一站式"购物体验，满足了消费者对于购物方便、快捷的要求。

（3）舒适的购物环境。超市营造了整齐、干净的购物环境，取代了原来脏乱、嘈杂的生鲜食品市场。

（4）促进商品包装变革。开架自选迫使厂商进行全新的商品包装设计，从而开展包装、标识等方面的竞争。这也使商场显得更整齐、更美观，造就了良好的购物环境。

### （四）第四次零售革命：仓储式商店和折扣店等多业态出现（业态创新、业态多样化）

第四次零售革命的标志是便利店、专业店、专卖店、仓储式商店和折扣店等多元化零售新业态的出现。从 20 世纪 50 年代开始，欧美各国、日本等发达国家的国民收入差距不断扩大，消费需求、消费理念的差异逐渐明晰，从而导致了消费分层。因此，世界上出现了各种针对不同消费群体的零售业态，促使零售业向多元化方向发展。例如，专卖店可满足消费者对某一具体品牌商品的需求，仓储式商店和折扣店把价格敏感型消费者作为主要服务对象。

### （五）第五次零售革命：互联网、电子商务引发的智慧零售革命（业态创新、模式创新）

第五次零售革命是由互联网、电子商务引发的智慧零售革命。进入 20 世纪 90 年代后，伴随着信息技术的发展，电子商务方兴未艾，席卷全球。在零售领域，电子商务的发展是从网络零售开始的。网络零售是指交易双方以互联网为媒介进行的商品交易活动，即通过互联网进行信息的组织和传递，可实现有形商品和无形商品所有权的转移或服务的消费。近年来，线上线下同时面临着增速压力，线上线下融合发展成为零售业创造新增长的动力源。线上和线下的边界越来越模糊，竞争不再来源于线上和线下模式的差异，要回归零售的本质，更高效、更优质的服务才是竞争的核心。

从长远的角度看，互联网、电子商务引发的新一轮零售变革才刚刚开启。过去 20 年互联网的普及为零售业数字化奠定了良好的基础，沉淀了海量数据。近几年来，AR、VR、物联网、云计算、大数据等技术的突破也为零售智能化提供了较为成熟的条件。

智慧零售正成为当前零售业变革的方向，未来智能技术会驱动整个零售系统的资金流、商品流和信息流不断优化，在供应端提高效率、降低成本，在需求端实现"比你懂你""随处随想""所见即得"的体验升级。

# 二、传统零售业态演变理论

## （一）零售轮理论

零售轮理论（Wheel of Retailing）是由美国学者迈克纳尔（M. P. Mcnair）于 1958 年提出的。该理论认为，新零售业态一般是从低价格、低服务、低费用开始的。由于价格低，故新零售业态可以吸引消费者，具有竞争优势，但是新业态一旦取得成功后，就容易出现模仿者。这样，无论是对创新者还是对模仿者来说，低价格已很难成为有效的差异化手段，他们不得不采取扩大经营商品的范围、增加配送服务、分期付款、改善店铺装饰等非价格竞争手段。

这就是说，当初以低价格、低服务、低毛利、低费用为特征的新零售业态，在竞争过程中不得不向高服务、高费用、高毛利、高价格业态方向转换。显然，这又会给那些低服务、低费用、低毛利、低价格的新业态进入市场提供了机会，而这一新业态在竞争过程中又要向高价格、高服务、高费用、高毛利业态方向转换，并循环发展。

零售轮理论可以总结为：各种零售业态都是由价格诉求转为商品组合诉求，再转为服务内容诉求的反复运作，如图 4-3 所示。不过，零售轮理论并没有解释零售业态产生的市场条件，把成本和价格当作决定零售组织演变的唯一变量，显然是把复杂的经济现象过于简单化了。

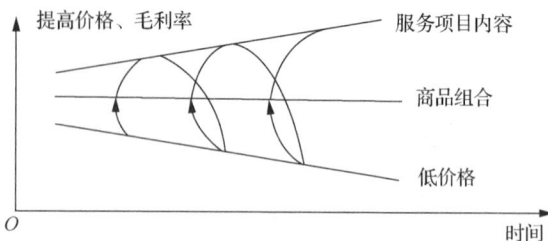

图 4-3　零售轮理论

## （二）真空地带理论

真空地带理论是尼尔森（Nielsen）于 1966 年提出的。该理论认为，零售业态的变迁取决于消费者的偏好，而消费者的偏好主要表现为对零售企业提供的场所（选址）、商品组合、价格和服务的偏好。该理论的研究前提是，零售业态的服务水平与价格水平之间存在正相关的对应关系：服务水平高，价格水平也高；反之，服务水平低，价格水平也低。

尼尔森认为，消费者会对某一价格和服务保持一定的偏好，但是现存的零售业态只能满足其中的部分需求，因而在零售市场上存在着一些空缺或真空地带，从两端加入的业态受内在竞争的压力，被挤向消费者偏好分布的中心，两端部分则形成了真空地带。新进入的业态就是以这个真空地带为目标市场，通过创新形成新的模式或者新业态，如图 4-4 所示。

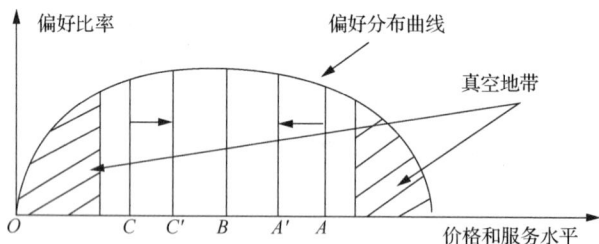

图 4-4　真空地带理论

真空地带理论的优点是可以克服零售轮理论的缺点，也就是能合理解释低价格设定型零售业或者高价格设定型零售业产生的原因。另外，这种理论还能合理说明不同国家间同一零售业态的出现与发展过程为什么会有不同的形态。在经济发达的国家中，追求高价格和高服务水准的消费群体相对比较多，因而左侧容易形成真空地带。这使执行低价格、低服务水准营销策略的零售业态获得了进入市场的机会。反之，在发展中国家，由于追求低价格和低服务水准的消费群体相对比较多，因此右侧容易形成真空地带，使高价格、高服务水准营销策略的零售业态获得了进入市场的机会。在我国，对于采用拼团模式的拼多多在垄断化的 B2C 环境中杀出重围，我们通过真空地带理论就能较好地从目标消费者的角度对此进行说明。

## （三）核心与周边市场理论

与真空地带理论相似的理论有核心与周边市场理论。该理论是由奥尔德森（W. Alderson）于 1957 年提出的，主要讨论新零售业态出现的原因。核心市场是指主流零售企业主要利益来源的市场。周边市场是指渗透程度较低，竞争地位处于较弱势的市场。由于新业态与成熟业态相比竞争力较弱，故新业态较容易从周边市场中产生，然后逐步向核心市场渗透、拓展，最终主导核心市场，成为最具生命力的业态，如图 4-5 所示。

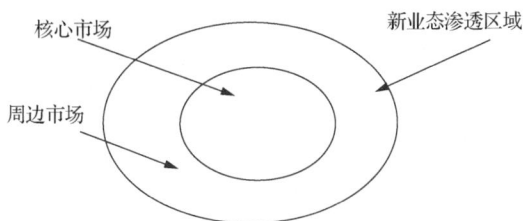

图 4-5　核心与周边市场理论

## （四）新零售轮理论

新零售轮理论是日本学者中西正雄（Maso Nakanisi）于 1996 年在《零售之轮真的在转吗》一文中提出的，对零售轮理论及真空地带理论重新进行了论证。

该理论认为，在任何时期，零售价格与零售服务水平的组合都与当时的技术水平相适应且有一个限度。中西正雄认为，业态变化的原动力是技术革新，并引入了技术边界线的概念。所谓技术边界线，是指在任何时期，受当地管理技术水平、信息技术水平及物流技术水平等因素的限制，零售服务水平与零售价格水平的组合都具有一定限度，也就是保证某一零售服务水平必要的最低零售价格水平线。新业态由于业态内竞争的压力，如果要提高服务水平（或降低价格），需要在这一曲线上移动。新业态如果想要成长为主业态，有意义的价格服务组合也仅限于技术边界线上，最有效的做法就是突破原有技术边界线的信息流、物流、管理等进行创新，使技术边界线向右移动，形成新的价格与服务组合，以赢得对原有业态的竞争优势。新零售轮理论认为，越能够接近技术边界线进行价格服务组合的企业，越具有竞争优势，位于技术边界线左侧的企业则处于竞争的不利地位，技术边界线与消费者真效用函数如图 4-6 所示。

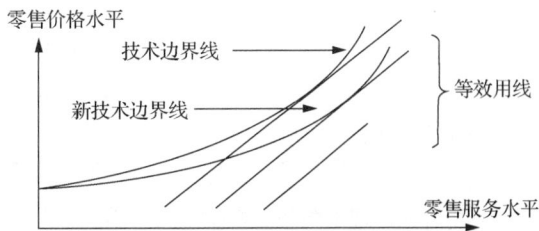

图 4-6　技术边界线与消费真效用函数

由此可见，新业态并不是用低价格把旧业态赶出去的，而是因技术边界线的移动而取得竞争的优势。但是，新业态的优势只是短期的。当新业态企业因技术革新获得超额利润时，其他效仿的企业也会努力改善其经营策略，使自己的技术边界线也往右移，从而使超额利润消失，由此形成类似于零售轮的循环，如图 4-7 所示。

| | |
|---|---|
| 1. 新业态因技术革新突破了原有的技术边界线，在获得许多顾客的同时也获得高收益 | 2. 看到新业态的成功，其他企业模仿，相继进入，业态内竞争激化，结果形成新的技术边界线 |
| 4. 新业态与旧业态间的费用结构差距消失，出现零售业全体利润率下降以及利润平均化，新的技术革新的动机产生 | 3. 新技术边界线上下两端的扩张消除了与旧边界线的不连续性，再次激起了业态间（实质是企业间）的竞争 |

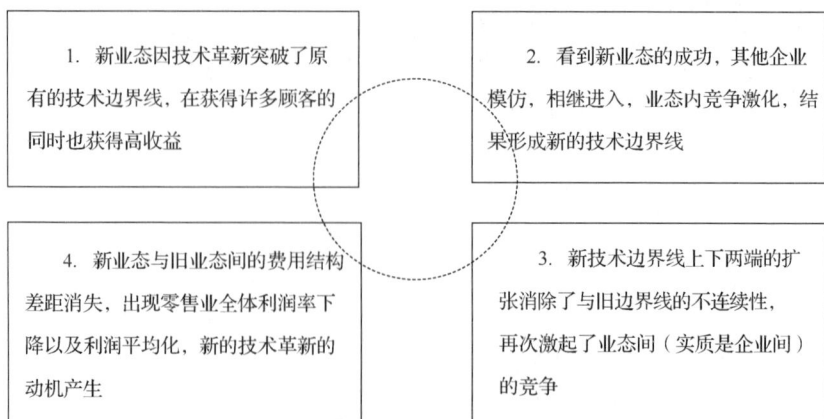

图 4-7　新零售轮理论

## （五）消费者偏好理论

中西正雄的理论隐含着这样一个前提，即每个人的等效用线相同，这导致它与技术边界线的交点也是唯一的。然而，将所有人的等效用线视为同一条曲线，这只是为了便于分析而进行的一种理论上的假设，在现实中这种假设是不成立的。

事实上，对于不同的人群来说，同样的服务增量所带来的边际效用是不一样的。这也就意味着不同的人群可能有不同的等效用线，因而在同一条技术边界线上，也就存在着不同的切点。由于每一个切点都代表着一种营销策略组合，或者说一种零售业态，因此，在多种等效用线的情况下，满足优势条件的业态就不止一种，而是有若干种，如图 4-8 所示。

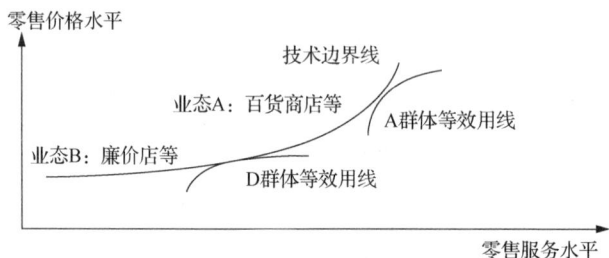

图 4-8　消费者偏好理论

消费者偏好理论向我们揭示了对于不同的消费者群体，其所选择的零售业态是可以不同的。也就是说，零售业态的多样化并存可能是零售业的常态。这对于我们在零售业态的政策选择上具有重要的指导意义。没有一家商店能设计出所有的商品和服务组合来满足消费者的各种不同需求。因此，在零售业演化的过程中，随时都可能出现多种业态模式并存的局面。

## （六）生命周期理论

生命周期理论是由美国零售专家戴维森（Davidson）提出的。该理论认为，零售业态和商品都存在一个从产生到消亡的生命周期，该周期分为导入期、成长期、成熟期、衰退期四个阶段。在不同阶段，零售业态有不同的特征。

（1）导入期。新业态开始出现，对旧有的传统零售形式及经营方法进行变革，一般从降低费用开支入手。新业态具有较大的优势，其投资收益率、销售增长率和市场占有率都迅速增长。

（2）成长期。新业态在竞争中获得优势，所占市场份额提高，获利迅速增加。这时，市场会吸引大量模仿者进入，先进入者开始迅速复制新业态，并进行地区扩张，市场竞争将变得异常激烈，市场占有率和收益率达到最高水平。

（3）成熟期。零售业态已失去往日的勃勃生机，并受到处于导入期的新业态的挑战，从而导致市场占有率稳定或下降，投资收益率下降。但大多数零售业态的成熟期都比较长，若经营者善于应变也会保持稳定增长，并取得中等水平的收益率，从而避免被市场淘汰。

（4）衰退期。零售业态的销售增长率下降，市场占有率下降，经营困难，努力的结果仅能获得微利，无力与对手进行竞争。

该理论还认为，各种零售业态虽然都存在生命周期，但不同业态的生命周期是不同的。例如，百货商店从产生到成熟花费了 80 年时间，而仓储式商店只用了 10 年时间就发展到了顶峰。

## （七）手风琴理论（Retail Accordion）——综合化与专业化循环理论

综合化与专业化循环理论是由豪威尔（Hower）和豪兰多尔（Hollander）提出的。该理论用拉手风琴时风囊的宽窄变化来形容零售业态变化的商品线特征，即从综合到专业，再从专业到综合，如此循环往复，一直持续下去。手风琴理论认为，零售业态从提供较少商品类别的专业零售形式开始发展；当这种形式提供的商品种类增加时，综合型零售业就会取得发展，并且在两种形式间反复转换，即从综合商店发展到专业店，再由专业店发展至综合商店，不断重复，周而复始。只不过每次的重复是在更高水平上的重复，是含有内在管理水平差异的演变，而不是简单的反复、机械式轮回，如图 4-9 所示。

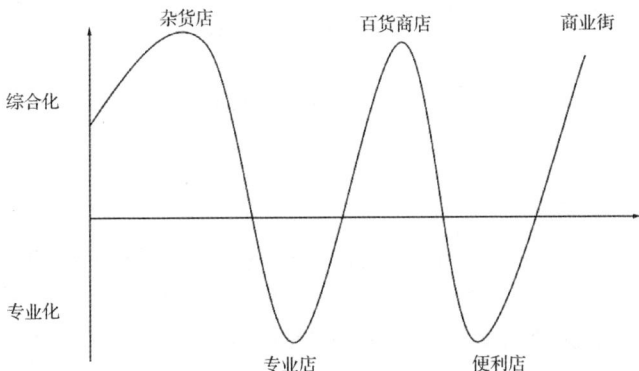

图 4-9 手风琴理论

手风琴理论表面上是在描述业态群体从综合化到专业化再到综合化的不断变化过程，实际上该理论只是解释了新业态是怎么出现的。手风琴理论并没有弥补零售轮理论过于简单化的缺陷。

零售业态的变迁过程，并非像手风琴理论所描述的那样是"综合化—专业化—综合化"的反复交替。事实上，综合化与专业化是同时并存的。同时，该理论没有对商品组合为什么扩大或缩小进行解释，也没有考虑消费者对业态的反应及偏好问题。因此，此理论只适用于描述零售组织结构的演变，而不适用于解释，更不适用于预测零售组织结构的演变。

### （八）辩证过程理论

辩证过程理论是由斯卡尔（Schary）和凯尔伯（Kirby）提出的。他们运用了世界上著名的黑格尔哲学中的"正、反、合"原理来说明零售业态的变迁。"正"是指现存的零售业态，"反"是指现存零售业态的对立面，"合"是"正""反"的统一或混合，即新旧两种业态相互取长补短，形成新的零售业态。

该理论认为，一种新型零售业态出现以后，必然带来另一种与它完全不同的零售业态。该理论还认为，新出现的零售业态基本上是现存零售业态的否定形式或现存零售业态的重新组合。例如，第二次世界大战后，在城市中心区设置的百货商店拥有丰富、齐全的商品，提供热情、周到的服务，还提供诸如赠送、赊销之类的免费服务，很受消费者的欢迎。到20世纪50年代初期，传统百货商店却被作为它的对立面的折扣商店所代替。折扣商店注重压缩商店开支，实行自我服务，降低价格，不设免费服务项目。竞争的结果是，在20世纪60年代出现了一种更新的零售业态——商品种类齐全的折扣商店。这种零售业态兼有前两者的优势，但又有明显的不同。在变革的过程中，传统百货商店就属于"正"，早期的折扣商店就属于"反"，商品种类齐全的折扣商店则为"合"，如 K-Mart 和 Wal-Mart 等。

辩证过程理论用"正、反、合"原理说明了零售业态的变迁，但也存在问题。首先，辩证过程理论没有说明业态变化和外部环境变化的相关关系；其次，它很难进行历史证明；最后，这个理论只能说明一部分现象。

# 三、基于生态学视角的零售业态演变理论

由于传统零售业态理论只能说明部分现象，部分学者从生态学的视角相继提出了零售业态演变理论。

### （一）适者生存理论

适者生存理论（Natural Selection）是由美国学者吉思特（Gist，1968）和迪斯曼（Dreesman，1968）提出的。该理论认为，零售业态也是一个"物种"，某一零售业态的产生与发展是与社会经济环境直接相关的，适应社会经济环境变化的零售业态就能生存与发展，而不适应社会经济环境变化的零售业态就会被淘汰。

### （二）生态位理论

生态位（Niche）是指物种在生物群落中的生活方式以及它们在时间上、空间上占有的地位。生

物界是一个弱肉强食的世界，但是，许多明显处于弱势地位的物种并没有因为残酷的竞争而灭绝，反而与处于强势地位的物种共存共荣、绵延至今，其原因就是生态位理论在发挥着作用。

正如生物体一样，企业也与它所处的自然、经济、社会、文化和技术环境相统一。企业与环境的关系中最重要的一个方面就是企业要不断进化以适应环境，冷静而慎重地选择属于自己的"生态位"，这样才能避免发生过度的恶性竞争，使自己获得生存和发展的空间和时间，进行生态位经营。企业生态位与生物生态位最大的不同在于：生物的生态位是被动的自然选择的结果，相对来说是比较稳定的；企业生态位则是主动选择和竞争行为决定的，经常发生变动。企业在行业中的生态位是企业在行业内的定位和竞争实力的标志。

## （三）启示

从某种意义上来说，以上这些理论也许并不完全正确，即使正确，也只是对某个时期、某个阶段适用，但这些理论可以给我们以下启示。

第一，准确定位。从以上理论中我们可以看出，零售企业的定位对其经营的成败非常重要。目前我国的零售业态呈百花齐放之势，但每一种业态都有其不同的特点和优缺点，都有自己的目标消费者和经营管理方式。因此，企业在进行行业态定位时不仅要考虑自己的愿望，还要考虑所处的环境、不同业态的要求以及自己的能力。

第二，勤于学习。我们正处在一个学习时代，不学习就会被无情的竞争所淘汰。由于每一种业态都有自己的优点，因此，零售企业应该从其他零售业态中汲取营养，向竞争对手学习。

第三，勇于创新。零售环境正经历着前所未有的巨大变化，要想满足消费者的渴望和需求，零售企业就要不断创新。只有创新，才能保持企业的竞争优势。

# 【本章小结】

（1）零售业态的变迁是一个国家和地区社会发展、经济增长和技术变革的必然产物。

（2）零售轮理论是由美国学者迈克纳尔提出的。该理论认为，新零售业态几乎都是从低价格、低服务、低费用、低毛利开始的。

（3）真空地带理论是由尼尔森提出的。该理论认为，零售业态的变迁取决于消费者的偏好，而消费者的偏好主要表现为对零售企业提供的场所、商品组合、价格和服务的偏好。

（4）消费者偏好理论认为，对于不同的消费者群体，其所选择的零售业态是不同的。因此，零售业态的多样化并存可能是零售业的常态。

# 【本章重要概念】

零售革命　　连锁经营　　零售轮理论　　新零售轮理论　　真空地带理论　　消费者偏好理论　　生态位理论

# 【思考与练习】

（1）为何会产生零售业革命？
（2）我国能在短期内形成多元零售业态格局的原因是什么？
（3）参照辩证过程理论，描述一种综合采用多种原有零售业态的新业态。

# 【拓展阅读】

## 电子商务催发零售业态新革命

电子商务不仅使传统的流通业务模式和流转程序发生变化，而且使企业形态尤其是零售业态发生改变。近些年来，无店铺销售作为一种新型的业态开始兴起，如电话预约购物、信函购物、网上购物等。其中，以网上购物最具增长潜力，并引发了第五次零售革命。

**（一）网上商店的虚拟性、经济性和便利性**

网上商店是虚拟企业，它仅在网上存在，不必办实体店，甚至没有自己的商品，专门从事商品信息的发布，接受消费者的购买要求，并将仓储、分销和送货工作交给独立的专门机构去做。网上商店最吸引人的特点是其经济性和便利性。

1. 经济性

（1）成本低廉。网上开店的成本主要是网站的建设成本，包括软件费用、硬件购置费、网络使用费及网络维护费等。网上在线零售集销售、展示、广告于一身，不需要店铺资金、店铺装修费、水电费、营业费等费用，甚至不需要支付营业人员工资，因而可以节省大笔费用。

（2）没有库存。虚拟商店可以实现零库存运作，先卖后买，集结订单后，才向实体商家或生产厂家下订单，也不需要将实物形态的商品陈列出来。

（3）无场地限制。网上商店可以无限大，它可以在网上容纳和展示无限多的货物，不受空间因素的限制。

（4）全天候营业。网上商店可以实现每天 24 小时，每周 7 天，全年 365 天的全天候营业。

（5）跨国经营。网络是无国界的，只要连接国际互联网，便可面向全球市场开展经营活动。

（6）直接销售。消费者无须通过售货员，可直接面对商品、面对生产者购物。

2. 便利性

（1）便于选择。网上商店的容量近乎无限，一个网上商店有比普通的超级市场多得多的商品，这就增加了消费者选择的范围和机会。

（2）节省时间。网上购物不必花很多时间去商场逐层选购，不必花时间去逛一家又一家的同类商店，来比较商品的价格和款式。在网上商店里，消费者只需用鼠标轻轻一点便可以从一家商店转到另一家商店，从一类商品转到另一类商品。

（3）信息充分。消费者在网上商店里购物能获知更多的购物信息。这些信息不仅是有关于商品的，还有有关于整个购物过程的，它们对消费者都是很重要的。

（4）享受低价格。由于网上商店相比于传统商店少了许多中间环节，减少了不必要的中间费用，因此，消费者在网上购物时能得到价格上的优惠。

**（二）对传统商业的影响和冲击**

网上商店对传统商业的影响确实是一个值得继续观察、跟踪研究的问题。

人们普遍认为，网上商店会对零售业态产生直接影响，但在影响的程度上，人们存在不同的看法。一种观点认为，在电子商务普及后，美国以网上交易为主导的无店铺销售额有可能超40%。目前已经有不少厂商表示，现有的零售渠道并不令人满意，今后一旦条件成熟，他们将独立地开展直销业务。可以预见，一旦这种局面出现，厂商可以不通过批发商和零售商向消费者直接供货，传统商品流通业将会因此受到极大的冲击。

另一种观点认为，除一部分特殊行业外，多数厂商并不一定非要建立自己的网上直销系统。因为网上的直接销售和服务要有专门的技术，这会增加许多负担，这些负担并不是一般企业所能承受的，所以电子商务会产生一些替代和基础效用，但不会消除零售商。

综合上述两种不同的观点，人们首先承认网上商店所带来的挑战。它毕竟是一种新业态，并且完全不同于传统的商业业态，尽管在有些方面存在不同认知，但网上商店的出现已使传统商业的许多因素发生了改变，新的零售革命已经不再是雾里看花、嘴上说说而已，它已经在现实社会中发生了。

# 第五章
# 连锁经营的原理与形式

【本章要点】
（1）连锁与连锁店的概念
（2）连锁经营的原理与作用
（3）连锁经营的主要形式
（4）中国连锁经营的发展状况

连锁经营是"一本万利"的生意。

——前肯德基亚太区总裁王大东

**案例导读**

### 日本"7-11"便利店的扩张策略

"7-11"便利店是美国南方公司于 1927 年成立的，当时其营业时间为早上 7 点至晚上 11 点，故而得名。如今，"7-11"便利店全部改为 24 小时全天营业，但依然沿用原名。其经过 90 多年的苦心经营，目前已发展成为全球最大的便利店体系。截至 2015 年 5 月 31 日，"7-11"便利店已遍及美国、日本、加拿大、澳大利亚、瑞典、菲律宾、新加坡、中国等 15 个国家和地区，总数达56 003 家。

2000 年，日本零售市场发生了一次革命。日本"7-11"便利店以高达 2.2 万亿日元的销售额超过大荣公司，荣登日本零售业榜首。成立于 1973 年的日本"7-11"便利店多年来一直高速成长，于 1991 年控股美国南方公司。截至 2016 年 11 月，日本全国开设了 1.92 万家"7-11"

便利店。

**（一）扩张策略 1：特许连锁**

零售业是一种以规模出效益的行业，小型便利店要想取得一定的规模，必须走连锁经营的道路。在连锁经营的三种形式（直营连锁、自由连锁、特许连锁）中，特许连锁具有其他连锁形式无法比拟的优势。直营连锁以单一资本向市场辐射，易受资金、时间、人力的限制；自由连锁由于约束力不强，难以形成稳定的加盟关系和规范的市场运作；特许连锁以特许权向市场辐射，企业利用成熟的规范化的管理方式、独具特色的经营技术以及已经名牌化的品牌通过转让和受让占领市场，有较强的市场倍增力。特许连锁使企业能借助他人的资金和人力，又受到法律的保护，无疑是一种安全并且能够迅速提高知名度、拓展市场的发展战略。便利店由于所需投资相对较小、经营相对简单、市场竞争激烈，因而更适合采取特许连锁方式开拓市场。

日本"7-11"便利店正是采取特许连锁这一市场扩张战略在有形市场上进行"圈地运动"而迅速发展起来的。自从 1974 年 5 月日本开设第一家"7-11"便利店以来，其拓展速度不断加快：1976 年 5 月第 100 家便利店开业，1980 年 11 月第 1 001 家便利店开业，1984 年第 2 001 家便利店开业，1993 年发展到 6 000 家，1997 年发展到 7 000 家，2000 年发展到 8 600 家，2012 年 2 月则发展到 14 005 家，2016 年 11 月则发展到约 19 000 家，如图 5-1 所示。在这些店铺中，95% 以上是加盟店。日本"7-11"便利店通过特许连锁打败了大型超级市场和百货商店，真正实现了"撒豆成兵"。

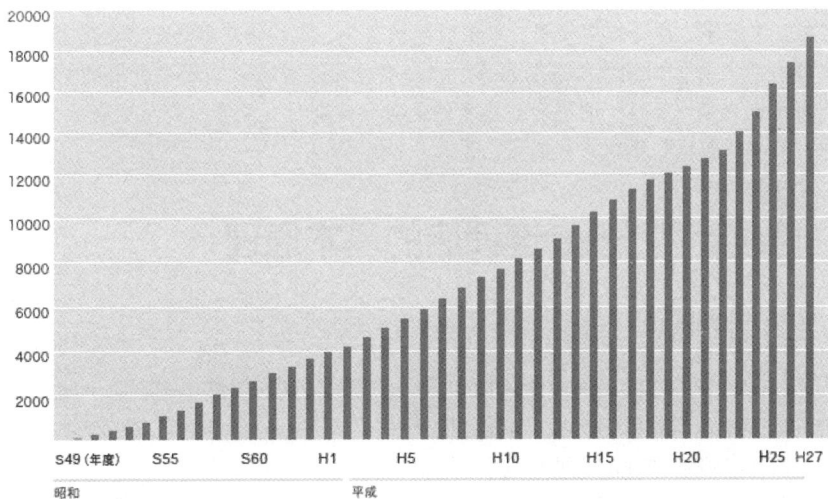

注：S49 代表 1973 年，H1 代表 1989 年。

图 5-1 日本"7-11"的店铺变化（1973—2016 年）

日本"7-11"的特许连锁系统规范化程度较高。总部对加盟店的内外装潢、店面设计、标识牌等拥有决定权。店内商品陈列布局都由总部统一规定、设计。商店的建设、陈列及管理须遵循四项原则：一是必需品齐全；二是实行鲜度管理；三是店内保持清洁、明快；四是提供亲切、周到的服务。总部注重对加盟店人员的培训和训练。店铺装修期间，总部对店主进行培训，培训内容包括 POS

系统的使用方法、接待消费者的技巧、店铺运营的技巧等。培训具体流程如下：首先，店主要在"7-11"训练中心接受为期5天的课堂训练，以了解"7-11"系统和店铺经营的基本原理。然后，店主要到"7-11"遍布全国的36家训练店进行为期5天的实习演练，总部会为2～4名店主配备1名有丰富经验的指导员。另外，总部应店主的要求，为提高店员、临时工的店铺经营能力，会围绕商品运营和商品管理、接待消费者技巧等内容，对店员、临时工进行短期的集中基础训练。

（二）扩张策略2：集中开店

日本7-11便利店开展特许连锁的一个重要策略是集中开店。集中开店是指在某个重点区域内以密集开店的方式，迅速达到增加规模效益的目的。集中开店的优势是显而易见的。首先，它能降低总部的宣传推广费用。在一个区域内店铺数量越多，相应地，分摊到每一家分店上的宣传费用越低，这将有效地节省总部的宣传费用，增强宣传效果。其次，集中开店有利于增强企业形象上的相乘效果，在同一地区开设十几家甚至上百家加盟店，会很容易树立商品品牌形象，提高知名度。再次，集中开店有利于提高总部对加盟店的服务质量。如果各个加盟店之间距离太远，则督导人员花在路上的时间较长，会影响督导人员到各店的巡视频率，加盟店的服务质量也会随之降低。最后，集中开店能降低总部的配送成本。便利店的营业面积通常有限，必须零库存经营，因此要求总部配送中心采取多种类、小数量、多批量的配送方式，同一地区内的加盟店越多，分摊到加盟店上的运输费用越低。

日本7-11便利店始终坚持这种稳扎稳打的开店策略，在一个地区取得市场支配地位之后，再进入下一个地区，而不是追求全面开花，因此能降低经营成本，迅速实现赢利。与日本同行业比较，在销售额、毛利率、总资本周转率、单位面积销售额、人均销售额等诸多经营指标上，"7-11"都居于日本便利店之首，而销售管理费用率、设备费用率、库存、工资占费用比率等指标却低于同行业平均水平，这使"7-11"便利店有更多的优势参与同行业竞争，并从中脱颖而出。

思考题：日本"7-11"高速扩张的原因是什么？

# 一、连锁店的基本原理

## （一）连锁店的概念

连锁店的兴起源于第二次流通革命（1859年）。实践证明，发展连锁店对于促进生产工具与流通的结合，增强企业竞争能力，提高流通组织化程度具有十分重要的意义。连锁店已成为世界发达国家和地区零售商业依托的主要形式。

连锁经营是指经营同类商品或服务的若干店铺，以一定的形式组成一个联合体，在整体规划下进行专业化分工（采购功能和销售功能完全分离），并在分工基础上实施集中化管理，使复杂的商业活动简单化，以获取规模效益。

连锁经营必须具备的要素为：一是连锁企业由总店、配送中心和10个以上门店组成；二是连锁系统的分店像锁链般分布在各地，形成强有力的销售网络；三是统一的招牌、统一的广告、统一的采购、统一的教育、统一的装潢、统一的制造、统一的价格、统一的品质等。

## （二）连锁店的特征

第一，组织形式的联合化和标准化（前提条件）：使用同一个店名，具有统一的店貌，提供标准化的商品和服务。

第二，经营方式的一体化和专业化（核心内容）。一是把零售业职能有机地组合在一个统一的经营体系中，实现采购、配送、批发、零售一体化；二是以大零售业为先导，以大工业为基础的现代经营格局，实现了一体化经营与分工的有机结合。

第三，管理方式的规范化和现代化（基本保证）。一是建立专业化职能管理部门、规范化管理制度和调控体系，并配备相应的专业人员；二是通过实施信息化管理，公司总部、配货中心及各连锁店都建立相应的信息管理系统，通过网络系统将公司组成一个整体。

总的来说，连锁经营是经营组织的一次重大创新。

## （三）连锁店的经营原理

连锁经营的最大特征是化繁为简，通过总部与分店管理职能、专业职能的分工，连锁店的分配体系以及建立通畅的信息网络来实现规模经济效益。具体来说，连锁经营须实现"四化"（4S）：标准化、专业化、简单化、独特化。

### 1. 标准化（Standardization）

标准化体现在作业标准化和企业形象标准化等方面。作业标准化即由总公司负责订货、采购，再统一分配到各分店，这种流程对于所有连锁经营体系下的分店均无例外。在企业形象标准化方面，各分店所使用的招牌、装潢均应一致，甚至外观、字体、用色、标价牌、员工服装、办公用品、广告宣传、商品价格、质量等均应保持统一。这种标准化使各连锁店均使用统一形象对外获取形象利益。

### 2. 专业化（Specialization）

连锁店的商品开发由专门的部门负责，以市场调查部门所获得的资料为依据，再进行试验。商品在推出之前，还有专业人员制作POP及进行广告促销。分店销售人员遵循专门的操作指南进行商品陈列、商品销售。如此分工，连锁店的效率将是极具竞争力的。

### 3. 简单化（Simplification）

由于体系庞大，连锁店在财务、货源控制以及具体操作等方面都需要有一套特殊的运作系统，以省去不必要的过程和手续，简化整个管理和作业的程序，以达到事半功倍，投入最少、产出最多的经济目的。而事实上，连锁这种形式最有可能从作业简单化上获取利益。如果能将整个连锁店的作业流程制作成一个简明扼要的操作手册，就能使所有员工依照手册规定各司其职。只要手册制作科学，任何人均能在短期内对作业操作驾轻就熟。

### 4. 独特化（Speciality）

现代权变管理理论和现代营销理论告诉我们：企业内部和外部环境是复杂的和不断变化的，

企业要适应环境条件和形势的变化，最大限度地、有针对性地满足消费需求，就不能完全照搬一种业务模式，无论这种模式在其他地方有多么成功。连锁经营意味着要在不同的地区开设众多的店铺，在不同的环境下，面临不同的经济发展水平、消费心理和购买行为，应该根据不同的环境实施独特化策略。总部运作体系是连锁店经营成败的关键，主要作用是维护各直营分店、特许经营加盟店。同样的商品和服务品质，使消费者光顾任何一家店时都会感受到同样的待遇，总部也会借由运作而产生综合绩效。

连锁店总部与分店的区别如表 5-1 所示。

表 5-1　连锁店总部与分店的区别

| 项目 | 总部 | 分店 |
| --- | --- | --- |
| 管理权 | 由总公司负责 | 分店的负责人负责 |
| 经营权 | 授权 | 独立自主 |
| 利润 | 投资回报率高 | 投资回报率低 |
| 经营方式 | 将采购、批发、配送、零售等职能组合到一个统一的经营体系中 | 可以单独销售、采购、调整、转账 |
| 宣传 | 由总公司负责各连锁店的宣传 | 宣传自家"门牌" |

## （四）连锁经营的作用

### 1. 克服了小规模分散经营的劣势

连锁经营使零售业的基本机能（采购和销售）分离，以公司本部统一采购为优势基础，通过对分散在各地的小规模店铺进行有效的组织管理，克服了传统零售业小规模分散经营的劣势。实际上，连锁店运用了工业大生产原理，遵循标准化运作和统一管理的理念进行组织扩展。工业的标准化生产和流水线作业，使批量生产成为可能。店面的统一和管理的一致性，也可以使连锁店飞快地进行空间扩展。这样工业大生产源源不断地生产商品，而商业大流通持续地将这些商品分销到四面八方，实现了工业大生产和商业大流通的对接与融合。

### 2. 克服了消极、被动的经营模式的弊端

一是零售商店话语权增大。以拥有大规模的销售能力为背景，大型零售连锁企业在进行商品采购时，在商品品质、价格及数量等方面拥有更大的话语权和主导权。另外，零售商业可以自己设计商品，从而介入生产领域。大型零售连锁企业可以根据商品采购计划，组织中小制造商进行计划生产。这突破了传统零售业"只把制造商生产的东西卖给消费者"的消极影响，利用垂直统合的方法对生产领域起到积极、能动的作用。

### 3. 为大零售企业集团的形成和商业的产业化创造条件

发达国家的经验表明，连锁经营是企业规模扩张的一条有效途径。连锁经营把大规模的生产体制和分散、个性化的零售业结合起来，形成大规模销售体制的经营方法，从而使企业的经营实现规模化和集约化。国外的一些巨型零售企业，正是依靠连锁经营才达到了如此巨大的规模。

## 4. 使消费者的购物距离缩短、时间花费变少

由于连锁店开到了家门口，大家不必远距离购物，从而增加了人们的休闲和享乐时间，生活也显得更加丰富多彩。同时，它使城市的交通结构、信息结构发生变化，新商品的普及速度加快，商品的淘汰率提高。

## 5. 对零售业以外的影响

连锁革命不局限于零售业，已经渗透到旅游业、快餐业、娱乐业、培训业、出版业等，对社会的影响与冲击令人震惊，无疑加速推动了社会的变革与更新。

# 二、连锁经营的主要形式

连锁经营包括三种形式：直营连锁（Regular Chain Store, RC）、自由连锁（Voluntary Chain Store, VC）、特许连锁（Franchise Chain Store, FC）。

## （一）直营连锁

### 1. 概念

直营连锁是指总公司直接经营连锁店，即由公司本部直接经营、投资、管理各个零售店的经营形态。此连锁形态中并无加盟店存在，总部采取纵深式的管理方式，直接掌管所有的零售店，零售店也必须完全接受总部的指挥。直营连锁的主要任务在于"渠道经营"，意指通过经营渠道的拓展从消费者手中获取利润。

### 2. 特点

（1）所有权和经营权集中统一。所有权和经营权的集中统一表现在：所有成员商店必须是单一所有者，归一个公司、一个联合组织或个人所有；由总部或总店集中领导、统一管理，如人事、采购、广告、会计和经营方针都集中统一。

（2）实行统一核算制度。

（3）各成员商店的经理是雇员，而不是所有者。

（4）各分店实行标准化经营管理：外观相仿、品种相同、陈列一致。

### 3. 优点与缺点

直营连锁的优点与缺点如表 5-2 所示。

表 5-2　直营连锁的优点与缺点

| 优点 | 缺点 |
|---|---|
| 统一调动资金，统一经营战略，统一开发和运用整体资源 | 成员商店自主权小，利益关系不紧密，积极性、创作性和主动性受到限制 |
| 所有者拥有雄厚的资本实力 | 需要拥有一定规模的自有资本，发展速度受到限制 |
| 在人才培养使用、新技术商品开发推广、信息和管理现代化方面，易发挥整体优势 | 管理系统庞杂，容易形成官僚化经营，使企业的交易成本大大提高 |

## （二）自由连锁

### 1. 概念

自由连锁即自愿加入连锁体系的商店自发组织成总部，实行共同进货、配送的连锁经营形式，也称自愿连锁、志同连锁、任意连锁等。

各加盟店是独立经营的个体，在保留单个资本所有权的基础上实行联合，总部同加盟店之间是协商、服务关系。各加盟店不仅独立核算、自负盈亏、人事自主，而且在经营品种、经营方式、经营策略上有很大的自主权，但需按销售额或毛利的一定比例向总部上交加盟金及指导费。

### 2. 特点

（1）连锁总公司名称有别于加盟店。由于这种商店原已存在，而非加盟店，是由连锁总公司辅导创立的，所以在名称上应有别于加盟店。

（2）商品所有权归加盟店店主所有，运作技术及商店品牌由总公司持有。

（3）既联合又独立。一方面，自由连锁加盟体系的运作维系以各个加盟店合作发展为基础。另一方面，各加盟店均有独立运作的自主性。

### 3. 优点与缺点

自由连锁的优点与缺点如表 5-3 所示。

表 5-3　自由连锁的优点与缺点

| 优点 | 缺点 |
| --- | --- |
| 加盟店直接获取利益 | 统一性差，决策迟缓 |
| 自主权大，有利于调动加盟店的积极性和创造性 | 组织不稳定 |
| 管理民主，无须大量的资金 | 受地域限制较大 |

## （三）特许连锁

### 1. 概念

特许可以解释为授权者（或总公司）授予被授权者（或加盟者）的一种特权，它为工薪阶层提供了拥有自己事业的机会，同时提高了更多企业创业成功的概率。特许连锁通过加盟合约的形式将总部的品牌、商品、管理经验等有形或无形资产授权给加盟商，而加盟商通过总部的授权和帮助，可降低经营风险，借总部之力，实现自身的成功。

### 2. 特点

特许连锁即由拥有技术和管理经验的总部，传授给加盟店各项技术、管理经验，并收取一定比例的权利金及指导费，此种契约关系即为特许加盟。特许加盟总部必须拥有一套完整、有效的运作技术，从而让加盟店更好、更快地运作起来，同时从中获取利益，这样加盟网络才能日益壮大。因此，技术、管理经验如何传承，是特许连锁成败的关键。总公司必须提供一项独特的商业特权，并给予人员训练、组织结构、经营管理、商品供销上的协助，加盟店也需给予相应的回报。

### 3. 优点与缺点

采用特许连锁方式，对总公司、特许店以及整个社会都有着积极影响。

首先，特许连锁以特许权向市场辐射，企业将已成熟的规范化的管理方式、独具特色的经营技术以及已经名牌化的品牌通过转让和受让等方式占领市场，有较强的市场倍增力。对总公司来说，特许连锁能以较少的资本达到迅速发展公司业务的目的，从这点上看，特许连锁具有一种融资的功能。经营权的转让也能为总公司积累大量的资本，使公司的无形资产变为有形的资本，从而增加公司的实力。因此，特许连锁使企业既能够借助他人的资金和人力，又能受到法律的保护，无疑是一个安全而迅速地提高知名度、拓展市场的发展战略。

其次，对那些具有一定资本，希望从事商业活动，但又苦于没有经营技术和经验的企业和个人而言，特许连锁会给予一个很好的发展机会。特许店既可以利用总公司的技术、品牌和商誉开展经营，又可享受总公司全方位的服务，所以经营风险较小，利润比较稳定。另外，由于特许店是独立的经营实体，有内在的激励和发展机制，因而不需要总公司在调动其经营积极性方面花费精力。

最后，对社会而言，通过特许连锁方式来发展商业网点，不但能提高商业的组织化程度，而且有利于中小企业的稳定发展。

不过，特许连锁也存在劣势。其劣势在于：如果总公司片面追求品牌授权金，大量发展特许店而又缺乏有效的管理和强有力的服务能力，不仅会使企业形象受到严重损害，而且会使投资者的权益受到侵犯，最终很有可能导致整个特许连锁系统崩溃。另外，对加盟商来说，虽然可以或者有机会以最小的投资风险和最大的机会获得成功，但是相应地必须放弃若干选择，如商业决策等。

## （四）各种连锁方式的比较

直营连锁、自由连锁、特许连锁的区别如表 5-4 所示。

### 表 5-4　直营连锁、自由连锁、特许连锁的区别

| 项目 | 直营连锁 | 自由连锁 | 特许连锁 |
|---|---|---|---|
| 产权关系 | 一个投资主体，各分店并非独立存在 | 独立法人，资产所有权独立 | 加盟店有独立的企业法人资格、人事权、财务权 |
| 利益分配关系 | 总公司统一核算，利润全归总公司所有 | 通过民主协商，用合同确定利润分配方式，缴纳费用 | 资产具有独立性，独立核算；定期上缴费用 |
| 经营管理关系 | "总部—分店"式的直接管理模式 | 资产权、财务权、人事权、（一定范围内的）经营权自主、独立 | 按特许合同的规定进行生产经营，分店无独立生产经营权 |
| 适应性 | 主要适用于零售业，特别是大型百货商店和超级市场 | 与商业经营的传统风格密切相关 | 适用于制造业、服务业、餐饮业及便利店之类的小型零售领域 |

续表

| 项目 | 直营连锁 | 自由连锁 | 特许连锁 |
|---|---|---|---|
| 优点 | 大幅降低经营成本及价格，统一调配资源，各商店可专攻商品管理和服务改善，各分店组织管理统一，总部对分店管理有较强的灵活性 | 有规模优势，又有独立经营特色；有较好的灵活性、转换性和发展潜力，可逐渐发展成直营连锁或特许连锁 | 总公司能以较少资本发展业务，积累资本，增加实力，发展能力；投资者能获得经营技术及管理经验，经营风险较小，利润较稳；提高了社会商业组织化程度，有利于中小企业稳定发展 |
| 缺点 | 要求总公司有较强经济实力，且能处理好集中管理和分散经营的关系 | 统一性较差，决策迟缓，组织不稳定，受地域限制较大 | 总部过度扩张会使企业形象受损，侵犯了投资者的权益，最终可能导致整个特许连锁系统崩溃 |

# 三、我国连锁经营的发展现状和问题

## （一）我国连锁经营的发展现状

20世纪90年代以前，"连锁经营"这个名词，不仅对于消费者是陌生的，经营者知晓的也不多。1990年12月，当广东东莞糖酒公司在虎门镇开办了全国第一家连锁超市之后，我国连锁经营的大幕被徐徐拉开。当前我国的连锁经营主要呈现如下态势。

（1）连锁经营在我国发展迅速。仅10余年时间，连锁经营在我国便从星星之火发展成燎原之势。如今，从城市到农村，大大小小的连锁店已经融入人们的日常消费生活之中。连锁经营成为20世纪我国商业领域耀眼的亮点（见表5-5）。

表5-5  连锁百强企业发展情况（2001—2016年）

| 项目年份 | 销售额（亿元） | 门店数（个） | 百强企业零售额占社会零售总额的比例（%） |
|---|---|---|---|
| 2001 | 1 620 | 13 117 | 4.3 |
| 2002 | 2 465 | 16 986 | 6 |
| 2003 | 3 580 | 20 082 | 6.8 |
| 2004 | 4 968 | 30 416 | 9.3 |
| 2005 | 7 076 | 38 260 | 10.5 |
| 2006 | 8 552 | 69 117 | 11.2 |
| 2007 | 10 022 | 105 191 | 11.2 |
| 2008 | 11 892 | 120 735 | 11.1 |
| 2009 | 13 600 | 136 880 | 11.1 |
| 2010 | 16 600 | 150 000 | 11.1 |
| 2011 | 16 507 | 55 407 | — |
| 2012 | 18 665 | 93 983 | 9.0 |
| 2013 | 20 391 | 94 591 | 8.6 |
| 2014 | 20 964 | 107 366 | 8.0 |
| 2015 | 21 628 | 111 187 | 6.9 |
| 2016 | 21 139 | 114 224 | 6.4 |
| 2017 | 21 800 | 109 814 | 6.0 |

资料来源：根据媒体报道整理。

（2）大型连锁企业已经出现。2008年，国美电器、苏宁云商双双突破1 000亿元销售大关。2016年，苏宁云商以1 735亿元的销售规模位居中国连锁百强榜首，国美电器、华润万家、大润发、沃尔玛分别以1 637亿元、1 035亿元、923亿元和767亿元的销售业绩排名第二位至第五位。这些企业的主要业态是专业店、超市、百货商店，表5-6所示为2011—2017年连锁百强的企业前十名。实践证明，连锁型大企业是流通中的主导企业，它们对流通、生产、消费的有序健康发展发挥着巨大的作用。

表5-6　2011—2017年连锁百强前十名企业

| 年份 | 2011 | 2012 | 2013 | 2014 | 2015 | 2016 | 2017 |
|---|---|---|---|---|---|---|---|
| 1 | 百联集团 | 苏宁云商 | 苏宁云商 | 国美电器 | 苏宁云商 | 苏宁云商 | 苏宁易购 |
| 2 | 苏宁电器 | 百联集团 | 国美电器 | 苏宁云商 | 国美电器 | 国美电器 | 国美零售 |
| 3 | 国美电器 | 国美电器 | 华润万家 | 华润万家 | 华润万家 | 华润万家 | 华润万家 |
| 4 | 华润万家 | 华润万家 | 大润发 | 大润发 | 高鑫零售 | 大润发 | 大润发 |
| 5 | 大润发 | 大润发 | 沃尔玛 | 沃尔玛 | 沃尔玛 | 沃尔玛 | 沃尔玛 |
| 6 | 重庆商社 | 沃尔玛 | 联华超市 | 鲁商集团 | 鲁商集团 | 鲁商集团 | 永辉超市 |
| 7 | 家乐福 | 重庆商社 | 鲁商集团 | 联华超市 | 联华超市 | 联华超市 | 重庆商社 |
| 8 | 百胜中国 | 百胜中国 | 上海友谊 | 重庆商社 | 重庆商社 | 重庆商社 | 联华超市 |
| 9 | 沃尔玛 | 鲁商集团 | 重庆商社 | 百联股份 | 百胜中国 | 百胜中国 | 中石化易捷 |
| 10 | 物美集团 | 家乐福 | 百胜中国 | 百胜中国 | 永辉超市 | 永辉超市 | 家乐福 |

（3）行业集中度不断提高。进入连锁百强的门槛不断提高。2003年，前10家企业的销售额占"连锁百强"企业销售总额的42%；2007年，"连锁百强"企业的前10家企业总销售额达到5 029万亿元，占"连锁百强"企业销售总额的50%。2010年，百强榜最后一名的销售额为22亿元，比2009年提高了37%，比2005年时的8亿元增加了近2倍（见表5-7）。从图5-2中可见，连锁百强的分化开始严重，

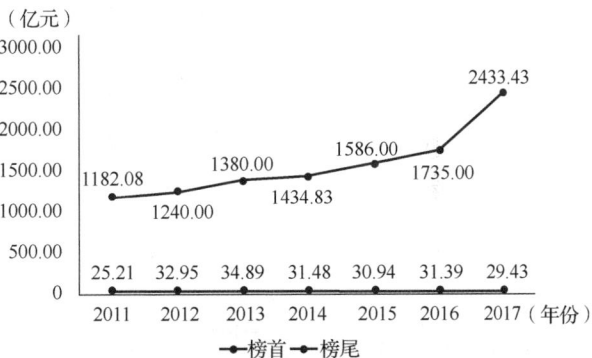

图5-2　2011—2017年连锁百强历年榜首榜尾企业销售规模对比（亿元）

榜首与榜尾的差距越来越大。另外，随着互联网的发展，连锁企业也开始转型，涉足网络销售行业。2016年，百强企业网上销售额接近1 200亿元，比2015年增长69%，占企业销售总额的5.7%。

表5-7　连锁百强企业前10强和前20强的比重

| 年份 | 前10强所占比重 | 前20强所占比重 | 进入百强底线（亿元） |
|---|---|---|---|
| 2005 | 44.32% | 62.39% | 8 |
| 2006 | 47.63% | 64.48% | 12 |

续表

| 年份 | 前10强所占比重 | 前20强所占比重 | 进入百强底线（亿元） |
|---|---|---|---|
| 2007 | 50.18% | 66.88% | 10 |
| 2008 | 48.75% | 65.33% | 14 |
| 2009 | 47.01% | 64.57% | 16 |
| 2010 | 47.10% | 64.02% | 22 |
| 2011 | 42.58% | 58.13% | 25 |
| 2012 | 42.30% | 56.91% | 33 |
| 2013 | 40.48% | 56.65% | 35 |
| 2014 | 40.36% | 56.80% | 31 |
| 2015 | 43.04% | 59.27% | 31 |
| 2016 | 43.0% | 59.0% | 31 |

资料来源：中国连锁经营协会。

（4）连锁经营方式向更多行业和业态延伸。连锁经营的领域由最初的零售行业开始向服务业拓展，在服装、玩具、药店、餐饮领域，连锁经营的模式得到广泛应用。超市、便利店、专卖店、专业店等作为新的零售业态，已受到消费者的普遍认同，并日益深入百姓生活（见表5-8）。

**表5-8　2016年中国连锁百强前10名企业的规模与业态情况**

| 序号 | 企业名称 | 销售额（万元） | 业态 | 2017年销售额（万元） |
|---|---|---|---|---|
| 1 | 苏宁云商集团股份有限公司 | 17 350 000 | 专业店 | 24 334 330 |
| 2 | 国美电器有限公司 | 16 469 254 | 专业店 | 15 369 108 |
| 3 | 华润万家有限公司 | 10 349 462 | 综合超市、精品超市、超市 | 10 364 573 |
| 4 | 康成投资（中国）（大润发） | 9 329 000 | 综合超市、精品超市、超市 | 9 540 000 |
| 5 | 沃尔玛（中国）投资有限公司 | 7 669 751 | 大卖场等 | 8 027 818 |
| 6 | 山东省商业集团有限公司 | 6 338 857 | 百货、超市、便利店、购物中心等 | — |
| 7 | 联华超市股份有限公司 | 5 978 485 | 超市 | 5 645 987 |
| 8 | 重庆商社（集团）有限公司 | 5 611 359 | 百货、超市 | 5 828 076 |
| 9 | 百胜餐饮集团中国事业部 | 5 445 000 | 餐饮店 | 4 520 000 |
| 10 | 永辉超市股份有限公司 | 5 440 757 | 超市 | 6 539 986 |

资料来源：中国连锁经营协会。

（5）地区发展不均衡。从上海、广东、北京等地连锁经营的发展情况看，连锁经营适合我国现阶段国情和生产力发展水平，显示了强大的生命力和竞争力，具有很大的发展潜力。不过，现阶段我国连锁经营发展中的一个突出问题是地区发展不均衡。连锁经营企业主要集中在东部沿海地区及其他地区的大城市，虽然中西部地区也有所发展，但相比而言，上海、北京、广东、山东、江苏、浙江等地的连锁企业发展速度，规模和水平要明显高于其他地区。

## （二）我国连锁经营发展存在的问题

（1）忽略了特许连锁的品牌发展。我国的连锁经营，特别是特许连锁的加盟店，要想长期稳定地发展下去，首先应该拥有自身的品牌形象，只有将品牌的知名度提高，才能吸引更多的加盟者与之合作。如果知名度不高，不仅消费者不会认可企业的品牌，加盟者也会望而却步。分析我国特许连锁发展现状，我们不难发现，目前我国零售企业发展特许经营的各项支持系统还很不完善，缺乏对加盟企业的有效指导和控制。

（2）缺乏成熟的培训体系。目前，我国零售业特许连锁一味追求企业的规模效益，忽略了教育培训，管理水平较低，缺乏成熟的培训体系。虽然连锁加盟店的数量增多了，但是员工的整体素质仍旧处于低下水平，这不仅影响了品牌的形象，而且不能很好地展示总店的经营特色。

（3）标准化和服务水平较低。随着经济水平的提高，人们对于生活质量的要求会越来越高。但是目前，我国零售连锁店的服务水平整体低下，不能很好地满足消费者的需求，并且时常发生员工与消费者争吵的现象，这不利于企业的长远发展。标准化问题也是制约我国连锁经营发展的主要问题之一，这在餐饮业中尤其明显，目前我国缺乏本土超大型餐饮连锁企业。

# 四、我国连锁经营的未来发展趋势

## （一）确立多元化、多层次的发展格局

我国零售业连锁经营的未来发展应综合考虑各种因素，不同地区有不同的风俗文化和发展模式，要建立多元化、多层次的发展格局，应以大城市、发达地区为中心，逐步向边缘地区和小城市推广。针对我国居民的文化特点以及消费习惯，形成具有中国特色的连锁经营模式，形成自己独特的品牌，并开发商业基地，建立自己的加盟系统。此外，目前我国部分互联网电商平台、供应链分销商等正在整合传统小型零售店铺，构建线上引领的线下连锁体系。

## （二）注重特许连锁的品牌培养

我国零售业应注重培养与保护特许连锁品牌。只有形成自己独特的品牌，形成特色经营方式，才能吸引更多的加盟者和消费者的关注。因此，我们必须加大力度培养具有中国特色的品牌效益，并积极推广。对于那些老字号、知名度较高的品牌，政府需要给予扶持和鼓励，并给予注册登记，帮助经营者提升自身品牌形象，同时要避免企业品牌遭受他人非法抢注。

## （三）加强零售业特许连锁的培训管理

特许连锁要想持续稳定地发展下去，其管理水平要提高，要形成完整、成熟的培训体系。零

售业连锁企业的目标是要满足消费者的需求，为消费者提供令人满意的服务，因此，员工必须要具备较高的文化素质，提供良好的服务品质，只有提高企业的品牌形象，才能留住消费者。因此，企业必须要形成完整、有效的培训体系，注重培养员工的职业素质，让他们更好地服务客户。

## （四）完善配送系统

要想使零售业特许连锁良好地运作下去，完善配送系统必不可少。无论是配送中心还是配送系统，都必须有效建立起来。特别是区域型分拨中心，应建设成为大型化、现代化、机械化的中心基地。我们要重视物流管理流程，让各个配送环节行之有效。

## （五）注重科技应用

科学技术是第一生产力，也是保障企业在激烈的竞争中立于不败之地的法宝。因此，要想让零售连锁业更好地发展下去，我国必须注重新对科技的应用。无论是设备、材料、工艺等"硬件"还是企业组织管理等"软件"，都要利用先进的科学技术进行不断完善。

# 【本章小结】

（1）连锁店是指众多小规模的、分散的、经营同类商品和服务的同一品牌的零售店，在总部的组织与领导下，采取共同经营方针、一致的营销行动，实行集中采购和分散销售制度，通过规范化的经营实现规模经济效益的联合体。连锁店由总部、门店和配送中心组成，门店数不少于 10 个。

（2）连锁经营是经营组织的重大创新，主要体现为采购功能和销售功能完全分离。

（3）连锁经营分为三种形式：直营连锁、自由连锁、特许连锁。

（4）连锁经营可以在超市、便利店、专业店、专卖店、餐饮店等多种业态中实行。

# 【本章重要概念】

连锁店　　直营连锁　　自由连锁　　特许连锁　　中国连锁经营史

# 【思考与练习】

（1）连锁经营中，基本机能（采购和销售）分离有什么意义？

（2）连锁经营包括哪三种形式？各有什么特点？

（3）我国发展连锁经营遇到了什么阻碍？

（4）为何我国没有出现世界级的餐饮连锁企业？

（5）互联网背景下连锁经营在我国的未来发展趋势如何？

# 【拓展阅读】

## 见福便利店：用智慧零售带动全产业链进化

见福便利店在中国连锁经营协会发布的"2016 年主要连锁便利店企业排行"中位列第 18 位，在中国连锁经营协会主办的"2017 中国便利店大会"上荣获 2017 年中国便利店加盟品牌人气奖，在中国商业联合会主办的"2017 年第十二届中国零售商大会暨展会"上荣获"2017 中国十佳商业品牌"，是一个有影响力、有价值的便利店品牌。其董事长张利是一个眼光超前的企业家，厦门的企业家这样评价张利：张利董事长带领见福便利店一次又一次给我们带来惊喜与感动，未来，见福便利店必将引领整个零售业的智慧变革。

随着互联网的快速发展，人们的购物习惯在发生改变，零售业如果无视互联网，墨守成规，就会落伍。2015 年，见福便利店在业内率先实施 O2O 模式，利用微信公众平台倾力打造"光合农场"，为用户提供方便、快捷的线上支付、线下取货的服务，满足了"80 后""90 后"等年轻群体多元化、便利化的网上购物需求。

2017 年 5 月，见福便利店又做出了一个令同行惊讶的举动，董事长张利宣布，见福便利店将采用基于 Microsoft Azure 的全流程解决方案，帮助全国近千家见福社区便利店实现基于云计算、物联网、大数据、人工智能等新技术的"智慧零售"创新，成为国内率先将传统便利店业态与现代科技紧密联系，采用微软技术发展智慧零售、推进业务创新的便利店品牌，用智慧零售带动全产业链进化。

何为"智慧零售"？张利说，智慧零售并不是无人零售，它是有认知、有感知地为客户提供安全、快捷、时尚、有趣服务的零售方式。其以客户为中心，以大数据为基础，可给客户带来惊喜。见福便利店的智慧大数据一端连着供应商，一端连着消费者，消费者进入见福便利店后，人脸就是 ID、会员卡、支付端。通过人脸识别，消费者的购物偏好可以全部显示，消费者对商品的认可度会实时汇总到大数据中，为生产企业提供指导。智慧零售可让人更加智慧，让企业更加智慧，并提供智慧的服务，理解消费者的行为，推论出如何才能满足消费者的需求，从而实现供应链的优化。

张利董事长说，智慧零售运用云计算、物联网、大数据、人工智能等技术，可充分感知消费习惯，预测消费趋势，引导生产制造，从而为消费者提供多样化、个性化的商品和服务，而微软能够为智慧零售提供强大的技术支持。

**思考题：** 见福便利店成功的秘诀是什么？哪些地方值得传统便利店学习？

# 第六章
# 零售环境

**【主要内容】**

（1）人口因素

（2）经济环境

（3）政治制度与法律法规

（4）技术环境

（5）自然环境

（6）竞争环境

> 如果不能对市场变化给予快速反应，那么微软离倒闭就只有 18 个月了。
>
> ——比尔·盖茨

 案例导读

## 新技术如何改变实体零售

近年来，刷脸支付等人工智能（Artificial Intelligence，AI）技术在零售行业中被广泛应用并获得快速发展。与此同时，大数据、AR/VR、智能机器人、物联网、区块链等新技术也在零售行业中有所应用。新技术已经成为推动零售变革的重要动力。

根据亿欧智库发布的《AI 商业化的产业落地——2017 实体零售新技术市场研究报告》可知，目前被应用在实体零售中的新技术可以分为人工智能、物联网、智能机器人等几大类。亿欧智库把零售大致划分为五个环节——消费场景、经营管理、物流仓储、供应商管理、生产制造，进而讨论各种新技术在不同零售环节中的应用，如图 6-1 所示。

| 消费场景 | 经营管理 | 物流仓储 | 供应商管理 | 生产制造 |
|---|---|---|---|---|
| 实体零售中面向消费者的环节，主要是指线下门店。与消费者体验相关的新技术，如人脸识别、室内定位、AR/VR，可以运用到这个环节中 | 实体零售中商家进行店铺经营管理的环节。大数据等技术可以运用到这个环节中，用以提高管理运营效率 | 实体零售中商品的仓储和物流环节。无人机、机器人、区块链等技术可以运用到这个环节中，用以提高工作效率，进行货源追溯 | 实体零售商对上游供应商的管理。这个环节应用的新技术较少 | 商品的生产与制造环节。智能机器人、智能制造、工业大数据等技术可以运用到这个环节中，用以提高工作效率 |

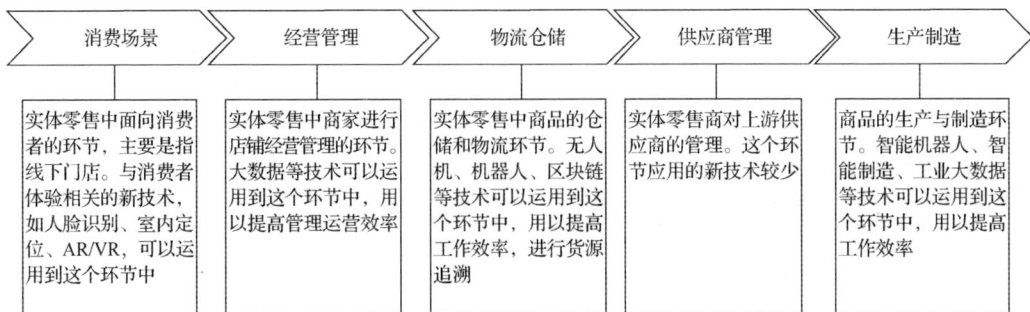

图 6-1　新技术在不同零售环节中的应用

其中，新技术在消费场景中的应用功能主要分为体验增强、数据收集、流量转化三种，新技术可能同时具备其中一项或多项功能。数据收集是利用布置在店内的各种传感器，收集消费者的运动轨迹、注意力变化、客流量等信息，用于店铺运营和精准营销。消费者行为分析的技术方案有行为识别、情绪识别和注视轨迹追踪等，商品状态检测的技术方案有压力感应、RFID和图像识别等，如图 6-2 所示。

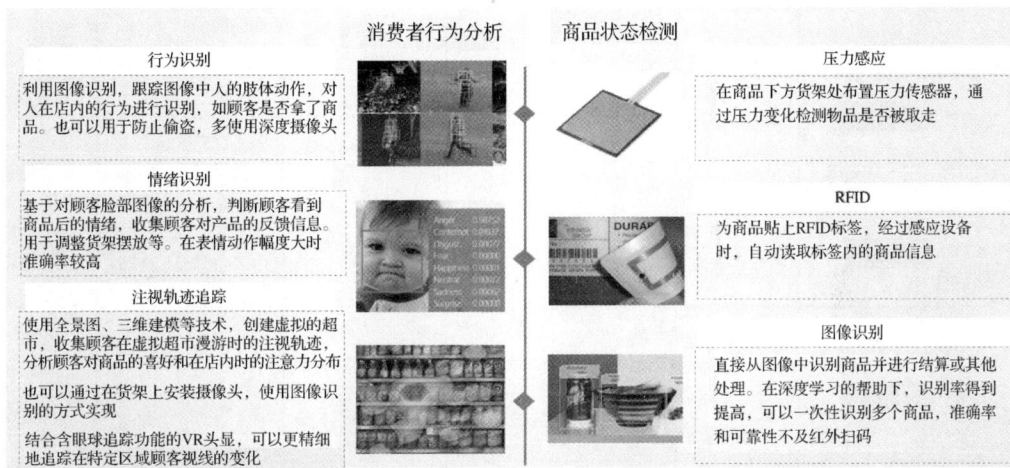

图 6-2　新技术在消费场景中的应用

在经营管理环节，新技术的功能主要是对消费者、销售数据进行分析，绘制用户画像，用于店铺运营分析和消费者分析。

在物流仓储环节，我们应用各类智能化设备来提高货物流转效率，降低成本。新技术在物流环节中的应用如图 6-3 所示。

总之，随着实体零售线上渠道的补齐，电商平台线上流量增长趋缓，开始扩展线下，消费者体验、供应链能力、运营效率重新成为零售企业的核心竞争力，新技术在以上三方面都有重要作用。中国部分企业在探索零售新业态的同时也十分重视对新技术的应用，如表 6-1 所示。

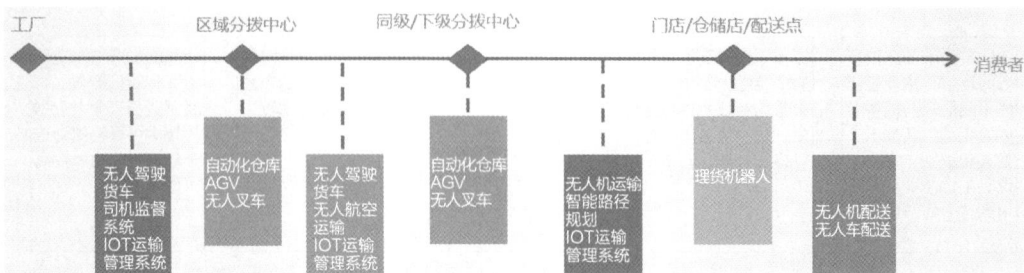

图 6-3 新技术在物流环节中的应用

表 6-1 新技术在我国部分企业探索零售新业态中的应用情况

| 企业 | 首店落地时间 | 单店面积 | 仓储物流特点 | 供应链特点 | 支付特点 | 配送特点 | 其他特色 | 选址 | App 名称 |
|---|---|---|---|---|---|---|---|---|---|
| 阿里巴巴盒马鲜生 | 2016.1 | 4 500 平方米 | 以店为仓 | 菜鸟物流 | 支付宝 | 3 千米半小时 | 大数据驱动备货 | 商圈 | 盒马 |
| 速懒鲜生 | 2016.11 | 500 平方米 | 以店为仓 | 全链路跟踪信息 | | 3 千米半小时 | 商品信息数字化显示 | 商圈 | 速懒鲜生 |
| 食得鲜 | 2016.12 | 3 000 平方米 | 以店为仓 | | | 上门配送 | 电子标牌会员机器人 | 商圈 | 食得鲜 |
| 永辉超级物种 | 2017.1 | 500 平方米 | 永辉物流 | 永辉超市 | 自助收银机 | 3 千米半小时 | 电子价签 | 商圈 | 永辉生活 |
| 美团掌鱼生鲜 | 2017.7 | 2 000 平方米 | | 新美大控股亚食联 | | 3 千米1 小时 | 电子价签 | 商圈 | 掌鱼生鲜 |
| 大润发优鲜 | 2017.7 | 3 000~5 000 平方米 | 以店为仓 | 大润发 | | 1 小时 | | 商圈 | 飞牛优鲜 |
| 京东之家通州店 | 2017.8 | 200 平方米 | 应用大数据为门店备货 | 京东物流 | 刷脸支付 | 京东配送 | 进门刷脸行为分析 | 商圈 | 京东 |

资料来源: 亿欧智库 (2017)。

**思考题:** 请结合资料,观察生活中一些实体店铺的新技术应用情况。

消费升级与技术变革是新零售爆发的根源。一方面,新兴技术使得传统零售解锁商机,探索新模式;另一方面,消费者对购物体验升级、场景本地化的诉求,使强势的电商企业重新审视自我,探索线上线下结合。影响零售行业发展的主要因素有人口因素、经济环境、政治制度和法律法规、技术环境、自然环境、竞争环境等。影响因素的分析分为两步,一是辨认各种影响因素,二是评估影响因素对行业可能产生的影响。

# 一、人口因素

零售市场是由既有购买意愿又有消费能力的人组成的，人口因素是零售业发展的重要影响因素之一。人口因素一般包括以下内容：①人口数量与增长速度；②人口的地理分布及地区间流动；③家庭成员组合；④年龄与性别结构；⑤人口流动；⑥家庭规模缩小；⑦人口年龄结构的变化；⑧人口受教育程度。

首先，新增人口对扩大零售市场规模有积极影响。我国是一个人口大国，20世纪80年代末期以后，我国的人口自然增长率虽然逐年递减，但平均每年仍有1 000多万人出生。这些新生人口要吃、要穿、要用，必然要与零售市场发生关系。例如，1991—2000年新增人口带来的新增零售额约为1 001.1亿元，约占整个时期新增零售额的1.9%。

其次，人口结构变动影响着零售业的发展。在我国，人口结构变动主要体现在农村人口向城镇人口的转移上以及城市化进程中。近年来，我国以每年1%～1.4%的速度加快城市化进程，每年大约有1 000万农业人口转为非农业人口，有1亿～1.3亿农民进城打工，给城市建设带来新的挑战、新的商机和新的压力。这一部分转移人口按城镇低收入的生活标准计算，平均每年也要比在农村生活时多消费140亿元的商品和服务，大约可拉动当年社会消费品零售总量提高0.24个百分点。

最后，人口年龄结构的变化也会影响零售业的发展。中国的人口年龄结构已经进入老龄化阶段。据国务院老龄委预测，2020年中国60岁以上的人口将达到2.48亿人，2030年将超过3亿人，2050年会达到4亿人，甚至有一种说法叫作"2025年危机"，指的是当"60后"整体进入老龄化阶段时，中国社会将遇到前所未有的挑战。零售企业要充分考虑老龄化对零售业的冲击，不能低估老龄化给零售业态创新和经营创新带来的挑战。这是中国零售业未来面临的首要问题。老年群体的生理和心理特征，决定了他们特有的消费模式，将会对整个社会的消费结构产生影响，如医疗保健需求旺盛，社区养老服务大有可为。

# 二、经济环境

经济水平有以下衡量因素。一是国内生产总值（GDP），即一个国家物质生产部门的劳动者在一定时期内所创造的价值总和；二是经济结构、各产业结构与国民经济结构；三是个人收入，包括个人总收入、个人可支配收入、个人可任意支配收入。中国改革开放以来，GDP年均增长率在9%以上。2016年，中国国内生产总值为744 127亿元，同比增长6.7%；经济的高速增长带来了人们收入水平的大幅度提高。2016年，城镇居民人均可支配收入为33 616元，增长7.8%，扣除价格因素实际增长5.6%；农村居民人均可支配收入12 363元，增长8.2%。2016年中国城镇居民家庭恩格尔系数为29.3%，中国农村居民家庭恩格尔系数为32.2%，恩格尔系数的降低显示着我国城镇居民生活水平的进一步提高。根据联合国粮农组织的标准，恩格尔系数在59%以上为绝对贫困，50%～59%为贫困，40%～49%为小康，30%～39%为富裕，30%以下为最富裕，如表6-2所示。我国居民消费热点发生变化，消费结构由生存型向发展型、享受型方向转变。

消费升级、品牌消费爆发以及中低档消费崛起都将为我国零售业提供良好的发展环境，消费对经济的拉动将进一步增强，中国开始进入消费主导型经济社会发展模式。另外，随着经济的快速发展和居民个人收入的快速提高，城市中的中产阶层人数将呈几何级数增长，成为不可忽视的社会主流消费群体。他们有稳定的高收入和高储蓄，是购买力非常强的群体。拥有一定的固定资产是中产阶层的标志之一。

表6-2　恩格尔法则

| 项目 | 解释 |
|---|---|
| 恩格尔法则 | 随着消费者收入的不断增加，食物的消费支出占家庭总消费支出的比例就会不断地减小 |
| 恩格尔系数 | 在食物上的消费支出占家庭总消费支出的比例 |
| 联合国粮农组织关于恩格尔系数的划分标准 | 59%以上：绝对贫困；50%～59%：贫困；40%～50%：小康；30%～39%：富裕；30%以下：最富裕 |

阅读资料 6-1

### 中国致力打造一批国际消费中心城市

当前，消费已成为中国经济的第一拉动力。据官方数据，2017年前三季度消费对中国经济增长的贡献率达64.5%，比2016年同期提高2.8个百分点。为了增强消费对经济增长的基础性作用，国家致力打造一批国际消费中心城市和国家消费中心城市，吸引境外消费回流。

当前，伦敦、纽约、巴黎、东京、新加坡等是国际消费中心城市，今后我国将通过试点形式，把一批具备条件的城市打造成立足国内、辐射周边、面向世界的国际消费中心城市。水平达不到国际标准的，可以建设为国家消费中心城市。

要想打造国际消费中心城市，首先，要发展免税业务，进一步完善免税政策，为出入境人员提供更多样的购物选择。其次，需鼓励大型电商平台与国际知名品牌合作，引进国外优质商品和服务，满足中高端消费需求。

今后，中国消费升级行动预计包括六个方面：打造城乡便民消费服务中心，实施商圈消费引领工程，搭建国际消费新平台，推动绿色消费，构建现代供应链，建设放心消费环境。

资料来源：中新社。

# 三、政治制度和法律法规

政治制度和法律法规分析就是企业对其业务所涉及的国家、地区的政治和法律、方针政策等对企业的战略影响进行分析。政治制度和法律法规作为上层建筑，对经济基础有着重要影响。政治制度的方向和稳定性是制定战略决策时需要评估的重要外部因素。法律法规是国家意志的体现,直接约束和规范了企业的生产经营活动。

对零售行业而言,流通政策(包括关于防止不正当竞争的法规、保护消费者利益的法律、保护社会整体利益的法规、流通对外开放政策、流通现代化政策等)会对行业的发展有较大的影响。其中,流通领域的改革开放就是推动我国流通产业发展的重要举措之一,如表 6-3 所示。1992 年,中国政府在商业领域实行对外开放试点,外资商业的广泛进入标志着中国商品流通业已开始融入国际市场。外资企业不仅带来了先进的经营理念和管理技术,促进了国内流通业的组织化程度和经营管理水平的提高,同时也带来了激烈的市场竞争,各种业态的生命周期明显缩短,这使得现阶段中国流通业的发展带有明显的跳跃性和急速扩张性。

表 6-3　外资零售企业在华发展政策环境演变(1992—2004 年)

| 时间 | 主要的政策变化 |
| --- | --- |
| 1992 年 7 月 | 国务院颁布《关于商业零售领域利用外资问题的批复》,规定中外合资或合作经营的零售企业可以在北京、上海等地进行尝试性运营 |
| 1995 年 10 月 | 国务院批准在北京、上海开办两家中外合资连锁商业企业,并规定必须由中方控股51%以上,该政策为外国连锁企业进入中国打开了大门 |
| 1999 年 6 月 | 国务院颁布《外商投资商业企业试点办法》,把零售业中外合资合作范围扩大到了所有省会城市、自治区和计划单列市 |
| 2001 年 12 月 | 中国正式加入 WTO,并承诺将在 3 年内向外资开放零售和分销领域。随着政策一步步明朗,各跨国零售巨头在中国扩张的步伐逐步提速 |
| 2004 年 6 月 1 日 | 商务部颁发的《外商投资商业领域管理办法》开始生效,这意味着 2004 年 12 月 11 日以后中国零售业即将全面开放。这一政策为跨国零售企业在华扩张提供了有力的制度保证 |
| 2004 年 12 月 11 日 | 中国允许正式设立外资独资商业企业。外资在华投资更具独立性,其下一步的扩张成为可能 |

资料来源:根据媒体的报道以及商务部的资料整理。

# 四、技术环境

技术环境对零售业的发展也有重要的影响。近年来,零售业网络化、信息化的进程不断加快。信息技术对开展网络零售有以下好处。第一,可实现"一对一"的精准营销和"一对多"的市场空间拓展;第二,通过对网络零售这种业态形式的创新,推动零售业由"物业型经营方式"向"自主型经营方式"方向转变;第三,实体零售商进军网络零售市场可开辟新兴市场、变革零售业态、创新经营方式,从零售业整个行业角度看,其是继连锁经营之后的世界性的零售革命。科技对零售业的影响显然是巨大的,不仅局限于在线购物,零售企业可以通过增强现实应用、店内定位导航、无人机送货等方式改善购物体验,同时能够帮助零售商提高运营效率,进而节省成本。新零售业态给各行业带来的机会源于零售流程中的技术升级。未来数年将对零售业产生极大影响的相关技术有以下几种。

（1）增强现实技术：增强现实（Augmented Reality，AR）技术，是一种实时地计算摄影机影像的位置及角度并加上相应图像、视频、3D模型的技术，这种技术的目标是在屏幕上把虚拟世界套在现实世界上并进行互动。例如，应用手机应用程序可以通过摄像头叠加图层，虚拟家具等商品的实际效果，让用户了解大致的摆放效果；或提供店内的虚拟信息，让用户能够通过手机查看货架上的促销信息，从而优化购物体验。

（2）室内定位导航：可以帮助用户在大型仓储式卖场中快速找到想要的商品，提高购物效率。

（3）传感器：优化店内购物体验的一种技术，可以实现接近式的消息推送、具体的客户定位等，提高潜在的销售力并降低销售人员配置数量，从而节省成本。

（4）3D打印：随着3D打印成本的进一步降低，商家能够为用户提供更加个性化的定制服务，从而提高销售额。

（5）无人机：与3D打印一样，无人机在零售行业同样是方兴未艾的新技术。无人机、高速隧道等可以缩短物流时间，减少相关的仓储损耗。京东、亚马逊、阿里巴巴目前都在着力打造无人机物流，但这项技术还需要面临政府机构的监管，并需要解决各种安全隐患，如此才能够最终造福消费者。

（6）大数据分析：大数据分析对于企业来说已经成为了非常关键的技术，数据分析是各项生产、销售、服务相关优化决策的依据，能够帮助企业制定更有效的市场战略、创建个性化服务，从而获得销售额的提高。

（7）真人视频客服：亚马逊开展的"Mayday"服务是零售行业的另一个创新点。真人视频客服能够为用户提供更直观、更人性化的服务效果，或许会在未来取代传统的电话呼叫中心。

阅读资料 6-2

### 未来就在眼前，虚拟现实（VR）技术颠覆零售业

在零售商们看来，货架的每一寸地方都是宝贵的，所以当零售商们想要重新改造商品陈列的时候，他们需要考虑的东西实在太多了。他们需要考虑人们的购物习惯：人们是按照品牌购物，还是按照食品种类或者生产日期购物？

为了解决这个问题，Happy Family借助于VR（Virtual Reality）技术，即虚拟现实技术，依据800个消费者的数据资料创造了四种不同的购物场景。Happy Family似乎开启了未来店铺设计的大门。其实，AR（Augmented Reality）技术和VR技术早已开始改变整个零售业了。

作为In Context Solution的CEO，Mark Hardy一直致力于VR购物视觉技术的研发。他认为，VR技术是多渠道购物战略的一部分，下一个目标就将是虚拟购物。"我可以看下它的原料吗？我能试用下吗？我能在其他环境下看看这个商品的样子吗？"这些传统电商无法满足的消费需求都可应用VR技术得到满足。不论是向上销售，还是交叉销售，它们都会使消费者产生更有互动性、更个性化的体验。"

## （一）到底是 AR 还是 VR

增强现实和虚拟现实通常被人们互换使用，但其实两者有关键性的差异。增强现实（AR）技术是将虚拟世界和现实生活相融合，使用户可以在真实世界中与虚拟元素互动。虚拟现实（VR）则是虚拟世界的产物，往往让用户无法分辨虚实。VR 技术一般需要使用一个装置，如头盔或者眼镜。

## （二）未来店铺的构想

从 Happy Family 的研究中我们可以看出，企业今后将会如何利用 VR 技术。而同 In Context 合作，Kankariya 则看到了更多可能，"当我向我们的创始人和 CEO 展示 VR 技术时，她的第一个想法是'这项技术太有用了，我们既可以用它来测试商品的包装和设计，又可以用它来和消费者互动。以后再也不用瞎猜消费者的反应了，一切决策都有数据支撑'"。

从宏观上看，从店铺设计、人流量统计到相邻店铺的选择，再到商品设计、分类、展示和宣传，VR 技术能为消费者和商家带来巨大的利益。利用虚拟店铺，零售商们无须搭建真实平台，也无须再担心库存问题，就能让消费者在虚拟店铺中"购物"，同时还能观察他们的消费行为，了解他们买了什么，他们的购物路线，以及为什么要买这些商品。

除此之外，VR 技术的另一优势是能够快速开店，零售商不用再浪费大量的时间去装修店铺，能够快速地进入市场，也能够有更多的装修选择，同时能避免高额的错误支出。

这项技术还能够用以培训销售人员。CEEK 为 Berkshire Hathaway 旗下 Richline Group 的可穿戴设备打造了 VR 体验，主要用户对象是店铺店员。例如，对于一些昂贵又不太容易进货的商品，利用 VR 技术，我们能让店员提前看到样品。现在已经有一些店铺开始用这项技术培训员工了。

AR 技术则可在现实世界中增加一个虚拟的层面，可以瞬间优化用户体验。它提供了情景信息，可以在消费者购买前展示商品，从而能让消费者更有信心地快速下单。仅仅在用户真实环境中添加虚拟层面，便能显著提高零售商和制造商的品牌价值。

## （三）让消费者受益

尽管目前大部分 VR 技术的应用仅局限于后台，但有一些方法能使普通消费者应用该技术。Lowe's 与 VR 和 AR 技术公司 Marxent Labs 合作，开发了一个帮助消费者在虚拟环境中设计厨房和卫生间的新系统。Marxent Labs 的 CEO Beck Besecker 表示，他们的客户有个共同点：他们需要让自己的消费者在特定的场景下购物。"实体店店主最常问的问题就是：'我们能不能在有限的空间内，让消费有更多样的体验呢？'"虚拟店铺可以完美解决店主们的顾虑。

利用虚拟店铺，经营者可以在建立销售渠道的初期近距离地接触消费者。Besecker 补充道："人们一开始会在商店或在家寻找感兴趣的东西，但最终是否购买还不明确。一个家用设计体验的导引能让感兴趣的消费者在决定购买之前提前看到商品。零售商则可以把店内购物体验直接搬到消费者家中，在家线上购物也和去店里几乎一样，消费者能直接到店里选购。这些策略都只有一个目的：鼓励顾客多消费。消费者能够看到商品的所有细节：颜色、材质，甚至库存的全部商品。"

当然，也不是事事顺利的。Marxent Labs 公司测试了 AR 和 VR 技术能否用于商品目录中，但 Besecker Labs 公司认为："电子商务可能更适用于商品目录"。目前的 3D 建模还采用人工筛选的方式，要花费很多时间。我们还需要建立起一整套工作流程，能够快速、优质地完成 3D 建模，帮助线上零售商充分利用 VR 技术。这样 VR 技术带来的新奇购物体验才有可能给商店带来更大的客流量。

资料来源：根据 National Retail Federation 的报道整理。

# 五、自然环境

20 世纪 50 年代后西方国家工业化经济迅速发展，出现了世界性人口膨胀、资源危机、环境恶化等严重影响社会发展的问题。人们经过反复思考和探索，于 20 世纪 80 年代开始探讨人类社会发展的一种新思路，即可持续发展。其中，绿色消费是近年来随着环保运动的发展而兴起的一种更为理性的高层次的消费理念。2001 年，"绿色消费"被中国消费者协会确定为当年的消费主题，也成为新世纪的主题。绿色消费，是指我们在消费中不仅要满足我们这一代人的消费需求及安全、健康要求，而且要满足子孙后代的消费需求和安全、健康要求。绿色消费是社会经济发展到一定历史阶段的必然产物。随着居民收入水平和消费水平的不断提高以及受世界绿色消费大潮的影响，居民的绿色消费意识日益增强，"绿色食品""绿色家电""绿色汽车""绿色住房"等纷纷出现并受到消费者的青睐。

在绿色消费的大背景下，环保经营将成为零售企业的主要战略之一。未来，除了追求经济利益以外，零售企业承担环保等社会责任具有战略性意义。企业的社会责任，就是企业在追求利润最大化的经营过程中，对社会应承担的责任或对社会应尽的义务，具体表现为：企业在经营过程中，特别是在决策时，除了要考虑投资人的利益或企业本身的利益之外，还应适当考虑与企业行为有密切关系的其他利益群体及社会的利益。除了要考虑其行为对自身是否有利外，企业还应考虑对他人是否有不利的影响，是否会造成公害、环境污染、资源浪费等。

# 六、竞争环境

有关行业竞争环境的分析框架，一个著名的理论是迈克尔·波特（Michael E. Porter）于 1980 年提出的"五力模型"。"五力模型"是作为行业竞争驱动力量分析工具被提出的，主要用来帮助企业了解自己所在行业的竞争状况，如竞争力量的来源、强度、影响因素等。该模型的基本逻辑是，企业行为主要受其所在行业市场竞争强度的影响，竞争强度取决于市场上存在的五种基本力量，正是这五种力量的联合强度，影响和决定了企业在行业中的最终盈利潜力。根据波特的"五力模型"，影响零售业的竞争环境可以分为 5 大类。一是现有业态、企业之内的竞争；二是新进入者的威胁，如新进外资零售巨头的威胁；三是替代的威胁——新兴业态对原有业态的威胁；四是供应商的议价能力带来的威胁；五是消费者的议价能力带来的威胁。

但是，当今零售业的竞争环境比波特的"五力模型"复杂。首先是零售业的竞争从单一化的竞争走向了多元化的竞争：同一业态的零售商的竞争、不同业态的零售商的竞争、零售企业集团之间的竞争、不同国家之间的零售企业之间的竞争、供应链之间的竞争、战略联盟集团之间的竞争。如今，商家之间的竞争已经开始围绕争夺消费者展开。在新零售背景下，为了赢取消费者的心，商家想尽办法在某一些方面超越竞争对手。

综合上述观点，我们可以初步得出一个结论：影响零售业发展的核心因素是消费者。只有满足消费者的需求，零售业才能实现可持续发展。面对多变的新零售环境，我国零售企业应做到以下两点。

（1）零售企业需要创造性地适应环境。没有饱和的市场，只有不合时宜的功能。饱和是相对的，需求是绝对的。企业在买方市场中可以不断地创造新的卖方市场。一切从消费者出发，其商业的灵感来源于对消费者潜意识需求细致入微的体察和对市场需求规律的精确把握。

（2）零售企业更需要全方位创新。零售业变革往往伴随着零售企业经营方式的创新。零售企业的每次创新都是新的生产方式、消费方式和技术力量共同作用的结果。中国本土零售企业要想在急剧变革的市场环境中生存和发展，唯一的途径就是进行全方位的创新。

# 【本章小结】

（1）新技术的产生与应用引发零售业的变革，零售业外部市场环境变化导致零售业内部做出相应调整，经济发展进程中零售业自身发展规律引发其内部结构调整和重构。

（2）影响零售市场的因素有人口因素、经济环境、政治制度与法律法规、技术环境、自然环境、竞争环境等。

# 【本章重要概念】

人口因素　　经济环境　　政治制度与法律法规　　技术环境　　自然环境　　竞争环境

# 【思考与练习】

1. 加入 WTO 后影响我国零售业发展的主要因素有哪些？
2. 新技术对零售业的发展有什么推动作用及影响？

# 【拓展阅读】

### 新时期东莞零售业的发展形势

改革开放以来，东莞商贸经济发展迅猛。随着城市化、工业化进程的持续推进和市民消费意识、能力的日益增强和提高，东莞市零售业正步入一个总量不断增加、设施不断完善、结构日渐优化、布局趋向合理、业态不断丰富、层次不断提升的高速发展阶段。但是，在产业转型升级、城市格局不断优化、电子商务大发展等背景下，东莞商业面临重要的形势变化。

（一）产业转型升级赋予商贸流通业新使命

东莞市是国际化现代制造业名城，也是具有岭南文化特色的生态型现代化城市。改革开放以来，东莞市实施"外向型经济带动"战略，不断推进内部优化，走出了一条"以加工贸易参与国际分工，以经济国际化带动地区工业化、城市化"的发展道路。当前，东莞市正持续推进产业升级和城市转型，为解决东莞市面临的社会经济和城市建设问题开创了新的发展思路，为商贸流通业发展提供了广阔和深度的空间。承担城市重要功能的商贸流通业已成为实现价值和组织生产的关键，成为扩大再生产的最终推动力，是区域经济竞争的重要筹码，更是市场经济运行的"加速器"和"助推器"。在加工贸易转型和产业结构升级的关键时期，商贸业发展的核心是在满足本地需求的基础上，充分发挥优势产业和特色专业市场的辐射功能，进一步整合资源、凸显特色、发挥优势，在市场竞争中占据有利地位。产业的转型升级赋予了东莞市商贸流通业全新的功能和责任。

（二）城市发展布局变化需重构商圈新格局

商业是展示城市文化和形象的重要窗口，随着城市化进程的加快和城市的转型发展，商贸流通显得尤为重要。按照社会经济发展水平划分，东莞市正进入后工业化阶段，东莞城市空间布局正在逐步优化。"十二五"期间，按照"一中心、多支点"和"中心提升、东西推进、南北拓展"的思路，通过引导资源合理配置和产业梯度发展，东莞市形成了"一主三副两支点"的城市空间布局框架，即主城区为"一主"，虎门、常平和塘厦为"三副"，松山湖和虎门港为"两支点"。"十三五"新的城市规划提出了"一中心四组团"布局思路，探索构建中心区以及西北组团、西南组团、东北组团、东南组团的城市格局。新的城市格局需要建设和完善新的商圈，东莞商业进入全新的空间优化阶段。另外，东莞市积极推进"三旧"改造，盘活存量建设用地，实施城镇中心区"退二进三"工程，推进制造业生产环节向城镇核心区的外围转移。以现代都市型产业为主，将旧工业区分类改造成功能置换区，实施拆旧建新、拆小建大、拆零建园，完善区内基础设施以及商业、文化、医疗卫生等功能配套，改善厂区及周边环境，提高管理水平和承接产业能力。

（三）综合交通变化推动商业网点空间布局优化

近年来，东莞市初步构建了"城乡一体、快速安全"的现代大交通格局。在轨道交通方面，东莞市按以轨道交通为主体，强化主干道路、提升镇区联网公路、改造村际道路、增加对外通道，构建各种交通互通互联的现代化交通体系的思路，积极配合全省重大交通项目建设，加快推进穗莞深、穗莞惠城际轨道交通，东莞市轨道交通和广深港铁路建设，加快建设"内聚外联"的轨道交通网络。在区域公交网络方面，建设了广深沿江高速公路、深圳外环东莞段、从莞高速、博深高速，完善了高等级公路网主骨架，建设了广深高铁，加强了城市公共交通设施及市区六大综合枢纽建设，完善了区域公交网络。在港口建设方面，加快建设和完善虎门港，积极参与珠江口港口资源整合，合理打造分工明确、优势互补、共同发展的珠三角港口群。轨道交通和公路格局的大变化，将会改变东莞市市民的出行方式，提高生产运输的效率，对商贸流通业布局产生重大影响。

（四）互联网和信息技术推进商业大变革

互联网正在影响人们社会生活的各个方面，世界因网络发生了深刻的变革，商贸流通业态也因互联网和信息技术的纵深推进而发生着翻天覆地的变革。移动互联网的广泛应用更是改变了人们的生活和工作，推动了商业领域的大变革。这一基于信息技术发展的革命，使东莞商业发展产生了前所未有的变化，是新时期东莞商业发展大环境变革的最主要内容。当前，东莞市电子商务的应用创新得到有效推进，松山湖、虎门、大朗等电子商务集聚区（园区）不断涌现，跨境电子商务成为东莞市经济转型升级的抓手，先后成功引进了敦煌网、大龙网、递四方、银盈通等一批电子商务龙头企业，覆盖了物流、支付、第三方平台、运营服务等各个重要环节，电商发展的全产业链条、全生态系统加速形成。结合电子商务发展的新趋势，今后东莞市要实施"互联网+流通"的战略，推动制造业的上网触电和传统商贸业的转型升级，促进线下实体店和线上店铺的融合发展。

**（五）人口消费结构变化推动商业结构优化**

社会经济形势的变化，产业结构的调整，"用工荒"及用工成本的增加，直接导致东莞市制造业企业大量应用智能自动化设备。同时，信息技术、生物技术、人工智能的发展，也促使许多新业态出现。在互联网时代，特别是移动互联网时代，消费者比较容易展示自己的个性，线下企业如何开展个性化、体验式服务是取胜的关键。以工业为基础的东莞市，外来人口是其主要的劳动力。当前，东莞市进入人口低速增长阶段，劳动力素质偏低，结构有待优化。而劳动力素质低下和劳动力结构单一既是产业结构的反映，又是优化产业结构必须突破的瓶颈。工业人口监测结果显示，东莞劳动力市场供不应求，用工缺口主要集中在传统产业的劳动密集型、中小微型企业，主要是一线普工短缺。而劳动力不足以及当前劳动力素质和结构状况都将对商业网点布局和商业运作模式产生深刻影响。

资料来源：《东莞城市商业网点规划（2016—2025）》，2016年。

**思考题：** 请从阅读资料中提炼影响东莞市零售业发展的关键因素。

# 第七章
# 消费者购买行为

【主要内容】

（1）消费行为概述
（2）影响消费者购买行为的各种因素
（3）我国消费者的购买行为特征与趋势
（4）我国数字消费者的特征与趋势

"真正的竞争对手"不是同行，而是"不断变化的顾客需求"。

——日本"7-11"控股公司 CEO 兼董事长铃木敏文

关注消费者的变化，是做好零售最重要的基础。关注现实需求是基础，把握潜在需求是核心，关注个性需求是重点。

——Water 学院

 案例导读

### 为何网购弃车率高达 70%

10 位消费者把商品加入购物车，结果有 7 个放弃购买，这是为什么?

有调查显示，在网购过程中，平均弃车率高达 70%。如果商家能将那些被消费者放进购物车但最后又被放弃的商品卖出四分之一，那么该店铺的商品销量将获得很大的提高。

消费者为什么放弃已经加入购物车的商品呢? 这个问题的答案不是唯一的，如网站页面崩溃，支付方式太少，付款过程复杂，不满意退货政策……其中，61%的消费者表示，如果卖家能去掉

那些突如其来的额外费用，他们就会下单。

**思考题：** 如何降低网购弃车率？结合资料谈谈你个人的想法。

# 一、消费者行为概述

## （一）"消费者行为"与"消费"

消费者行为是指消费者为满足需要而显示出的探寻、购买、使用、评价商品及服务的各种行动。它不仅包括决策、购买和使用，还包括行动之后的评价和反应。消费者的行为具有一定的形式，其活动也具有一定的轨迹。消费者行为研究就是研究人（消费者）究竟是怎样选择、购买、使用和处置商品、服务、创意或经验，以满足他们的需求和欲望的。零售企业要想掌握消费者行为的规律，力图全面地认识消费者及其消费行为，就应当清楚目标消费者的生活背景、消费动机、消费方式。从4个不同的角度来看，消费和消费者行为都具有不同的特性。

（1）从时间推进序列角度看。消费和消费者行为都是动态的，是过程的集合。一个完整的消费者行为过程包括"问题认知—信息收集与评估—购买决策—购买—使用—评价"。消费者要想满足自己的需要，首先要认知自身的需要，之后才会为满足这些需要去搜集相关信息，并在此基础上做出购买决策——购买什么、何时购买、购买多少、到哪里购买、用什么方式购买等。决策过程付诸实施后，商品随消费者退出了流通领域，进入消费使用过程。但问题并未终结，消费者在消费过程中，会对自己的购买决策和商品质量等进行评价，分析其中的得失，形成满意或不满意的结果。消费包括消费品"购买"和"使用"。从中我们可以看出，人们通常所说的消费只是其中的两个环节。而且，即使是消费中的"购买"，也与消费者行为中的"购买"不同。前者是指流通过程中的商品和货币，强调的是货币与商品的互换；而后者主要指心理决策过程，强调的是消费者的精神过程。

（2）从横截面所涵盖的内容角度看。消费者行为由许多外显行为和内隐行为构成，消费只是外显行为中的部分内容。消费者行为除此之外，还包括许多看不见的心理、思维活动，它们属于内隐行为。消费者行为是外显行为和内隐行为的复合整体，而且更偏重于后者。内隐行为主要有两方面的含义，即消费者的决策过程及影响决策过程的个人特征内部要素。

（3）从对消费者的设定角度看。消费者行为分析把消费者当成"复合人"来研究，而消费分析把消费者当成"经济人"。从经济学角度研究消费者的时候，人们关心的是消费品的"人化"，即通过使用消费品人的体力得到恢复和发展，智力得到提高。同时，社会组织特别是企业也是完全地以满足人们的物质性的、功能性的需要为导向，去生产和销售商品和服务。

（4）从所提出的背景角度看。消费者行为是人类行为的组成部分，消费是社会再生产的一个环节。消费者行为是在人类行为这个大背景下提出来的，是与市场相联系的人类行为。

## （二）消费者的购买行为过程

在购买行为中，消费者的购买行为过程由引起需求、搜集信息、比较评价、购买决策、购后感受五个环节构成。购买行为是个完整的过程，包括购前准备和购后评估，如图 7-1 所示。但需要说明的是，不同购买行为类型可以有不同环节，可以只包含某些环节，也可以改变环节顺序。

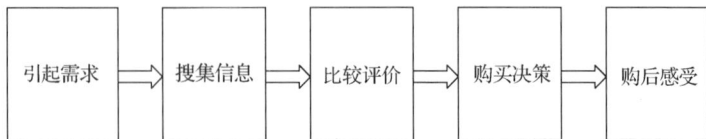

图 7-1　消费者的购买行为过程

### 1. 引起需求

引起需求是消费者购买行为过程的起点。这种需求可能源于内在刺激。例如，消费者在生理上感到饥饿和口渴等时，就会产生对食物和饮料的需求。需求也可能源于外部刺激。例如，消费者看到亲戚、朋友购买了某一商品，自己也想购买；或者消费者看到一则商品推销广告，随即唤起了购买的欲望等。企业营销应注重唤起消费者的需求，这是促使消费者购买商品的前提。企业可在商品的花色、品种、式样、包装等方面刺激消费者，从而引起消费者的购买需求。当然，这是一个系统决策和实际操作过程，经营者要做的工作远不止这些。

### 2. 搜集信息

消费者的需求被唤起以后，有的不一定能立刻得到满足。这种尚未满足的需求会造成一种心理的紧张感，促使消费者乐于接受目标商品的信息，甚至会促使消费者主动地搜集相关信息。

消费者的信息来源主要有个人来源，包括来自家人、朋友、邻居、同事等；商业来源，主要来自广告、推销员、经销商、商品包装、展销会等；公共来源，来自大众传播媒介、监测机构等；经验来源，来自购买、使用等，如图 7-2 所示。

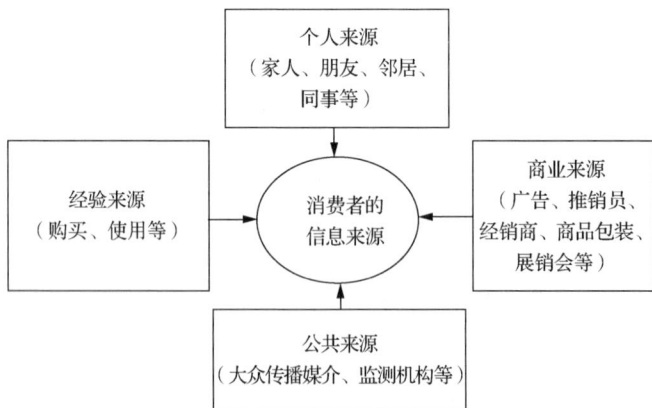

图 7-2　消费者的信息来源

由于商品种类和消费者个人特征不同，各类信息来源的影响力也不同。一般来说，商业来源通常起告知的作用，个人来源和公共来源则具有评价的作用，经验来源往往能起判断商品是否有价值的作用。企业营销应及时掌握消费者搜集信息的过程和动向，了解各类信息源对消费者的影响力，了解现有信息对企业和商品的评价。企业还应该利用这些信息设法扩大商品信息的传播渠道和范围。

### 3. 比较评价

消费者从各种信息来源处获取资料后，将对它们进行整理、分析，对各种可能选择的商品和品牌进行比较、评价，从而确定自己偏好的商品和品牌。消费者虽然不会刻意去做这些工作，但他们会有意或者无意地进行一些思维过程。这个进行比较评价的思维过程一般分为三个阶段。一是分析商品的性能和特点，特别是与消费密切相关的各种属性；二是根据自己的需求，分析各种属性的重要性，排列顺序并依次对不同商品的特色加以区分。商品重要属性是被问及如何评价某一商品时人们立刻想到的属性。这可能是该商品商业广告中曾经提到过的，也可能是需要解决的问题中必须使用的，因此消费者把这些属性放在重要的位置上。三是根据自己的偏好提出品牌选择方案。营销人员应了解消费者对资料的处理过程和评价标准，以便掌握消费者的购买意向。同时，营销人员可帮助消费者比较评价各品牌之间的差异，发挥必要的参谋作用。

### 4. 购买决策

消费者反复比较、评价商品后，已形成指向某品牌的购买意向。但由购买意向形成购买决策还会受到两个因素的影响，如图7-3所示。

（1）他人态度，即消费者周围的人对消费者偏好的品牌所持的意见和看法。他人态度会影响消费者的购买决策，其影响程度取决于所持态度的强度

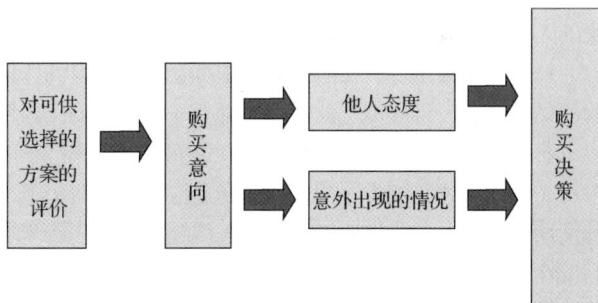

图 7-3  购买决策流程图

及他们与消费者之间关系的密切程度。一般来说，反对的态度越强烈，与消费者的关系越密切，其影响力就越大，消费者强化或者改变购买意向的可能性也越大。

（2）意外出现的情况。消费者购买意图是在预期的家庭收入、预期的商品价格和预期的购买满足感等基础上形成的。如果出现了失业、涨价或听到该商品令人失望的信息等意外情况，则消费者很可能会改变购买意向。消费者的购买意向是否能转化为购买决策，还受所购商品价格的高低、购买风险的大小和消费者自信心的强弱等因素影响。营销人员要向消费者提供详尽的有关商品的信息，以消除消费者的顾虑，促使消费者坚定购买意向。

### 5. 购后感受

消费者购买商品以后，会根据实际使用情况和他人的评判来考虑自己的购买行为是否明智、商品的效用是否理想，从而形成购后感受。根据心理评价函数，即$S=f(E, P)$（其中，$S$是满意感，$E$是商品期望，$P$是该商品可察觉的成效），我们可以通过分析得到消费者的购后感受。

（1）满意的感受，即商品符合或超过预期，消费者对所购商品感到满意。这种感受会强化消费者对所购品牌的信任，增加其重复购买的可能性，还会促使其向他人进行宣传。

（2）不满意的感受。在使用后，消费者认为商品低于期望值，进而对所购商品感到失望。这种感受可能导致消费者要求退货，可能使其以后不再购买这一品牌的商品。而且，他们会向外界传递有关商品的负面信息。

（3）不安的感受。这种感受介于满意与不满意之间，消费者往往在使用过程中遇到一些问题时，会怀疑自己的选择是否明智，如改买其他品牌的商品会不会使自己更满意，于是产生一种不安的感受。这种不安的感受，可能会导致消费者对该品牌做反宣传。这种反宣传对其他消费者的影响相当大。营销人员要充分重视消费者的购后感受，因为它不仅会决定消费者是否重复购买商品，还会影响其他消费者的购买行为。对企业来说，其要加强售后服务工作，建立售后回访制度，及时了解消费者的购后感受，以改进企业的营销活动，提高消费者的购买满意度。

## （三）购买角色的分类

购买角色包括倡议者、影响者、决策者、购买者和使用者。倡议者是首先提议或先有意向购买某种商品和服务的人，影响者是对最终购买决策有一定影响的人，决策者是对部分或整个购买决策（如是否买、买什么、何处买、何时买、如何买）做出最后决定的人，购买者即执行购买决策的人，使用者是实际使用或消费商品的人。

每一个购买角色，在购买过程中都会发挥各自的作用。因此，各种角色的心理和行为对企业的商品设计、广告宣传、营销活动都有一定的影响。营销人员应分析、研究每一个购买角色的特点，有的放矢地采取各种诱导措施。例如，以家用汽车的购买为例，丈夫可能会扮演倡议者、决策者、购买者和使用者，因此汽车企业应主要针对丈夫来做广告宣传；而妻子可能会扮演影响者和使用者，汽车企业也应做一些有关汽车特征的广告来取悦妻子。了解和掌握每一个购买角色所起的作用，有助于企业制订正确的营销方案。

## （四）购买行为的类型

消费者购买不同种类的商品时，其购买行为有简单的，也有复杂的，如购买一支牙膏与购买一辆汽车之间存在很大的购买决策差异。越昂贵的商品，购买过程越复杂，消费者越慎重，涉及的参与者越多。根据商品品牌的差异程度和消费者的介入程度，消费者购买行为可划分为四种类型，如图7-4所示。

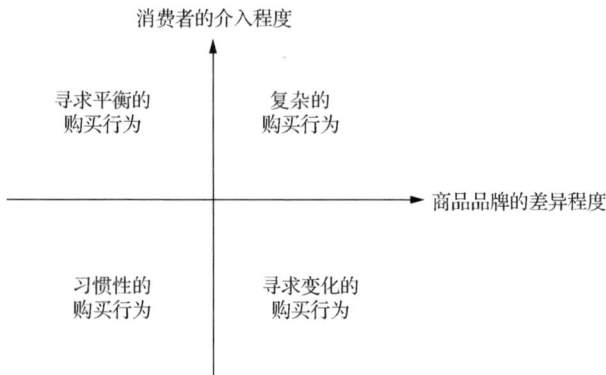

图7-4　消费者购买行为模型

### 1. 复杂的购买行为

这种购买行为发生在购买价格比较昂贵、不经常购买且品牌差异较大的商品时。消费者首先会广泛收集商品的信息资料，详细了解各品牌商品之间的差异，分析比较不同品牌商品的优缺点，然后形成对某品牌商品的信念和态度，最后做出慎重的购买决策。对这类购买行为，营销人员要了解消费者获取信息资料的途径，通过多种媒介、多种方式及时地向消费者传递商品信息。同时，营销人员还要帮助消费者辨别各品牌间的差异，积极宣传本企业商品的优势，以影响消费者的品牌选择。

### 2. 寻求平衡的购买行为

这种购买行为发生在购买价格比较高、品牌差异不大的商品时。例如，消费者在购买彩电、空调等商品时会高度参与，但因各品牌之间的差异不明显，消费者往往只在价格、售后服务等方面进行比较，很快就会做出购买决策。消费者购买商品以后，在使用过程中可能会发现商品的某些缺陷，或者会了解到某种品牌商品的品质更好。此时，消费者会对自己的这次购买行为不够满意，心理上会感到不平衡。出现这类情况后，消费者一般会主动收集与自己所购商品的有关信息，试图证明自己当初的购买决策是正确的，以减轻、化解自己内心的不平衡。对于这类购买行为，营销人员在进行营销沟通时，不仅要及时提供商品的相关信息，还要及时提供政府相关部门及老顾客等对商品的评价信息，增强消费者对商品品牌的信赖，使消费者在购买商品后相信自己的购买决策是正确的。

### 3. 寻求变化的购买行为

这种购买行为发生在购买价格低、品牌差异大的商品时。例如，消费者在购买方便面、饮料等商品时，可能会经常变换品牌，尝试各种不同品牌的商品。消费者变换品牌只是由于商品品种多样，为了寻求口味上的变化，而并非对原品牌不满意。对这类购买行为，营销人员应保证货源以及经常做反复提醒式的广告，以促使消费者形成习惯性购买行为。对于推出新商品的企业，其营销的重点是投放强调新商品特色的广告、采取低价策略以及开展各种营销推广活动，来鼓励消费者选择新商品。

### 4. 习惯性的购买行为

这种购买行为发生在购买价格低、经常购买、品牌差异不大的商品时。例如，消费者在购买食盐、味精等调味品时，因商品价格低，消费者购买时参与程度也低，又因商品品牌之间差异不大，品牌间不需多做比较，故购买只是出于一种习惯。对这类购买行为，营销人员的主要任务是促使消费者长期使用本企业的商品，保持消费者的购买习惯。为此，营销人员可采取低价、折扣等有效的营销手段，可在广告中突出商品的商标，给消费者留下深刻的品牌印象。

# 二、影响消费者购买行为的因素

## （一）文化因素

文化因素对消费者的行为具有广泛和深远的影响。

文化是在人们的社会实践中逐渐形成的，它包括人们的价值观念、伦理道德、风俗习惯、宗教信仰、语言文字等。每个人都生活在一定的文化氛围中，并深受这一文化氛围所含价值观念、行为准则和风俗习惯的影响。这一影响也延伸到了他们的购买行为中。例如，在中国的传统文化里，老年人受到尊重，因此，逢年过节年轻人会大量购买适合老年人使用的保健品，赠送给长辈，而如果仅考虑老年人的收入水平，这些保健品的市场恐怕不会这么大。

每一种文化内部又包含若干种亚文化。所谓亚文化，是指存在于一个较大的社会群体中的一些较小的社会群体所具有的特色文化。其特色表现为语言、信念、价值观、风俗习惯不同。例如，由于地理位置、气候、经济发展水平、风俗习惯的差异，我国可明显地分出南方、北方，或东部沿海、中部、西部内陆区等亚文化。不同地区人们的价值观念、生活习惯、生活格调与行为方式有差异，消费自然有别。例如，在中国人传统上最隆重的节日——春节里，北方人习惯吃饺子，南方人却习惯吃元宵和糯米年糕。年轻人也形成了他们独特的亚文化，追求不同于年长者的音乐、服饰、书籍和娱乐方式。社会阶层是指在一个社会中具有相对同质性和持久性的群体，可依据职业、收入、受教育程度、社会地位以及居住区域等因素进行综合划分。同一阶层的成员具有相似的价值观、兴趣爱好和行为方式。因此，他们的消费行为也可能大致相似。例如，在服装、家私、娱乐活动以及高档商品的消费中，同一社会阶层往往会显示出相似的商品偏好和品牌偏好。

## （二）社会因素

消费者在特定的社会中工作和生活，其购买行为会受家庭、社会角色与地位等一系列社会因素的影响。相关群体是指对人的态度、偏好和行为有直接或间接影响的群体。人们在生活中随时会受到各种相关群体的影响。但是，由于关系不同，人们受到影响的程度也有差别。关系比较密切的相关群体有家人、亲戚、朋友、邻居和同事等，关系比较一般的相关群体有各种社会团体、协会、学会、商会和宗教组织等。

此外，人们也会受到崇拜性群体的影响，如影视演员、运动员、社会名流等。相关群体影响消费者购买行为的表现，包括为消费者提供一定的消费行为模式和生活模式，使消费者改变原来的购买方式或产生新的购买行为；影响人们对某种事物的态度，导致消费者价值观和审美观变化；潜移默化地影响消费者对商品品种、品牌和使用方式的选择，引起人们的仿效等。

### 1. 家庭

家庭由彼此有血缘、婚姻或抚养关系的人组成。家庭对消费者的购买行为影响最大。一个人一生中一般会经历两种家庭。一是父母的家庭，也就是与生俱来的家庭。每个人的价值观、审美观、爱好和习惯大多是在父母的影响下形成的，会对消费者产生种种倾向性的影响，这种影响可能伴其一生。二是自己的家庭，也就是个人的衍生家庭。

一般来说，由夫妻及其子女组成的家庭是社会上最重要的"消费单位"。家庭中成员间的影响是最直接的，而且影响力最大。根据家庭成员对商品购买的参与程度和作用不同，商品购买可分为各自做主型、丈夫决策型、妻子决策型和共同决策型。例如，彩电、家庭影院等家用电器的购买以丈夫决策为主；服装、食品及日用品的购买以妻子决策为主；住房、家具的购买和旅游、娱乐活动等的选择，一般以家庭成员共同决策为主。

## 2. 社会角色与地位

一个人一生中会加入许多团体，如家庭、单位、协会及各类俱乐部等。每个人在团体中的位置可用角色和地位来确定。每一个角色都对应着相应的地位，它反映社会对一个人的尊敬程度。一个人所充当的每一个角色都要顾及周围人的要求和在各种场合下人们所期望的表现。因此，人们在购买商品时，常常会考虑自己在社会中的角色和地位。不同的角色和地位的人会有不同的需求和购买行为。

## （三）个人因素

消费者的购买行为受其个人特性的影响，特别是受其所处的生命阶段、职业、经济状况、生活方式、个性以及自我观念的影响。个性是一个人所特有的心理特征，它导致一个人对其所处环境有相对一致及持续不断的反应。

### 1. 消费者的个性与品牌个性

个性是在个体生理素质的基础上，经由外界环境的作用逐步形成的特征。个性的形成既受遗传和生理因素的影响，又与后天的社会环境（尤其是童年时的经历）有直接关系。

（1）运用个性预测消费者行为。大多数个性研究是为了预测消费者的行为。心理学和其他行为科学关于个性研究的文献十分丰富。这促使营销研究者认定，个性特征应当有助于预测品牌或店铺偏好等购买活动。

（2）品牌个性。品牌个性是品牌形象的一部分，它是指商品或品牌特性以及在此基础上消费者对这些特性的感知。现在，越来越多的研究人员开始摒弃那种个性特征对消费者决策行为的影响放之四海而皆准的假设，开始认为具体的品牌具有激发消费者一致性反应的作用。

### 2. 消费者的自我概念

自我概念是个体对自身一切的知觉、了解和感受的总和。每个人都会逐步形成关于自身的看法，如"我是丑是美、是胖是瘦、是能力一般还是能力出众"等。自我概念回答的是"我是谁"和"我是什么样的人"一类问题，它是个体自身体验和外部环境综合作用的结果。一般认为，消费者将选择那些与其自我概念相一致的商品与服务，避免选择与其自我概念相抵触的商品和服务。

消费者不是只有一种自我概念，而是拥有多种类型的自我概念，主要有如下四种。

（1）实际的自我概念，指消费者实际上如何看待自己。

（2）理想的自我概念，指消费者希望自己如何。

（3）社会的自我概念，指消费者感到别人是如何看待自己的。

（4）理想的社会自我概念，指消费者希望别人如何看自己。

### 3. 消费者的生活方式

生活方式就是人如何生活。它是个体在成长过程中，在与社会诸因素交互作用下表现出来的活动、兴趣和态度模式。生活方式在很大程度上受个性的影响。一个保守、拘谨的消费者，其生活中不大可能参与诸如登山、跳伞、丛林探险之类的活动。生活方式关心的是人们如何生活、如何花费、如何消磨时间等外显行为，个性则侧重于从内部描述个体，它更多地反映个体思维、情感和知觉特征。可以说，两者从不同的层面来刻画个体。

### （四）心理因素

随着经济的发展和消费者收入的增加，市场上的商品和消费者的需求日益多样化，心理因素对消费者购买行为的影响越来越大。心理因素主要包括动机、知觉、学习、信念与态度四个方面。

#### 1. 动机

心理学认为，人的行为由动机引起，购买行为也不例外。动机是推动一个人做出某种行为的一种愿望或念头，它是由人的某种需求没有得到满足而产生的紧张状态所引起的。关于动机对人们消费需求的影响，用得最多的是马斯洛的需求层次理论。该理论认为：人的需要从低级到高级分为生理需要、安全需要、社会需要、尊重需要和自我实现需要五个层次；只有未满足的需要才会形成动机；当低层次的需要基本得到满足后，人就开始追求更高层次的需要，如图 7-5 所示。按照这一理论，市场营销人员必须充分了解目标消费者尚未满足的需要属于哪一层次，在商品设计、销售方式、广告宣传等方面采取针对性的营销手段和策略，以更好地适应消费者的需要。

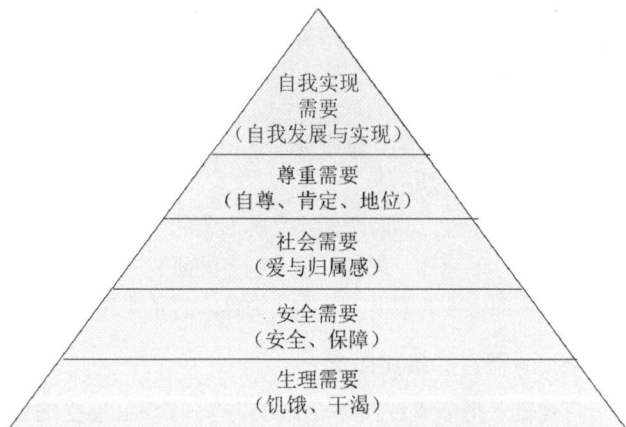

图 7-5 马斯洛的需求层次理论

#### 2. 知觉

知觉是指人脑通过人体的感觉（视觉、听觉、嗅觉、味觉、触觉）对外界刺激形成的反应。在现代社会，人们每天面对大量的刺激，但对于同样的刺激，不同的人会有不同的感觉。例如，两位消费者都想买同一种商品，受到同一个售货员的接待，一个消费者认为售货员介绍得全面、仔细，对选购商品有帮助，考虑马上购买；另一个消费者认为售货员快言快语，言语夸张，不够诚实，决定放弃购买。两位消费者的行为大不一样，原因在于两位消费者对购买过程的感觉不同。心理学认为，面对同一事物，不同的人会产生不同的感知。其原因是人的感知是一个有选择性的心理活动过程。

#### 3. 学习

学习是指由于经验积累而引起的个人行为的改变，是驱动力、刺激、诱因、反应及强化等的相互作用的结果。消费者购买过程本身就是一个学习的过程。

### 4. 信念与态度

人们通过学习形成信念和态度，信念和态度又反过来影响人们的购买行为。所谓信念，是指人们对事物的认识，是一种描述性的思想。消费者对商品的信念实际上就是商品在消费者心目中的形象。消费者对商品的信念一旦建立，往往很难改变。因此，企业在创业期或推出一种新商品时，要注意设计好企业品牌的形象。

态度是指人们对事物所持有的一种具有持久性和一致性的行为倾向。态度对人们的行为有决定性的影响。消费者对商品的态度，直接影响其购买行为。因此，企业应当通过调查研究，了解不同消费者对其商品的态度，生产与消费者既有态度相一致的商品，以更好地满足消费者的需求。

**阅读资料 7-1**

## 用户体验成就购物愉悦感

购物似乎是最能体现人性的方式之一：我们寻求独特，但又希望成为某个小圈子的一员；我们对物质财富没那么焦虑了，但穿什么或怎么穿对于个人形象而言变得更加重要；我们希望时不时切断与外界过于频繁的联系，但又对在网上分享自己的生活点滴欲罢不能。

这些矛盾在 The Outnet 最新发布的一份报告中均有提及。The Outnet 是 Yoox Net-a-Porter 旗下的一家奢侈品及设计师品牌线上折扣电商平台。它和舆情监测平台 Pulsar 共同研究了消费者们 2017 年 5 月在 Facebook、Instagram、Twitter 上发布的与"愉悦感""兴奋感"相关的 3 300 万份帖子，想了解消费者行为背后的心理动机。

除了矛盾的消费心理，其在这份报告中还有几个有趣的发现。人们发布的自拍更多了，不过，这些自拍并不是单纯为了展示拍摄者的颜值或个人魅力，而是更加强调个人成长及个人发展。如果说社交平台在过去是人们创造"美好自我幻象"的地方，那么现在人们开始把它当作了督促自己实现个人目标的平台（如打卡减肥、展示长跑成果等）。

实际上，在所有关于"愉悦感"及"兴奋感"的讨论中，有49%的帖子都以"个人成长"为主题。这些话题也不再只以健康饮食和锻炼为主，开始涉及更广泛的生活方式，包括精神生活及休闲体验等。

对于品牌方而言，这意味着它们除了售卖商品，还要思考如何通过服务优化消费体验，以及思考什么样的创意和情感要素能够满足人们对生活方式的追求。

**（一）归属感与愉悦感的联系更紧密**

虽然社交平台上的每个人似乎都在强调自己的个性，但全球有31%的帖子谈的都是"归属感"。基本上，给自己贴"二次元""吃货"等标签的行为都可以算是在寻求归属感。

这意味着，虽然"个性化"在各个消费区间都被反复提及（如处于不同价格区间和受众范围的 LV 或匡威、Tiffany 或 Pandora 都会提供定制服务），但"个性化"并不代表绝对的与众不同，而是建立一个社群将这种个性包含其中。

### （二）消费从炫耀性转向体验性

当人们谈及"愉悦感"和"兴奋感"时，有 16% 的帖子涉及新体验和新发现。消费者比史上任何时刻都更频繁地出游，而且希望在社交媒体上记录、分享这一刻。比起买一个新包、一些新首饰等有形消费，人们更愿意把钱花在游览世界上。

美国一家企业福利服务公司 Blueboard 的 CEO Taylor Smith 表示："千禧一代不太把钱花在汽车、电视和手表上。他们更喜欢租用摩托车，去越南旅游，参加音乐节，或者去爬山郊游。"

这一点在波士顿咨询 2013 年发布的《Global Consumer Sentiment Survey》中就有体现：在奢侈品消费中，有 55% 的奢侈品用于体验性消费。在千禧一代中更是如此——Harris Group 最近发布的一份报告显示，有 72% 的"80 后"及"90 后"表示比起花钱"买什么"，他们更偏爱花钱"做什么"。

人们对体验的追求是 Uber、WeWork 以及 Airbnb 等公司兴起的重要原因。这大概也解释了为什么从饮食、家居到服装，无论贩卖的商品内容是否改变，当下所有品牌都更爱称自己为"生活方式"品牌。

# 三、我国消费者购买行为特征

一般来说，我国消费者购买行为的特征为：一是重人情和求同的消费动机；二是以家庭消费为主；三是重直觉判断的消费决策；四是朴素的民风和"节欲"的消费观念；五是中庸，强调向人看齐；六是重人伦，重视人与家庭的关系，口传信息；七是重视脸面（名声和地位），体面消费；八是重视"缘"；九是含蓄的民族性格和审美情趣。

不过，影响我国消费者购买行为的还有多种特殊因素，这些因素决定着我国消费者的购买行为。

## （一）"领子"颜色区分市场

法国的一家报纸曾经这样评论：中国有 13 亿人口，真正具有强势购买力的有 8 000 万人，真正具有品位的消费者只有 3 000 万人，在这 3 000 万人中能辨别法国商品价值的也许只有 300 万人。

我们可以用金字塔式的结构来看中国市场消费阶层的购买力分布：金领阶层、白领阶层、蓝领阶层和无领阶层。从消费趋势的角度看，真正领导消费趋势的是白领阶层，包括社会潜在白领的在校大学生，以及相似意义上的在校中学生。我国白领阶层的特征如下。①本身创意有限。这个群体最重要的特点是喜欢接受好的、传播广的以及概念新的商品，并且对价格很敏感。美国白领对价格的敏感度可能远低于我国白领。这也说明我国白领的经济宽裕度有限，同时对于改变自己的社会地位相对敏感。②我国白领非常擅长讨价还价，要求买牌子好但价格便宜的商品。金领一般并不领导消费趋势。他们是社会中的小众，只有 3%～4% 的人属于这一阶层。金领阶层与社会其他阶层追求的商品不一样，不具有领导消费潮流的能力。

## （二）年轻就是权力

一方面，由于政策原因，孩子成为我国家庭中的稀有资源，我国儿童有对成人生活的干预权。另一方面，我国儿童拥有知识优先权，这种现象被称为后育现象——孩子了解的知识远远超过老一辈的人。老一辈的人的知识量处在金字塔的最底端，小孩子的知识量处在金字塔的塔尖，父母的知识量处在金字塔的中部。小孩子掌握的知识是最多的，所以在小孩子的眼中，长辈的选择可能是不科学的，重要的是成人也意识到孩子懂得的的确比他们多，所以在多数情况下，成人会认可孩子提出的方案。

## （三）最时尚的消费概念就是时尚

时尚按照程度可以分为三个水平：另类、前卫、流行。另类是指个性化、独特和与众不同；前卫是对另类中的一小部分东西能接受，因自己拥有这些特点而感觉与其他人不同，他们常把这种感受称为品味或者情趣；而流行是指已经成为大群体的事物，它与普及只有一步之遥。一个追求流行时尚的市场是容易被商业操纵的市场，而另类与前卫是很难被操纵的。

## （四）消费者忠诚度不高

现在，全世界的商品尤其是新商品都可以在中国市场上出售，原因是中国社会是一个快速变化的社会，消费者容易接受新商品和新品牌，但这也成为许多品牌不能找到忠诚消费者的原因。在社会转型期间快速满足人们心理需求最容易的方法是改变外包装。在零点调查测试过的48种商品中，同样的因素下，优质的包装可以增加36%的购买力，新的包装可以增加30%的购买力；做普通广告可以增加30%的购买力，如果请名人为商品代言，则可以增加45%的购买力；同样的因素下，外国的品牌可增加20%及以上的购买力，其中，美国品牌可增加28%的购买力。

### 阅读资料 7-2

### 我国消费者对缺货的反应

罗兰·贝格与中国连锁经营协会在2003年9月对国内3个城市5家连锁零售企业的12家大卖场进行调查，结果显示：连锁零售企业的商品缺货状况会引发消费者的各种反应，最终导致零售企业产生销售损失：48%的人会购买同一商品的替代品；15%的消费者不再购买；31%的消费者会到另一家店购买。

在美国，如果想要购买的商品缺货，60.5%的消费者会购买替代品，21.6%的消费者不再购买，14.8%的消费者会到另一家店购买。

这意味着因为缺货，中国的超市将比美国的超市损失更多的消费者。美国市场的平均商品缺货率为7.4%，而国内零售商的缺货率在10%左右，和国际水平相比差距较大。

## （五）非计划购买行为

生产商和零售商重视卖场营销的一个主要原因，是因为消费者的购买行为在近年发生了显著的变化。这种变化主要表现为消费者的计划购买比率不断降低，而非计划购买比率急速增加。消费者购买行为的这种变化对生产商和零售商的卖场营销战略产生了重大影响。

### 1. 计划购买与非计划购买

所谓计划购买，是指消费者在店内购买的商品是来店之前预定购买的商品。

非计划购买是指消费者在店内购买的商品是来店之前根本没有预定购买的商品。

关于美国消费者和日本消费者的非计划购买行为调查的结果如下。①美国著名调查机构的分析结果显示，在平均每周购买次数为 1.2 次的情况下，美国消费者在超市内进行决策的非计划购买比率平均为 66.1%。②日本关西学院青木幸弘教授的研究调查结果表明，在平均每周购买次数为 3.3 次的情况下，日本消费者在超市中的计划购买率仅为 11%，非计划购买率达到了 89%。日本消费者在店内经常受到商品的价格、形状、颜色、香味甚至同伴的劝诱等影响而在无意识间产生消费冲动，这种在无意识间产生消费冲动所形成的购买比率达到 42.1%。消费者的这种购买行为特点为超市企业的卖场营销提供了很大的空间。

### 2. 我国消费者的非计划购买

现在，我国有关超市中消费者购买行为方面的调查数据极少。目前，北京、上海、广州等经济发达的大城市的消费者在超市中的非计划购买率接近 80%。

导致我国消费者非计划购买行为增加的因素有以下 4 个。①收入提高，购买风险意识下降。近年来我国城市居民的收入有了很大的提高，消费者非计划购买率的增加与收入水平的提高有着直接的关系。这主要是因为，随着人们收入水平的提高，人们对食品、日用品等生活必需品的购买风险意识有所下降，消费者的经济风险意识降低了。②商品同质化，指定购买商品减少。目前我国食品及日用品消费市场逐渐趋于饱和状态，这使生产厂家之间的竞争日趋激烈。由于不同品牌间商品质的差距日益缩小，逐渐趋于同质化，消费者对品牌的忠诚度迅速降低，指定购买的商品不断减少。③媒体广告对消费者的影响力减弱。由于消费品质量趋同化，生产厂家通过媒体广告宣传商品的差别变得愈发困难。另外，商品的不断推陈出新，使分配到每一种新商品上的广告费用大幅降低，造成媒体广告对消费者的影响力减弱。④商家利用消费者购买行为的变化，通过销售方式的创新来诱导购买。超市、便利店等在自由挑选商品的环境下，利用布局、通路设计、陈列设计、灯光色彩设计、广告设计等营销手段，最大限度地诱发消费者的冲动购买欲望。

# 四、我国数字消费者的特征和变化

从 2015 年起，麦肯锡推出《中国数字消费者年度调查》。2017 年，除了对超过 5 900 名中国消费者（覆盖了不同的年龄段、家庭收入水平、互联网使用模式）进行采访和分析，麦肯锡也在该研究中整合了具有前瞻性的消费者体验设计，总结了即将到来的新零售时代的机会，以及品牌商、零售商的潜在发力点。调研结果揭示了品牌商与零售商如果采用以用户为中心、以同理心为导向的设计思维，并在此基础上进行创新，将会孕育改善消费者体验的大量机遇。

## （一）中国数字消费者行为演变的趋势

第一，线上线下相融合的全渠道购物成为主流消费方式。麦肯锡的研究数据显示，以消费电子类商品为例，93%的消费者会先在线上研究，再到实体店体验；96%的消费者会在线下渠道体验或购买。这表明全渠道成为新常态，但线下渠道仍是客户体验和销售转化的重要节点。实体零售店对于全渠道体验至关重要，品牌商应利用其"实体展示厅"的作用。例如，对消费电子商品而言，如果消费者在线研究之后又到实体店体验，那么其购买该品牌的概率高达80%，且其中41%的人会选择就在实体店购买。只要消费者有兴趣查找信息、对比价格并与他人讨论，品牌商和零售商就能通过提高透明度和便捷度大大受益。同时研究发现，消费者对全渠道基本服务（如线上购买线下取货、线上查询线下店铺存货等）的需求越来越普遍，更高级的全渠道体验（如门店虚拟现实体验、在线定制商品）也开始触发消费者的强烈需求。

第二，消费者期待随时、随地、随性进行"场景触发式购物"。研究显示，中国消费者不仅看重全渠道购物的灵活性，还希望能乘兴之所至，随时、随地、随性购物。消费者在各种生活场景中经常会被激发出购物冲动，但往往不能有效转化为零售，这是很多非刚需品类商品的价值损失。是否能够方便和自然地把各种生活场景"触发"为"零售场景"，成为新零售时代下的新机遇。同时，对于销售转化来说，"立即可得"变得非常重要。零售商必须在消费者改变主意前打动他们，才能增加销量。"次日达已经足够快"的理念也正在被打破，各大品牌可借鉴甚至利用O2O送餐平台的半小时内高效送货服务，通过加快商品配送提高冲动消费的转化率。

第三，嵌入B2C电商，以社交媒体为中心带动消费者互动。中国消费者一直是社交媒体的爱好者，社交媒体激发了包括电商在内的许多数字化行为，社交电商方兴未艾。据麦肯锡的调查结果，经常使用社交媒体的受访者占数字消费者的85%，社交媒体增加了这些用户10%的购物时间。反观社交电商本身，虽然70%的受访微信用户表示愿意在自己喜爱品牌的官方微信电商渠道购物，但仅有31%的受访用户在微信上买过商品。分析发现，品牌B2C社交电商天然具备了社交元素（如值得信赖的推荐，方便与家人、朋友分享等），也实现了支付环节的便捷性和安全性，但一些基本能力距离主流电商平台尚有差距，63%的受访消费者认为，社交网络购物的商品组合、服务及物流均逊色于其他渠道。一旦品牌商发力弥补这些已成为电商平台"标准配置"的因素，社交电商有望成为新增长点。

第四，超出标准商品和常规服务的需求不断增加。首先，将个人和家庭的生活需求转化为对品类、品牌和商品的要求，然后费时费力地研究型号、配置和性能等，最后进行一次性的购买，这是传统商品和零售给消费者制定的"规则"。对于非刚需品类、新兴商品、换代频繁的商品而言，这种规则导致消费者的购买转化率低下。消费者渴望获得更多定制化的商品和服务，有时则是寻求满足特定使用要求的服务，如短期租用商品或短期试用。品牌商可以通过试水创新的服务模式，同时提供个性化定制服务，让自己从众多竞争对手中脱颖而出。

第五，数据驱动的深度个性化。实现个性化服务，是消费者的一贯需求。然而，现实中的所谓"个性化推送"往往成为"垃圾信息轰炸"。98%的受访社交媒体用户都表示在社交媒体上收到过广告，但只有18%的人认为收到的推荐"投其所好"。对于线下购物体验，只有10%的消费者表示在店铺中获得了个性化的服务或建议。在零售新时代，品牌商与零售商都应该基于大数据积累和分析，增强对消费者的了解，提供有针对性的推荐和全渠道服务，改善购物体验，创造更大的价值。

## （二）数字时代需要重新定义消费者体验

对于当今的中国消费者而言，电商已经改变了他们的传统购物习惯，线下线上购物的界限越发模糊。消费者需要的是便利、个性化、灵活和透明的全程体验。消费品牌和零售企业该如何应对？麦肯锡通过消费者体验设计，提出了客户体验的三个"重新定义"，帮助企业满足数字零售时代消费者的需求，即：重新定义渠道（Redefine Channels），重新定义生活方式（Redefine Lifestyles），重新定义商品和服务（Redefine Offerings），如图7-6所示。

图7-6　客户体验的重新定义

# 【本章小结】

（1）分析消费者市场时，企业要了解购买者、购买对象、购买目的、购买组织、购买行为、购买时间和购买地点。

（2）购买时的慎重程度与购买参与者的数量是随购买情境的变化而变化的。基于消费者购买参与程度的高低与品牌间的差异是否显著，消费者购买行为分为4大类：复杂的购买行为、寻求平衡的购买行为、习惯性购买行为、寻求变化的购买行为。

（3）在复杂的购买行为中，消费者经历了确认需要、信息收集、评价方案、购买决策和购后行为等阶段。

（4）购买行为受到四种主要因素的影响：文化因素、社会因素、个人因素、心理因素（动机、知觉、学习、信念与态度）。这些因素都可为企业如何有效地赢得消费者并为消费者服务提供线索。

（5）影响我国消费市场的5个特殊因素："领子"颜色区分市场，消费等于投资，年轻就是权力，最时尚的消费概念就是时尚，消费者忠诚度不高。

（6）消费者的购买行为在近年发生了显著变化，主要表现为消费者的计划购买比率不断下降，而非计划购买比率急速提高。消费者购买行为的这种变化对生产商和零售商的卖场营销战略产生了重大的影响。

# 【本章重要概念】

消费者与消费行为　　购买决策　　决策过程　　品牌忠诚　　计划购买　　非计划购买
数字消费者　　客户体验

# 【思考与练习】

（1）消费者的购物行为对零售商有什么影响？
（2）为什么家庭购买决策中孩子的影响力提高了？
（3）在线评价对消费者购物决策有什么影响？
（4）何为客户体验？

# 【拓展阅读】

## SPAR 店铺设计的消费者要素

凡是在世界各地的超市接触过 SPAR 的消费者，无不对其高格调和热烈的卖场气氛印象深刻。从 SPAR 店在世界各地统一使用的电视广告宣传片中也可以看出，SPAR 店极注重店面层次和品位。在欧洲的某个 SPAR 店中，消费者能够见到一个分类回收生活废弃物的小玩具，当消费者将废弃纸板、瓶罐等投入时，它能"吐出"相应金额的购物券或现金。旁边还有一棵"能说会吃"的大树，在投入废电池后可以开口说话，甚至陪儿童做游戏，还会根据投入废电池的数量"吐出"一定的奖券或礼品。在大众环保意识极强的欧洲，这种让孩子们在愉快的玩乐中参与环保实践、学习环保知识的设施，让年轻父母由衷地欣喜。

零售业经营的最基本定理无疑是"销售额＝交易数×客单价"。一个零售企业能够吸引多少忠诚的目标消费者，是决定其效益的基本问题。吸引对自己情有独钟的消费者的过程就像谈恋爱的过程，双方从初次见面时的形象中感知对方，进而在更深层次的交流与沟通中相互选择。因此，超市设计，应该是使一个店铺从视、闻、尝、听、触等各种角度让目标消费者全方位体验和感受店铺"人格"并获取他们"芳心"（常来购物）的一套系统方法。在与目标消费者互相沟通的过程中，SPAR 抓住并充分利用了以下几大要素，取得了事半功倍的效果。

（一）视觉要素

店铺的视觉要素好比人们的衣着和言谈举止。SPAR 店有一套"柔性指示"体系，用具体、优美的图像来代替文字说明。例如，婴儿用品区不用文字"婴儿用品"标明，用一张活泼、可爱的婴儿照片则形象、生动得多；女性内衣安排在卖场中较为私密的区域，并采用亲密、略显性感的大幅照片，配以温暖、柔和的灯光。温馨、浪漫的氛围使得诸多女性流连忘返。蔬菜水果区则采用舞台射灯，商品摆放突出和谐的农场氛围，使消费者犹如身在农场中，其中的畅快与自在不言自明。店铺的外观设计取得了在消费者还没进店就被深深吸引的效果，远远一瞥，消费者的心就被那一份优雅强烈地吸引了。欧洲的 SPAR 店外观设计非常有艺术性，大多采用全透明设计，门前的稻草和落地玻璃窗设计使得整个 SPAR 店既古香古色，又充满现代气息。店内商品琳琅满目，人们透过玻璃窗看得一清二楚，这强烈刺激了消费者的眼球。颜色的使用在 SPAR 店内和店外也有严格的规定：红和绿，而且这两种颜色的搭配比例为 8 : 2。科学实验表明，这两种颜色的合理搭配不仅能使人感觉舒服，还会让人联想到生鲜和熟食。

**（二）嗅觉要素**

尤其在面包、水果、化妆品区，恰到好处的气味会对消费者的购买行为产生极大的影响。

**（三）味觉要素**

欧洲的 SPAR 店大多在熟食区设置专供消费者品尝的位置，类似于快餐店。

**（四）听觉要素**

在合适的时间，配上恰当的背景音乐和宣传语言，不但能迅速告知消费者店内的最新消息，而且会使消费者有宾至如归的亲切感。

**（五）触觉要素**

在欧洲 SPAR 店，不管蔬菜、水果多么高档，一律采用敞开式摆放方式，消费者可以轻松触摸到这些商品，便于选购。

**思考题：**

1．什么是零售业好的店铺设计标准？

2．SPAR 店通过哪几个要素与目标消费者沟通？

# 第八章
# 顾客满意与忠诚感培育

【主要内容】
（1）顾客满意的内涵
（2）顾客满意度测评
（3）顾客忠诚感培育
（4）顾客不满及投诉管理

> 现在是顾客自身提不出明确需求的时代，我们只有通过"假设和验证"才能听得到顾客的心声。
>
> ——日本"7-11"控股公司 CEO 兼董事长铃木敏文
>
> 顾客满意是自我竞争的结果。
>
> ——华人管理大师石滋宜

## 案例导读

### 沃尔玛携手京东到家扩大 O2O 服务版图

2017 年 3 月 7 日，沃尔玛再次扩大 O2O 服务版图。继 2016 年在深圳、广州、北京、上海、成都及武汉等地携手京东到家推出送货上门服务后，沃尔玛宣布，南京、重庆部分门店正式上线京东到家。消费者通过京东到家 App 下单，可享受与门店购买同样的商品品质和价格，以及极速送达的物流服务。另外，沃尔玛京东到家的服务时间由晚上 6 点延长至晚上 8 点。

沃尔玛中国大卖场电子商务副总裁博骏贤（Jordan Berke）表示："沃尔玛致力于成为最值得中国消费者信赖的零售商，我们希望通过与京东到家的深度战略合作，让更多的顾客体验到沃尔玛实体门店的高品质商品和极速送货的服务。"

目前，沃尔玛京东到家所有在售商品都是直接从门店货架挑选得到的，保证来自正规采购渠道，经过实体门店严格的质量检测。据统计，生鲜商品占消费者购买的沃尔玛商品的比例约为 40%。为保证食品新鲜，增加顾客满意度，沃尔玛与京东到家共同制定了非常严格的配送标准。例如，

送货员从沃尔玛员工手上取走商品，
将顾客每日所需快速送至顾客家中

如果消费者购买冷冻水饺、汤圆等对于储存温度有要求的食品，京东到家专业的配送团队将使用专门开发的冷冻保鲜袋，以保证商品在到达消费者手里时就像消费者在门店直接选购一样优质和新鲜。正是因为对品质进行严格保障，自 2016 年 10 月沃尔玛在京东到家上线以来，越来越多的消费者关注并青睐这种方便、快捷的购物方式，其在线上运行仅三个月就有接近 300 万人次的顾客访问量。

为了使顾客体验超市生鲜极速送达服务，沃尔玛专门开发了快速拣货系统，并与京东到家的系统实现无缝连接。该系统通过对订单记录进行统计和分析，了解顾客订购频次较高的商品，并按商品类别设计拣货路线，拣货速度和准确性得以保证。同时，门店设有专职的工作人员与专辟的拣货区。消费者在京东到家平台下单后，最近的沃尔玛门店后台即可获得提示，工作人员随即依照系统设计的优化路线与流程拣货，确保消费者在尽可能短的时间内收到其购买的商品。

达达-京东到家首席执行官蒯佳祺表示：京东到家作为国内领先的生鲜商超 O2O 平台，与沃尔玛的强强合作备受市场认可，订单增长迅速，在用户体验方面共同完成了很多创新升级。

资料来源：根据搜狐网的报道整理。

**思考题：** 沃尔玛与京东到家合作这一举措，对今后的业务发展和提高顾客满意度有何影响？

# 一、顾客满意的内涵与构成

## （一）顾客满意的内涵

顾客满意（Customer Satisfaction，CS）是一种心理活动，是顾客对商品或服务的事前期待与实际使用商品、获得相关服务后的实感的相对关系，是顾客对企业提供的商品和服务的直接性综合评价，代表着顾客对企业、商品、服务和员工的认可。

顾客是根据其价值判断来评价商品和服务的。美国营销学会对顾客满意的定义是：满意=期望-结果。换句话说，真正意义上的"顾客满意"是指顾客的期望、需求与企业所提供的商品或服务性能的吻合程度。

顾客满意是将"顾客至上"的思想具体化，是一种先进的管理测评方法。它首先分析影响顾客满意的各种因素，然后从获得的信息中提取和建立顾客满意指标体系，最后对管理过程和经营方法进行测评，并有针对性地提出解决方案。将该方法应用在具体的经营和管理中，可以提高企业市场竞争能力和经营管理水平。所以，对一个企业而言，顾客满意是一个以"顾客满意"为导向的经营管理过程。

顾客满意的本质是事后获得大于事先期望。高度的顾客满意最终会带来顾客忠诚。调查表明：在转向竞争者的顾客中，只有15%的顾客认为"其他公司有更好的商品"，15%的顾客是因为发现"还有其他比较便宜的商品"，20%的顾客是因为"不被公司重视"，45%的顾客是因为"公司服务质量差"。

## （二）顾客满意的三个构成要素

### 1. 商品本身因素

商品本身因素包括商品硬体价值和商品软体价值。商品硬体价值要求企业必须对所经营商品的品质、机能、性能严格把关，必须要有精品意识。只要商品有一丝瑕疵，就不能拿出来销售。同时，企业还要在效率、价格方面进行严格控制。商品软体价值就是指商品在设计、使用方面是否人性化，在色彩、名称等方面能否体现新颖性、时尚性、便捷性、易获取性等，是否能满足不同顾客的需求。

### 2. 服务因素

服务因素包括店内的气氛、销售员的待客态度、售后或资讯服务等。好的销售环境能使顾客处于轻松的购物状态，是销售环节中重要的一环。销售人员的行为在销售活动中对顾客满意度的影响很大。在顾客购物过程中，销售人员的态度及其与顾客沟通的方式、销售努力的着眼点、对顾客的承诺及如何保证这一承诺的实现都会对顾客的购买行为产生影响。良好的销售人员的行为主要体现在：①在对待顾客需求及出现问题时要有友好的表现；②具有丰富的销售经验；③销售中努力满足顾客的需求等。在对销售人员进行培训时，无论是在商品或服务特征及其应用方面还是在与顾客沟通方面都是需要着重强调的。

随着顾客满意观念的深入发展，为顾客提供售后服务的工作从原来的维修及处理投诉扩展至开通免费热线、信息与决策服务、回访、售后修理及维护服务、维修零件供应、广泛的质量保证、操作培训等方面。这些售后服务工作可以总结为两大方面：支持服务和反馈赔偿。

售后服务可以直接影响顾客的满意度，可以对商品在销售过程中出现的失误给予补救，以使顾客满意。①支持服务。支持服务包括提供商品质量保证书、零件供应与服务、使用者帮助和培训。提供专业化服务是店铺的优势之一，店铺提供服务的范围和由此形成的店铺政策及态度对顾客满意度无疑具有重大影响。②反馈与赔偿。反馈与赔偿的内容包括对投诉的处理、对争议的解决及退款政策等。这些工作有助于企业树立令顾客满意的形象。

### 3. 企业形象因素

企业形象象征着企业的信仰与准则，体现了企业的文化。例如，信奉"顾客满意"的企业，在其经营管理的各环节都持有顾客至上的思想。

### （三）影响顾客满意的因素

#### 1. 必须具备因素

此类因素指的是顾客期望存在的并认为应该存在的那些因素。这类因素的存在对顾客满意度的提高没有多大影响，但缺少会引起顾客的不满甚至恼怒。例如，顾客到餐厅吃饭，顾客预期餐厅应该提供干净卫生的饭菜，因此当预期落空时，顾客就会产生不满。而这类因素都有了，甚至商家做得很好，顾客也只会产生一般的感觉。

#### 2. 越多越好因素

顾客对于这类因素有一个较大的感觉范围。如果与这类因素有关的需求没有得到满足，顾客就会感到失望；如果得到合理满足，顾客不会有什么感觉；这方面因素的增加和改进会使顾客满意度相应提高。例如，对于送货上门服务，企业通常会在顾客购物后的一段时间内送达。如果送货人员按时送达，顾客不会有什么反应；如果送货人员在很短的时间内送达，顾客就会很满意。

#### 3. 期望之外因素

这类因素可使顾客获得事先没有预料的收获或体验。因为是期待之外的因素，所以会产生积极的影响，使顾客非常满意甚至感到惊喜，有利于培养顾客的忠诚感。例如，电信公司给予老客户充值优惠等。

显然，企业做好"必须具备因素"，仅仅避免了顾客的不满，要想真正获得顾客的满意，还要在其他两类因素上下功夫。在拥有"必须具备因素"的同时，企业应想方设法用"越多越好因素"和"期望之外因素"满足顾客的期望。

同时，企业必须注意，顾客的需求是不断变化的，因此要经常接近顾客，了解顾客需要。某些因素去年还是"期望之外因素"，也许今年已经成为"必须具备因素"，如果企业不做好，顾客就会不满意。一个企业要采取有效措施，满足顾客的期望。著名管理大师戴明博士指出，"满足顾客期望有许多学问。企业应尽力想办法去满足顾客的期望。但是事实上，顾客期望往往是由企业或其他竞争者引导产生的，因为顾客有着极强的学习模仿力"。企业作为商品和服务的提供者，应把顾客期望和其实际感知之间的差距看作自身发展的动力，以寻求更有效的方法来激发顾客的兴趣，使顾客满意。

### （四）顾客满意的意义

#### 1. 外部顾客满意能提高企业的销售额

（1）外部顾客满意有助于保持顾客忠诚，增加重复购买的数量。顾客是与企业的发展前途、发展命运有直接联系的外部公众，市场就是顾客的集合。顾客通过广告媒体、企业宣传及他人介绍等各种渠道获取信息，对企业商品或服务产生一种抽象的心理预期。通过将预期的商品或服务与企业实际提供的商品或服务进行比较，顾客可确定自己对商品或服务的满意度。这就要求企业从顾客的角度出发，满足顾客的需要，努力创造企业的品牌，使顾客的预期心理得到满足。只有这样，才能形成顾客忠诚。顾客忠诚集中表现在顾客重复购买的程度上。顾客忠诚不仅可以稳定企业现有的顾客，还可为企业吸引潜在的顾客，从而使企业商品或服务的消费群体保持并发展壮大。

（2）外部顾客满意可减少价格波动和不可预知风险，节约销售成本。在当今"感性消费"时代，维持原有的消费群体比发展新的消费群体容易得多。据统计，开发一个新的消费群体耗费的费用是保持现有消费群体费用的 6 倍。外部顾客满意营销战略维持了原有顾客，创造了口碑效应，大大节约了销售成本。同时，消费者对自身喜爱、依赖商品的价格变动敏感度低、承受力强、信任度高，对质量事故等不可预知风险多采取宽容态度，更注重商品的内在价值。

## 2. 内部员工满意的作用是树立名牌效应

员工在经营中的参与程度和积极性，很大程度上影响着顾客满意度。联邦快递（Federal Express）发现，当其内部员工的满意率提高到 85% 时，企业的外部顾客满意率将高达 95%。一些跨国企业在他们对顾客服务的研究中发现，员工满意度与企业利润之间是一个"价值链"关系。①利润增长主要是由员工的忠诚度刺激的。②忠诚是员工满意的直接结果。③满意在很大程度上受到提供给顾客的服务价值的影响。④价值是由满意、忠诚和有效率的员工创造的。⑤员工满意主要来自企业高质量的支持和制度。提高内部员工满意度绝不能仅仅依靠金钱，开放式交流、充分授权以及员工教育和培训也是较好的方法。

此外，员工满意除了可以直接带来顾客满意，还具有两个功能。一是节省企业内部支出，保持稳定、高效的员工队伍。员工对企业各方面满意度高，使得企业可以保持稳定而高效的员工队伍，节省企业培养新的替代雇员的成本，减少生产力损失，保证实施"外部顾客满意"战略的连续性，避免企业为重新建立被打破或割裂的顾客关系而付出高昂的代价。二是保持员工的忠诚，增强企业向心力。

**案例 8-1**

### 沃尔玛的顾客至上原则

沃尔玛从始至终都以满足顾客需求为己任：一方面提供足够多的品种、一流的商品质量、低廉的价格，这是硬件；另一方面提供完善的服务、方便的购物时间、免费停车场以及舒适的购物环境，这是软件。软件与硬件密不可分，相辅相成。在山姆的准则——"顾客第一"的指引下，沃尔玛逐步壮大，发展为世界超一流的零售王国。

山姆早在刚开始创业时，就将"顾客第一"的观点和信念转达给了身边的每一个人。他常要求员工与顾客保持亲近，了解顾客的需求，这样顾客才会源源不断。

沃尔玛始终坚持服务与价格、品种的统一。他要求每位采购人员在采购货品时态度坚决，为顾客争取到最低的价格。因此，沃尔玛的价格始终是最低的，沃尔玛的低价政策为当地小镇上的居民节约了数十亿美元的支出。

在为顾客服务方面，山姆努力地为顾客着想。他可以以任何方式，甚至是全美绝无仅有的方式，为公司服务，为股东服务，为员工服务，为社区服务，为顾客服务。他一再告诫自己的员工，要为顾客工作，要以友善、热情的态度对待顾客，就像在家中招待客人一样，让顾客感受到员工一直在为满足他们的需要而努力。有一次，一位顾客到沃尔玛商店寻找一种特殊的油漆，而沃尔玛商店没有这种商品。他们没有一推了事，而是由油漆部门的经理亲自带这位顾客到对面的油漆店里购买，这使顾客和油漆店的老板感激不尽。当你走进任何一家沃尔玛商店时，店员会立即出现在你面前，笑脸相迎。店里还张贴着醒目的标语："我们争取做到，每件商品都让您满意！"另外，对于售后服务，沃尔玛也做得很出色。顾客在沃尔玛的任一商店购买的商品如果令顾客不满，顾客可以在一个月内退还给商店，并拿回全部货款。这在其他商店中几乎是不可能的。

对于让顾客满意，经理更要有深刻认识，并且贯彻在自己的日常工作中。每位经理都要设身处地为顾客着想，以顾客的观点看待商品陈列、商品采购、商品种类、各项服务等。因此，沃尔玛总会让顾客感到满意。同时，沃尔玛的整体运营都在为顾客服务，其中，在商店选址、购物时间安排、商品价格、成本结构、建店过程中与当地居民的相处、保持良好社会形象等都是沃尔玛不断探求、努力做到的。其中，"一站式购物"原则是沃尔玛软硬件结合的最好体现。

另外，沃尔玛还专门提供了多项特殊服务，如：①在沃尔玛购物的顾客可以不必为无处停车而担心；②沃尔玛公司配有专业人士，顾客可免费咨询计算机、照相机、录像机及相关商品的情况，以减少盲目购买带来的风险，这也是减少退货的良好方法；③食品服务，沃尔玛商场里有许多风味美食，让顾客在购物的同时有一个良好的休息环境；④送货服务，凡在沃尔玛店内一次性消费达 2 000 元以上者，都可以享受送货服务；⑤代理电信业务；⑥沃尔玛在店内设有商务中心，可为顾客提供彩色文件制作复印、工程图纸放大缩小等多项服务。

在硬件方面，山姆为保持商品的低价，也绞尽脑汁想办法。例如，在广告问题上，山姆有不少策略，以较低的广告量来压缩成本，保持商品低价。每当开设新的分店时，沃尔玛会大做广告，但热潮过后，就立即大幅度削减广告量，或者把广告的重心转到形象宣传上。

还有很多的例子可以说明山姆重视顾客，从多方面力图使顾客满意。山姆曾提出一条服务原则——"十英尺距离"。他多次到店里巡视，经常鼓励店员："我希望你向我保证，无论什么时候，当顾客与你的距离在十英尺之内时，你应注视着他的眼睛，问他是否需要你的帮助。"山姆的这番话让每个店员牢记于心，并尽力做到。

另一有特色的理念为"今日事今日毕"。这是沃尔玛店员必须严格遵守的。沃尔玛各连锁店的生意都非常红火，店员非常忙碌，每个店员都有自己的职责，而且每天必须完成。同时，不管是乡下的连锁店还是市区的连锁店，只要顾客提出要求，店员就必须在当天满足。

印证这些服务理念成功的最好证据，就是顾客一封封的表扬信。沃尔玛每天都会收到客户表扬店员提供服务的表扬信。正是一件件小事，为沃尔玛赢得了无数的顾客，他们不是随意的光顾者，而是忠实的顾客，因为，沃尔玛令他们满意！

# 二、顾客满意度测评

顾客满意度是顾客满意情况的反馈，是顾客对商品和服务的实际感受与其期望值相符的程度。顾客满意度是一个变动的指标，能够使一个顾客满意的商品，未必会使另外一个顾客满意；能使顾客在一种情况下满意的商品，在另一种情况下未必能使其满意。只有对影响不同顾客群体的满意度因素非常了解，我们才有可能实现最大限度的顾客满意。

## （一）确立顾客满意度准则

一是建立一个能产生可靠结果的顾客满意度衡量体系；二是知道员工对顾客满意度的影响；三是管理层的承诺的清晰度；四是让人人都参与策划公平体系的协作过程；五是将每个人（包括经理）的报酬与顾客满意度相关联。

## （二）顾客满意度测量

顾客满意度测量可以评价管理体系的业绩，为企业质量管理体系的改进提供科学依据。因此，制订科学的顾客满意度测量方法是客观、公正、全面调查顾客满意度的基本手段。顾客满意度的测量结果是企业质量管理业绩的综合指标。企业为了提高商品质量，进行持续有效的改进，应不断地进行顾客满意度测量和市场调查。但如何准确地进行顾客满意度调查、测量和分析是一项极为棘手的工作。

## （三）顾客满意度测量常用的方法

顾客满意度测量常用的方法有问卷调查、电话测评、二手资料收集、访谈研究等。每种方法都有所侧重，获取的效果也有所不同。采用单一方法进行满意度测量，很难获得全面、准确的满意度数值，所以企业应根据商品特征、客户结构以及消费情况，选取不同的组合方法进行满意度调查和测量，使顾客满意度能更全面、真实、客观地反映顾客的感受。

### 1. 问卷调查

大多数顾客满意度测量工作都是通过问卷调查进行的。

问卷调查是最普遍的数据收集方式。调查问卷中通常包含很多问题，需要被调查者选择问题后面的相应答案。有些问题允许被调查者以开放的方式回答，从而能够更详细地说明他们的想法。问卷调查使顾客从自身利益角度出发来评估零售企业的服务质量、顾客服务工作和顾客满意水平。

（1）问题设计。成功进行问卷调查的关键之一是问题设计做到了问所必问。在设计问题时，你要考虑的最重要因素是：保证问题简单，每个问题只限于一个主题。然后，问足够多的问题，以获得你希望从顾客那里得到的所有信息，评估顾客对商品或服务质量的真实评价。

（2）调查问题回答。问题可以是开放式的，也可以是封闭式的。后者往往是某种量化表。封闭式问题的每一个答案都要规定一个等级刻度或权重，并且无论何时何地，在同一个调查中使用同样的等级刻度或权重。

### 2. 电话测评

企业要成功地进行电话测评，需要遵循以下五个基本原则。

（1）问题简洁明了。在电话调查中，被调查者都是在听你的问题或陈述，因此一定要保证问题和答案通俗易懂。

（2）准备一个范本。向所有调查员提供同一个范本。这个范本包括的内容有：调查员在顾客拿起电话后应该如何自我介绍，如何提出问题，如何响应顾客，当顾客跑题时应该如何将顾客引回正题，如何使顾客不挂断电话以完成调查，以及如何感谢顾客提供的帮助。你必须确保该范本为所有调查员所遵循，它不是电话营销范本，而是顾客调查范本。唯其如此，才能确保数据的客观性。

（3）易操作。调查员必须能够迅速记下顾客对问题的回答，并能够紧接着进入下一个问题。答案的形式必须有利于回答，这样调查员就不会张冠李戴，不致把答案放错位置，或者当作另一个问题的答案。

（4）培训调查员。在你对调查员的表现感到满意之前，绝不要让他们接触顾客。让他们首先采访你，直到让你感到满意为止。

（5）感谢顾客。调查之初，当顾客同意接受调查时，你就应该表示感谢；调查进行中，当询问了几个问题之后，你也应该表示感谢；调查结束之时，你更应该表示感谢。

### 3. 二手资料收集

二手资料大多从公开发行的刊物、网络、调查公司处获得，在详细程度和有用程度方面可能存在缺陷，但是它可以作为我们开展深度调查前的一种重要参考。特别是进行问卷设计的时候，二手资料能使我们了解行业的大致状况，有助于我们对拟调查问题的把握。

### 4. 访谈研究

访谈研究包括内部访谈、深度访谈和焦点访谈。内部访谈可实现对二手资料的确认和对二手资料进行重要补充。通过内部访谈，访谈人可以了解企业经营者对所要进行的项目的大致想法。内部访谈是发现企业问题的最佳途径。为了弥补问卷调查的不足，有必要时我们可实施典型用户深度访谈。深度访谈是针对某一论点进行一对一的交谈，在交谈过程中提出一系列探究性问题，用以探知被访问者对某事的看法，或做出某种行为的原因。一般在实施深度访谈之前应设计好一个详细的讨论提纲，讨论的问题要具有普遍性。为了更周全地设计问卷或者为了配合深度访谈，我们可以采用焦点访谈的方式获取信息。焦点访谈就是一名经过企业训练的访谈员引导 8～12 人（顾客）对某一主题或观念进行深入讨论。焦点访谈通常避免采用直截了当的问题，而是以间接的提问激发与会者自发讨论，这样可以激发与会者的灵感，让其在一个"感觉安全"的环境中畅所欲言，并使你从中发现重要的信息。

### 5. 其他方法

其他方法包括座谈会、探访、顾客投诉文件分析等方法。

## （四）顾客满意度的报告

处理收集的所有与顾客服务、商品质量等相关的数据，并形成一份顾客满意度报告，是一项比较难的工作。

美国在顾客满意度的研究方面具有一定的权威，美国顾客满意度指数（ACSI）模型也为较多的学者所引用，并为其他国家所借鉴。美国研究顾客满意理论的目的是发现和确定顾客满意度指数的影响因素，以及顾客满意度指数和这些因素之间的相互作用机制。顾客满意理论既是构建顾客满意度指数模型的基础，又是对顾客满意度指数测定结果进行分析评价的基础。顾客满意理论认为，顾客满意度与有关商品或服务的售前预期及售后表现有关。并且，顾客的满意程度将会导致两种基本结果：顾客抱怨和顾客忠诚。用函数关系表示为：顾客满意度=$f$（售前预期，售后表现）。

目前国内最常用的方法是形成顾客满意度指数（CSI），在设计一个顾客满意度指数后，这项工作就会容易些。这个指数通常是把所有的得分汇编成一个数字或百分比。例如，你可以让顾客对有关满意方面的 50 个条目或因素进行打分，然后把所有积分加总平均，把这个平均数作为指数。或者，你可以为这些答案按照重要性分配权数，然后将加权平均数作为指数。

# 三、提高顾客满意度

## （一）提高顾客满意度的因素

### 1. 基本因素

提高顾客满意度的基本因素有以下三个。

（1）商品，包括商品的性能、品质、耐用性、时尚性、价格等很多方面。要达到顾客满意的目标，商品必须符合顾客的需要，迎合顾客的口味。

（2）服务。随着市场竞争的日趋激烈，商品的差异化已很难长久保持。要形成店铺的核心竞争力，就要靠服务。因为服务特别容易差别化，并且在短期内不容易让竞争对手模仿。把优质的服务作为核心竞争力，处理好顾客关系，提高顾客满意度和忠诚度，是企业拥有长久竞争优势的重要手段。

（3）企业的形象。企业的形象，即顾客对企业（或者旗下店铺）的评价及企业在相关行业主体中的口碑。如果顾客对店铺或者企业的形象没有良好的感觉，就谈不上顾客满意。

### 2. 关键因素

提高顾客满意度的关键因素有以下六个。

（1）员工必须有良好的服务态度、灵活变通的服务方法以及积极主动的服务精神，必须遵守服务准则。从事销售工作的人不要总被动地承担企业分配的工作，而要积极主动地发挥自身的作用。与顾客直接对话的销售队伍的高素质和管理水平在某种程度上可以弥补物质条件的不足，增强店铺竞争力。员工应尽量使用基本礼貌用语，同时，在与顾客交流时要吐字清晰，说话速度适中，便于顾客理解。另外，企业要对其成员明确提出具体的服务标准和守则，以统一销售人员的服务观念和服务行为。

（2）平等对待所有顾客。店铺必须平等对待所有的顾客，不应该使顾客感到自己受到了歧视。对每一位顾客都应该亲切招呼，耐心招待，让每一位顾客都感到自己备受照顾。

（3）重视分别接待。企业虽然对待顾客要平等，但在平等的基础上要有针对性地提供服务，尽可能地满足不同层次顾客的实际需求和心理需要。例如，对于老顾客，可以给予优惠或举办换购活动，加强与他们的联系，了解他们消费需求的变化。

（4）了解顾客的需要，并满足顾客需要。企业要想提供优质的服务或商品，就必须了解顾客的需要，最好的方法就是和顾客交流，仔细地倾听顾客的诉求。企业要能听出顾客的真正意思，这样才能设法满足顾客的需要，达到顾客的期望。

（5）超越顾客的期望。在 21 世纪，企业追求的不只是顾客满意度，企业还必须超越顾客的需求和期望。例如，商品的性能刚刚达到满足顾客需要的程度是不够的，要达到顾客高度满意的程度。企业要增加竞争力，就必须提供超越顾客期望的商品。

（6）服务质量。服务质量包括很多方面的内容，如服务态度，店铺的交通便利程度或方便程度、舒适程度等。

**案例 8-2**

### 奢侈品店如何应对不愉快的购物经历

纽约奢侈品协会公布的一份年度调查报告显示，超过 50% 的消费者在奢侈品店有过不愉快的购物经历，他们的抱怨内容主要是店员态度傲慢无礼、维修等候时间过长、服务不够灵活细致等。正如英国奢侈品贸易集团主席 Guy Salter 所言："奢侈品行业的急速扩张直接导致了服务的粗糙。现在是时候花更多的精力来改善顾客的购物体验，而不是一味地请名人拍广告，把店铺装修得富丽堂皇了——消费者已不再对奢侈品顶礼膜拜，他们希望享受到物有所值的服务。"

Sedino 在巴黎蒙田大道的 Louis Vuitton 专卖店里有一次不愉快的购物经历，回国后她打电话向《国际先驱论坛报》诉苦。26 岁的 Sedino 是伦敦一家时尚配饰公司的合伙人，她万万没想到自己竟会被店员当作小偷。当时，她的朋友正拿着一只手镯端详，不料被店员一把夺过，因为她怀疑他们中的一个人偷了东西，并要求他们打开包袋接受检查。"太令我们震惊了。"Sedino 说，"当店员确定店里没有丢失任何东西之后，就一言不发地放我们走了，嘴角仍挂着一丝轻蔑。"

在奢侈品商店里，普通顾客大都遭遇过防贼似的目光和傲慢的态度，而奢侈品公司人员表示，他们也很害怕顾客会被气跑。全世界最大的奢侈品集团 LVMH 的举措是雇用更多的店员并加强对他们的培训。伦敦奢侈品贸易集团 Walpole 也把提高日益下降的服务质量作为口号。

受访消费者 Peter Levine 说，糟糕的服务令他对奢侈品失去了兴趣。他曾去纽约 SoHo 区的 Louis Vuitton 修理一个价值 1 500 美元的棕色皮革单肩包，可是为他更换的金属件仍是有瑕疵的。折腾了 18 个月之后，店方最终告诉他，这种金属件已经停产了。"他们说，'我们不能破坏任何一件商品的完整性',所以拒绝提供其他配件。"Levine 说。就因为这样死板的规定,他只好继续使用一个有缺陷的皮包。Louis Vuitton 的发言人 Ianados Reis Nunes 拒绝对此事表态。

Cindy Parker 是伦敦一家保险公司的管理总监,她的一次不愉快经历发生在巴黎冈朋街上的 Chanel 旗舰总店。她将一个使用了 6 个月后发生损坏的 Chanel 手袋退回店里要求修理,店员许诺修完就会打电话通知她,可是一个多月过去了仍没动静。"难怪这款手袋叫 Timeless。"Cindy Parker 开玩笑说。在纽约奢侈品协会调查报告中,Chanel 的排名从第六位下滑至第九位。

LVMH 集团从 2001 年开始涉足珠宝和手表业,当时消费者修一只手表需要等候一到两个月的时间,连该集团珠宝首饰分部负责人 Philippe Pascal 都认为这十分无礼。"现在 LVMH 的钟表修理员工人数已经增加了一倍,90% 的消费者在两周内就能取回手表。"他说。和 LVMH 一样,其他奢侈品公司也以各种手段来提高服务品质。拥有 Cartier 和 Montblanc 两大珠宝品牌的 Financière Richemont 集团为员工新增了特别的客服培训课程,法国高级箱包品牌 La Maison Goyard 则推出个性化定制服务,如在商品上刻上消费者的名字或制作特殊纹章。纽约奢侈品协会的执行总裁 Milton Pedraza 认为,阅历丰富的店员、慷慨的退货政策同样是必不可少的。

著名脱口秀主持人奥普拉曾公开抱怨巴黎的 Hermès 在临近打烊时拒绝她进店,事后 Hermès 美国分公司的总裁 Robert Chavez 很快就在奥普拉的节目中当面向她郑重道歉。"如果不小心把事情搞糟了,就赶紧承认、改正错误,并给消费者加倍的赔偿。"Pedraza 说。只有这样,才能挽回消费者的心。

资料来源:国际在线时尚综合。

**思考题:** 如何提高奢侈品店的服务水平?如何改善奢侈品店的购物体验?

## (二)对顾客的需求和价值进行有效的评估

在充分理解顾客需求的基础上,对需求按其重要性进行排序,按照影响顾客忠诚度的商品品质、创新、价格和企业形象等确定其相对重要性。这一过程可通过电话采访、信函询问或面对面交谈等方式进行。选择何种方法取决于顾客的偏好、所提问题的类型、被调查人数的多少,以及各种调查方式所需的费用。

调查成功与否在很大程度上取决于顾客对所提问题的态度。例如,某大型石油公司的一个部门通过信函进行了一次调查,要求顾客对不同类型的商品和服务按其重要性分为十个级别,级别越高,问题就越重要。问卷收回后发现,每种商品和服务都被列为九级或十级。另一个部门对顾客进行调查时,要求他们对每一个类型的商品进行比较,并决定哪个更重要。这种方法使得该部门能按顾客的要求安排生产。同时,该公司了解了顾客倾向后认为,满足顾客需求比竞争更重要。所以企业要有效地运用顾客满意度调查,以增强调查的针对性,保持调查内容的一致性等。

同时,企业应努力改善其形象和声誉。例如,某家信息服务机构发现它的声誉因长期缺失顾客服务而受到了损害。顾客认为,与以服务价值为中心的新的竞争者相比,该公司太高傲了。这种负面影响使顾客转向了其他竞争者。后来该公司重新评估了顾客的需求、员工的素质和服务渠道等因素,提出和实施了相应的改善措施,现在其不利地位已经得到有效改善。

## （三）培养顾客忠诚感

顾客忠诚感之所以受到企业的高度重视，是因为忠诚的顾客会重复购买同一企业的商品或服务。顾客忠诚感在现代企业经营中起着至关重要的作用。但需要强调的是，尽管以顾客为中心的公司会寻求创造较高的顾客满意度，但未必会追求顾客满意度最大化，原因如下。

首先，企业可以通过降低价格或改善服务来提高顾客的满意度。但是，这样可能会降低利润。其次，企业可以通过其他的途径来扩大消费者群体，如改善制造能力或增加研究开发投入等。最后，企业有许多的利益攸关者，包括员工、经纪人、供应商和股东等，所以企业必须遵循这样一种理念——在总资源一定的前提下，企业必须在保证利益攸关者能接受的水准下，尽力追求高水准的顾客满意。

因此，目前致力于提高收入和利润的企业正在把注意力从提高顾客满意度转向培养顾客的忠诚感上。要做到这一点，则要花费更多的力气。培养顾客忠诚感的关键是增加顾客的整体利益，即创造顾客认为能给他们带来更多利益的各种相关因素。调查和经验表明，构成顾客整体利益的可控制因素主要有：商品的价格、品质、创新，服务的品质以及与竞争有关的企业形象（见图8-1）。

图8-1表明了顾客整体利益的五个因素与经营之间的关系。企业要想获得利益驱动下的顾客忠诚感，就必须了解其中的每个部分，并从顾客的角度来衡量商品的价值。从图8-1中可知，影响顾客忠诚感的不可控制因素有很多，所以企业要用一套综合管理方法来培养顾客的忠诚感——既要提供能够促进顾客忠诚感的准确需求信息，又应提供超过竞争对手的价值信息，把顾客需求信息融入企业经营系统和企业文化中去。具体来说，企业应主要从以下几个方面来培养顾客忠诚感。

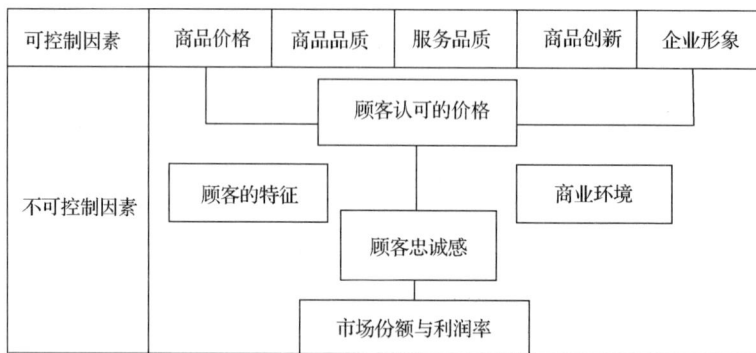

图8-1　顾客整体利益与企业经营的关系

### 1. 识别企业的核心顾客

识别核心顾客是企业的一项重要战略工作。识别核心顾客时，管理人员必须回答以下三个问题。

（1）哪些顾客对本企业最忠诚，最能使本企业赢利？管理人员应识别出消费数额高、付款及时、不需要多少额外服务、愿意与本企业保持长期关系的顾客。

（2）哪些顾客最重视本企业的商品和服务？哪些顾客认为本企业最能满足他们的需要？

（3）哪些顾客更值得本企业重视？任何企业都不可能满足所有顾客的需要。

在回答上述三个问题的过程中，管理人员还应仔细研究各类数据，如本企业在各个细分市场上的盈利数额，各类顾客终身购买本企业商品和服务可使本企业获得的利润数额的现值，各类顾客在本企业的消费份额，各类顾客会在多长时间内购买本企业的商品和服务。

不少企业管理人员认为，每一位顾客都是重要的顾客。有些企业管理人员甚至会花费大量时间、精力和经费，采取一系列补救性措施，留住使本企业无法赢利的顾客。但是，对于忠诚感极强的核心顾客，管理人员应为其提供更多的利益。

## 2. 提出、阐述和广泛宣传企业的经营目标

如果企业不能详细地阐述企业经营目标，培养顾客忠诚感的努力就会化为泡影。在此过程中，企业应清楚了解提高顾客整体利益的目的何在：是为了保留顾客、引导消费，还是招揽顾客？企业应清楚了解需要什么样的信息来帮助开展计划。在目标管理过程中，如果股东对企业的营销行为感到困惑，如果企业主要负责人无法控制其努力的结果，如果不能按顾客要求做得更好，就说明企业在信息传递和获得人们理解的方面做得不够好。

## 3. 通过顾客确定商品的品质、价格，企业形象和价值标准

这是培养顾客忠诚感的一个主要方面，忽略了它企业就会遇到不少麻烦。发现顾客真正需求的过程就是对商品品质进行评估和对顾客基本需求进行判断的过程，其努力应放在解决这两个方面的问题上。一个企业如果满足了顾客的基本需求和真正需求，就会成为顾客采购商品时的首选对象。当然，培养顾客忠诚感并不像表面上那样简单，它不仅能促使顾客购买某个企业的商品，还会使顾客在企业发生困难时仍然忠贞不贰。

**阅读资料**

### 线上会员制的优势

一是通过建立会员数据档案，掌握会员群体的大数据。二是建立会员群组，对核心会员加强管理，防止其流失。三是建立会员等级制度，利用会员权限进行服务优化。四是建立会员积分制度，满足企业的多样化运营要求，提供其他增值服务。

# 四、顾客不满与投诉管理

虽然企业千方百计地希望顾客满意，但在服务顾客的过程中，总会发生顾客因对员工的服务质量、商品质量及售后服务处理等方面的不满意而投诉企业的现象。这必须引起企业管理层的重视。在出现顾客不满意时，为了避免造成顾客流失，企业应采取各种方法，尽快了解顾客对所提

供服务的评定结果。在服务现场了解顾客评定后，对于容易判断、能够做出决定的问题，管理者应立即采取合理的补救措施，尽量消除顾客内心的顾虑和不满。

## （一）产生不满或投诉的原因

### 1. 企业自身的原因

（1）商品质量无法满足顾客。良好的商品质量是塑造顾客满意度的基本条件，对于服务这种无形商品而言也是这样。对服务质量的评估不但贯穿顾客从进入到走出服务系统的全过程，还会延伸到顾客对商品的使用中。例如，一个顾客在超市选购商品，一方面，能不能在超市中以合适的价格顺利地买到质量合格的商品是决定顾客是否满意的主要标准；另一方面，即使商品的质量没有问题，但如果在使用过程中，顾客发现使用该商品的效果并不像自己想象的那样好，也会对超市的服务产生不满，进而产生抱怨。

（2）服务无法达到顾客的要求。服务系统中的顾客是否满意，往往取决于某一个接触的瞬间。如服务人员对顾客的询问不理会或回答语气不耐烦、敷衍、出言不逊，结算错误，让顾客等待时间过长，公共环境卫生状态不佳，安全管理不当，店内音响声音过大等，都是造成顾客不满、产生抱怨的原因。

（3）对顾客期望值管理失误。服务企业对顾客期望值管理失误会导致顾客对商品或服务产生过高的期望。在一般情况下，顾客的期望值越大，购买商品的欲望相对就越大。但是当顾客的期望值过大时，顾客的满意度便会降低；顾客的期望值越小，顾客的满意度相对就越高。因此，企业应该适度地管理顾客的期望值。期望管理失误，容易导致顾客产生抱怨。

### 2. 顾客的原因

（1）弥补损失。顾客往往出于两种动机提出投诉。一种是为了获得财务赔偿：退款或者免费获得该商品及服务；另一种是挽回自尊：当顾客遭遇不满意商品、服务时，不仅要承受金钱损失，还经常遭遇不公平对待，对自尊心、自信心造成伤害。

（2）性格的差异。不同类型顾客对待"不满意"的态度不尽相同。理智型的顾客遇到不满意的事，不吵不闹，但会据理力争，寸步不让；急躁型的顾客遇到不满意的事必投诉且大吵大闹，不怕把事情搞大；忧郁型的顾客遇到不顺心的事可能无声离去，绝不投诉，但永远不会再来。

### 3. 环境因素

环境因素是指顾客与企业所不能控制的，在短期内难以改变的因素，包括经济、政治、法律、科学技术等方面。例如，在不同的文化背景下，人们的思维方式、做事风格有别，因此顾客投诉行为也存在差异。除了文化背景和行业特征之外，一个国家或地区的生活水平和市场体系的有效性、政府管制、消费者援助等都会影响顾客的投诉行为。

## （二）处理原则

（1）以诚相待，动之以情。以诚相待是企业服务顾客的最基本态度，员工要认真聆听顾客的心声。在大部分情况下，抱怨的顾客需要忠实的听众，过多的解释只会使顾客的情绪更差。同时，员工应保持微笑，真诚的微笑能化解顾客的坏情绪。粗暴、怠慢只会激化矛盾，扩大事态。但以诚相待，并非对顾客的任何要求都要满足，一味取悦顾客，只会招致欺骗之嫌。我们应该相信如果对顾客动之以情，晓之以理，会得到大多数顾客的理解与配合。

（2）客观分析，但不可轻下结论。应以平常心对待顾客的过激行为，不要把个人的情绪变化带到处理过程中。顾客的投诉是多种多样的，企业一定要体谅顾客，应站在顾客的立场上思考问题，同时也要区别对待，把握产生投诉的根本原因，并用委婉的表达方式阐明自己的想法，使顾客觉得你同他是站在同一立场上分析、解决问题的，这可为处理投诉起到良好的铺垫作用。

（3）适度灵活，分清主次。在处理顾客投诉时，既要坚持原则又要灵活机动、弹性处理，将两者统一起来。正确的做法是耐心倾听顾客投诉，抓住问题的要害，然后采取有效的措施加以解决。不要在还没搞清顾客需求之时，就侃侃而谈，将处理结果强加在他们身上，令其无所适从。在日常接到顾客投诉时，现场管理人员首先要学会倾听，这是成功沟通的前提。一些货品的退换和小礼品的赠送，可能会造成一定的经济损失，但这种损失是在预算控制内的。为长期赢得顾客，这种损失是可以接受的。但管理人员也应该明白，过度灵活可能会失去原则。

## （三）解决投诉的方法

解决投诉的方法如下。①耐心听取整个投诉内容。②虚心接受投诉的事件，保持冷静。③站在顾客立场上分析情况，找出投诉原因，向顾客道歉。④立即采取措施，切勿拖延。⑤若遇严重投诉，应报告上司，及时处理。⑥处理投诉时必须积极稳妥。⑦在处理和解决顾客投诉时，要态度诚恳，语言婉转，多询问、少解释，绝不能争论或辩护。⑧对于大小投诉，处理后及时知会上司。⑨投诉解决后，积极深刻检讨，总结经验，做好记录，告知所有员工应怎样处理此类事件，做到人人心中有数。

## （四）顾客投诉的管理

### 1. 为顾客投诉提供便利条件

为方便顾客投诉，企业要做到以下几点。

（1）制定明确的商品和服务标准及补偿措施。企业制定商品和服务标准，可以使顾客明确自己购买的商品、接受的服务是否符合标准，是否可以投诉以及投诉后所应得到的补偿。企业在执行上述标准过程中，还能在顾客投诉之前对商品和服务的缺陷采取相应补偿措施。

（2）告知顾客怎样投诉。企业应在有关宣传资料上详细说明顾客投诉的方法，包括投诉的步骤、向谁投诉、如何提出意见和要求等，以鼓励和引导顾客投诉。

（3）方便顾客投诉。企业应尽可能降低顾客投诉的成本，减少其花在投诉上的时间、精力、金钱与心理成本，使顾客的投诉变得容易、方便和简捷。企业还要了解顾客更乐意用什么方式投诉——是邮寄、电话、电子邮件、传真还是面对面投诉，然后向顾客提供其乐于接受的投诉渠道，告知顾客投诉的程序，方便顾客投诉。

### 2. 全力解决顾客投诉的问题

全力解决顾客投诉问题的关键是要建立灵活处理顾客投诉的机制，包括以下几个方面。

（1）制定员工的雇用标准并制订员工培训计划。这些标准和培训计划充分考虑了雇员在碰到公司服务或商品使顾客不满意的情况时应该做的善后工作。

（2）制订善后工作的指导方针，目标是做到顾客公平并使顾客满意。

（3）去除那些使顾客投诉不方便的障碍，降低顾客投诉的成本，建立有效的反应机制，包括授权给一线员工，使他们有权对公司有瑕疵的商品和服务向顾客做出补偿。

（4）维系顾客和商品数据库，包括完备的顾客投诉详细记录系统。这样公司可以及时传送给解决此问题所涉及的每一个员工，分析顾客投诉的类型和缘由，并且相应地调整企业的政策。

### 3. 掌握一些技巧

企业服务人员面对顾客投诉时应掌握一些处理技巧，这些技巧如下。

（1）安抚和道歉。不管顾客的心情如何不好，不管顾客在投诉时的态度如何，也不管是谁的过错，你要做的第一件事应该是平复顾客的情绪，缓解他们的不快，并向顾客表示歉意。你还得告诉他们，企业将完全负责处理顾客的投诉。

（2）快速反应。服务人员用自己的话把顾客的抱怨复述一遍，确信自己已经理解了顾客不满之处，而且对此已与顾客达成一致。如果可能，请服务人员告诉顾客他们愿想尽一切办法来解决顾客提出的问题。

（3）移情。当与顾客的交流达到一定程度时，服务人员会自然而然地理解顾客提出的问题，并且会接受服务人员的处理方式。服务人员应当强调，顾客的问题引起了服务人员的注意，给了服务人员改正这一问题的机会，对此服务人员感到很高兴。

（4）补偿。对顾客进行的必要且合适的补偿包括心理补偿和物质补偿。心理补偿是指服务人员承认企业确实存在着问题，也确实对顾客造成了伤害，并道歉。物质补偿是指一种"让企业现在就做些实际的事情解决这个问题"的承诺，如经济赔偿、调换商品或对商品进行修理等，尽己所能满足顾客的需求。在消除了顾客的抱怨后，服务人员还可以送给顾客一些其他的优惠，如优惠券、免费礼物，或同意顾客廉价购买其他商品。

（5）跟踪。顾客离开前，看顾客是否已经满意，然后在解决了投诉的一周内，打电话或写封信给顾客，了解顾客是否依然满意，可以在信中夹入优惠券。一定要与顾客保持联系，将投诉转化为销售业绩。顾客投诉得到满意解决之时，就是销售的最佳时机。

# 【本章小结】

（1）顾客满意的本质就是事后获得大于事先期望。高水准的顾客满意度最终会带来顾客忠诚感。顾客满意的三个构成因素分别是商品本身因素、服务因素及企业形象因素。而影响顾客满意的因素又可分为必须具备因素、越多越好因素及期望之外因素。

（2）企业在努力达到顾客满意的同时，还应重视引发顾客不满的现象，并引起重视，以避免顾客流失。

（3）顾客满意度是顾客满意情况的反馈，是顾客接受商品和服务的实际感受与其期望值相符的程度。它是对商品或者服务性能，以及商品或者服务本身的评价。顾客满意度测量的结果是企业质量管理业绩的综合指标，测量顾客满意度并研究其提高途径意义重大。

（4）顾客忠诚感（即高度的顾客满意）在现代零售企业经营中起着至关重要的作用。

# 【本章重要概念】

顾客满意　　顾客满意度调查　　顾客忠诚感

# 【思考与练习】

（1）研究顾客及顾客满意对零售商有何意义？
（2）请简述顾客满意的本质，并分析其影响因素。
（3）试述零售业的现状及未来的发展趋势，并分析顾客满意在其中所起的作用。
（4）请举例说明零售厂商如何着力提高顾客满意度。
（5）试述培养顾客忠诚的意义，零售企业具体应如何操作？
（6）在互联网背景下，会员制扮演着什么样的角色？

# 【拓展阅读】

## 亚马逊的顾客比前一年更离不开亚马逊

付费会员（Prime）可以说是亚马逊最忠诚、购买频率最高的客户了。数据显示，2017 年付费用户中有 85% 的用户每周至少上一次亚马逊网站，45% 的用户每周会消费一次。

比起 2016 年的数据，2017 年这两个数据有了相当明显的增长。2016 年，75% 的付费用户和 32% 的非会员每周至少上一次亚马逊网站，30% 的付费会员和 4% 的非会员每周消费一次。

同时，根据 Feedvisor 对亚马逊用户的研究，75% 的消费者在去其他地方购买或者看商品的时候，经常用亚马逊先看价格，只有 2% 的人表示亚马逊"没什么用"。而且，付费会员比非会员更经常用亚马逊，比例分别是 15% 和 6%。

还有一点值得关注，那就是手机购物比例正在快速增加：2017 年，47% 的消费者通过手机购物，而 2016 年时该比例是 41%；只不过，目前 51% 的消费额还是来自 PC 端。

对配送速度的需求使得不少亚马逊消费者愿意额外付费：43% 的消费者愿意为"1 小时送达"支付 10 美元（含）以上的快递费，32% 的消费者愿意为当日送达支付 10 美元（含）以上的快递费，20% 的消费者愿意为隔日送达支付 10 美元（含）以上的快递费。

　　然而，价格依然是个重要因素。65%的亚马逊消费者表示，价格是最重要的因素，甚至比快速配送、免费配送、更好的商品组合还重要。

　　研究还发现，商品评论和描述对消费者的购买决策有极大影响：超过95%的亚马逊消费者经常（Always）、有时（Sometimes）会在购买前阅读完整的商品描述。事实上，90%的亚马逊消费者说，如果一个商品连"3颗星"的评分都没有，那么他们根本就不考虑买这个东西了。

　　最后，亚马逊收购全食超市极大地改变了消费者的购买方式。22%的消费者现在更愿意通过亚马逊来购买生鲜杂货，原因是亚马逊收购了全食超市；同时，还有37%的消费者表示，他们愿意"考虑这种方式"。

　　资料来源：自媒体"零售威"的报道。

# 第九章
## 商品管理和采购技巧

### 【主要内容】
（1）商品分类
（2）商品结构规划
（3）库存管理
（4）品类管理
（5）商品采购技巧
（6）自有品牌开发

> 商品的灵魂是对顾客的用心。时时以顾客为念，这样才能提供真正的好商品。
>
> ——华人管理大师石滋宜

### 案例导读

#### 商品管理和采购的重要性

一般来说，零售商依靠吸引消费者购买商品而获得生存和发展。对消费者来说，实体零售商店经营商品的种类、品质、数量、价格、花色、销售时间和提供的服务等是决定他们是否到某一商店购买的重要因素。那么，对于线上商品而言，哪些因素会影响消费者到线上商店进行选购呢？在电子商务日益发达的今天，许多商品在线销售结果不理想，流量低，转化率更低，不管如何优化商品图片、标题、关键字等都不见效果，没有销量还会产生仓租压力，出现这种现象的原因多是选错了商品。在采购商品时不了解市场状况，没做好数据分析，很容易就会产生这样的结果。

我们平时购买的商品应该如何分类呢？作为一个零售商，我们应该如何对它们进行管理呢？应该用什么方法、用什么途径来把它们买回来呢？

这就会涉及一个很重要的环节——商品管理和采购。

商品管理是指零售商在实现公司财务目标的同时，在合理时间、合理地点销售合理数量适当商品的过程。在这个过程中，大大小小的零售商必须对成百上千供应商的成千上万种商品做出决策。在本章，我们将逐步了解零售商的做法。

# 一、商品结构、属性与分类

## （一）商品的结构与属性

### 1. 商品结构

商品结构是指零售企业在一定的经营范围内，按一定的标准将经营的商品划分为若干类别和项目，并确定各类别和项目在商品总构成中的比重。商品结构是由类别和项目组合起来的。商品结构是否合理，对于零售企业的发展具有重要意义。

零售店经营的商品，按不同标准可以分为不同类型。商品按自然种类划分时，可以按照类别、品种、花色、规格、质量、等级、品牌等分为不同的类型；按销售程度划分，商品可分为畅销商品、平销商品、滞销商品；按使用构成划分，商品可以分为主机商品和配件商品；按价格、质量划分，商品可以分为高、中、低档商品；按经营商品的构成划分，商品可以分为主力商品、辅助商品和关联商品等。

上述类别是从适应消费者不同需求特点和零售企业的经营活动出发加以划分的。按照上述分类标准来研究商品结构，能够使商品结构趋于合理。部分划分标准较易于理解，我们在此不展开介绍，仅就按商品构成划分的主力商品、辅助商品和关联商品做详细介绍。

（1）主力商品。主力商品是指在零售企业经营中，无论数量还是金额均占主要地位的商品。一个企业的主力商品体现它的经营方针、经营特点以及企业的性质。可以说，主力商品的经营效果决定着企业经营的成败。主力商品周转快，就可以保证企业取得较好的经营成果；反之，就很难使企业完成销售目标。因此，企业应首先将注意力放在主力商品的经营上。

零售企业选的主力商品应该是在市场上具有竞争力的商品。这就要求经营者必须掌握主力商品的发展趋势、增长状况和竞争力，同时还应注意掌握消费者的需求动向和购买习惯的变化。如果在经营中发现主力商品的某些品种滞销，零售企业就必须及时采取措施加以调整，防止由于某些品种的影响而使企业整体销售额下降。企业掌握了主力商品的变化情况，也就掌握了经营的主动权。

（2）辅助商品。辅助商品是对主力商品的补充。零售企业经营的商品中必须有辅助商品，以与主力商品搭配，否则会显得单调。辅助商品不要求与主力商品有关联性，只要是企业能够经营、消费者需要的商品就可以。辅助商品可以衬托主力商品的优点，成为消费者选购商品时的比较对象，不但能够刺激消费者的购买欲望，促进主力商品的销售，而且可以使商品品种更加多样，消除商品的单调感，提高消费者的购买频率。

（3）关联商品。关联商品是在用途上与主力商品有密切联系的商品。例如，录音机与磁带、西服与领带等是关联商品。配备关联商品，可以方便消费者购买，可以间接增加主力商品的销售，提高商品销售量。配备必要关联商品的目的是适应消费者在购买中图便利的消费倾向。这也是现代零售企业在经营中的重要原则。

## 2. 商品的属性

商品本身具有功能（使用价值）、价格、规格、包装、品牌、颜色、形态等多种属性。因此，我们在决定某类商品的结构时要以该类商品的主要属性（或称商品结构主线）来决定该分类商品的宽度。例如，如果品牌是该类商品的主要属性，则在该类商品中应该是品牌商品数量最多，其他属性（如规格、功能等）就不必考虑太多。但仍要综合考虑各个属性之间的搭配，如价格属性、规格属性以及功能属性等。

例一：碳酸饮料的品牌集中度和消费者的品牌忠诚度非常高，不同品牌商品的功能差异却很小，只是在包装规格和形式上有较大差异。因此，在陈列此类商品时基本上以品牌和包装为主线，一般不以该类商品的功能来陈列。

例二：国内超市对洗发水这一品类商品的经营方法基本上是"舶来品"方法，即陈列时以商品的功能为主线，以品牌为辅，将二合一的不同品牌的洗发水、去头屑的不同品牌的洗发水归类陈列，而不是将同一品牌不同功能的洗发水摆放在一起；同时在商品的选择上，根据某一功能洗发水的消费群体数量，决定具有该功能洗发水的 SKU（超市商品的一个唯一编号）数，而不是按照品牌分配 SKU。

随着时间的推移，商品的主要属性（商品结构主线）会发生变化。例如，20 世纪 90 年代的电视机基本上以规格和品牌为主线，而现在基本上以规格和款式为主线。所有商品的主要属性都是依据消费者的需求变化而改变的。所以，在确定商品结构时最根本的标准依然是消费者的需求现状。

## （二）商品的主要分类

商品可以根据不同的目的，按不同的分类标准来划分。

## 1. 按属性进行划分

（1）大分类。大分类是超级市场最粗线条的分类。大分类的主要标准是商品特征，如畜产品、水产品、水果蔬菜、日配加工食品、一般食品、日用杂货、日用百货、家用电器等。为了便于管理，超级市场的大分类一般不超过 10 个。

（2）中分类。中分类是大分类细分出来的类别。其分类标准主要有：一是按商品功能与用途划分，如在日配加工食品这个大分类下，可分出牛奶、豆制品、冰品、冷冻食品等中分类；二是按商品制造方法划分，如在畜产品这个大分类下，可细分出熟肉制品的中分类，包括咸肉、熏肉、火腿、香肠等；三是按商品产地划分，如在水果蔬菜这个大分类下，可细分出国产水果与进口水果的中分类。

（3）小分类。小分类是中分类进一步细分出来的类别。其主要分类标准有：一是按功能用途划分，如"畜产品"大分类下的"猪肉"中分类，可进一步细分为"排骨""里脊肉"等小分类；二是按规格包装划分，如"一般食品"大分类下的"饮料"中分类，可进一步细分出"听装饮料""瓶装饮料""盒装饮料"等小分类；三是按商品成分分类，如"日用百货"大分类下的"鞋"中分类，可进一步细分出"皮鞋""人造革鞋""布鞋""塑料鞋"等小分类；四是按商品口味划分，如"糖果饼干"大分类下的"饼干"中分类，可进一步细分出"甜味饼干""咸味饼干""奶油饼干""果味饼干"等小分类。

（4）单品。单品是商品分类中不能进一步细分出完整独立商品的品项。例如，上海申美饮料有限公司生产的"355毫升听装可口可乐""1.25升瓶装可口可乐""2升瓶装可口可乐""2升瓶装雪碧"就属于四种不同单品。

### 2. 根据商品的耐久性和有形性进行划分

（1）耐用品。耐用品是指在正常情况下能多次使用的有形商品，如电冰箱、电视机等。因为耐用品使用周期（到下一次重新购买的时间）长，所以消费者购买时会比较慎重。另外，这类商品价格一般较高。经营耐用品时，企业需要提供更多的销售服务和销售保证，如维修、运送、保修、保退、保换服务等。企业销售耐用品的重点是形成促使消费者购买的气氛，做耐心、细致的商品介绍，指导消费者使用，还应建立完整的售后服务体系。

（2）消耗品。消耗品也称非耐用品，是指经过一次或几次使用就被消费掉的有形物品，如牙膏、洗衣粉、文具等。因为这类商品很快会被消费掉，所以消费者购买频繁。一般来说，这类商品价格较低，商品经营利润较小。经营消耗品时，消耗品必须便于消费者购买，因此企业应使网点尽量接近居民区。

（3）服务。服务是非物质实体商品，服务的核心内容是向消费者提供效用，而非转移所有权。服务与有形商品相比具有以下特点：首先，服务基本上是无形的；其次，服务内容不易标准化；最后，提供服务是与消费过程同时进行的，服务的交易必须在适当的时间和地点进行才能有效地满足需要。企业为消费者提供服务应当加强服务质量管理，提高销售者的信誉、技能及对消费者的适用性，为不同的消费者提供适当的服务。

### 3. 根据商品的用途进行划分

（1）消费品。消费品是顾客为了使用而购买的商品，直接用于最终消费。消费品的购买者不像产业用品的购买者那样是技术内行，不一定按"性能和价格"进行选择，而是更多地带有心理方面的特点。例如，外观设计的精美程度、商品品牌等常常具有满足消费者需求的力量。

（2）资本品。资本品是指企业为生产商品而购入的商品。资本品同消费品相比，不仅购买目的不同，而且购买数量和方式有很大差别。购买资本品的消费者往往是具有专业知识的行家，购买决策多数带有科学性，因此，在销售资本品时，企业必须掌握对消费者购买决策起决定作用的审批机构。同时，销售人员还应具备必要的专业商品知识。

### 4. 根据消费者对商品的选择程度进行划分

（1）便利品。便利品是指消费者经常购买，而且不愿意花时间做过多比较、选择的商品。便利品又可分为三种。①日用品。日用品是指单位价值较低、经常使用和购买的商品，如肥皂、灯泡、电池以及大部分杂志等。消费者购买日用品的突出要求是随时可以买到，所以愿意接受任何性质相同或相似的替代品，并不坚持特定的品牌和商标。对品牌众多的日用品，消费者常常选择自己熟悉的品牌。②冲动购买品。冲动购买品是消费者事先并无购买计划，因视觉、嗅觉或其他感观受到刺激而临时决定购买的商品，如糖果、风味食品等。感官刺激是企业进行冲动购买品促销的重要手段，如玩具的示范表演，风味食品的现场制作等。③应急品。应急品是消费者紧急需要时所购买的物品，如突降大雨时的雨具等。在应急品经营中，商品布置的可见度对销售影响较大。

（2）选购品。选购品是消费者在购买过程中，愿意花费较多的时间观察、询问、比较的商品。这类商品的特点是价格较高，使用期长，多数属中高档商品，如家具、组合音响、服装等。选购品的购买者一般愿意到商店集中地区或有声望的大商场去买。

（3）特殊品。特殊品是具有特定性能、特殊用途、特殊效用和特定品牌的商品。它有专门的消费对象，如邮票、花、鸟、戏装等。由于特殊品有特定的消费对象，故排除了其他商品的竞争，会使经营者获得较大收益。销售特殊品时宜开设专门商店或专柜，并适宜集中经营。

（4）未寻求品。未寻求品是指消费者尚不知道或者知道但尚未有兴趣购买的商品，如某些刚上市的新商品等。未寻求品的性质决定了零售企业必须加强广告宣传和推销工作，使消费者对这些商品有所了解，并发生兴趣。千方百计地吸引潜在消费者、提高销售量是未寻求品的经营之道。

### 5. 根据消费者的购买习惯不同进行划分

（1）日用杂货。日用杂货是家庭中经常消费的商品，消费者购买次数较多，因此购买决策简单。日用杂货的价格便宜，选择标准一般为方便、坚固、美观等，对质量要求不怎么高，消费者一般到附近商店购买。经营日用杂货的商店越接近消费者居住区越好。

（2）日用百货。日用百货是消费者经常使用和购买的价值较低的商品。消费者对日用百货的选择标准是质量好、感觉好和种类丰富。日用百货的价格中等偏上时较易销售。消费者购买日用百货的距离比日用杂货远些。

（3）专用品。专用品是指具有特定用途的商品。专用品一般价值较高，如体育用品、绘图仪器及金银饰品等。专用品的购买次数少，消费者购买时相当谨慎。专用品的质量要求高，价格高些没有关系。由于购买次数少，故消费者可以去较远的地点购买专用品。

（4）流行品。流行品是由于某些因素影响，在短时期内出现大量需求的商品。流行品的消费在一定时期内表现为一种时尚。流行品具有较强的时间性，消费者一般只购买一次。在流行期内，消费者对流行品的购买非常踊跃，因此其价格高些没有问题。经营流行品的重点是款式漂亮、新颖，对商品质量没有硬性要求。

### 6. 根据商品生命周期内的销量变化进行划分

（1）狂热商品。狂热商品是指在较短时间内销售量大并且能产生很大销售额的商品，如与某名人同款的服装。一般来说，狂热商品难以预测，经营狂热商品风险大，但如果商家把握住机会，也可获得丰厚利润。

（2）时尚商品。时尚商品是指能持续销售多个季节，但销售额会随着季节变化的商品，如男士西装等。时尚商品的生命周期依赖于这些商品的种类和目标市场，零售商要具备一定的实力和经验。

（3）大众化商品。大众化商品是指在很长一段时间内都有连续不断需求的商品，如毛巾、衬衣、袜子、牛仔裤等。某些大众化商品即使是名牌也会走向衰退，因此，零售商要注意调整商品结构。

（4）季节性商品。季节性商品是指随着季节的变换，销售额产生剧烈变化的商品。时尚商品和大众化商品也有季节性，如时尚的羊毛衫、长袖衬衣在冬季特别畅销。这就要求零售商注意应市和存货量。

**案例 9-1**

### 家乐福的商品分类和商品政策

**（一）家乐福简介**

家乐福（Carrefour）成立于 1959 年，是大卖场业态的首创者，是欧洲第一大零售商、世界第二大国际化零售连锁集团，现拥有 11 000 多家营运零售单位，业务范围遍及世界多个国家和地区。集团以三种主要经营业态引领市场：大型超市、超市及折扣店。此外，家乐福还在一些国家发展了便利店和会员制量贩店。2004 年，集团税后销售额增至 726.68 亿欧元，员工总数超过 43 万人。2005 年，家乐福在《财富》杂志编制的全球 500 强企业排行榜中排名第 22 位。1995 年，家乐福进入中国市场，在中国市场上销售的商品中 95%以上的商品都采用本地化采购模式。

**（二）家乐福的商品分类**

家乐福的商品分类为：赚取利润的商品（如某些进口商品）、赚取销量的商品（如某些周转快的商品）、获得费用的商品（也许商品销量并不是很好，但你愿意提供较多的市场费用来培育的商品）。以上商品的比例大概是 1∶4∶5。

实际上，家乐福的杂货部是一个比较大的部门，其商品销量占总销量的 50%～60%。以化妆品公司的重点客户经营为例，如果你的商品是世界知名品牌，你就可以获得专柜陈列，获得较好的陈列位置。因为家乐福比较重视化妆品的销售，专门辟出了一块地方集中展示几个品牌的商品，并允许各品牌派专门的美容顾问（促销人员）开展销售工作。

在不同品牌商品的选择上，家乐福充分利用"80/20 法则"，选取那些有市场开拓能力的少数品牌去实现多数的销售。

**（三）家乐福的商品政策**

商品政策：采用敏感性商品超低价，非敏感性商品利润贡献价，自有品牌权变价，进口商品模糊价的策略，目的是将提高销售量与获取最大利润整合到最佳平衡点上。

例如，对可口可乐等购买频率高的日用消费品属于敏感性商品，家乐福通常以现金结算方式买断经营，取得进货低价位优势，这样才能以超低价出售，给消费者"名品低价"的感觉，稳定固有消费群；对自有品牌、国外名牌这类非敏感性商品则高价出售，采取"低中取低，高中超高"的市场目标细分策略。

# 二、商品结构规划与库存管理

## （一）商品结构规划

商品结构规划是指零售企业需要根据不同的经营业态、客层定位、销售规模、市场规模等因素，为实现各自的销售目标而制订的商品组合。

规划商品结构时应遵循的原则：按照商品属性、根据消费习惯、考虑季节因素。

商品结构规划步骤如下。①市场调研：了解市场畅销品类、品牌、单品、规格、包装、价格。②筛选：根据市场调研结果确定门店需要引进的品类及单品。③谈判：与供应商谈判，争取有利的交易条件。④定价：确定商品的零售价格。⑤进货：及时引进商品到门店销售。⑥调整：根据商品销售贡献及购物需求引进、删减商品，优化商品结构。⑦持续优化：商品组合优化。首先，需要对商品或品类模块的经营业绩进行系统评估，以提出准确的改进建议。例如，如果一个商品上了货架后销售得不好，家乐福就会把陈列该商品的货架长度由 30 厘米缩小到 20 厘米。如果销量还是上不去，货架长度再缩小 10 厘米。如果依然没有任何起色，那么货架就会让给其他商品。

构建商品结构前要考虑诸多要素，如图 9-1 所示。优化商品结构的基本思路如图 9-2 所示。

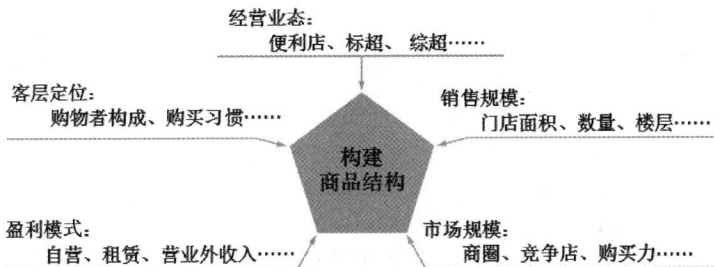

图 9-1　构建商品结构前要考虑的要素

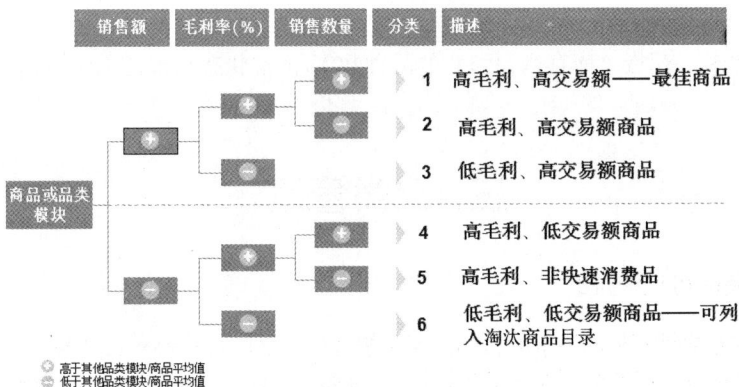

图 9-2　优化商品结构的基本思路

## （二）库存管理

库存管理是指零售商对为满足商品销售而储存的待销商品的管理。库存管理的目的是借用有效的库存管理制度，配合进、销、退、存的有效动作，使店里的损失降到最低点，获得更大利润。

商品库存过低，可能会导致商品脱销、顾客流失等，还可能会产生形象成本和口碑风险等问题，如图 9-3 所示。商品库存过高，也会导致资金浪费、周转慢、利润下降等（见图 9-4）。合理库存可以实现卖场空间效益最大化。

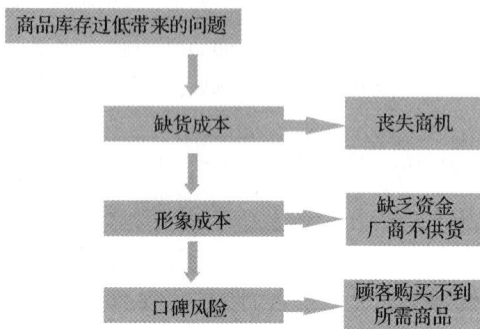

图 9-3　商品库存过低带来的问题

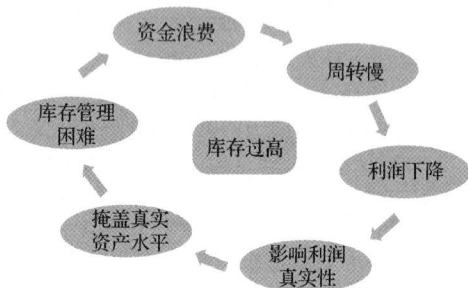

图 9-4　商品库存过高带来的问题

库存指标：以库存天数为单位。

商品库存天数：单品库存数量/日均销量。

小分类库存天数：小分类库存成本/日均销售成本。

大分类库存天数：大分类库存成本/日均销售成本。

门店库存天数：门店库存成本/日均销售成本。

库存年周转数：365/库存天数。

库存服务水平：存货（库存数量≥1 的品种数）/正常状态品种总数（数值为 95%较为合理）。

# 三、品类管理

## （一）品类管理的内涵

商品的高流通性是零售商追求的目标。家乐福选择商品的首要要求就是要有高流通性。实现高流转率的具体支撑手段就是实行品类管理（Category Management，CM），优化商品结构。品类管理着重于通过满足消费者需求来提高商品流通性的流程。

品类管理把零售商的货架管理提升到了一个新的水平上，通过对市场细分、消费者行为进行研究，以及对同类商品中不同品牌的商品进行严谨的数据化分析，摒弃那些无效品牌，将有效品牌进行合理的货架摆放与管理，使摆放的商品更加"易见、易找和易选"，从而真正将消费者最需要的商品进行合理、有效递送，满足消费者的需要。

品类管理是把商品种类作为战略性业务单元的一种管理方式。在实践上，授予品类经理以决定分类、库存量、货架空间分配、促销和采购等权力，使其能更准确地判断消费者的购买模式、某种品类商品的销售和市场趋势。通过强调整个品类商品，而不是单品或某个品牌商品的利润和销售，品类管理能够鼓励零售商和供应商长期协作，将重心放在营销方面。零售业逐渐走向电子商务时代，品类管理可以复制到电子商务店面中。每家企业都有自己的品类划分，各个品类也成了企业在市场中比拼的长板与短板。如果把每个品类看作独立的价值载体，那么品类贡献率则是衡量此价值载体的核心因素。零售业内品类管理的概念已经日臻成熟，零售业的品类分析并不是个别现象，可延伸至整个电子商务领域，同样能够实现商品配置的最佳组合，实现企业利润的最大化。

综上所述，品类管理就是决定卖什么商品以及这些商品在货架上怎么摆放。品类管理通过最大限度地向消费者传递价值，可实现企业利益的最大化。简单地说，品类管理就是在分析消费者消费行为的基础上，通过对商品品类和货架进行管理，不断满足消费者的需求。

## （二）品类管理要点

品类管理通常包括相互关联的六个基本要素。其中的两个被认为是最基本的要素，被称为品类管理的核心要素，即品类策略和业务流程。其他四个要素由于在支持品类策略和业务流程过程中扮演着重要角色，被称为保障性要素。它们分别是品类指标、组织机构效能、信息技术和合作伙伴关系。

超市的品类管理是以品类策略和业务流程为核心进行设置和运作的，而四个保障性要素是保障两个核心要素的重要手段。这六个要素之间的关系如图9-5所示。

企业根据其所经营的商品品类的构成，对其运营机构、指导原则和管理方法进行总体规划，可形成指导品类管理经营决策的基本框架，即品类策略。品类管理的业务流程分为八个步骤。每个步骤的要点如图9-6所示。

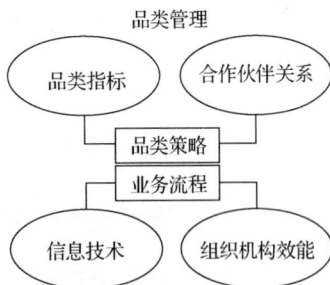

图 9-5　品类管理要素关系

## （三）品类管理的具体工作

（1）深刻了解该品类的目标消费者。

（2）了解该品类的品类结构，把握与品类相关的核心问题，弄清品类以下的各个子类（中分类，如各品牌）、小类（小分类，如不同规格单品以及它们各自的功能），以及它们在不同目标消费者心目中的品类角色，如图9-7所示。

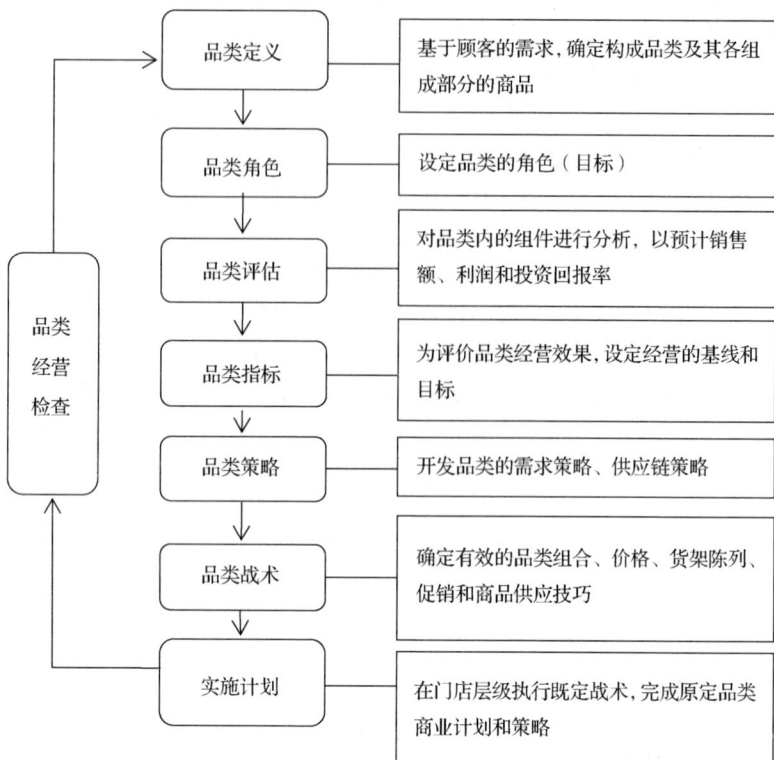

图 9-6　品类管理的业务流程

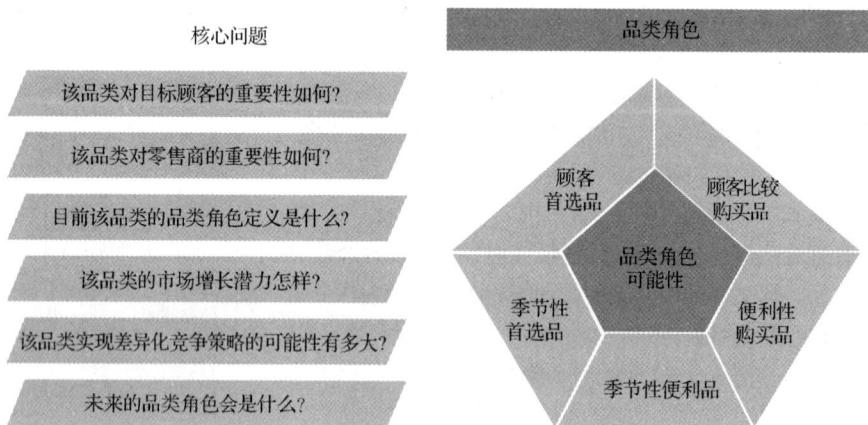

图 9-7　品类角色

（3）品类以及各子类的经营状况。即在调研品类结构和目标消费者的基础上，按照类别和功能对整个品类进行品种优化，然后设计品类陈列方式，制订促销、定价和新商品推广策略。

（4）监督策略执行情况。即要持续地监督和检查各个零售店的各种策略执行情况，并对各种策略的成效进行分析。

## （四）品类管理在中国

目前，大多数企业并不注重品类管理。在我国的零售企业中，仅10%的企业正式启动了品类管理计划，90%的企业未启动品类管理计划。其中，有60%的零售企业并不重视品类管理计划，多数零售企业的货架空间管理仍停留在初级阶段，如图9-8所示。

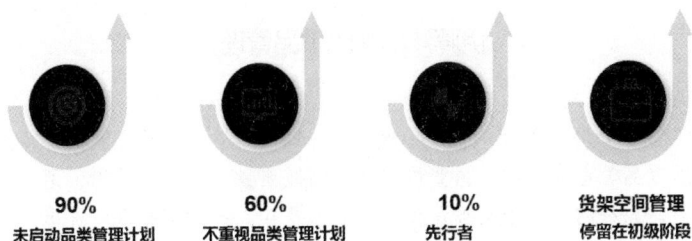

| 90% | 60% | 10% | 货架空间管理 |
|---|---|---|---|
| 未启动品类管理计划 | 不重视品类管理计划 | 先行者 | 停留在初级阶段 |

图9-8　品类管理在中国的发展情况

### 案例 9-2

## 品类管理的应用实例

1．沃尔玛

沃尔玛的品类管理效果是有目共睹的。沃尔玛从20世纪80年代开始就有了品类管理的雏形。品类领队（Category Captain）体制的建立更是使品类管理变成了日常必须开展的工作。宝洁公司是洗发水品类的领队，高露洁棕榄公司是口腔护理品类的领队，联合利华是洗衣粉品类的领队，强生是婴儿用品品类的领队……每个品类的领队都是该品类的市场领导者，对该品类目前的市场状况和未来的发展前景有着广泛和深入的理解。品类领队负责该品类的数据分析、商品优化、货架陈列、定价策略、促销建议等。依靠强大的管理信息系统，沃尔玛的采购经理/品类经理得以从烦琐的数据分析中解脱出来，但并不意味着沃尔玛的员工不用看数据。实际上，沃尔玛员工对数据是非常敏感的，他们经常对品类领队的计划书提出深刻意见，这确保了沃尔玛策略和方向的一致性与准确性。

2．北京华联

北京华联婴儿护理中心（宝宝屋）是品类管理在超级品类中的应用。婴儿商品分散在不同的品类中，如婴儿奶粉和成人奶粉属奶制品品类；婴儿纸尿片和纸巾属于纸制品品类。但消费者调查发现，抱着婴儿的妈妈或者孕妇需要辛苦地走上1～2小时才能购齐所需妇婴物品。她们最大的愿望是花较短的时间一次性购齐所需物品。于是，新的品类（妇婴用品品类）应运而生。以前，婴儿奶粉等需要在奶制品区域和妇婴用品区域双边陈列。宝宝屋设立的1～2个月后，购物者便习惯性地步入华联宝宝屋购买妇婴用品了。宝宝屋的设立使北京华联婴儿品类的销售额增长了33%，

利润增长了 **63%**。该案例曾作为品类管理的成功案例在亚洲第五届 **EC** 协会和中国首届 **ECR** 协会上进行分享。

## 案例 9-3

### 伊藤洋华堂的单品管理

**1．彻底的单品管理模式**

单品管理是伊藤洋华堂在 20 世纪 80 年代提出并逐步完善的重要专业概念，为世界零售业界认可和称道。采用单品管理模式时，企业将各类商品按质量、款式、尺码、型号等不同属性进行分类，然后通过商品品种的细分来明确消费者的需求差异，随时掌握每一种单品的销售动向和趋势，不断调整商品结构，精确地确定进货的品种和数量，最大限度地为消费者提供所需要的商品，力求最大限度地准确满足消费者的需求。

在伊藤洋华堂的商店中，网络信息系统是其单品管理模式的神经中枢——既要满足各终端随时调用数据的需要，又要处理各单品的进、销、存情况。在日常经营中，每天消费者的需求会因一些因素（如时段等）而发生变化。负责单品管理的伊藤洋华堂商店员工会利用 **POS** 数据和单品管理模式来明确商品销售与季节、气候、时段、地方惯例活动、节日等因素之间的关系，从而确定在不同情况下哪种商品卖得最好。营业人员借助这些数据，就有可能识别真正的消费者需求，而这些需求是无法通过调查获知的。人们利用这些数据可以分析和论证消费者需求假设，并以此为基础订购、调整商品的组合和改变展示的商品，还可以通过信息网络立即将这些数据反馈给商品开发环节。这种做法帮助伊藤洋华堂创造了一种有效的营销手段，以适应快速变化的市场需求。

依靠单品管理的思想和手段，伊藤洋华堂准确地把握着市场变化，以此确定精确的经营计划，将库存损失和机会损失控制到了最低水平，实现了理想的利润水平。因此，尽管伊藤洋华堂的销售额排名并非日本第一位，但其利润额却长期为日本零售业界之首。

**2．追求变化的卖场布置**

基于上述建店思想，伊藤洋华堂各店铺消费者重复光临的比例很高。为了带给这些消费者购物的新鲜感觉，店铺会经常调整卖场的布局。店铺管理者认为，如果购物环境总是没有变化，必然会使消费者产生厌倦感。通过不断变换卖场的布局，即使是每天都来的消费者，也会有逛新店的感受，这对于保持消费者到一个店铺购物的兴趣是十分重要的。

同时，根据单品管理的原则，伊藤洋华堂店铺的布局在同一天之内也会随着消费者需求在不同时间段的变化而随时调整。在黄金位置陈列的商品总是在相应时间里最畅销的品种。例如，对于日本人喜食的寿司，由于上午的时间通常是家庭主妇来购物，而她们一般是为全家准备食品，所以其重点推出的是较大包装的，而到了傍晚下班的时候，前来购物的多是单身的上班族，这时，位置好的柜台上陈列的寿司就改为了小包装的品种。

通过开展这些工作，伊藤洋华堂中始终充满着可以让消费者感受到的生机、活力，这对于保持消费者的购物热情无疑是十分重要的。

# 四、商品采购技巧

## （一）采购的概念与原则

商品采购是指商业企业为实现销售，以市场消费需求为依据，向其他生产企业或流通企业购买商品的一种经营活动。商品采购在企业经营中有着十分重要的作用。商品采购工作一般根据以下原则进行。

（1）"以需定进"原则。这是"以消费者为中心"的经营理念在采购中的具体体现，它要求企业根据市场需要采购商品。企业采购什么商品，采购多少商品，什么时候采购商品，都取决于市场的需要。坚持"以需定进"原则，能够提高商品的适销率，避免采购工作的盲目开展，有利于企业取得良好的经济效益。

（2）"勤进快销"原则。这是商业企业最主要的一条进货原则，它要求企业采购时要小批量、多批次、短周期。商品流通企业的资金相对有限，一旦某种商品占用了资金，必定会影响其他商品的采购。因此，勤进快销能够加速商品周转和资金周转，避免商品积压，从而把生意做活。

（3）"以进促销"原则。它要求企业发挥进货的能动作用，不断开辟进货渠道，刺激商品销售。因此，企业要广开货源，利用新的商品来吸引消费者，并带动其他商品的销售。

（4）"经济核算"原则。它要求企业尽可能降低采购成本，提高采购效益。因此，企业在确定货源时，要对商品的质量、价格，货源地点等因素进行综合分析和比较，合理选择渠道和进货时机，以取得良好的经济效益。

**案例 9-4**

### 网络零售的选品逻辑

电商运营一般在天猫、京东等电商平台上进行，它和品牌的一般推广方式有所不同，因为它处于一个特定的封闭的生态圈。虽然现在会有很多外部流量的引入方式，但核心还是利用平台现有的用户流量在微观层面上进行操作，以最小的代价获取最大的转化。因此，我们就要分析这个平台的生态情况，如客户是谁？有多少？支付能力怎样？搜索量有多少？如何变化？竞争对手是谁？竞争格局怎样？有无垄断卖家？是否有超越的可能性？电商选品时一般要看未来几年的市场趋势，现在的客户要么只认大牌，要么已熟悉商品的技术原理，选择性价比高的品牌。电商若没有颠覆性的技术，彻底解决用户的痛点，就无法在市场上站稳脚跟。选品时可以从以下几方面进行考虑。

（1）不要做搜索过少、竞争对手过少的商品，除非你不依赖平台流量；

（2）不要做品牌和商品已经画了等号的商品；

（3）除非有颠覆性的技术，不要做已经形成垄断格局的商品；

（4）不要做有硬伤的商品。

## （二）商品采购流程

商品采购流程是零售商从建立采购组织到将商品引入商场，并进行定期检查、评估的一系列连续、系统的步骤。了解商品采购流程，有利于我们掌握零售商采购的每一个工作环节。而这些工作对零售商的采购控制是非常重要的。

商品采购流程包括一系列整合而系统的步骤。第一步，建立采购组织。第二步，制订采购计划。第三步，确定货源。第四步，谈判及签约。第五步，商品导入。第六步，再订购商品。第七步，定期评估。

### 1. 建立采购组织

零售经营者一般将采购业务交给企业内部某些人或部门负责，因此产生了正式与非正式的采购组织。对于一个正式采购组织，商品经营被看成一项明确的零售业务，企业会为其建立独立的部门。所有或大部分涉及获得商品并使商品易于销售的职能都处于该部门的控制之下。大企业往往采用正式采购组织的形式，并拥有专门的采购人员。非正式采购组织不是一个独立、专门的部门，而是由一群兼职采购人员组成。这些人既负责商品经营，又负责商品采购，有时还会处理其他事务。虽然他们的责任和授权不明确，但具有充分的灵活性。这种形式常见于小型零售商或实施分散采购制度的零售商。

正式采购组织的主要优点在于明确的责任和授权，并使用全职、专门的采购人员；主要缺点是独立部门的营运成本高。非正式采购组织的主要优点是成本低，具有弹性；主要缺点是责任和授权不明确，对商品计划重视度不够。这两种组织都大量存在于各种企业之中。对一家企业而言，其是否采用正式采购组织并不重要，重要的是要认识到销售计划的重要性，并确保责任、活动、权威和经营的内部关系得到恰当的定义和规定。

还有一种采购组织在国外中小型企业中比较流行，这就是联合采购组织。它是若干中小零售商通过签订一个有利于各方的协约进行联合采购而设立的组织。企业成立这种采购组织主要是为了对付日益成长的大型连锁企业的威胁，以便在采购业务上拥有更强的与供应商讨价还价的能力。

国内连锁超市的采购组织设计是：总部设立负责采购的副总裁，在负责采购的副总裁下设立几个采购部门（按照商品大类划分，如食品采购部、生鲜采购部、非食品采购部等）。每个采购部门又按照商品类别进行细化（如生鲜采购部可分为鱼类、肉类、果蔬类、面包类等小组）。每一小组包括买手、里手、排面员。买手是指与供应商进行业务谈判、签订采购合同的谈判员；里手是指根据采购合同以及门店销售、库存情况向供应商发出订单的下单员；排面员主要根据公司的商品经营计划、策略以及门店卖场布局和实际销售情况，制订、调整商品陈列配置表。同时，为了保证引进新商品及新供应商决策的科学性，很多超市公司成立了商品采购委员会这一非常设机构。该机构由采购人员、销售人员和财务人员组成。该机构定期召开会议，在引进新供应商、新商品方面做出决策，采购人员根据商品采购委员会的决策，负责与供应商进行具体的谈判。

## 2. 制订采购计划

零售商在商品采购上需要确定采购什么、采购多少、从哪里采购、什么时候采购等一系列问题的答案，并以此制订采购计划，以便加强采购管理。在制订采购计划的过程中，企业必须确信其商品组合具有独特性，与竞争者有所不同，并与自己的零售定位一致。

（1）储存何种商品。零售商首先必须确定经营何品类、何种质量的商品：应该经营高档的商品，中、低档商品，还是应该向消费者提供多种质量的商品，努力占领多个细分市场？同时，企业还要决定是否经营促销性商品。

（2）储存多少商品。零售商确定了商品的种类后，接着就要确定存储商品的数量。因此，存储商品的品种宽度与深度是下一步要计划的。品种宽度是指零售商经营的不同商品或者服务大类的数量，品种深度是指零售商经营的任何一大类商品或者服务的多角化程度。

在制订经营品种的宽度和深度计划时，零售商应该考虑多种因素。销售额和利润是必须估测的，空间要求也必须重视。由于销售空间具有有限性，故零售商应将空间分配给那些能产生最大客流量和销售额的商品和服务。

（3）何时储存商品。零售商应该确定每一种商品在什么时候储存。对于新商品和服务，零售商必须决定什么时候第一次陈列和销售。对于已有商品和服务，零售商必须总结一年内的商品流转规律。为恰如其分地订购商品，零售商必须预测一年内的商品销量，还要分析其他各种因素对销量的影响，如高峰季节、订货和送货时间、例行订货和特殊订货、库存流转率、折扣和存货处理的效率等。

（4）在何地储存商品。最后一个商品计划决策是在什么地方储存商品。零售商必须考虑将多少商品存放在销售现场，将多少商品存放在库房以及是否利用仓库。连锁店则必须在各分店之间分配商品。一些零售商几乎完全将仓库当作配送中心或者地区的分销中心。商品从供应商处运到这些仓库，经过编配后送往各家分店。一些零售商，包括超市连锁店，并不过分依靠配送中心或者地区仓库，它们至少有一部分商品直接由供应商运送到分店。

在制订商品采购计划的过程中，采购员要通过各种渠道收集消费者需求信息，以便采购适销对路的商品。通过研究目标市场的人口统计数据、生活方式和潜在购物计划，零售商可以进一步研究消费需求。如果零售商无法直接得到消费者数据，可以通过其他途径获取，如向供应商征询有关资料。有些供应商会做与自己有关行业的消费需求预测和营销研究；零售商也可以通过销售人员直接与消费者打交道，了解消费者的需求动态；零售商还可以通过对竞争对手进行调研、政府公布的行业经济发展数据、新闻机构的消费者调查，或者向有关商业咨询机构购买商业数据等方式收集和分析消费者需求信息，使采购计划建立在科学、充分的市场调查基础上。

## 3. 确定货源

商品采购的下一个步骤是确定货源，三个主要货源如下。

（1）公司自有。大零售商拥有自己的制造或者批发机构，公司自有供应商经营全部或部分零售商品。

（2）外部固定供应商。这类供应商不是零售商自有的，但零售商同其保持固定的联系。通过历次合作，零售商可了解其商品和服务的质量以及供应商的可靠性。

（3）外部新供应商。这类供应商也不是零售商自有的，而且零售商过去没有向其采购过商品。此时，零售商可能并不熟悉其商品的质量和该供应商的可靠性。因此，在与这一类供应商合作时要谨慎，做好风险和收益评估，并尽可能制定有效且全面的风险防范措施。

选择供应商是一项非常复杂的工作。为了从一开始就筛选出和淘汰不合格的供应商，节约谈判时间，提高采购效率，零售商必须先建立一个供应商准入制度，设立一个选择标准，以对供应商进行资格审查。

选择供应商的标准主要有以下几个。

（1）信用情况。零售商在进货前必须了解供应商以前是否准时收款发货，是否遵守交货期限，以及该供应商履行采购合同的情况，以筛选出信用好的单位，建立供应商数据库，并择机建立长期合作关系。

（2）价格。这是零售商进货的主要依据之一。因为只有价廉物美的商品才能吸引消费者，增强企业竞争力。因此，在保证商品质量的基础上，价格低廉的供应商是零售商的首选。

（3）品质保证。零售商进货时要明确了解对方商品质量如何，比较不同供应商商品的各种属性，如性能、寿命、经济指标、花色、规格等，择优进货。

（4）时间，包括供应商发货后商品的在途时间和结算资金占用的时间等。

（5）费用。比较供应商的进货费用和成本。

（6）服务情况。比较供应商服务项目的多少和质量的优劣。

（7）管理规范制度。供应商的管理制度是否系统化、科学化，工作指导规范是否完备，执行状况是否严格。

目前，国内许多零售商在选择供应商的问题上不同程度地设置了一道门槛，即进场费。有些企业甚至将其作为第一条件——供应商不能交纳进场费的，则一概免谈。进场费的数额没有统一标准较混乱，大家争议众多，也导致了零售商与供应商之间的关系日趋紧张。

### 4. 谈判及签约

当货源已经选定、购买前的评估也已经完成时，零售商开始就购买条款进行谈判。一次新的或特定的订货通常要求签订一份合同。在这种情况下，零售商和供应商将认真讨论购买过程的各个方面。谈判的注意事项有以下五个。

（1）配送问题的规定。零售商主要经营消费品，尤其是超级市场，销售的商品更是以日用品为主。这些商品的周转率相当高，要保持充分的商品供应，商品配送是十分重要的。许多零售商的配送能力有限，必须全部或者部分依靠供应商配送，此时商品配送问题就成了谈判中的主要内容。零售商应在配送方式及配送时间、地点，以及配送次数等方面与供应商达成协议，清楚规定供应商的责任以及违反规定的处罚措施。

（2）缺货问题的规定。供应商供货过程中若出现缺货现象，必然会影响销售。因此，零售商在谈判中要明确供应商缺货时应负的责任，以促使供应商准时供货。例如，允许供应商的欠品率在一定范围内。当然，这些必须得到供应商的同意，达成合约协议才算确立。

（3）商品品质的规定。进行商品采购时，采购员应了解商品的成分及品质，看其是否符合国家安全标准、环保标准等规定。采购员由于知识有限，不能判断所有商品的成分和是否符合各标准，因此在采购时，必须要求供应商承诺其商品符合国家法律规定，并出示政府核发的合法营业的证明，确保在商品运营销售上不会出现问题。

（4）价格变动的规定。零售商与供应商签订采购合同后，建立的往往是一种长期供货关系。在这期间，零售商当然希望供应商的商品价格保持不变。但由于供应商的商品成本会出现变动，因此价格变动在所难免。但在谈判时，零售商仍需要规定供应商调整价格要按一定程序进行。

（5）付款的规定。采购时，付款规定是一个很重要的规定，所以双方必须对支付货款的方式有所规范。

## 5. 商品导入

对许多大中型零售企业来说，购买决策是自动完成的。这些企业使用计算机完成订单处理，每次的采购数据都会被输入计算机数据库。小零售商通常人工完成采购决策，员工手工填写和处理订单，每次采购都以同样的方式记入商店的存货手册。但是，随着计算机订单处理软件的快速发展，小零售商也有了电子订货的可能。商品导入后，零售商就要着手处置商品了。在此阶段，零售商从实体上处置商品，涉及的业务包括接收和储存商品、打价签和存货标记、陈列送货或者中途搭送、退货处理等。在这个阶段，无论是由零售配送中心配送还是直接向商店送货，配送管理都是最为关键的。

## 6. 再订购商品

有些零售商的商品销量大、周转速度快，需要进行多次采购，因此制订再订购计划是必需的。制订这种计划时应考虑以下几个因素。

（1）订货和送货时间。零售商需要掌握处理订单的时间，以便早做打算，具体做法是：计算恰当的库存量，使库存成本降到最低，同时又不会导致商品脱销。

（2）财务支出。不同采购方案下的财务支出是不同的。零售商大批量订货可以获得较大的折扣，使单位商品进价较低，但进行批量大的订购活动通常需要使用大量的资金，从而增加了资金的压力；相反，零售商小批量采购无法享受低廉的价格，却减少了资金流动的压力。

（3）订货成本和储存成本。订货量大，一定时期内订货的次数就会减少，相应的订货成本也会降低，但订货量大也会使一定时期内商品的储存成本增加，商品损坏和过期的可能性加大。订货量小，一定时期内的订货次数就会增多，相应的订货成本也会增加，但小批量订货会减少一定时期内商品的储存成本，商品损坏和过期的可能性减小。

（4）存货周转率。存货周转率也是零售商制订再订购计划时需要考虑的一个重要指标。存货周转率表示特定时期内现有存货平均销售的次数。它可以按商品数量或金额计算，公式如下：

$$存货周转率 = \frac{净销售额}{平均存货量}$$

或者

$$存货周转率 = \frac{售出商品成本}{平均存货成本}$$

存货周转率的两个公式没有太大区别，选择哪个取决于零售商所采用的会计制度。

### 7. 定期评估

即使商品采购和处置战略进行了完美的整合，零售商仍然不应满足于实施该计划，而应该对战略进行定期评估，主要事项如下。①对所有合格供应商每半年复核一次，复核时应该由负责人填写供应商考核表，会同采购评估小组对"价格""品质""交货时间"等指标进行考核，确定评定等级。②对不合格者应该暂停或者减少向其采购的数量，并通知该供应商进行改善，或者由零售商派员进行辅导。③采购部门人员追踪评估供应商的改善成效，对于成效不佳的供应商，应视情况要求其于一定时间内改善，否则将予以淘汰。④对于复核为合格者的，可继续登记于合格供应商名册内。对于优秀供应商，零售商应该给予适当表扬和奖励。供应商评估考核表如表 9-1 所示。

**表 9-1　供应商评估考核表**

| 项目 | 评估考核等级 | | | |
| --- | --- | --- | --- | --- |
| | A | B | C | D |
| 商品质量 | 品质佳（10） | 品质尚可（8） | 品质差（6） | 常有坏品（2） |
| 畅销程度 | 非常畅销（10） | 畅销（8） | 普通（6） | 滞销（2） |
| 商品价格 | 比对手优惠（15） | 与对手相同（12） | 略高于对手（8） | 远高于对手（2） |
| 配送能力 | 准时（15） | 偶误（10） | 常误（8） | 经常误（2） |
| 促销配合 | 配合极佳（15） | 配合佳（10） | 配合差（5） | 配合极差（3） |
| 欠品率 | 2%以下（15） | 2%~5%（12） | 5%~10%（8） | 10%以上（2） |
| 退货服务 | 准时（10） | 偶误（8） | 常误（6） | 经常误（2） |
| 经营潜力 | 潜力极佳（10） | 潜力佳（8） | 普通（6） | 潜力小（5） |
| 总分 | 100 | 76 | 53 | 20 |

## （三）采购合同管理

### 1. 采购合同的内容

采购合同的条款应当力求具体、明确，以便于执行，避免发生纠纷，一般包含以下内容。

（1）商品品种、规格和数量。商品品种应具体，避免使用综合品名；商品规格应规定颜色、式样、尺码和牌号等；商品数量应按国家统一的计量单位标出。必要时，可附上商品品种、规格、数量明细表。

（2）商品质量和包装。合同中应规定商品所应符合的质量标准，注明是国家标准还是部颁标准；无国家和部颁标准的应由双方协商凭样订（交）货；对于副品、次品，应规定一定的比例，并注明其标准；对实行保换、保修、保退办法的商品，应写明具体条款；对商品包装材料、包装式样、规格、体积、重量、标志及包装物等的处理，均应有详细规定。

（3）商品价格和结算方式。合同中对商品价格的规定要具体，规定作价的办法和变价的处理方法等，规定对副品、次品的折扣办法，规定结算方式和结算程序。

（4）交货期限、地点和发货方式。交货期限（日期）要按照有关规定，根据双方的实际情况、商品特点和交通运输条件等确定。同时，应明确商品的发送方式，如送货、代运、自提等。

（5）商品验收办法。合同中要具体规定在数量和质量上验收商品的办法、期限和地点。

（6）违约责任。签约一方不履行合同，违约方应负相关责任，赔偿对方遭受的损失。在签订合同时，应明确规定，供应商发生以下3种情况时应付违约金或赔偿金：①未按合同规定的商品数量、品种、规格供应商品；②未按合同规定的商品质量标准交货；③逾期发送商品（若购买者逾期结算货款或提货，临时更改到货地点等，应付违约金或赔偿金）。

（7）合同变更和解除条件。合同中应规定在什么情况下可变更或解除合同，什么情况下不可变更或解除合同，通过什么手续来变更或解除合同等。此外，采购合同应视实际情况，增加若干具体的补充规定，以使签订的合同更切合实际，更有效力。

## 2. 采购合同的签订

零售企业签订采购合同时必须遵循法定的原则，按照一定的程序。为了保证采购合同的履行，保证企业购销任务的完成，必须加强对合同的管理。

（1）签订采购合同的原则

合同当事人必须具备法人资格。这里的法人，是指有一定的组织机构，能独立支配财产，能够独立从事商品流通活动或其他经济活动，享有权利和承担义务，依照法定程序成立的企业。合同必须合法，必须遵照国家的法律、法规、方针和政策，其内容和手续应符合有关合同管理的具体条例和实施细则的规定；双方必须坚持平等互利、充分协商的原则签订合同；当事人应当以自己的名义签订经济合同。委托别人代签时，必须要有委托证明。采购合同应当采用书面形式。

（2）签订采购合同的程序

签订采购合同的程序是指合同当事人对合同的内容进行协商，取得一致意见，并签署书面协议的过程，一般有以下5个步骤。

① 订约提议。订约提议是指当事人向对方提出订立合同的要求或建议。订约提议应提出合同所必须具备的主要条款和希望对方答复的期限等，以供对方考虑是否订立合同。提议人在答复期限内不得拒绝承诺。

② 接受提议。接受提议是指提议被对方接受，双方对合同的主要内容表示同意，也称承诺。承诺不能附带任何条件，如果附带其他条件，应认为是拒绝要约，而提出新的要约。新要约提出后，原要约人变成接受新要约的承诺人，而原承诺人成了新的要约人。实践中，签订合同的双方当事人就合同内容反复协商的过程，就是"要约→新的要约→再要约→承诺"的过程。

③ 填写合同文本。

④ 履行签约手续。

⑤ 报请签约机关签证，或报请公证机关公证。

有的经济合同，法律规定还应获得主管部门的批准或工商行政管理部门的签证。对于没有法律规定必须签证的合同，双方可以协商确定是否签证或公证。

### 3. 合同管理

一般来说，零售商进行采购合同管理应当做好以下四方面工作。

（1）加强商场采购合同签订的管理。要加强对采购合同签订的管理，一是要对签订合同的准备工作加强管理。在签订合同之前，零售商应当认真研究市场需要和货源情况，掌握商场的经营情况、库存情况和合同对方单位的情况，依据本商场的购销任务，收集各方面的信息，为签订合同、确定合同条款提供信息依据。二是对签订合同过程加强管理。在签订合同时，要按照《中华人民共和国合同法》的要求严格审查，使签订的合同合理、合法。

（2）建立合同管理机制和制度，保证合同的履行。零售商应当设置专门机构或专职人员，建立合同登记、汇报检查制度，以统一保管合同、统一监督和检查合同执行情况，及时发现问题，采取措施，解决纠纷，保证合同的履行。同时，零售商可以加强与合同对方的联系，密切双方的协作，以利于合同的顺利履行。

（3）处理好合同纠纷。当合同发生纠纷时，双方当事人可协商解决。协商不成的，可以向国家工商行政管理部门申请调解或仲裁，也可以直接向法院起诉。

（4）信守合同。合同履行情况的好坏，不仅关系到商场经营活动的顺利进行，而且影响着商场的声誉和形象。

## （四）连锁企业的采购管理

连锁企业商品采购是为保证销售需要，通过等价交换取得商品资源的一系列活动。这一系列活动一般包括搜集需求信息、确定商品采购计划、选择供货商、谈判签约购买、商品评价等。商品采购活动是一种投资行为。连锁企业实行购销分离体制，由总部承担采购责任，使这种投资行为向专业化方向发展。采购行为产生的商品投资，只有通过销售环节才能实现利润回报，而商品能否售出取决于消费者的满意程度。因此，以满足消费者需要为宗旨，以销售为前提，实施采购计划，就成为连锁企业商品采购的指导方针。作为一种投资行为，商品采购在实践中应坚持经济、合理的原则，力争以最少的资本投入，获取最佳、适销对路的商品资源，为争取最大的投资利润回报打下坚实的基础。

连锁企业对商品采购实行控制与管理，就是要使采购组织及其人员在企业统一形象、统一目标定位的前提下，高效、有序地开展采购活动，保证采购商品的品种、数量、质量、价格、货源及交货时间等符合企业的经营需要。连锁企业应实行集中统一采购制度，即中央采购制度，并由此建立起高度集中的管理体制和严格的管理制度。

### 1. 中央采购制度

中央采购制度要求采购权集中在连锁企业总部，即由总部的采购部门或总部授权的配送中心设立的采购部门来负责整个企业所有商品的采购。商品的引入与淘汰、价格制定及促销计划等，完全由连锁企业总部统一规划实施，配送中心负责商品配送。各店铺对商品采购无决定权，但有建议权。

连锁企业实行中央采购制度时，需要管理工作的有效配合。一方面，各店铺销售信息及库存资料要及时、准确、分品种地向总部传递，总部必须对商品的购、销、存、退、调等信息进行连续分析，以便使总部采购商品的品种结构与数量等符合各店铺的销售需要；另一方面，总部的配送能力必须与店铺的销售能力相适应，尽可能地减少各店铺的库存。

连锁企业实行中央采购制度可以享受专业化分工带来的效率。中央采购制度将采购职能集中于训练有素的采购人员手中，有利于保证采购商品的质量和数量，提高采购效率，同时使各店铺致力于销售工作，提高店铺的营运效率。各连锁店铺集中采购增加了商品采购规模，有助于发挥连锁企业统一采购时的集中议价功能，增强了对供货商的谈判能力和控制能力。连锁企业实行中央采购制度还有助于保持连锁企业的统一形象，使连锁企业的整体营销活动易于策划和控制。连锁企业现代化的销售数据处理系统有助于进行更有效的库存控制和更可靠的消费需求预测。

不过，中央采购制度在提高专业化分工效率的同时，也增加了专业化分工协调的困难。连锁企业分店数量众多，地理分布又较分散，各分店所面对的消费需求存在一定程度的差异。因此，中央采购制度很难满足各分店的地方特色需求，物流人员配送商品时也难以适应各分店的地方特点。另外，采购人员与销售人员合作困难，销售人员的积极性难以得到充分发挥，维持销售组织的活力也就比较困难。

针对中央采购制度在实际执行中的困难，连锁企业应采取有力的措施予以妥善解决。针对不同分店的顾客群差异，采购人员应定期访问各分店，各分店负责人也应定期向总部汇报自己的特殊需求，以增强采购人员对各分店的了解。采购人员还应认真分析不同地区的分店在需求时间上的相继性，以便根据各分店的特点来调节商品供应，缓解分店商品的积压或短缺。采购人员与销售人员之间的合作应靠责权清晰的组织制度来开展，并通过各种制约机制来鼓励各分店的销售积极性。

有些连锁企业也采取一定程度的分权，以弥补中央采购制度的缺陷。例如，将各分店按地理位置分区，每区拥有一定数量的分店，以区为单位设地区总店，实行连锁企业总部集中采购与地区总店采购相结合的采购制度，常采用的方法是直接赋予分店一定程度的采购权。具体的做法是按销售额的一定比例（如10%）下放，各分店可用来采购本店的特色商品，也可以让某些商品类别、品种（如地产地销的商品）由分店自行采购。

## 2. 采购组织结构设计

连锁企业采购组织依照中央采购制度的原则设立，具有高度集中的特征。一般情况下，采购与仓储配送等环节需要紧密协调，可同属于一个管理机构，即商品管理部，直接对总经理负责。根据企业的经营范围和业务量，采购部一般按照商品类别设立分部。业务量庞大的采购分部可以再按商品品种进行进一步细分。有些连锁企业在组织结构中设立采购委员会，对商品采购的重大事项（如新产品的引进和滞销品的淘汰等）进行决策，其成员一般由各相关部门的负责人组成。还有些大型连锁企业设有采购部参谋部门，从事消费需求的调查研究等工作，对未来的消费需求及其发展提出建设性指导意见。

## 3. 采购组织管理制度

采购组织管理制度一般包括两方面内容：一是采购人员的管理制度，二是采购业务的管理制度。本部分仅对采购人员的职责、能力要求、职业道德、权限等提出框架性建议。连锁企业应根据自身实际情况，制定标准化采购人员管理制度。

采购人员是连锁企业采购计划的拟订者和执行者，其基本职责包括：定期拟订采购计划，包括采购商品的品种、数量、价格、渠道等详细内容，报经主管部门审批以后执行；搜集信息，寻找货源，与供应商接洽谈判等，在计划时间内保质保量地购进商品。采购人员对所有分店的商品采购负有责任，连锁企业应对其知识结构、工作阅历、工作能力等规定较高的标准。

在知识结构方面，采购人员应熟悉商品学、市场营销、经济法、数学和计算机管理等多门学科的知识。

在工作阅历方面，采购人员应具有丰富的商品知识和销售经验，熟悉商品运营的全过程，以便更好地承担全公司的采购任务。

采购人员除应具有较强的选择供货商、与供货商谈判等业务能力外，还应具备较强的预测和决策能力，以及人际关系协调能力等。这是因为连锁企业采购人员与消费者、销售现场的接触较少，连锁分店又分布于各个地区，其面对的消费偏好存在着一定差异，这些因素都会给采购人员预测商品需求变化趋势增加难度；而且连锁企业采购量大，时间要求高，采购人员在业务活动中必须经常进行果断决策。庞大的连锁体系及购销分离体制，要求采购人员在与企业内有关部门人员（尤其是销售现场人员）的关系协调中，要善于把握消费需求，以保证采购的商品适销对路。

采购人员的职业道德关乎连锁企业的整体形象。采购人员在业务活动中应注重个人修养，要采取公正、公平的态度，与各种商品的供应商建立起良好、相互信任的关系；不能在采购活动中徇私舞弊，追求个人利益，侵害企业利益。采购人员还要切实树立起采购为销售服务、为消费者服务的观念。

采购人员的权限规定是较难把握的管理问题。零售商一般对采购人员采购商品的品种范围及一次订货金额做出限定，对超出限额的商品采购有严格的报批手续。不过，实践中存在着"化整为零"的采购做法，部分采购人员会通过减少每次订货的金额、增加订货的次数，来逃避采购金额上限的约束。另外，采购价格也较难统一把握。这要求零售商除了要加强采购人员的工作责任心和职业道德教育以外，还应提高管理人员的管理能力和工作方法。例如，管理人员应当经常了解市场行情，参加商品交易会，熟悉供求价格及关系等；对采购工作要加强管理，制定严格的管理制度，以杜绝管理中的漏洞。

**案例 9-5**

### 关于爆款

爆款是指在商品销售中供不应求、销售量很高的商品，即人们通常所说的卖得很多、人气很高的商品。"爆款"一词被广泛应用于网店。

要想发现爆款背后的逻辑，抓住其中的规律，可以从分析买家的购买过程入手。网购时，一般买家会经历下述五个交易阶段。

（1）搜索：消费者寻找感兴趣的商品。

（2）评估：消费者收集商品信息，评估该商品是否能够满足自己的需求。

（3）决定：消费者衡量该商品所带来的利益和需要为之花费的成本，判断是否购买。

（4）购买：消费者完成商品的交易。

（5）再评估：消费者使用商品后根据使用体验进行再次评估，评估结果影响着下一次的消费行为。

很多人会发现，某款商品或许并没有做什么推广，但是当它卖出几件之后，后面的成交量就变得越来越多。成交量越多的商品，后面的销售情况就会越好。这就是"爆款"的雏形。

出现这种情况的主要原因就是消费者具有从众心理。因为在网购的环境下，商品展示只是给消费者一种视觉或者听觉上的展示，并不像传统的买卖活动那样，顾客可以接触到实物，然后判断其好坏。这样，顾客可以获得的商品信息相对较少。由于很多商品的描述和展示图片大同小异，所以相比之下，顾客更倾向于听取第三方的意见，因为之前购买并使用过此商品的人的评价是最中肯的。故此，有更多人购买和更多人评价的商品往往会更容易受到消费者的青睐，从而进一步地提高销量，慢慢形成了爆款。

爆款的形成主要是因为消费者具有从众心理，要真正打造一个爆款，还要依靠更多的营销推广。如果有了流量，就应该更好地把流量转化为成交量，不然的话，如此多的流量就浪费掉了。通过营销推广，店铺的页面浏览量（Page View，PV）相对稳定，那么成交量越大就意味着转化率越高。高转化率在给店铺带来更多收益的同时，还能为其争取到更多促销活动的名额。

在打造爆款的整个活动中，营销推广其实是在扮演催化剂的角色，可以为店铺吸引更多的流量，把想打造成爆款的商品更好地呈现在消费者面前，刺激买家的购买欲望，促进成交。

# 五、自有品牌开发

## （一）自有品牌的概念

### 1. 自有品牌商品的定义

自有品牌（Private Brand）商品，简称 PB 商品，是指零售企业通过搜集、整理、分析消费者对某类商品需求特性的信息，开发出满足消费者需求的新商品，自设生产基地或选择合适的生产企业进行加工生产，最终由零售企业使用自己的商标对该新商品进行注册，并在本企业销售的商品。与 PB 商品相对应的是使用生产企业商标、面向全国销售的全国性品牌（National Brand），即 NB 商品。

欧美一些跨国零售企业的自有品牌商品比例在 20% 以上，在国内自有品牌的代表是屈臣氏。生产并出售自有品牌商品是屈臣氏的锐利武器，其自有品牌品种数量由最初的 200 多个，迅速增长到 1 000 多个。由于其自有品牌产品有着可靠的品质和良好的性价比，故屈臣氏赢得了中国消费者的认同和信任。

### 2. 零售商开发自有品牌的原因

（1）价格低廉是自有品牌商品的一大竞争优势。日本大荣集团的自有品牌商品分为以下三类。

①优质商品共 1 万种，比同类全国畅销商品便宜 10%~20%；②低价商品共 150 种，150 种低价商品比一般商品价格低 15%；③名牌商品共 40 种，比品质相近的名牌商品便宜 30%。欧美商业企业的自有品牌商品一般比同类商品价格低 30% 以上。例如，沃尔玛 1992 年开发的品质和口味都相当不错的"美国可乐"在其店内售价仅 20 美分，一罐可口可乐则售价 50 美分。

自有品牌商品具有价格优势主要出于以下三个原因。第一，大型连锁超市自己组织生产自有品牌商品，使商品进货省去了许多中间环节，节约了交易费用和流通成本。第二，使用自有品牌商品不必支付巨额的广告费。由于自有品牌商品仅在开发该商品的商业企业内销售，因此其广告宣传主要借助于其商业信誉，主要在商场内采用广告单、闭路电视、广播等方式进行宣传。与普遍采用电视、报纸等大众媒体进行广告宣传的 NB 商品相比，其广告成本大幅度降低。第三，大型连锁超市拥有众多的连锁店，可以大批量销售，取得规模效益，降低产品成本。

（2）自有品牌实现商品的差异化。拥有一系列受欢迎的自有品牌商品是体现差异化的最佳途径之一，也是零售企业实现经营特色的最有效的手段。它不仅使零售商的商品品种构成更加充实，而且可借助自有品牌的导入，在消费者心中进一步强化零售商的企业品牌形象，形成差异化的品牌识别。其结果是培养和增强了消费者对零售企业的忠诚。

（3）另类的品牌延伸。自有品牌商品成为畅销商品的重要依托是零售企业本身的商誉。商誉是超级市场的一笔巨大资产。商誉好的企业对消费者具有很大的吸引力。消费者能否买得放心，已成为促使他们在不同零售商、不同品牌之间进行选择的重要因素。

## （二）开发自有品牌商品的条件

随着零售企业实力的逐步强大，国内外众多零售企业先后进行自有品牌经营，但是不同的零售业态具有不同的经营特点，结合具体业态的特点实行自有品牌经营是取得成功的关键。

### 1. 充分条件

（1）企业实力与知名度。具备相当的规模和实力是自有品牌商品取得战略成功的保证。每一个企业在实施自有品牌商品战略之前，首先要做的事情就是提高企业在消费者心中的知名度和美誉度。如果超市在消费者心目中的品牌形象良好，则建立自有品牌就比较容易。

（2）选择恰当商品项目。选择恰当的商品项目是成功的前提。企业进行自有品牌商品选择时必须考虑两个因素。一是被选择商品的价格有低于 NB 商品价格的可能。这可使自有品牌商品比 NB 商品更具吸引力，进而增强培养消费者忠诚度的实力。自有品牌商品在价格方面有优势，商品质量有保障，才能吸引更多消费者购买。二是被选择商品有一定的吸引力，这能影响消费者的品牌忠诚度。这种吸引力可以是品牌效应带来的，也可以是商品本身质量所取得的。总之，一定是因为其商品有特别之处，能吸引消费者购买。需要特别说明的是，这两个方面是相互影响的。

### 2. 必要条件

一是先行把握消费者需求的能力，二是结合消费者需求的商品开发能力，三是遍布各地的流通网络，四是与众多的生产委托企业保持良好的关系，五是商品开发人才的培育和构建相关的专门组织。

# 【本章小结】

（1）根据商品的耐久性和有形性分类，商品可以分为耐用品、消耗品和服务；根据商品的用途分类，商品可以分为消费品和资本品；根据消费者对商品的选择程度，商品可以分为便利品、选购品、特殊品和未寻求品；根据消费者的购买习惯不同，商品可以划分为日用品、日用百货、专用品和流行品；根据商品生命周期的销量变化，商品可划分为狂热商品、时尚商品、大众化商品和季节性商品。

（2）零售店经营的商品结构，按不同标准可以分为不同类型。按经营商品的构成划分，商品可以分为主力商品、辅助商品和关联商品。

（3）商品本身具有功能（使用价值）、价格、规格、包装、品牌、颜色、形态等多种属性，在确定某类商品结构时要以该类商品的主要属性（或称商品结构主线）确定该分类商品的宽度。随着时间的推移，商品的主要属性（商品结构主线）会发生变化。

（4）品类管理就是确定卖什么商品以及这些商品在货架上怎么摆放，也就是确定商品的备选系列及其陈列。品类管理通过最大限度地向消费者传递价值实现企业利益最大化。

（5）品类管理通常包括相互关联的六个基本要素：品类策略、业务流程、品类指标、组织机构效能、信息技术和合作伙伴关系。其中，前两个被认为是最基本的，因而被称为品类管理的"核心"要素；其他四个要素由于其在支持品类策略和业务流程过程中扮演着重要角色，故被称为保障性要素。

（6）商品管理可以提高销售量，可以有效降低库存，进而可以提高零售商的整体利润。品类管理运用得好不仅可以满足消费者现有的需要，还可以使消费者形成消费偏好，这样就会影响其是否购买以及购买什么的决定。

（7）商品采购是指商业企业为实现销售，以市场消费需求为依据，向其他生产企业或流通企业购买商品的一种经营活动。开展商品采购工作时，企业一般可以根据"以需定进"原则、"勤进快销"原则、"以进促销"原则、"经济核算"原则进行。

（8）企业商品采购主要有总部授权店铺采购、总部有限授权店铺采购、总部统一采购三种方式。

（9）采购流程是零售商从建立采购组织开始，到商品引入商场并进行定期检查评估的一系列整合而系统的步骤，通常包括建立采购组织、编制采购计划、确定货源、谈判及签约、商品导入、再订购商品、定期评估这七个步骤。了解采购流程，有利于我们掌握零售商采购的每一个工作环节，这些工作对零售商的采购控制是非常重要的。

（10）采购合同的内容一般包括商品的品种、数量、规格、质量、包装、价格、结算方式、交货时间和地点、违约责任、合同的变更和解除条件。一份完整的采购合同有利于明确双方的权利与义务，确保采购过程顺利完成。

（11）连锁企业实行购销分离体制，由总部承担采购责任，从而使这种投资行为向专业化方向发展。连锁企业在采购方式上选择集中统一采购，即中央采购，并由此建立起高度集中的管理体制和严格的管理制度，使采购组织及其人员在企业统一形象、统一目标定位的前提下，高效、有序地开展采购活动，保证采购商品的品种、数量、质量、价格、货源及交货时间等符合企业的经营需要。

（12）自有品牌商品是零售企业通过搜集、整理、分析消费者对某类商品需求特性的信息，开发出满足消费者需求的新商品，自设生产基地或选择合适的生产企业进行加工生产，最终由零售企业使用自己的商标对新商品进行注册，并在本企业销售的商品。开发自有品牌商品有多种意义，开发自有品牌商品需要有充分的条件并且要经过一定的步骤。

# 【本章重要概念】

商品结构　　商品属性　　主力商品　　关联商品　　品类管理　　自有品牌　　商品采购
采购合同　　采购流程　　存货周转率　　中央采购

# 【思考与练习】

（1）为企业编写一份采购合同。

（2）连锁零售企业的最大特点是采购与销售分离，请思考中央采购制度对零售企业的发展有什么影响。

（3）在互联网时代如何进行爆款的开发？

# 【拓展阅读】

## 采购管理中普遍存在和应注意的问题

### （一）品种选择不够科学

全过程商品管理强调提前替消费者选择。每一件摆在货架上的商品，都是针对目标消费者消费习惯精心选择的结果。从零售的角度来看，这些商品都有严格设定的角色，有明确的经营目标。非知名品牌而功能一样的商品会产生重复，个性冲突的商品也不能同时经营。经过选择，在不影响总销售量的同时，一个零售企业经营的商品数量可以极大地压缩，如此平均单品的销量也就得到了巨大提高。其直接结果是向供应商的采购得到了集中，除了节省费用外，那些供应商也给予了更大的优惠。

### （二）如何建立科学合理的采购体系

应用全过程商品管理方法，可以建立一套科学、高效、廉洁的采购体系。因为使用这种方式，采购不再是绝对由个人判断的事情，而是在依靠科学分析的基础上制订合理计划，个人工作的主要任务是如何达成计划。采购人员按商品组合计划采购商品，每一类商品都有合理的角色（合适的销量、库存、毛利等指标）。历史数据的更新加上不断改进的方法，会使计划越来越完善。个人随意性减弱了，主动性和积极性被有效引导到如何保证企业利益目标上。例如，当采购员接触到供应商推荐的一个没有经营过的品种时，首先要根据商品组合计划、企业的定位，确认这是不是应该经营的商品，即先判断经营适合性。如果适合，接下来再考察其功能角色，确定原有商品中是否有可替代品。如果有可替代品，要从价格、销售、促销、物流等方面分析引进该商品会对现有的哪些商品产生影响，影响有多大。接着分析哪个商品应该被换掉，以及该商品目前的价格、库存、未结账款等项目，以确定相应的处理办法和时间表，最后确定新品供货条件、供货时间、商品销售价格、促销活动等。新品引进和滞销品淘汰是一个工作的两个侧面。当我们的采购体系最大限度地依赖这样的系统时，采购经理会做出理性的商业决策，企业的综合经营效益就可得到充分保证。

### （三）如何理解购销分离

现代商业的专业化分工在不断深化，从商品计划的制订到商品的采购、组合和配送，直到销售终结，都有专业的部门和专业人员按统一经营的管理原则，各司其职，专业化地完成。这种专业化运营方式带来了零售业的高效率和低成本。购销分离是已被国际大型零售企业的成功实践证明了的一种先进的经营管理体制，是零售企业提高竞争力的主要途径。它通过把购、销这两个零售环节分离，让企业内部各部门各司其职、协调运转，使企业的人、财、物得到最佳配置，进而降低管理成本。购销分离实际上是一种集权式管理，它便于企业管理层严格监管，控制商品购销的全过程，有效地防止经营漏洞，杜绝采购中的不正之风，还能提高效率，降低采购成本，并可以将节省下来的费用实实在在地体现在商品的售价上，进而让利于消费者。这些都有别于传统零售业所实现的（我们目前正运行着的）购销方式。

# 第十章
# 定价策略与促销管理

【主要内容】
（1）商店定位与定价策略
（2）促销策略
（3）促销方案的制订与执行

> 我们不是为商店讨价还价，而是为顾客讨价还价，我们为顾客争取到最低的价钱。
>
> ——山姆·沃尔顿

**案例导读**

### 沃尔玛引领新零售发展之路

2016 年 8 月，沃尔玛以 30 亿美元收购电商网站 Jet.com。2015 年 7 月，Jet.com 一经推出，以其革命性的购物篮经济学定价模式，迅速吸引了其他零售商和行业分析师的注意。Jet.com 会激励消费者做出利于降低零售商供应链及物流配送成本的购物选择。例如，消费者用信用卡支付会令 Jet.com 一类的电商公司承担更多成本，因此，Jet.com 会将消费者使用借记卡支付节省下来的手续费回馈给消费者。如果消费者在一笔订单中订购可以一批送货的商品，而不是从不同的零售商处购买，那么就可以在这笔订单上节省更多费用。消费者可以实时看到他们节省下来的开支，这让他们在购物时产生了一种游戏般的体验。

Jet.com 首席消费者官莉莎·兰兹曼（Liza Landsman）称："我们的客单价要高于行业平均值。"她还表示，和 Walmart.com 一样，越来越多来自城市的年轻消费群体使用 Jet.com。

其他电商网站往往会提前选择提供某种商品的零售商，而 Jet.com 允许零售商在其平台上设立自己的定价准则。例如，零售商可以规定跨区域送货的详细收费标准，也可以规定消费者在购买多件商品时享受的具体优惠。这让不同零售商为争取每一笔消费者订单而进行竞争。

Jet.com 将会作为沃尔玛业态组合的一部分以独立的品牌进行运营。比尔表示，沃尔玛将会探索运用 Jet.com 的后端技术在其他平台上拓展业务的可行性。

**思考题：** Jet.com 的购物篮经济学定价模式为什么能吸引众多消费者？

# 一、商店定位与定价策略

## （一）形象定位

对零售商来说，有三种可选择的形象定位，其相应的定价方法和策略不同。

### 1. 高档的形象定位

企业采用品牌导向定价，将其商品高品质的形象作为主要的竞争优势。这意味着企业会获得较小的目标市场、高运营成本和低存货周转率。企业向消费者提供特色商品和服务，单位商品毛利高，可运用的定价策略有质量—价格联系和声望定价。高档百货商店和一些专业店可采用此方法，因为它们的目标消费者认为高价意味着高品质，低价则意味着劣质。

### 2. 中档的形象定位

企业采取市场的平均价格，向中等收入阶层提供可靠的服务及良好的购物环境。商品利润中等，存货质量一般高于平均水平，多采用成本加成的定价方法，即将单位商品成本、零售运营费用及期望利润加起来来确定售价。这种企业可能会受到定位为折扣商店和声望商店零售商们的双重挤压。传统的百货商店即属于此类。

### 3. 低档的形象定位

其采用折扣导向定价方式，将低价作为企业的主要竞争优势。商店一般进行简单的店内装饰，对以价格为基准的目标市场回报以低单位毛利、低运营成本和高存货周转率。综合超市和折扣商店就属于这一类。

## （二）定价策略

### 1. 定价策略的内涵

消费者选择零售商店时的影响因素有很多。其中，重要因素包括商店的地址、属性、气氛，商品的种类、特性、品质和价格，商品的广告和相关促销活动，交易前后销售人员所提供的服务以及交易后消费者对该次购物的满意度。

在物资匮乏年代，由于商品需求大于供给，消费者面临很少的选择，只要能够买到商品，对零售店面的经营环境甚至商品价格并不挑剔。随着社会生产力的提高，供给和需求大致相当，而消费者的收入水平还处于相对较低的状态，在这个时期，主导消费者消费的是价格因素。要想避免发生价格战，企业所提供的商品必须符合消费者的核心利益，提高商品的附加价值——这就是定价策略的核心。

所谓定价策略，是指根据不同的消费者愿意支付不同的价格来购买各种商品与服务，企业可设计出不同商品或服务组合，来满足支付不同价格的消费者的需求。

### 2. 定价策略的分类

（1）以盈补缺差别毛利率定价策略。对不同的商品采用不同的毛利率进行定价，以盈补缺，同时实现盈利和低价双目标。目前，许多外资零售企业均采用这种定价策略，如一般食品、杂货商品的毛利率仅为5%～6%，生鲜食品的毛利率为15%～16%，百货商品的毛利率为15%～25%。这样，其零售价格普遍比其他商场低10%左右，一部分与其他商场持平，从而保证了商场的低价定位和盈利水平。

（2）控制敏感商品价格策略。据调查，仅有30%左右的消费者在进入商场前有明确的购买目标，其余70%消费者的购买决定是在进入商场之后才做出的，而且他们只对部分商品在不同商场的不同价格有记忆，这部分商品即为敏感商品。敏感商品一般是需求弹性大、消费者使用量大、购买频率高的商品，实行该策略企业在市场上将拥有绝对竞争优势，有利于塑造价格便宜的良好形象。

## （三）定价方法

### 1. 折扣定价法

折扣定价方法是在短期内降低商品价格以吸引更多消费者购买，从而实现销量在短期内增加的一种定价方法，具体分为以下5种。

（1）一次性折扣定价法，即在一定时间内对所有商品规定一定比例的折扣，一般在店庆、季节拍卖和商品展销时采用较多。一次性折扣定价法是阶段性地把商店的销售推向高潮的定价法，对于实施的时间和频率企业要事先制订好计划。

（2）累计折扣定价法，规定消费者在一定时期内累计购买商品达到一定金额，即按其购买金额的大小给予不同的折扣。这种定价方法能起到稳定企业消费者的作用，超市可以常年运用。

（3）会员卡折扣定价法。即消费者只需缴纳少量费用，或达到一定购买量，即可持有会员卡，成为零售商的会员。会员可享受多种优惠。

（4）季节折扣定价法。商家在采用此方法时要注意：消费高峰时的季节折扣要与竞争对手的同类商品价格拉开差距，具有明显的价格优势；而在销售淡季时，折扣既要体现反季节促销，又要体现在季节性清货。前者为了促进销售，后者为了清空库存。

（5）限时折扣定价法，即在特定的营业时段对商品进行打折，以刺激消费者的购买欲望，如在下午1点到2点某商品五折优惠。限时折扣定价法一方面可增加商场人气，活跃气氛，刺激消费者购买欲望，另一方面可促使一些临近保质期的商品在到期前全部销售完，当然，必须要留给消费者一段使用期限。

商家在运用折扣定价法时首先要明确目的，为实现企业总利润最大化服务；其次，要做好策划，包括折扣商品范围、折扣大小、折扣时机、折扣期限、折扣频率、折扣方式；最后，还要考虑自身的定位。

### 2. 特卖商品定价法

特卖商品是指降价幅度特别大，一般要比平时或竞争店的价格低20%以上的商品。这些商品对消费者有很大的吸引力。一些外资零售企业每隔一段时间就会选择一些商品，以非常低廉的价格招徕顾客，时间多选在节假日、双休日，且常年不断，周期循环。

企业对推出的特价商品需有数量上的控制，如每周推出一批或每天推出一种。这些特价品主要由两种类型商品组成。一类是低值易耗、需求量大、周转快、购买频率高的商品。这类特价商品消费者经常购买，比较熟悉价格，便于比较，往往成为零售企业价格特别低廉的标志性商品。另一类是消费者购买频率不高，周转较慢，在价格刺激下消费者偶尔购买的商品。将其作为特卖商品主要是为了引发消费者的购买欲望、加速商品周转而进行特价销售的。

### 3. 心理定价法

其为利用消费者的心理因素、根据不同类型消费者购买商品的心理动机来制定企业商品价格的一种定价方法。通常对于同样的商品，不同的消费者因其需求动机和需求偏好不同，会有不同的价格期望。因此，实施心理定价法，制定迎合消费者心理的价格，往往能起到意想不到的效果。

（1）尾数定价法。其为以零头数结尾的一种定价方法，往往用某些奇数或人们中意的数结尾。大型超市内的商品价格常以9、8、6等数字结尾，这一方面使消费者产生好感，另一方面会使消费者产生一种便宜的感觉。

（2）错觉定价法。通常消费者对商品重量的敏感度要远低于对价格的敏感度。在给不同的包装和商品分量的同一种商品定价时，不妨利用消费者的这一特点。例如，500克装的某品牌奶粉标价9.30元，后推出的450克装的同样奶粉标价8.5元，后者的销量明显比前者要好。其实，算一下就会发现，二者单位定价相差无几，后者还略高一点，但后者更容易吸引消费者注意。

### 4. 系列定价法

其一般与系列产品相适应，即限定一个价格范围，该范围内分布着若干价格点，每个价格点代表不同的品质水平。在价格系列中，零售企业可先定出每类商品的价格上下限，然后在这个范围内设定一定数量的价格点，如确定一盒手帕的价格范围是6~15元，价格点分别定为6元、9元和15元，使消费者感到档次明显，有助于他们发现不同价位商品品质的差别，便于商品销售，也为后面的价格调整做了铺垫。在这种定价方法下，各价格点间差距的确定是关键，不能太小，也不能过大，因为太小让消费者感觉不到品质的差别，过大会让消费者产生疑惑。

## （四）价格战是我国零售业的主要竞争策略

价格战一向被认为是零售业竞争中唯一的万灵丹，然而国内各零售业中的价格战是否能长久地持续下去？企业要想避免打价格战，其所提供的商品必须符合消费者的核心利益，同时要提高商品的附加价值。

另外，以折扣、特卖、限时抢购为商业模式的电商企业也取得了一定发展。例如，唯品会是中国第三大电商企业、全球最大的特卖平台。自2008年上线以来，它专注于"闪购"细分市场，从服饰起家，以"名牌折扣+限时抢购+正品保障"为卖点，在阿里巴巴与京东两大电商企业巨头的夹缝中找到了自己的生长空间，并在美股市场上创下中国公司市值增长的奇迹——上市三年，股价涨幅30倍，市值一度高达178.79亿美元，成为中国第四大市值的互联网公司。

**案例 10-1**

### 沃尔玛的天天平价战略

沃尔玛目前主要的经营运作方式为：消费者第一，免费停车、咨询，送货服务。沃尔玛总是争取低廉进价，从而对营销成本进行有效控制。

**（一）沃尔玛的每日低价战略**

沃尔玛旗下各种商店给人的突出感觉是薄利多销，天天低价。沃尔玛认准的目标就是面向中低收入的大众阶层，经营低价位、多而全的商品。几十年来，沃尔玛一直恪守薄利多销的经营战略。当一般竞争对手采用定期特价销售方式时，沃尔玛推出了每天提供最低价商品的竞争策略。事实上，要比所有竞争对手商品的价格便宜是一件不可能的事情，但沃尔玛能通过找出其他店提供比自己价格便宜商品的机制来制定最合理的价格。

**（二）沃尔玛保障每日低价战略实施的采购策略**

如图10-1所示，沃尔玛有一套统一采购和配送系统。沃尔玛绕开中间商，直接从工厂进货。早在20世纪80年代，沃尔玛就推出了一项政策，要求从交易中去除制造商的销售代理，直接向制造商订货，同时将采购价降低2%～6%，大约相当于销售代理的佣金数额。

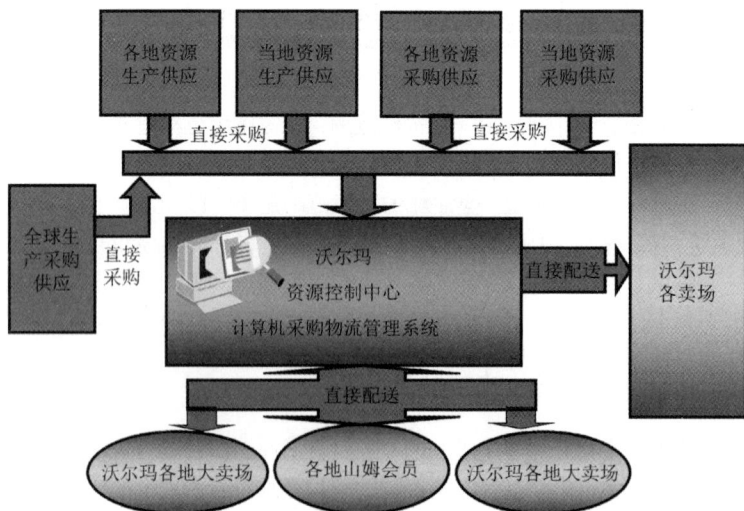

图10-1　沃尔玛的统一采购和配送系统

统一订购的商品被送到配送中心后，配送中心根据每个分店的需求对商品进行就地筛选、重新打包。这种类似网络零售商"零库存"的做法又使沃尔玛每年可节省数以百万元计的仓储费用。

**（三）沃尔玛信息技术的应用**

采用新技术和新观念是沃尔玛降低营运成本、加速发展的一种重要手段。沃尔玛会在某些店进行某种想法的试验，当发现这种想法不起作用时，会很快舍弃这种想法。例如，为提高公司效率及加快消费者结账速度，沃尔玛从 1981 年开始尝试使用 POS 机，并将其与库存系统及订货系统进行信息集成，到 1984 年推广到了所有店铺。1987 年，沃尔玛投资 4 亿美元，由休斯公司发射了一颗商用卫星，实现了全球联网，全球 4 000 多家门店通过全球网络可在 1 小时之内对每种商品的库存、上架、销售量全部盘点一遍，并通知货车司机最新的路况信息，调整车辆送货的最佳线路。

20 世纪 80 年代末，沃尔玛开始利用电子交换系统（EDI）与供应商一起建立自动订货系统，该系统又称无纸贸易系统。通过网络系统，沃尔玛向供应商提供商业文件，发出采购指令，获取收据和装运清单等，同时也让供应商及时、准确地把握其产品销售情况。沃尔玛还利用更先进的快速反应系统代替采购指令，真正实现了自动订货。该系统利用条码扫描和卫星通信与供应商每日交换商品销售、运输和订货信息。

利用先进的电子信息手段，沃尔玛做到了商店的销售与配送保持同步，配送中心与供应商运转同步，提高了工作效率，降低了成本，使得沃尔玛超市所售商品在价格上占有绝对优势，成为消费者的重要选择对象。

# 二、促销策略

## （一）促销的内涵

促销（Sales Promotion，SP）是指营销者向消费者传递有关本企业及产品的各种信息，说服或吸引消费者购买其产品，以达到提高销售量的目的。促销不是试图去改变消费者的看法，而是善用已经存在于消费者脑海里的想法及观念，明确而有效地传达企业为其提供的商品与服务信息，达成 100%的消费者满意承诺。促销实质上是一种沟通活动，即营销者（信息提供者或发送者）发出刺激消费的各种信息，把信息传递给一个或更多的目标对象（即信息接收者，如听众、观众、读者、消费者或用户等），以影响其态度和行为。促销是营销组合四大要素之一，是企业营销策略的重要组成部分，也是企业参与竞争、贯彻各项战略意图的利器之一。

从全球的广告与促销对比中看，促销费用的增长率至少比广告费用的增长率高出三个百分点。以美国为例，1980 年时的促销费用为 490 亿美元，到了 1986 年该费用已达 1 020 亿美元，促销与广告的费用之比约为 64∶36。到了 1991 年，促销费用更是占据了整个市场推广费用的 3/4，即 75%。促销活动之所以产生这么大的开支，是因为人们都看好这一销售形式并得益于最后的效果。企业乐意为立竿见影的效果付出。

## （二）促销的动机

促销对象可以是最终消费者，也可以是渠道成员。促销对象不同，促销手段也会有所不同。

针对渠道成员（代理商、批发商、零售商等）开展促销是企业渠道推广策略的重要内容之一。通常，针对渠道开展促销的目的有以下六个：实现铺货率目标、提高销量、新品上市、处理库存、季节性调整、应对竞争。下面，我们将一一探讨促销的目的以及实现相应目的的促销思路。

### 1. 实现铺货率目标

商品推广成败的一个重要指标是铺货率。在商品上市阶段，一定的铺货率对商品推广、广告配合、稳定市场等都有着极为关键的作用。为确保铺货率目标的实现，企业需要按计划组建、扩大或调整分销网络。

### 2. 提高销量

在相应市场上达到较高铺货率之后，企业的主要目标是提高市场占有率（Market Share）。此时，促销目标已经由实现铺货率目标转为提高销量（即增加分销商的订货量，获取企业预期的利润）。

### 3. 新品上市

由于消费者需求具有多样化和多变性特点，企业往往需要及时向市场中推出新品。在新品上市过程中，企业需要进行大量的宣传并制定相应的销售政策。与此同时，企业还须处理好新旧产品之间的关系（矛盾和竞争）。

### 4. 处理库存

受生产规模、运输及仓储等条件的限制，企业需要定期清理库存。大量处理库存可能会破坏市场价格体系，减少企业利润。但企业如果在处理库存时能巧妙运作渠道资源，就可以借此提高市场占有率。

### 5. 季节性调整

有些行业商品的销售会受到季节性因素的影响（典型行业如空调、冷饮、礼品等），这是由商品特性和消费者需求变化引起的。商品不同，销售的淡旺季不同。企业不仅要分析本企业商品的季节性销量变化趋势，还要分析竞争品和行业等方面的变化趋势。

### 6. 应对竞争

竞争对手的市场行为是企业制定促销政策时必须考虑的重要因素。当某行业生产企业不多、少数企业占据大部分市场份额（市场集中度较高）、商品差异性不大、消费者有相当的识别能力并了解市场情况时，分析竞争对手的市场行为就显得尤为重要。

## （三）促销工具

### 1. 报纸

对于某些特定的大型促销活动而言，报纸是一种很有价值的传播媒介。根据销售的不同阶段，相关人员可以设计一些"最后期限"广告，调整折扣率、存货品种和采用其他一些特殊销售手段，以简短声明的方式在报纸上公布。它应该包含以下要素：商店徽标和店址、销售类型、销售开始时间、提供的商品种类、折扣率等。

有效报纸广告的特征应该具有以下特色：醒目、突出的标题，广告周围有留白，明确的折扣率和价格空间，使消费者产生紧迫感。

## 2. 广播和电视

广播和电视有许多优点，如灵活性强，目标市场营销辐射面广、频率高，能使消费者产生"立即行动"的紧迫感。

一份好的广播稿会至少三次提到品牌名称，有标语式口号，信息充满紧迫感，商品描述语言简练。

## 3. POP 广告

通过单纯的商品陈列很难真正取得消费者的信赖。如何有效、准确地将企业的信息传达给消费者，达到刺激消费者冲动购买的目的？POP 广告张贴成为商品和消费者之间的桥梁。

（1）POP 广告的概念。POP（Point of Purchase）广告即卖点广告，又称店内海报、张贴，其主要目的是将企业的销售意图准确地传递给消费者，在销售现场直接促使消费者即时购买。在摆满琳琅满目商品的店面中，消费者犹如雾里看花，众多的选择、有限的信息使消费者很难做出决断。这时，POP 广告可以告诉消费者商品的售价，介绍商品的特性，并传达相关活动信息，使消费者能够准确地了解商品信息，愉快地购物。

企业对于，POP 广告的合理运用不仅能节省人力，减少支出，还能说明商品的价格和特性，在为消费者创造轻松购物环境的同时，将信息准确地传递给消费者，更能够吸引消费者对商品的注意，增加消费者对企业的信任程度，并激发消费者的即时购买冲动，直接提高企业的销售收入。

设计一份好的 POP 广告必须遵循以下原则：①形式美观，能够充分吸引消费者的目光；②传递信息完整，可以有效激发消费者的即时购买冲动；③更换周期短，随时将企业最新的销售信息和意图传递给消费者；④应用密度高，能更有效地引导消费者进行选择。

（2）POP 广告的分类。POP 广告按功能分为两大类：装饰类 POP 和促销类 POP。装饰类 POP 的主要作用是烘托卖场气氛，构建卖场与众不同的个性文化风格与理念。促销类 POP 的功能主要是使用简洁的信息，有效地激发消费者的购买冲动，成功实现交易。由于 POP 广告符合消费者的消费习惯，并且成本低廉、简单快捷，具有其他促销手段无法比拟的优势，故在国际零售行业中，POP 广告担负着商品销售的重要角色，如表 10-1 所示。

### 表 10-1　POP 的重要角色

| 名称 | 功能 | 形式 | 使用期限 |
|---|---|---|---|
| 装饰类 POP | 制造店内气氛 | 形象 POP<br>消费 POP<br>招贴画<br>悬挂小旗 | 多为长期性和季节性 |

续表

| 名称 | 功能 | 形式 | 使用期限 |
|------|------|------|----------|
| 促销类 POP | 帮助消费者选购商品<br>提高消费者购买欲 | 手制价目卡<br>拍卖 POP<br>商品展示卡 | 拍卖期间或特价日，多<br>为短期行为 |

（3）POP 的功效。美国 DSB 商业研究机构对美国本土 100 家大型零售商店的研究显示：促销类 POP，可以使商店内单品销售成绩提高 50%～300%，使整体销售成绩提高 30%～100%。但是，使用制作粗劣、信息不完整的促销类 POP，往往会引起消费者的抵触情绪，难以取得相应的促销效果，甚至会起到相反的作用。

（4）直击中国零售店的 POP。目前，我国零售店内的 POP 广告以装饰类 POP 为主，每逢庆祝之日，样式统一、印刷精美的 POP 广告悬挂于店内，很好地起到了烘托气氛的作用。

但是，我国对促销类 POP 的应用却往往流于形式。走进大多数百货商场、超级市场、专业店等零售门店，促销类 POP 已不陌生，企业可通过促销类 POP 向消费者传递商品价格、折扣等信息。

目前，我国促销类 POP 仅仅作为辅助手段，无法取代店面销售人员。形式过于简单、传递信息不完整、制作粗劣、更换周期过长、使用密度小、缺乏独立个性几乎成为所有零售门店中促销类 POP 的通病。

## （四）促销的作用

（1）传递商品销售信息。在商品正式进入市场以前，企业必须及时向中间商和消费者传递有关商品销售情报。信息的传递可使社会各方了解商品销售情况，建立起良好的企业声誉，引起社会各方的注意和好感，从而为企业商品销售的成功创造前提条件。

（2）创造需求，提高销量。企业只有针对消费者的心理动机，通过开展灵活、有效的促销活动，诱导或激发消费者某一方面的需求，才能提高商品的销量。并且，企业的促销活动可创造需求，发现新的销售市场，从而使市场需求朝着有利于企业销售的方向发展。

（3）突出商品特色，增强市场竞争力。企业通过开展促销活动，宣传本企业的商品较竞争对手商品的不同特点，以及给消费者带来的特殊利益，可使消费者充分了解本企业商品的特色，引起消费者的注意，进而提高商品的销量和企业的市场竞争力。

（4）反馈信息，提高经济效益。通过开展有效的促销活动，更多的消费者或用户会了解、熟悉和信任本企业的商品。同时企业可通过消费者对促销活动的反馈，及时调整促销决策，使企业生产经营的商品适销对路，提高企业的市场份额，巩固企业的市场地位，从而提高企业的经济效益。

## （五）促销方式

促销方式如执行工具，是零售企业改造市场、提高业绩的得力手段。目前，零售企业主要采用以下促销方式。

（1）无偿促销。其为对目标消费者不收取任何费用的一种促销手段。它包括两种形式：酬谢包装和免费样品。①酬谢包装，指的是以标准包装为衡量基础，但给消费者提供更多价值的一种包装形式，包括额外包装、包装内赠、包装外赠、功能包装。额外包装，即在包装内额外增加分量且无偿赠予。包装内赠，即将赠品放入包装内，无偿提供给消费者。包装外赠，即将赠品捆绑或附着在包装上，无偿提供给消费者。功能包装，即包装具有双重及以上使用价值，不但可以做包装物，还可另做他用。②所谓"免费样品"，指的是将商品直接提供给目标对象试用而不予取偿。实施"免费样品"促销时，最主要的问题在于如何将样品分送到目标消费者手中。

（2）惠赠促销。即在目标消费者在购买产品时给予优惠待遇的一种促销手段，包括买赠、换赠和退赠三种方式。①买赠，即购买有赠。只要消费者购买某一产品，即可获得一定数量的赠品。最常用的方式如买一赠一、买五赠二、买一赠三等。②换赠，即购买补偿获赠。只要消费者购买某一产品，再略做补偿，即可换取其他产品，如补钱以旧换新，加1元送××产品，加10元多一件等。③退赠，即购买达标则退利获赠。只要消费者购买或购买一定数量，即可获得返利或赠品。它包括消费者累计消费返利和经销商累计销售返利。例如，当购买金额达到1 000万元时返利5%；当购买10个商品时，赠1个商品；当消费三次以上时退还一次的价款等。

（3）折价促销。其为在目标消费者购买商品时，给予不同形式的价格折扣的促销手段，包括如下六种形式。①折价优惠券，通常称优惠券，是一种传统而风行的促销方式。优惠券上一般印有商品的原价、折价比例、购买数量及有效时间。消费者可以凭券购买并获得实惠。②折价优惠卡，为一种长期有效的优惠凭证。它一般以会员卡和消费卡两种形式存在，使发卡企业与目标消费者保持一种比较长久的消费关系。③现价折扣，在现行价格基础上打折销售。这是一种最常见且行之有效的促销手段，可以让消费者在现场获得看得见的利益并心满意足，同时销售者也会获得满意的目标利润。④减价特卖，即在一定时间内对商品降低价格，以特别的价格来销售。减价特卖的一个特点就是阶段性，即一旦促销目的完成，即恢复到原来的价格水平。减价特卖的形式通常有"包装减价标贴""货架减价标签"和"特卖通告"三种。⑤减价竞争，即降低现行价格，让利于市场，并获得具有竞争优势的销售量。减价竞争与现价折扣不同。现价折扣属于战术性促销，减价竞争则一般属于战略性促销，它从范围上、数量上、规模上、期效上都比现价折扣大。减价竞争可以说是一种以新的价格参与市场竞赛的战略。它是发动市场侵略性竞争的"撒手铜"。⑥大拍卖及大甩卖，商品大拍卖是将商品以低拍的方式，以非正常的价格来销售；商品大甩卖也是以低于成本或非正常的价格来销售。大拍卖和大甩卖都是一种价格利益驱动战术。对企业而言，大拍卖和大甩卖都是清仓策略。通过大拍卖或大甩卖，企业能够集中吸引消费群体，刺激人们的购买欲望，在短期内消化掉积压商品。

（4）竞赛促销。竞赛促销指的是利用人们的好胜和好奇心理，通过举办趣味性和智力性竞赛，吸引目标消费者参与的一种促销手段，具体如下。①征集与奖答竞赛，即通过征集消费者意见给予消费者一定的奖励，以此刺激消费者消费的一种促销活动，如有奖问答等。②竞猜比赛，发动者通过举办对某一结局的竞猜以吸引消费者参与的一种促销方式，如猜谜、体育赛事结果竞猜、自然现象竞猜、揭谜竞猜等。③优胜选拔比赛，即竞赛发动者通过举办某一形式的比赛，吸引爱好者参与，最后选拔出优胜者的促销方式，如选美比赛、健美大赛、选星大赛、形象代言人选拔赛及饮酒大赛等。④印花积点竞赛，即竞赛发动者指定在某一时间段内，目标消费者收集的产品印花达到一定数量后可兑换赠品的促销方式。印花积点是一种传统而有影响力的促销手段。只要消费者握有一定量的凭证（即商标、标贴、瓶盖、印券、票证、包装物等），便可领取相应的赠品或奖赏。

（5）活动促销。活动促销指的是通过举办与商品销售有关的活动，来达到吸引消费者注意与参与的促销手段，通常有如下 5 种方式。①新闻发布会，即活动举办者以召开新闻发布会的方式来达到促销目的，主要利用媒体向目标消费者发布消息，告知商品信息，以吸引消费者消费。②商品展示会，即主要通过参加展销会、订货会或自己召开商品展示会等方式来达到促销目的，亦称"会议促销"。③抽奖，即消费者消费时，给予其若干奖励机会的促销方式。④娱乐活动，即主要通过举办娱乐活动，以趣味性和娱乐性吸引消费者并达到促销的目的。⑤制造事件，即通过制造有传播价值的事件，使事件社会化、新闻化、热点化，以新闻炒作来达到促销目的。"事件促销"可以引起公众的注意，并以此调动目标消费者对事件中相关商品或服务的兴趣，最终刺激消费者去购买或消费。

（6）双赢促销。双赢促销指的是两个（含）以上市场主体通过使用联合促销方式实现各方共赢的促销手段。换而言之，两个（含）以上的企业为了共同谋利而联合举办的促销即为"双赢促销"。实行双赢促销的联合对象，可以实行横向联合，也可以实行纵向联合，但一般在三大业态之间进行自由组合。三大业态形成了互动的促销阵势。

（7）直效促销。直效促销指的是具有一定的直接效果的促销手段。直效促销具有现场性和亲临性。这两大特点能够营造强烈的销售氛围。①售点广告，即 POP，是指在销售现场张贴与悬挂海报、吊旗、台标及广告牌等，通过使用这些现场传播方式，烘托商品气氛，达到促进销售的目的。②直邮导购，即 DM，是指通过直接邮寄函件引导消费者购买某种商品。③商品演示，即现场演示商品的特性与优势，吸引消费者购买。商品演示是一种立竿见影的促销方式，可以满足消费者的视觉、听觉、嗅觉、味觉、触觉需求，从而满足其心理需求，实现即刻购买。④商品展列，即通过销售现场商品的展示陈列，以夺目的态势吸引消费者。⑤报纸宣传，即印制具有商品与服务内容的报纸或宣传单，通过发放来导购促销。⑥营业佣金，即为了调动营业人员销售本企业商品的积极性，对经营单位和营业人员给予销售佣金、提成或奖品。⑦特许使用，即商品优先使用，消费者可以在规定的时间内满意后再支付费用。这种促销方法类似于延期付款，但不同的是特许使用属于"先用后偿"，是以客户满意为前提的。⑧名人助售，即通过邀请知名度很高的人士亲临现场助力销售，达到促销的目的。名人助售具有名人广告的效应。

（8）服务促销，即为了维护消费者利益，为消费者提供某种优惠服务，便利于消费者购买和消费的促销手段，主要包括如下几种方式。①销售服务，即销售前的咨询与销售后的服务。售前咨询和售后服务都可以达到促销目的。②承诺销售，即对消费者给予一种承诺，使消费者增加信任感，消费者就可以放心购买。例如，承诺无效退款，承诺销售"三包"，就可以降低消费者的风险意识，以达到促销目的。③订购订做，即专一地为消费者订购商品或订做商品，这种专项服务可以使消费者产生优越感，也能够体现服务促销的宗旨。④送货上门，即将消费者所购商品无偿地运送到指定地点，或者代办托运。⑤免费培训，即免费培训商品有关知识，是商品售出时附赠的服务项目。⑥维护安装，即为消费者提供商品安装调试服务及护养、修理服务。维护安装是促销的关键之举，也是消费者关心之处。⑦分期付款，消费者对所购商品可以按规定时间分批分次交付款项。分期付款方式一般只在高价款商品销售时使用，此方法可以缓解消费者的经济压力。⑧延期付款，即消费者可以对所购商品在一定时间内交付款项。与分期付款不同的是，延期付款一般是在规定的时间里一次付清。延期付款可以暂时缓解消费者的经济压力，使消费者有充足的筹款时间。延期付款促销可以吸引那些对商品有期待，但一时缺乏支付能力的消费者。⑨会员制经营，为消费者入会后可以享受内部优惠待遇的促销方式。会员制一般列有明晰的入会条款、受惠条款，消费者须交纳一定的入会费用。会员享有购物权、消费权、保护权、服务权、折扣权等权利。

（9）组合促销。组合促销指的是将两种及以上促销方式组合起来使用，以求更有效率的促销手段。但是，有些促销方式是不便于有机组合的，如无偿促销与折价促销，两者存在着一定的矛盾，在促销时就不能强扭在一起。因此，企业在运用组合促销时，应选择不同方式进行合理配置。或者，在不同的阶段分开使用促销方式，使促销更具有延续性和递进性。例如，美国通用制粉公司（General Mills）新推出一种脆麦片加葡萄干的食品，为了打开销路，采用一种有效的组合促销。首先他们将"免费样品"通过直邮方式寄送给广大消费者，并且在包装的样品内附上一张7美分的折价优惠券。这样，当消费者吃到样品并满意后，就可以拿着优惠券到附近的商店内购买。事实证明，这一套促销"组合拳"在市场上十分成功。

综上所述，各种促销方式各有所长，在选择应用时，促销主导者应该有的放矢，选择有效的促销方式，以达到预期的目的。随着市场竞争的加剧，技术的日益更新，创意的灵活展现，还会有更多的促销方式不断涌现。

# 三、促销方案的制订与执行

## （一）促销目标的确定

企业开展促销前一定要考虑为什么要开展促销，促销的理由是什么，促销的目标是什么。促销目标是对行动的召唤，每一种促销手段都会在消费者心中产生特定的反应，但并不是所有的促销手段都利于销售。很多企业在开展促销前根本没考虑促销目标或者考虑得不够细，如有的只是因为竞争商品在做促销，所以就进行仿效。

企业应该考虑竞品本次促销的理由是什么：是新品上市，企图引起消费者关注？是老包装产品退出市场？企业还应该考虑竞品促销引起的后果是什么：是会导致我们的固定消费者转移？还是会增加行业份额？这些都应是企业设定促销目标时必须考虑的因素。另外，如果企业主动开展促销，那就更应提前设定促销目标。只有促销目标准确，企业才可以选择有效的促销工具。不同的促销目标决定了促销工具的不同。

## （二）促销方案的策划

好的促销方案必须建立在对整个市场背景及竞品有详细的分析，清楚了解终端资源，充分掌握本品竞争优势，以及促销时机相对成熟、促销方式新颖有效、能有效监控促销过程等条件之上，要想达到好的促销效果，企业必须要有一份比较完整、详细的方案。促销方案的策划主要包括以下几个方面。

（1）市场调研。市场调研的内容包括市场背景、行业背景、卖场背景、竞争背景。

（2）制订方案。一个完整的促销方案包括促销目的、促销对象、促销方式、促销工具、促销时限、促销范围、促销预算、促销预期、人员保证、执行监督、应急措施等内容。

（3）沟通认同。方案制订后，企业并不是马上执行，而要让有关执行人员充分了解方案的意图、目标、步骤等，能够充分理解促销目的，明确个人职责，掌握实施步骤，充分调动人员的积极性和主动性。

（4）人员保障。促销方案是需要人来实施的，而且需要多方面的人员，如促销员、奖励兑现员、终端理货员、市场监督员等。人员保障就是要让有关人员及时到位，并对人员进行必要的前期培训，保证人员素质过硬，能够胜任本职工作。

（5）信息传播。促销时，必须通过 POP 广告、传单、口送传达等方式把促销信息快速、高效地传播给促销对象，如终端老板、服务员或消费者，使促销对象快速反应，积极参与到促销活动中来。

（6）组织实施。促销活动的组织实施水平直接决定了促销的成败。在组织实施过程中要保证"三个到位"——产品到位、人员到位、兑现到位。商品要及时铺到终端，并保证不断货，促销、配送、理货、监督等相关促销人员及时到位，促销品、奖励要及时兑现。

（7）过程监督。在促销活动中要派专人指导和督促活动的执行，一般由区域市场主管或促销部、市场部工作人员负责过程监督，及时发现活动中出现的主观和客观问题，监督产品、人员、兑现到位情况，不断提高监督人员的执行力和服务水平，通过过程监督及时调整策略，解决问题，确保活动执行到位。

（8）效果评估。促销活动结束后，应该进行效果评估，通过对促销活动的准备、实施和效果反馈，评估该促销方案的可行性、执行力度是否达到预期目标，费用是否超支，消费者是否满意等，发现存在的问题，总结经验，弥补差距，以不断提高促销方案的创意水平、执行能力和促销效果，实现销量和品牌价值的双重提高。

## （三）促销活动的执行及检查

再完美的方案如果没有强有力的执行力作为保障，最终只能是水中月、镜中花。那么，在促销的执行阶段要注意哪些问题呢？企业要主要从促销的前期、中期、后期等来进行控制，如表 10-2 所示。

表 10-2　促销活动执行阶段需要注意的问题

| 促销阶段 | 需要注意的问题 |
| --- | --- |
| 促销前（方案创新，以调研为基础） | 出货单及发票价格是否变更（内勤）<br>是否已准备促销商品品项数量（内勤）<br>首单的配送是否于促销前到位（物流）<br>是否确认促销海报的价格（促销协议）<br>是否已告知导购人员促销活动（导购培训） |

续表

| 促销阶段 | 需要注意的问题 |
|---|---|
| 促销中（执行到位、跟踪效果、注意细节） | 促销商品的计算机价格是否已变价（采购）<br>现场价格牌是否为促销价格（门店）<br>陈列位置是否确认（采购及门店）<br>随时了解销售状况及安全库存量是否足够（活动效果跟踪）<br>是否做好促销品项陈列及美化（导购）<br>确保赠品按照促销规定准确捆绑到位（导购）<br>促销紧急预案（以防万一）<br>促销末期促销品项的安全库存 |
| 促销后（总结评估，不断提高） | 确认现场价格变回正常价<br>确认计算机系统价格变回正常价<br>盘点促销后库存量（快速补差）<br>财务及时核销<br>促销总结及评估（科学依据） |
| 终端促销的执行过程 | 终端资源是否落实到位<br>促销品项的库存是否合理（促销品项安全库存管理）<br>赠品是否进店或展示（助销的管理）<br>人员是否培训到位（人员的培训与管理）<br>广告宣传（POP）是否到位（正确的促销信息告知） |
| 业务人员巡场时 | 正确的产品组合：是否是我们正在进行促销的商品<br>正确的形式：促销形式是否正确，商品陈列形式是否正确<br>正确的面位：商品陈列面位是否是促销协议中规定的<br>正确的位置：终端促销资源的检查<br>正确的助销工具：助销工具是否有助于增加销量<br>正确的信息传达：DM、POP 的书写<br>正确的促销活动信息：以正确的方式传达给消费者<br>正确的销售价格：特价有无破价 |

## （四）促销评估

促销评估需要主要考虑以下问题：促销前的目标完成情况如何？相关人员的工作达到要求没有？人员之间的配合是否默契？物料的配置是否到位？物料是否起到了理想的效果？物料是否按促销前的要求发放？这次促销活动哪些地方做得很好？我们应该怎样保持？哪些地方做得不足？在以后的工作中如何避免？只有全面总结促销过程中的得与失，才能使每次促销活动比以前更上一层楼。促销评估是项非常重要的工作，它不是在促销活动结束时才启动，而是贯穿于促销活动的整个过程。企业通过评估活动为今后的促销活动提供科学的依据。评估活动基本从以下四个方面开展。

（1）活动所设定目标的达成情况。

（2）活动对促销的影响。

（3）活动的利润评估（费用控制）。

（4）品牌价值的建立。

提高终端促销效果的有效手段就是提高促销的执行力，加强各个环节的监督和控制，提高各级人员的执行力，在活动方案策划阶段要做到周密策划、大胆创意，在活动沟通培训环节要做到对各级人员进行谆谆教导、不厌其烦，在活动执行阶段要做到严格检查、雷厉风行，在活动总结评估阶段要做到知己知彼、百战百胜。

# 【本章小结】

（1）对零售商来说，有三种可选择的形象定位，相应的定价方法和策略不同。

（2）定价策略受多种因素影响，包括商店的地址，商品的种类、特性和品质，价格，广告和促销，销售人员等。当前，价格仍然是影响消费者消费的主要因素。

（3）企业可以通过制订以盈补缺差别毛利率，控制敏感商品价格等策略，使用折扣定价法、特卖商品定价法、心理定价法、系列定价法来制定商品价格，刺激消费者进行购买。

（4）企业促销方式有很多种，包括报纸、广播、电视及 POP 广告等。

（5）促销的内涵是企业通过制定促销策略，利用不同的促销方式，把促销信息传递给目标消费群体，以增加企业的销售额，获得竞争优势和生存空间。

（6）企业通过制定促销目标、与供应商进行谈判、促销执行、费用和人员管理，以及对促销活动进行评估等活动可对促销流程进行有效控制，使促销活动能够按照企业制定的策略和方向完成。

# 【本章重要概念】

形象定位　　定价策略　　定价方法　　敏感商品　　价格战　　促销工具　　POP 广告

# 【思考与练习】

（1）形象定位对定价策略的开展有什么意义？

（2）比较不同的零售业态，看看它们实施的是哪种定价策略？

（3）实地考察若干超市或便利店，看看它们实施的是哪种促销方式，比较它们之间的促销活动有什么异同。

# 【拓展阅读】

## 屈臣氏到底用了哪些促销招数

屈臣氏是一家药妆专业店。它的促销活动往往具有一个权威、专业的主导线，每时每刻都在向消费者传递着自己在专业领域里的权威信息，让消费者有更强烈的信任感。

屈臣氏的促销活动每次都能让消费者感到惊喜。在白领丽人的一片"好优惠哟""好得意哟""好可爱啊"等叫好声中，商品被抢购一空。

有人会疑惑，屈臣氏促销到底用了哪些招数？

招数 1：超值换购

在每一次促销活动中，屈臣氏都会推出三件以上的超值商品。消费者一次性购物满 50 元，就可以加 10 元任意挑选其中一件商品。这些超值商品通常是屈臣氏的自有品牌商品，所以企业能在实现低价位销售的同时保证利润。

招数 2：独家优惠

这是屈臣氏经常使用的一种促销手段。在寻找促销商品时，屈臣氏经常避开其他商家，使消费者产生更多新鲜感，这样也可以提高消费者忠诚度。

招数 3：买就送

买一送一、买二送一、买四送二、买大送小、送商品、送赠品、送礼品、送购物券、送抽奖券……促销方式非常灵活多变。

招数 4：加量不加价

这一招主要针对屈臣氏的自有品牌商品。屈臣氏经常会推出加量不加价的包装，用鲜明的标签标识，以加量 33% 或加量 50% 为主，这一招对消费者非常有吸引力。

招数 5：优惠券

屈臣氏经常会在促销宣传手册或者报纸、海报上发布剪角优惠券，使消费者在购买指定产品时，可以享受一定金额的优惠。

招数 6：套装优惠

屈臣氏经常会向生产厂家定制专供套装商品，以较优惠的价格向消费者销售，如资生堂、曼秀雷敦、旁氏、玉兰油等都会常推出一些带赠品的套装，屈臣氏自有品牌商品也经常有套装优惠。例如，买一盒 69.9 元的屈臣氏骨胶原修护精华液送一支 49.9 元的眼部保湿啫喱，其促销力度很大。

招数 7：震撼低价

屈臣氏经常推出震撼低价商品，这些商品价格非常优惠，并且每个店铺都把这些商品陈列在店铺最显眼的位置，以吸引消费者。

招数 8：购某个系列产品满 88 元送赠品

例如，购护肤商品满 88 元、购屈臣氏自有品牌商品满 88 元或购食品满 88 元，送屈臣氏手拎袋或纸手帕等活动。

招数 9：购物 2 件，额外 9 折优惠

购指定商品两件，额外享受 9 折优惠，如买一瓶营养水要 60 元，买 2 瓶的话只收 108 元。

招数 10：赠送礼品

屈臣氏经常会举行一些赠送礼品的促销活动，一种是供应商提供礼品的促销活动，另一种是屈臣氏自己举行的促销活动，如赠送自有品牌商品试用装、购买某系列产品送礼品装，或者当天前 30 名消费者赠送礼品一份。

招数 11：VIP 会员卡

屈臣氏每两周会推出数十件贵宾独享折扣商品，价格低至 8 折。顾客每次消费有积分。

招数 12：感谢日

屈臣氏会举行为期 3 天的感谢日小型主题促销活动，推出系列重磅特价商品，商品优惠 10 元以上。

招数 13：销售比赛

"销售比赛"也是屈臣氏非常成功的促销活动。其每期指定一些比赛商品，各级别店铺（屈臣氏的店铺根据面积、地点等因素分为 A、B、C 三个级别）进行推销比赛，销售排名前三名的店铺都将获得奖励，每次参加销售比赛的指定商品的销售业绩都会奇迹般迅速增长，供货商非常乐意参与这样有助于销售的活动。

**思考题：**屈臣氏的促销活动与策略对零售连锁行业有什么启示？

# 第十一章
## 商圈与店铺选址

【本章要点】
（1）商圈的内涵
（2）商圈分析
（3）商圈理论
（4）店铺选址

门店最重要的是什么？第一是选址，第二是选址，第三还是选址。

——零售业界的名言

## 案例导读

### 改头换面，只因商圈错位

20 世纪 90 年代初，北京市不断有大型商场开业，且有一店比一店大、一店比一店豪华的趋势。然而，到 1997 年就有多家商场关闭、转行。大型百货商场不是想开就开得了的，更不是开了就能赚钱的。新建商场需要进行商圈分析；已建的商场了解商圈的变化，适当调整经营策略，满足消费者新的需求，才能维持生存，不断壮大。如果企业不能认真、细致地做好这些基础工作，不了解自己服务的对象及如何为其服务，就只能面临"关、停、并、转"了。

北京的万惠双安商场现在已经不存在了。1997 年，该商场因亏损无法继续经营，只能转业，做了"复员军人"。万惠双安商场地处海淀区，周边人口众多，人均收入水平较高，年人均可支配收入有 8 000 元之多（1998 年数据），但同类竞争者有双安商场、当代商场，竞争之激烈不言而喻。万惠双安商场所在的地区有几个大的汽车站，流动人口比重较大。万惠双安商场的失败是多种原因综合作用的结果，但商圈分析失误是其中重要的原因之一。商场所在地有一定的人流，但人员流动性强，滞留时间短，且作为百货业态的商场没有特色，并不能吸引顾客，增加客流。

万惠双安商场关门后，改变了经营业态，变成官园批发市场。名字变了，经营重点变了，价格、定位也变了。随着时间的变迁和政府规划的变化，商圈也在不断地发生变化。

**思考题：**什么是商圈？不同业态的商圈是否相同？

# 一、商圈

## （一）商圈的概念和商圈研究的重要性

### 1. 商圈的概念

商圈是指以零售店所在地为中心，对顾客的辐射范围，也就是消费者所居住的地理环境。零售业是一种地利性产业，地理位置会给零售者带来极大的影响，也是影响零售店成败的重要因素。

零售店的销售范围通常有一定的地理界限，即有相对稳定的商圈。由于所在地区、经营规模、经营方式、经营品种、经营条件不同，不同零售店的商圈规模、商圈形态存在很大差别。另外，同一个零售店在不同的经营时期也会受到不同因素的影响，其商圈也不是一成不变的。为了便于分析研究，我们一般将商圈视为以零售店为中心，向四周展开的圆形。

商圈与零售店经营活动有着极为密切的关系，新设或已设的零售店都不应忽视对商圈及其变化的研究。所谓对商圈的研究，就是对商圈的构成情况、特点、范围以及影响商圈规模、形态变化的因素进行实地调查、分析，为选择店址、制订或调整经营方针和策略提供依据。

### 2. 商圈研究的重要性

商圈研究的重要性主要表现在以下几个方面。

（1）商圈研究是新设零售店合理选址的前提。新设零售店在选址时，总是希望获得较大的目标市场，以吸引更多的目标消费者。为此，经营者必须明确商圈范围，掌握商圈内人口分布以及市场、非市场因素的相关情况，通过分析明确商圈规模、形态，并进行经营效益评估，衡量店址的使用价值，从而选定店址、规模、商品方向，使商圈、经营条件协调融合，创造经营优势。

（2）商圈是零售店制定竞争策略的依据。在日趋激烈的市场竞争环境中，价格竞争策略常被人们使用，但零售店在竞争中为取得竞争优势，已广泛采取了非价格竞争手段，如改善零售店形象，完善售前、售中、售后服务，加强与消费者的沟通等。这些都需要经营者通过开展商圈调查，掌握客流性质、了解消费者需求与爱好等。

（3）商圈研究是零售店制定市场开拓战略的依据。一个零售店经营方针、战略的制定或调整，总要立足于商圈内各种环境因素的现状及其发展规律、趋势。通过开展商圈调查分析，经营者可明确哪些是本店的基本顾客群，哪些是潜在顾客群，在力求留住基本顾客群的同时，着力吸引潜在顾客群。由此可见，商圈研究已成为制定积极有效的市场开拓战略的依据。

## （二）商圈的层次和消费者来源

### 1. 商圈的层次

城市商圈的出现是一种世界性社会经济现象，是商业文明与社会经济进步共同作用的结果，也是衡量一个城市的经济是否繁荣的重要标志之一。它浓缩历史、积淀文化，是一个现代化城市的精华所在，在人类社会进步和城市发展中发挥着独特的作用，如北京的王府井商圈、广州的天河商圈、郑州的紫荆山商圈等。根据商圈在经济区域中的地位，商圈可以划分为核心商圈、次级商圈和边缘商圈（冯旭、鲁若愚，2004），如图11-1所示。

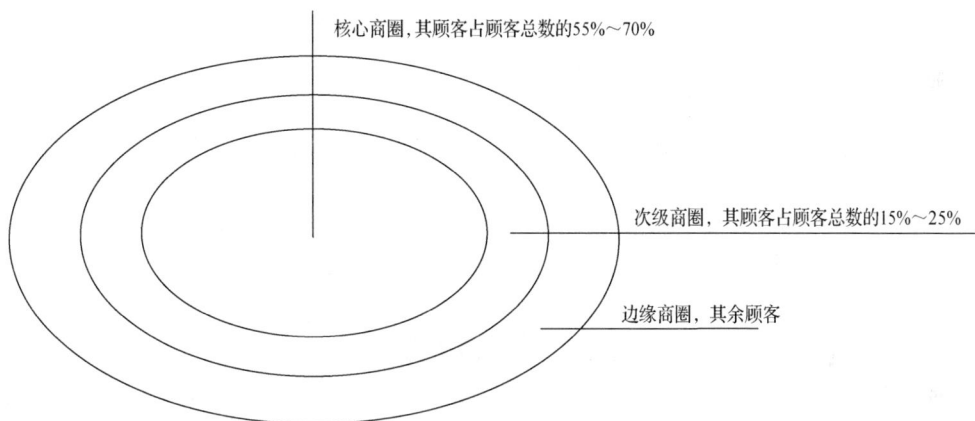

核心商圈，其顾客占顾客总数的55%～70%

次级商圈，其顾客占顾客总数的15%～25%

边缘商圈，其余顾客

图 11-1　商圈示意图

商圈一般被看作以零售店为中心向四周展开的同心圆，它由以下三部分组成。

（1）核心商圈。核心商圈是最靠近零售店的区域。

（2）次级商圈。次级商圈位于邻近核心商圈的区域。

（3）边缘商圈。边缘商圈是位于次级商圈之外的最外围区域。

一般来说，在核心商圈内包括一些本区域重要的大型商场和以这些大型商场为核心的小型商场。核心商圈一般拥有该经济区域55%～70%的消费者，每个消费者的平均购买额最高，商业地产的收益最高，价格自然也最高，所经营的商品档次较高。次级商圈是核心商圈外围的商业区，一般拥有该区域15%～25%的消费者，消费者较分散，商业地产的价格水平一般低于核心商圈。由于距离的原因，核心商圈内的便利品对这一区域内的消费者没有什么吸引力，只有选购品才能吸引他们到核心商圈消费。边缘商圈是指位于次级商圈外围的商业区，拥有消费者的比例低于次级商圈。非核心商圈的商业密度较小，适合经营那些挑选性不强的商品，商品档次不需太高。构成商圈的必需要素有六个：一是拥有一定消费人群，二是拥有有经营能力的零售经营者，三是商圈内部能够实施有效的商业管理，四是有着合理的发展前景和政府支持，五是具有良好的形象，六是具有一定功能。

对商圈的认识，有四种情况应该注意。①由于零售店所处地点、经营规模、经营品种、经营业态、交通条件等不同，商圈的范围、形态及商圈内消费者分布密度、需求特性等都存在着一定的差异。在一般情况下，对于地区性的零售店，核心商圈是消费者密度最大的区域，是主要商圈；次级商圈的消费者密度较小，是次要商圈；边缘商圈的消费者最少，密度也最小。②对独立零售商圈的认识，往往成为商圈研究的基础或指向，居民区的便利店里几乎没有边缘商圈的消费者。③对于位于商业中心、商业街、购物中心的零售店，核心商圈内的消费者密度较小，并不是商圈的主要组成部分；次级商圈和边缘商圈的消费者密度大，是主要的商圈。④对于大型零售商店，边缘商圈的消费者往往最多。

### 2. 消费者来源

（1）居住人口。即零售店附近的常住人口，是核心商圈内基本消费者的主要来源。

（2）工作人口。即那些并不居住在零售店附近，但工作地点在零售店附近的人口。这部分人口中不少利用上下班时间就近购买商品，他们是次级商圈中基本消费者的主要来源。一般来说，零售店附近的工作人口越多，商圈规模相对越大，潜在的消费者数量越多，对零售店经营越有利。

（3）流动人口。即在交通要道、商业繁华地区、公共场所来往的人口。他们是位于这些地区零售店的主要消费者来源，是构成边缘商圈消费者的基础。一个地区的流动人口越多，在这一地区经营的零售店可以捕获的潜在消费者就越多，同时经营者云集，竞争也越激烈。

# 二、商圈分析

## （一）商圈分析的内涵

### 1. 商圈分析的定义

商圈分析是指经营者对商圈的构成情况、特点、范围以及影响商圈规模变化的因素进行实地调查和分析，为选择店址、制订或调整经营方针和策略提供依据。商圈分析是店铺选址过程中的重要环节，是经营者经营商铺，进行店铺选址时必须进行的。在为店铺选址时，必须要明确商圈范围，掌握商圈内人口因素、市场因素等因素的有关情况，并由此评估经营效益，确定大致地点。经营者通过对商圈进行调查分析，能够了解不同位置的商圈范围、构成及特点，并将其作为店铺选址的重要依据。

### 2. 商圈形态

了解商圈形态是进行商圈分析的基础。一般而言，商圈形态可分为商业区、住宅区、文教区、办公区和混合区五种，见表11-1。

表 11-1 商圈形态

| 商圈形态 | 区域范围 | 特点 | 消费习性 |
|---|---|---|---|
| 商业区 | 商业集中区 | 商圈大、流动人口多、各种商店林立 | 快速、流行、娱乐、冲动购买及消费金额比较高 |
| 住宅区 | 居民社区 | 户数多，至少1 000户以上 | 消费群体稳定，充满便利性、亲切感，家庭用品购买率高 |
| 文教区 | 大、中、小学附近 | 以学生居多 | 消费金额普遍不高，休闲食品、文教用品购买率高 |
| 办公区 | 写字楼、企事业单位附近 | 办公大楼林立 | 便利性，外来人口多，消费水准较高 |
| 混合区 | 住商混合、住教混合 | 具备单一商圈形态的消费特色 | 多元化 |

此外，需要说明的是，商圈形态往往并非是单一的，应注重多元化交叉分析。

## 3. 业态与商圈

在本章的案例导读中有这样一个问题：不同业态的商圈是否相同？经过专家、学者们的调查，图 11-2 展示了各种不同业态、不同规模的商圈。通过表 11-2，我们可以比较不同业态商圈的特点。同时，通过表 11-3，我们不难发现，即使同是购物中心，也会因规模不同而有着不同的商圈范围。

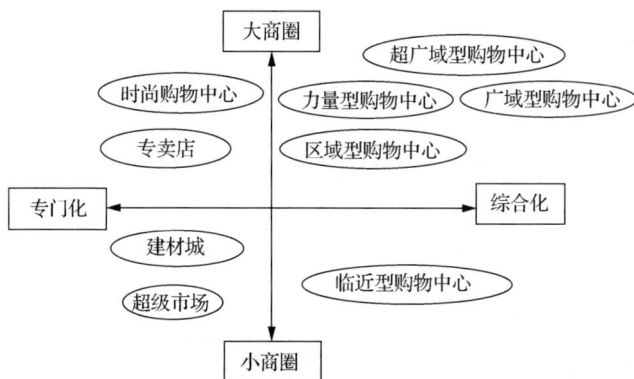

图 11-2 不同业态、不同规模的商圈

表 11-2 业态商圈分析列表

| 业态 | 选址 | 商圈与目标消费者 | 规模 |
|---|---|---|---|
| 食杂店 | 位于居民区内或传统商业区内 | 辐射半径0.3千米 目标消费者以相对固定的居民为主 | 营业面积一般在 100 平方米以内 |
| 便利店 | 位于商业中心区，交通要道以及车站、医院、学校、娱乐场所、办公楼、加油站等公共活动区 | 商圈范围小，消费者步行5分钟内到达，目标消费者主要是单身的年轻人。消费者多是有目的地进行购买 | 营业面积在 100 平方米左右，利用率高 |

| 业态 | 选址 | 商圈与目标消费者 | 规模 |
|---|---|---|---|
| 折扣店 | 居民区、交通要道等租金相对便宜的地区 | 辐射半径2千米左右，目标消费者主要为商圈内的居民 | 营业面积为300～500平方米 |
| 超市 | 市、区商业中心、居住区 | 辐射半径2千米左右，目标消费者以居民为主 | 营业面积在6000平方米以下 |
| 大型超市 | 市、区商业中心，城乡结合部，交通要道及大型居住区 | 辐射半径2千米以上，目标消费者以居民、流动顾客为主 | 营业面积在6000平方米以上 |
| 仓储式会员店 | 城乡结合部的交通要道 | 辐射半径5千米以上，目标消费者以中小零售店、餐饮店、集团购买和流动消费者为主 | 营业面积在6000平方米以上 |
| 百货店 | 市、区级商业中心，历史形成的商业聚集地 | 目标消费者以追求时尚和品位的流动消费者为主 | 营业面积为6000～20000平方米 |
| 专业店 | 市、区级商业中心以及百货店、购物中心内 | 目标消费者以有目的选购某类商品的流动消费者为主 | 根据商品特点而定 |
| 专卖店 | 市、区级商业中心，专业街以及百货店、购物中心内 | 目标消费者以中高档消费者和追求时尚的年轻人为主 | 根据商品特点而定 |
| 家居建材商店 | 城乡结合部、交通要道或消费者自有房产比较高的地区 | 目标消费者以拥有自有房产的消费者为主 | 营业面积在6000平方米以上 |

表11-3 购物中心的商圈范围

| 购物中心类别 | 规模 | | 业态具体表现形式 | 数量 | 特征 |
|---|---|---|---|---|---|
| 近邻型购物中心 | 半径<br>时间距离<br>人口<br>停车场规模 | 1～2千米<br>3～5分钟<br>1万～2万人<br>50～100辆 | 超市、专门店、便利店、药房、洗衣房 | 10～20家 | 近邻型购物中心更小型化，核心店铺由百货店或超市以及50～70家专门店构成，属于相对小型化的购物中心 |
| 区域型购物中心 | 半径<br>时间距离<br>人口<br>停车场规模 | 3～5千米<br>5～8分钟<br>5万～10万人<br>300～500辆 | 廉价商店、日用品商店、专门店、外食店 | 20～40家 | 区域型购物中心包括百货店、超市、廉价商店等核心店铺各1家以及100家以上的专门店 |
| 广域型购物中心 | 半径<br>时间距离<br>人口<br>停车场规模 | 10～20千米<br>10～15分钟<br>50万～100万人<br>2000～5000辆 | 百货店<br>量贩店<br>衣料服装店、外食店、杂货店 | 2家<br>2家<br>100～200家 | 广域型购物中心包括百货店、超市、廉价商店等核心店铺各1～2家以及150家以上的专门店 |
| 超广域型购物中心 | 半径<br>时间距离<br>人口<br>停车场规模 | 20千米以上<br>15分钟以上<br>100万人以上<br>10000辆以上 | 百货店<br>综合性零售店<br>大型专门店<br>专门零售店 | 3～4家<br>3～4家<br>3～4家<br>3～4家 | 超广域型购物中心应包括150～200家专门店、饭店、食品店、影院、健身房、文化中心、地方自治团体设施 |

## （二）商圈的确定和影响因素

### 1. 商圈的确定

对一个零售店的商圈进行分析时至少要考虑两个因素：一是零售店的地理因素，二是零售店经营的商品因素。地理因素是指零售店所在地区的特点。中心商业区交通便利，流动人口多，存在大量潜在消费者，商圈规模较大。对于一些设在偏僻地区的零售店，消费者主要是在零售店附近的常住人口，其商圈规模一般较小，扩大商圈规模、吸引远方的消费者可能要依赖交通条件改善或零售店独创的经营特色。商品因素是指零售店所经营的商品或提供的服务的种类。商品或服务的种类与商圈规模关系密切。一方面，不同顾客群总会表现出不同的消费特征，零售店在既定地区经营，经营的商品只有迎合目标消费者的需求，才能吸引潜在的消费者，商圈规模才会扩大。反之，商圈规模会逐渐收缩。另一方面，撇开消费者需求特性，商圈规模大小与商品购买频率成反比，如日常生活必需品购买频率高，消费者往往就近购买。所以，经营此类商品的零售店的消费者主要来自居住区内的人口，商圈规模较小。而耐用消费品消费周期长，购买频率较低。经营这类商品的零售店的消费者来源少，相对而言商圈规模较大。另外，经营特殊商品的零售店，其商圈规模可能更大。例如，"7-11"便利店的商圈可能小于2千米，而像"Toy R Us"这样的专业店可以吸引30千米范围内的消费者。

经营者在确定商圈时，可以通过抽样调查销售记录、售后服务登记、消费者意见征询等途径搜集有关消费者居住地点的资料，对资料进行分析统计，对商圈范围进行预估，但采用这些方法时都不能忽视时间因素，如平日和节假日时的消费者构成比重不同，这有可能会导致商圈范围的差异。新设商店确定商圈时主要根据当地市场的销售潜力，可以分析城市规划、人口分布、住宅小区建设、公路建设、公共交通等方面的资料，预测本店将来的市场份额，从而确定商圈的大小。

### 2. 影响商圈大小的主要因素

影响商圈大小的主要因素有以下几个。

（1）店铺的经营特征。经营同类商品的两个店铺即便同处一个地区的同一条街道，其对消费者的吸引力也会有所差异，相应的商圈大小也会不一致。那些经营富有特色、商品齐全、服务周到，并在消费者中树立了良好形象的店铺，其商圈范围就比较大；相反，其商圈范围就比较小。

（2）店铺的经营规模。一般来说，店铺的经营规模越大，其商圈越大。因为规模越大，它供应的商品范围越大，花色、品种越齐全，因此吸引消费者的空间范围越大。

（3）经营商品的种类。一般来说，经营传统商品、日用生活品的店铺，其商圈范围较小；而经营选购品、耐用品、技术性强的商品和特殊品的店铺，其商圈范围较大。

（4）竞争店铺的位置。有相互竞争关系的两店之间的距离越大，它们各自商圈越大。例如，潜在消费者居于两家同行业店铺之间，两店铺分别会吸引一部分潜在消费者，造成客流分散，商圈会因此而缩小。但有些相互竞争的店铺毗邻而设，消费者因有较多的比较和选择机会而被吸引过来，商圈反而会因竞争而扩大。

（5）消费者的流动性。随着消费者流动性的增强，光顾店铺的消费者来源会更广泛，边际商圈因此而扩大，店铺的整个商圈规模就会扩大。

（6）交通地理条件。交通地理条件是影响商圈规模的一个主要因素。位于交通便利地区的店铺，其商圈规模会因此扩大，反之则限制了商圈范围的延伸。自然和人为的地理障碍，如山脉、河流、铁路以及高速公路，会无情地截断商圈的界限，成为商圈规模扩大的巨大障碍。

（7）店铺的促销手段。店铺可以通过广告宣传开展公关活动，利用广泛的人员推销与营业推广活动可以不断提高店铺的知名度和影响力，吸引更多的边际商圈消费者慕名光顾，店铺的商圈规模会随之骤然扩张。

## （三）商圈分析的内容和步骤

### 1. 商圈分析的内容

（1）人口规模及特征：人口总量和密度、年龄分布、平均教育水平、拥有住房的居民百分比、总的可支配收入、人均可支配收入、职业分布、人口变化趋势、到城市购买商品的邻近农村地区消费者数量和收入水平。

（2）劳动力保障：管理层的学历、工资水平，管理培训人员的学历、工资水平，普通员工的学历与工资水平。

（3）供货来源：运输成本、运输与供货时间、制造商和批发商数目、可获得性与可靠性。

（4）促销：媒体的可获得性与传达频率、成本与经费情况。

（5）经济情况：主导产业、多角化程度、项目增长、免除经济和季节性波动的自由度。

（6）竞争情况：现有竞争者的商业形式、位置、数量、规模、营业额、营业方针、经营风格、经营商品、服务对象，所有竞争者的优势与弱点分析，竞争的短期与长期变动，饱和程度。

（7）商店区位的可获得性：区位的类型与数目，交通运输便利情况、车站的性质、交通联结状况、搬运状况、上下车旅客的数量和质量，自建与租借店铺的机会大小，城市规划，规定开店的主要区域以及哪些区域应避免开店，成本。

（8）法规：税收、执照、营业限制、最低工资法、规划限制。

（9）其他：租金、投资的最高金额、必要的停车条件等。

### 2. 商圈分析的具体步骤

（1）人口特征分析。商圈内的人口规模、家庭数目、收入分配、教育水平和年龄分布等情况可从政府的人口普查、购买力调查、年度统计等资料中获知，特定商品的零售额、有效购买收入、总零售额等资料可从商业或消费统计公告中查到。

（2）竞争分析。在进行商圈内竞争分析时，我们必须考虑下列因素：现有商店的数量、现有商店的规模及分布、新店开张率、所有商店的优势与弱点、短期和长期变动以及饱和情况等。任何一个商圈都可能会处于商店过少、过多和饱和的水平。在商店过少的商圈内，只有很少的商店提供满足商圈内消费者需求的特定商品与服务；在商店过多的商圈内，有太多的商店销售特定的商品与服务，以致每家商店都得不到相应的投资回报；在一个饱和的商圈内，商店数目恰好满足商圈内人口对特定商品与服务的需要。饱和指数表明一个商圈所能支持的商店不可能超过一个固定数量。饱和指数可由公式求得，公式如下：

$$IRS=C \times RE/RF$$

式中，$IRS$ 是商圈的零售饱和指数；$C$ 是商圈内的潜在消费者数目；$RE$ 是商圈内消费者的人均零售支出；$RF$ 是商圈内商店的营业面积。

假设在商圈内有 10 万个潜在消费者，每人每周的食品支出为 25 元，共有 15 个店铺在商圈内，共有 144 000 平方米的销售面积，则该商圈的饱和指数为：

$$IRS=100\ 000 \times 25/144\ 000=17.36$$

这一数字越大，意味着该商圈内的饱和度越低；该数字越小，意味着该商圈内的饱和度越高。店主应选择在零售饱和指数较大的商圈内开店。

（3）对商圈内经济状况的分析。如果商圈内的经济状况很好，居民收入稳定增长，则零售市场也会增长；如果商圈内产业多元化，则零售市场一般不会因某产品市场需求的波动而发生相应波动；如果商圈内居民多从事同一行业，则该行业波动会对居民购买力产生相应影响，商店营业额也会相应受影响，因此要选择行业多样化的商圈。

商圈分析一般可分为以下几步。

（1）确定资料来源，包括销售记录、信用证交易记录、邮政编码、市场调查问卷等。

（2）确定调查的内容，包括购物频率、平均购买数量、消费者集中程度。

（3）确定商圈的三个组成部分。

（4）确定商圈内居民人口的特征。

（5）根据上述分析，确定是否在商圈内营业。

（6）确定商店的区域、地点和业态等。

## 案例 11-1

### 家乐福在中国市场中的选址策略

家乐福（Carrefour）成立于 1959 年，是大卖场业态的首创者，是欧洲第一大零售商、世界第二大国际化零售连锁集团。其现拥有 11 000 多家营运零售单位，业务范围遍及世界 30 个国家和地区。家乐福于 1995 年进入中国市场，截至 2017 年 12 月 31 日，家乐福中国内地门店总计 236 家，是国内最大的外资零售商之一。

**（一）目标消费者和店铺选址特征**

调查发现，在家乐福店铺购物的人群中，70% 为女性，所有顾客中，45% 乘公共汽车前来购物，28% 步行前往购物，15% 骑自行车前往购物，只有 12% 乘坐出租车或小轿车前往购物。这表明家乐福店铺的客户已经不仅仅是富裕的城市居民了。家乐福在中国的目标客户约为 2.8 亿人，最主要的是占城市居民 15% 的中等收入者和富裕人口。

Carrefour 的法文意思是十字路口，家乐福店铺的选址也不折不扣地体现了这一个原则——所有的店铺都开在了路口处，巨大的招牌在 500 米开外都可以看得一清二楚。而一个投资几千万元的店，店址当然不会是随意选的，其背后精密和复杂的计算常令行业外的人士大吃一惊。

**（二）商圈内人口消费能力调查**

中国目前并没有现成的资料可利用，所以商家不得不借助市场调研公司的力量来收集这方面的数据。

有一种做法是从某个原点出发，测算步行 5 分钟会到什么地方，步行 10 分钟会到什么地方，步行 15 分钟会到什么地方。根据中国的本地特色，还需要测算骑自行车出发的小片、中片和大片半径，最后以车行速度来测算小片、中片和大片各覆盖了什么区域。如果有自然的分隔线，如一条铁路线，或另一个街区有一个竞争对手，商圈范围就需要依据这种边界进行调整。

然后，商家还需要对这些区域进行进一步细化，调查这片区域内各个居住小区详尽的人口规模和特征，计算不同区域内人口的数量和密度、年龄分布、文化水平、职业分布、人均可支配收入等许多指标。家乐福的做法还会更细致一些，根据这些小区的远近程度和居民可支配收入，划定重要销售区域和普通销售区域。

**（三）持续性商圈微调**

在经营过程中，家乐福还会依据目标消费者的信息不断微调商店的商品线。

家乐福内部的一份资料指出，60%的顾客在 34 岁以下，70%是女性，然后有 28%的人走路前来购物，45%通过乘公共汽车前来购物。所以很明显，大卖场可以依据这些目标消费者的信息来微调自己的商品线。

家乐福在上海的每家店都有小小的不同。在虹桥门店，因为周围的高收入群体和侨民比较多，其中侨民占到了家乐福消费群体的 40%，所以虹桥店里的外国商品特别多，如各类葡萄酒、奶酪和橄榄油等，这都是家乐福为了满足这些特殊消费群体的需求特意从国外进口的。

南方商场的家乐福因为周围的居住小区比较分散，所以干脆开了一个迷你 Shopping Mall，以吸引较远处的人群。青岛的家乐福做得更到位，因为有 15%的消费者是韩国人，所以干脆就做了许多韩文招牌。

# 三、商圈理论

## （一）零售引力法则

1929 年，美国学者威廉·雷利（W. J. Reilly）对美国的都市商圈进行调查后提出了零售引力法则。雷利认为，"具有零售中心机能的两个都市，对位于其中间的一个都市或城镇的零售交易的吸引力与两都市的人口呈正比，与两都市与中间都市或城镇的距离呈反比"。之所以与人口呈正比关系，从现象上看，是因为该区有吸引力的是人口，但实际上有吸引力的是该区大量的、各式各样的商品和商业性服务，这些往往是和大的人口中心协调一致的。随着所在地区人口的增长，当地供应的商品和服务在数量、品种、方式上相应会有较大的发展，必然会吸引更多的消费者去该地区购买商品，接受商业服务，即该地区有较大的磁石般的吸引力。当然，消费者消费还要考虑购物成本，距离越远，购物成本越高，所以吸引力下降。另外，他还认为，两个城市之间存在着一个商圈分界点，两个城市对处于该分界点上的消费者的吸引力是相同的，但是该分界点距离两个城市的空间距离却是不同的。这个分界点就是两个城市各自商圈的边界。

## （二）零售饱和理论

零售饱和理论（the Index of Retail Saturation Theory）是通过计算零售饱和指数来测定商圈大小，进而确定某一地区零售店铺不足还是过多，以及是否能够开设店铺的理论。该理论主要揭示某商圈中某类商品或服务吸引投资者的程度，公式为：

$$IRS=需求/卖场面积=（H \cdot RE）/RF$$

式中，$IRS$ 为某商圈内某种商品的零售饱和指数；$H$ 为商圈内的消费者数量；$RE$ 为商圈内每位消费者在某类商品上的年支出金额；$RF$ 为某类商品的现有营业面积。显然，一个商圈内某种商品的零售饱和指数越小，意味着相对于需求来说，竞争越激烈，对投资者的吸引程度越低。表 11-4 所示为 A、B、C 三地区零售饱和指数计算表。

### 表 11-4　三地区零售饱和指数计算表

| 项目 | A 地区 | B 地区 | C 地区 |
|---|---|---|---|
| 潜在消费者人数（人） | 100 000 | 80 000 | 60 000 |
| 每位消费者年支出金额（元） | 200 | 150 | 150 |
| 同类店铺营业面积（平方米） | 30 000 | 25 000 | 20 000 |

## （三）哈夫模型

美国加利福尼亚大学经济学者戴维·哈夫（D. L. Huff）于 1964 年提出了关于预测城市区域内商圈规模的模型——哈夫模型（Huff，1964）。哈夫认为，购物场所的各种条件对消费者的引力和消费者去购物场所感觉到的各种阻力，决定了商圈规模大小。哈夫模型与其他模型的不同之处在于模型中考虑了各种条件产生的概率。哈夫认为，有购物行为的消费者对商店的心理认同是影响商店商圈大小的根本原因，商店商圈的大小与消费者是否选择在该商店购物有关。通常而言，消费者更愿意去具有消费吸引力的商店购物，这些有吸引力的商店通常卖场面积大，商品可选择性强，商品品牌知名度高，促销活动具有更大的吸引力。据此，哈夫提出了其关于商店商圈规模大小的论点，即商店商圈规模大小与购物场所对消费者的吸引力呈正比，与消费者去消费场所感觉的时间、距离阻力呈反比。

## （四）中心地带理论

20 世纪 30 年代初，德国德沃特·科里斯特勒（Walt Christaller）提出了中心地带理论（Central Theory）。所谓中心地带理论，是指一个零售机构簇拥的商业中心，可以是一个村庄、一个城镇或城市。在中心地带理论中，有两个重要的概念：一是商圈，二是起点（Threshold）。商圈是指消费者愿意购买某种商品或服务的最大行程，此行程决定了某个商店市场区域的边缘界限；起点是指在某个区域设立某家商店所应拥有的最低消费者数量，以便在经营效益上基本可行。显然，某商店要想取得经济效益，商圈必须覆盖比起点更多的人口。所以，他认为在对城市进行规划时，应该把具备商业功能的零售店、百货店设置在城市的中心位置。一般来讲，城市的中心位置都具有便利的交通条件，消费者可以很方便地在城市的任意位置到达城市中心。

中心地带理论解释了经营必需品和基本服务的商店应在距离上靠近消费者，而经营专门产品及非日常生活必需品的商店应该从较远处吸引消费者，同时也解释了消费者愿意到一个地点购买其各种所需物品而不愿意到不同地点分别购买这一现象。科里斯特勒首次将地理学与商业联系在一起，奠定了商圈理论的基础，为今后商圈理论的发展和商业地产项目定位的研究指明了方向。

### （五）商圈理论与零售店的选址

选址被认为是零售店经营成败的最为关键的因素，其原因就在于良好的店址能够使零售店获得较为持久的、不能被竞争对手轻易模仿的竞争优势。

商圈理论为零售店选址的基础理论。根据商圈理论，零售店进行选址时首先要考虑其业态特征。那些单体规模小，满足消费者便利需要，以经营选择性较弱的日常生活用品为主的零售业态，如超市、便利店，原则上应在距离上靠近消费者；而那些单体规模大，商品品种齐全，以经营选择性较强的商品为主的零售业态，如能够吸引远处消费者的百货店或仓储式购物中心，原则上应选址于商业中心或四通八达的地方。

在实际选址工作中，总有诸如超市选址于城市商业中心，专卖店选址于居民区而惨淡经营的案例，其原因之一就在于违背了商圈理论的指导原则。而且，在考察具体店址时，我们应充分考虑那些使商圈缩小的阻碍因素以及使商圈扩大的吸引力因素，在此基础上，综合评估商圈及选址的可行性。

# 四、店铺选址

## （一）店铺选址的意义和原则

### 1. 选址的重要意义

店铺选址是一项重大的、长期性投资，关系到零售企业的发展前途；店铺选址是零售经营者确定经营目标、制定经营策略的重要依据，是影响经营效率的重要因素。

选址就是进行店铺位置的选择、确定。对有店铺的零售商来说，店铺选址是非常重要的。因为消费者选择商店进行购物时，店铺位置是最重要的考虑因素。同时，店铺的空间位置是形成差别化甚至垄断经营的重要条件。因为零售经营者可以随时改变他们的价格、商品组合、服务内容与促销手段等营销组合要素，而店铺的位置一旦决定就很难改变了。占据优势的店铺位置是获得其他竞争者不易模仿的竞争优势的重要途径。

### 2. 选址的原则

（1）方便消费者购物

满足消费者需求是店铺经营的宗旨，因此确定店铺位置时必须首先考虑方便消费者购物，为此店铺要满足以下条件。一是交通便利。二是靠近人群聚集的场所，可方便消费者购物，如影剧院、商业街、公园名胜等。三是位于人口居住稠密区或机关单位集中的地区。由于这类地区人口密度大，与店铺的距离较近，消费者购物省时、省力，比较方便。店铺如在这类地区，会对消费者有较大吸引力，很容易培养忠实消费者群体。四是位于符合客流规律和流向的人群集散地段。这类地段适应消费者的生活习惯，自然形成"市场"，所以能够进入商场购物的消费者人数多，客流量大。

（2）有利于店铺开拓发展

店铺选址的最终目的是要取得经营上的成功，因此要着重从以下几个方面来考虑如何便利经营。一是提高市场占有率和覆盖率，以利于企业长期发展。二是要形成综合服务功能，发挥特色。不同行业的商业网点设置，对地域的要求有所不同。店铺在选址时，必须综合考虑行业特点、消费心理及消费者行为等因素，谨慎地确定网点所在地点。三是利于合理组织商品运送。店铺选址时不仅要注意规模，而且要追求规模效益。发展现代商业，要求集中进货、集中供货、统一运送，这有利于降低采购成本和运输成本，合理规划运输路线。因此，店铺在位置的选择上应尽可能地靠近运输线，这样既能节约成本，又能及时组织货物采购，确保经营活动的正常进行。

（3）有利于获取最大的经济效益

衡量店铺位置优劣的最重要标准是企业经营能否取得好的经济效益。因此，进行店铺地理位置选择时一定要综合各种因素，在权衡各种因素的条件下进行选择，以利于目前或者将来获取最大经济效益。

## （二）零售店所在地区选择

地区分析、选择是零售店店址选择的第一步，也可以说是攸关生死的一步，因为其决定着零售店的发展和在这一地区的获利能力。零售店的发展潜力或者获利能力，取决于零售商提供的商品或服务供给和需求之间的相互作用。对一个新建零售店而言，这个地区必须有一定量的人口、一定的购买力，要有消费商品或服务的需要，还必须符合本店目标市场的要求。这是有关需求的一方面。另外，还要注意供给。如果这个地区拥有高水平的供给，即存在着很多商店，那对于新建零售店来说，这个地区的吸引力较低。零售商对地区的分析，要从需求和供给两个方面进行。

### 1. 需求测量

零售商通过对一个地区的人口规模、可支配收入等情况进行分析，可以大致判断出这一地区的潜在购买力水平，从而估计出这一地区的大致需求。但是，零售商仅仅对人口规模、可支配收入等进行分析是不够的，还必须根据本店的目标市场要求，集中主要的人力、物力、财力制定目标。例如，一个面向青年女性（14～28周岁）的服装商店，测量需求时仅搜集总的地区人口年龄结构是不够的，还要搜集此类女青年所占比例、数量。又如，一些零售经营者将目标市场定在高收入消费群体上，则他们更应注重调查高收入家庭的数量及相关需求特性。事实上，零售商进行需求测量时，通常要搜集人口统计资料，如人的性别、年龄、人均收入、家庭规模、类型等，以便得到确定目标市场需求的准确依据。

### 2. 购买力

测量地区购买力经常使用购买力指数。购买力指数是测量市场的购买能力，反映市场对商品或劳务有支付能力的重要指标。国家统计部门经常发布全国主要城市的购买力统计资料。零售商可以借助这些资料了解市场的需求。购买力指数即货币购买力指数，表示单位货币购买商品或取得服务数量的能力。购买力指数的高低受商品或服务价格变动的影响，即价格上涨，购买力下降；价格下跌，购买力提高；价格不变，购买力不变。购买力指数通常由消费价格指数得出，消费价格指数的倒数便是购买力指数。消费价格指数反映了日常生活费用价格水平变动程度，是反映商品价格或服务价格的综合动态指数，公式为：

$$购买力指数=1/消费价格指数$$

$$消费价格指数=\sum K \times W / \sum W$$

式中，$K$ 是各项商品或服务的单项指数，$W$ 是权数。

在一个简单的例子中，消费者日常仅仅需求两种商品，商品 1 的单项指数为 5.5，权数为 0.8；商品 2 的单项指数为 2.5，权数为 0.2。

那么，消费价格指数为（5.5×0.8+2.5×0.2）/（0.8 + 0.2）= 4.9，购买力指数则为 1/4.9≈0.204。

### 3. 零售店的饱和程度

零售商虽然可以利用购买力指数或国家统计部门公布的统计资料测量一个地区的零售总需求，但是为了吸引零售商则要考虑比总需求更多的因素。需求和供给的相互作用创造市场机会。对于新建零售店而言，一个地区有较高的需求水平，也可能同时有较高的竞争水平，选择这一地区对于力图规避竞争的商店而言可能是不合适的。此外，一个地区有较低的需求，但同时竞争水平也是很低的，那么这个地区可能更有吸引力。

一个新建零售店要想确定一个地区的潜力，零售商需要测量一定需求水平下的供给饱和程度，通常用饱和指数来完成这一任务。饱和指数可以测量在特定市场地区假设的零售店类型情况下每平方米的潜在需求。饱和指数通过需求和供给的对比，测量这一地区零售商店的饱和程度，计算公式如下：

$$IRS=（C \times RE）/RF$$

式中，$IRS$ 是某地区某类商品零售饱和指数，$C$ 是某地区购买某类商品的潜在消费者人数，$RE$ 是某地区每位消费者平均每周购买额，$RF$ 是某地区经营同类商品商店营业总面积。

例如，为一家新设果品零售店测定零售商业市场饱和系数，根据调查资料得知，该地区购买果品的潜在消费者人数是 14 万人，平均每人每周在果品商店花费 10 元，该地区现有果品商店 8 家，营业总面积为 175 000 平方米，则根据上述公式，该地区零售商业中果品行业的市场饱和系数为：

$$IRS=140\ 000 \times 10/175\ 000=8$$

#### 4. 市场发展潜力

市场发展潜力与零售商的营销能力密切相关。如果零售商不能满足目标消费者的需求，消费者就会转移到能够提供较好商品、服务或更方便的其他地区的零售商那里购物，这就会降低当地的客流量，减少零售店的获利，其他地区的零售商则因此扩大了市场范围。消费者到其他地区商店购物的现象，使饱和指数不能真实反映本地区的吸引力。一个有竞争意识的零售商意识到这点后，即使进入饱和指数低的地区，也会通过塑造商店的良好形象，提供优质的商品、服务，吸引消费者，降低到其他地区购物的消费者数量，引起新的需求，从而获得成功。由此可见，市场的发展是增加新需求的最佳途径。

测算市场发展潜力的方法有两种。一是测量当地消费者到其他地区或较远距离的商店购物的比例。这种方法可以以一个地区的常住人口花费在其他地区的货币量计算，随着本地消费者到其他地区购物量的增加，本地区的市场范围就会缩小，外地区零售商的市场范围因此扩大。二是运用质量指数测量，质量指数表示一个市场的购买力水平是高于平均购买力水平还是低于平均购买力水平的程度。低于平均购买力水平，意味着大量消费者到外地区购物，本地区的市场缩小。反过来，则消费者到其他地区购物的现象会给零售商提供增加销量的机会，只要吸引其他地区的消费者到本店购物，就会使增加销量、扩大市场范围成为可能。

#### 5. 市场要素分类组合

零售商对市场吸引力的判断往往采用两个甚至多个元素的组合，对开设一个新零售店的吸引力评估，要求考虑一个地区的饱和指数和市场发展潜力。综合判断饱和指数与市场发展潜力，更能明确市场的吸引力。饱和指数指示的是存在的条件，市场发展潜力表明未来方向。饱和指数和市场发展潜力的组合，可以体现某一地区两种条件下的状况，如表11-5所示。

**表11-5　市场要素分类组合**

| 市场发展潜力＼饱和指数 | 市场发展潜力大 | 市场发展潜力小 |
|---|---|---|
| 饱和指数高 | Ⅱ | Ⅰ |
| 饱和指数低 | Ⅲ | Ⅳ |

对于零售商来说，最有吸引力的市场是饱和指数高和市场发展潜力大的地区，即表格的左上部分Ⅱ。高的饱和指数表明市场处于低饱和状态，零售店之间的竞争不太激烈，有高的市场发展潜力，那么，这个地区的市场总需求会有所增加，投资形势较好。而饱和指数低和市场发展潜力小的地区，即表格右下部分Ⅳ，表示高竞争而且发展潜力有限的地区，其对零售商吸引力最小，会阻挡新店的开设。

其他两个区间表示的地区的吸引力取决于进入企业的竞争实力。处于区间Ⅰ的地区，有高的饱和指数，表示竞争不激烈，但是由于市场发展潜力小，企业发展空间不大，这削减了这一地区的吸引力。只有企业具有一定的竞争实力，能取得市场竞争的胜利，才可能进入此类型地区。处于区间Ⅲ的地区，有大的市场发展潜力，前途诱人，但是也面临着激烈的竞争，多方投资者已进入，这表明新进入的零售店只能向已存在的零售店夺取销售额。

### 6. 可能开设的零售店数量

在对某一地区进行市场决策时，既要看到其吸引力，又应考虑可能进入者的数量。一个地区能吸引一家企业进入，开设新店，那么也会吸引其他企业进入。如果在这一地区同时开设的零售店数量过多，结构类同，那么这个地区就失去了吸引力。

### 7. 其他因素

研究市场吸引力使用市场分类组合是一种比较合理的方法，但市场潜力的判断还有赖于许多其他因素，如地区经济基础就是一个非常重要的因素。一个地区以单独产业为经济基础，且行业发展潜力有限，则此地区的吸引力就会被削弱。一些零售商还要考虑仓库系统和商品配送系统能否及时、合理地为连锁分店采购、配置、运送商品，是否影响企业的日常运作和生存，是否关系到该地区的吸引力。

## （三）零售店所在区域位置选择

零售店所在区域的位置选择指的是零售店应选择设立在哪一个区域，即设立在哪一级商业区或商业群中。在做出选择之前，我们需要进行一定的区域分析。区域分析是基于地区分析的。地区分析是比较广泛的，我们可以比较各省、地区、市、县或中心城市的市场吸引力，由此选择商店设立的地区。地区确定后，并不能确定店址。所以，选择新店的店址时还必须进行地区内的区域分析。区域分析的核心是分析地区的一个商业群零售潜力怎样变化。我们进行区域分析时，把地区再分成较小的分区或者分片，评估在每一分区或分片内的需求和供给因素，由此得出区域市场吸引力。所以分区或分片是按照设定的标准把目标地区划分成若干地理区。

如同地区分析一样，区域分析的关键问题是人口统计特征与零售店目标市场的匹配程度。我们进行区域分析要以这两个因素为主，设立多项评判标准，对分割好的地区进行评分。

不同生态、竞争力的商店关心的标准不同。例如，一个百货商店的目标消费者主要是月均收入 2 万元以上的高收入家庭。那么，这样的商店将计算区域内符合这一标准的家庭数，由此给出评分。而一个儿童服装和玩具商店，可能会对家庭中孩子的数量及有孩子家庭数量的增长更感兴趣。

总之，系统地考虑全部有关的人口统计和社会经济因素，有利于建立筛选区域的标准。例如，一个家居装潢中心可能会认为下面三个因素对它选择位置很重要：中等户年收入 2 万元，30%的住户拥有自己的房子，新成立的家庭占比高于地区新成立家庭的平均占比。

怎样根据评选标准筛选区域市场呢？首先，划分市场区域，将其划分为若干地理区，然后按评价标准搜集每一个区域的信息，按照要求给这些地区评分，最后确定得分高的区域。进行区域分析时也要对竞争因素进行测量。测量区域竞争程度有许多种方法，如测量商店的数量、商店的资金规模、每平方米的销售额等。在一个区域内建立一个新店之前，描绘一个竞争图，分析竞争零售店的位置以及引起竞争的因素及发展状态，是十分重要的。

另外，在区域分析中选择零售店店址时，应充分考虑消费者对不同商品的需求特点及购买规律，这也很重要。消费者对商品的需求一般分为三种类型。

（1）消费者普遍需求的商品，即日常生活必需品。这类商品同质性强，选择性不强，同时价格需求弹性较差，消费者购买频繁。在购买过程中，消费者求方便心理明显，希望以尽可能少的时间、精力、财力去实现购买。所以，经营这类商品的零售店应最大限度地接近消费者的居住地或开在交通便利的地方，提供丰富、价廉的商品。属于此类的居民便利店，一般以辐射半径在300米左右或步行10~20分钟到达为宜。

（2）消费者周期性需求的商品。对于这类商品，消费者是定期购买的。在购买时，消费者一般要经过广泛的比较后，才选出适合自己的商品品种。另外，消费者购买的这类商品一般是少量的，有高度的周期性。因此，经营此类商品的零售店应选在商业网点相对集中的地区，如地区性的商业中心或交通要道、交通枢纽处的商业街。

（3）耐用消费品及满足消费者特殊需求的商品。耐用消费品多为消费者购买频率低且长期使用的商品。消费者在购买时，一般要仔细地搜集信息，确定目标，在反复比较权衡的基础上做出选择；其对特殊需求的商品购买的偶然性强，频率更低，且消费者分散，所以经营这些类别商品的零售店，商圈范围更大，应设在交通便利，客流更为集中的地区，以吸引尽可能多的潜在消费者。

## （四）零售店店址的选择

仅仅确定了店址的区域位置还不够，因为在同一个区域内，一个零售店可能会有好几个开设地点供选择。但有些地点对某个零售店来说，是非常有利的开设地点，而对另一个零售店来说，就不一定是最满意的地点。因此，一个新设的零售店做好地区选择、区域选择之后，还要综合多种影响和制约因素及对地点的要求，做出具体设立地点的选择。

### 1. 分析交通条件

交通条件是影响零售店选择开设地点的重要因素。它既决定了零售店的货流是否畅通，又决定了零售店的客流是否畅通，从而制约了零售店的经营效率。

（1）从企业经营的角度来看，对交通条件主要从以下两个方面的评估。一是在开设地点或附近是否有足够的停车场所可以利用。外国绝大多数购物中心设计的停车场所面积与售货场所面积的一般比例为4：1。如果不是购物中心地点，其对停车场所的要求可以降低，零售店可以根据自己的要求做出决策。二是商品运至零售店是否容易。这就要考虑可供零售店利用的运输动脉能否适应货运量的要求，并便于装卸，否则货运费用的明显上涨会直接影响零售店的经济效益。另外，零售店提供售后服务时需要送货上门，如果交通不便，会直接影响零售店的竞争力。

（2）为方便消费者购买，促进购买行为的顺利实现，对交通条件要做如下具体分析。一是设在边缘区商业中心的零售店，要分析零售店与车站、码头的距离。一般距离越近，客流量较大，购买越方便。选择开设地点还要考虑客流来去方向，如选在面向车站、码头的位置，以下车、船的客流为主；选在邻近市场公共车站位置的零售店，则以上车的客流为主。二是设在市内公共汽车站附近的零售店，要分析车站的性质、客流量——是中途站还是终点站？是主要车站还是一般车站？一般来说，主要停车站客流量大，零售店可以吸引的潜在消费者较多。三是要分析交通管理状况引起的有利与不利条件。例如，单行街道、禁止车辆通行街道及与人行横道距离较远的地点都会造成客流量一定程度上的减少。

### 2. 分析客流规律

客流量大小是一个零售店选址成功与否的关键因素。零售店选择开设地点时总是力图选在客流最多、最集中的地点，以使多数人就近购买商品，但客流规模大并不一定带来零售店生意兴隆，零售店对其应做具体分析。

（1）分析客流类型。客流主要分为以下三种。一是自身客流，是指那些专门为购买某种商品而来店的消费者形成的客流，这是商店客流的基础，是商店销售收入的主要来源。因此，零售店选址时，应着眼于评估自身客流的大小及发展趋势。二是分享客流，是指一家零售店从邻近零售店形成的客流中获得的客流，这种客流往往产生于经营相互补充类商品的零售店之间，或大零售店与小零售店之间。例如，经营某类商品的补充商品的零售店，消费者在购买了主商品之后，就会附带到邻近补充商品的零售店购买相应的补充商品，以实现完整的消费；又如，邻近大型零售店的小零售店，会吸引一部分专程到大零售店购物的消费者。不少小零售店依大零售店而设，就是为了利用这种分享客流。三是派生客流，是指那些顺路进店购物的消费者形成的客流，这些消费者并非是专门来店购物的。在一些旅游点、交通枢纽、公共场所附近设立的零售店主要利用的就是派生客流。

（2）分析客流目的、流速和滞留时间。不同地区的客流大小虽有可能相同，但其目的、流速、滞留时间会有所不同，要做具体分析，再做出最佳选择。例如，在一些公共场所、车辆通行干道，客流规模很大，大家虽然也会顺便或临时购买一些商品，但主要目的不是购物，同时其客流速度快，滞留时间短。

（3）分析街道两侧的客流规模。同样一条街道，两侧的客流规模在很多情况下，由于交通条件、光照条件、公共场所设施的影响，存在很大差异。另外，人们骑车、步行或驾驶汽车均靠右，往往习惯光顾行驶方向一侧的商店。鉴于此，零售店应尽可能选择开在客流较多的街道一侧。

（4）分析街道特点。零售店选择开设地点时还要分析街道特点与客流规模之间的关系。交叉路口客流集中，可见度高，是最佳的开设地点；有些街道由于两端的交通条件不同、基础文化娱乐设施不同或通向的地区不同，客流主要集中在街道的一端，表现为一端客流多，纵深逐渐减少的特征，这时候店址宜选在客流集中的一端；还有些街道，中间地段客流规模大于两端，店址选择在街道中间就能更多地得到客流。

### 3. 分析竞争对手

零售店周围的竞争情况对零售店经营的成败会产生巨大影响，因此零售店选择开设地点时，必须要分析竞争对手。一般来说，开设地点附近如果竞争对手众多，且商品结构、服务水准等相似，则新店很难获得巨大成功，但若新店经营独具特色，竞争力强，也能吸引大量客流，促进销量增长，提升店誉。当然，零售店还是应该尽量选择开在零售店相对集中且有发展潜力的地方，经营选购性商品的零售店尤其如此。另外，当店址周围的零售店类型协调并存，形成相关零售店群时，往往对经营产生积极影响，如经营相互补充类商品的零售店相邻而设，在方便消费者的基础上，提高了自己的销量。集中在一起的零售店群相互间既存在竞争，又有着合作，应善于权衡、把握这种关系。

### 4. 分析开设位置的物质特征

一个位置的物质特征决定了零售店的建筑类型。物质特征包括位置周围建筑环境、停车场、能见度和消费者进出的方便性以及地形的特点等。

（1）建筑环境。新建零售店要与周围的建筑环境相融合，不同的环境要求不同的建筑风格，从而影响开设成本等一系列问题。例如，在豪华建筑群中，仓库或裸墙零售店难以存在。

（2）停车场。停车场的数量、面积及方便程度也是位置物质特征的一个重要方面，大多数购物中心提供充分的免费停车场。而在商业中心地区，停车场是一个主要问题。因为商业中心地区商家云集，地面空间狭小，难以开辟空地建设停车场，有的零售店腾出一小块地作为停车场，但由于地价昂贵，便要收取停车费，不过地下停车场及立体式停车场的建立有可能缓解这一矛盾。

（3）能见度和消费者进出的方便性。一片空白而平坦的地方有高能见度和易接近性，但是这样的地点对于开发和发展却是不利的。零售商必须在此开发道路、商店、停车场，甚至提供交通工具，其投资规模和成本很大。如果在一个有效的地点，且已有建筑物，零售商必须考虑现有建筑物能否被改造和利用或者需要全部或部分地拆毁。另外，若一个潜在的开设地点位于购物中心末端且只有狭小部分临街，或者只有狭小的一部分位于街道一侧，则其能见度远远低于购物中心入口处或主要街道。虽然有时候零售商可以通过建筑物的一个大的、清晰可见的标志指引消费者，但还是会流失一些消费者。

（4）地形特点。通常十字路口的易接近性强，拥有较大的客流量，许多零售商也愿意为此支付较高的租金。路口拐角处能够提供较多的橱窗陈列的机会，从而增加零售店的能见度与易接近性。但是，有立交桥或将要建立公路立交桥的路口不是好的地点，交通管理的障碍会降低消费者的易接近性。

### 5. 分析城市规划

在选择商店开设地点时，要考虑城市规划，城市规则既包括短期规划，又包括长期规划。有的地点当前是最佳位置，但是随着城市的改造和发展，将会出现新的变化而不适合开店。反之，有些地点当前来看不是理想的地点，但从规划前景看，会成为有发展前景的新的商业中心区。因此，零售商必须长远考虑，在了解地区内的交通、街道、绿化、公共设施、住宅及其他建设或其他建设项目的规划的前提下，做出最佳地点的选择。

最后，零售商还要对未来商店的效益做出评估，主要包括平均每天经过的人数、来店光顾的人数比例、光顾的消费者中购物者的比例、每笔交易的平均购买量等。

案例 11-2

## 日本"7-11"便利店的选址策略[①]

### (一)便利店开店四要素

一般来讲,便利店开发过程中主要考虑四个因素,包括店址、时间、备货、便利。便利店在店址的选择上,一个基本出发点是便捷,从大的方面讲,就是要在消费者日常生活的行动范围内开设店铺,如距离居民生活区较近的地方、上班或上学的途中、停车场附近、办公室或学校附近等。

### (二)日本"7-11"的开店战略

"7-11"采取了一些战略性的措施,以确保店铺设立的正确性和及时性。

一是考虑店铺的建立是否与其母公司伊藤洋华堂的发展战略相吻合。在伊藤洋华堂已进入的地区,由于商业环境和商业关系都已经建立和完善,所以,"7-11"可以立即进入。

二是在进入新地区时,根据地方零售商的建店要求进行店址考察,并在此基础上,探讨有无集中设店的可能,即在目标市场上实行高密度、多店铺建设,迅速占领市场。

### (三)集中设店的理由

由于集中设店能降低市场及店铺开发的投资,有利于保持市场发展的连续性和稳定性,便于"7-11"进行高效率管理,因此,集中设店已成为"7-11"在店铺建立管理中的主要目标和原则。

在实际操作过程中,"7-11"往往会收到很多要求建店的申请,但并不是接到申请后就立即建店,而是根据"7-11"的地区发展规划,在同申请者进行充分沟通后再做决定。

### (四)店铺开发组织的分工

日本"7-11"店铺的开发由其总部负责,总部内设有开发事业部。在开发事业部中,店铺开发部与店铺开发推进部是分开的,前者对既存的零售店进行开发,后者从事不动产开发和经营。

从工作的难易程度上讲,前者更为困难。因为前者建立在对现有商家进行改造的基础上,那些商家投入了大量的资金、人力和物力,颇有背水一战之意,这就要求日本"7-11"能及时给他们以指导,确保其经营获得成功。

对日本"7-11"来说,从大量的申请者中选出富有竞争力的商家也是一件极具挑战而工作量又很大的工作。

## 【本章小结】

(1)商圈是指店铺能够有效吸引消费者来店的地理区域。商圈不是静止的,它是可以被创

---

[①] 资料来源:联商网。

造的。

（2）选择店址是一项大的、长期性的投资，关系着企业的发展前途。

（3）商圈环境的不同一定会带来消费者群体的需求不同。

（4）零售企业需要依据目标消费者的信息来调整自己的商品线。

# 【本章重要概念】

商圈　　商圈分析　　零售引力法则　　零售饱和理论　　选址　　智慧商圈　　商圈文化

# 【思考与练习】

请阅读材料，搜集国内一些零售企业的选址模式，加以对比分析。

# 【拓展阅读】

## 智慧商圈是怎样建成的

智慧商圈是智慧城市建设的重要组成部分。我国在全面推进智慧城市区域创新试点过程中，涌现出了一批应用示范效应明显的地标性商圈，为智慧城市区域创新提供了示范性的解决方案，是新零售模式的典型示范。五角场商圈是上海市级副中心及市级商业中心之一，商业巨擘汇集，人气与日俱增。其所在区域交通与周边园区、校区、社区等多种城市综合体元素深度融合，给商圈的人流监控、交通诱导、应急响应等城市公共管理工作带来新的挑战。五角场商圈以云计算、大数据等新兴信息化手段为支撑，建设以数据为核心的智慧商圈，以整合和扩充区域内商业、办公、交通、人流、舆情、城市公共服务等多种维度和渠道的信息资源。其以数据充分共享和避免信息孤岛为原则，构建集成统一、协同高效的公共大数据平台，激发线上线下的 O2O 互动活力，提升区域的整体综合能级。其着重在技术创新、模式创新、业态融合、跨界融合四方面推动智慧商圈生态链的建设。

（一）技术创新

其以互联网、移动互联网、大数据和云计算等为基础，通过创新型的技术应用，建设涵盖"智慧营销""智慧环境""智慧生活""智慧管理""智慧服务"的智慧商圈，建立以五角场广场为核心区的商圈多系统交互平台，包括商圈信息索引（商业品牌、商业活动、企业信息、公交信息）、信息发布（商业信息、生活服务信息、预警信息、公益信息、政府信息等）、生活服务（公共事业费缴纳、公交卡充值、电话费充值等）。

利用商圈 App 和微信公众号，通过自动信息聚合和人工内容编辑相结合的方式，实现对五角场广场公共区域、主要核心商城及周边辐射区域的商业和生活信息覆盖，为打造五角场商圈的用户移动端统一入口奠定了良好基础。后续将扩展该平台与各商场及社会化应用的数据接口，进一步丰富业务应用功能，利用五角场商圈消费者群体相对稳定的特点，不断提高用户对该 App 和微信公众号的使用黏度，并叠加特色化的公共服务功能，使其成为五角场线上引流的主要渠道之一。

五角场智慧交通逐步建成。商圈周边主要商城及社会化车库的空闲车位数据目前已实现联网，可通过各主要道路的指示牌实现区域停车诱导。包括停车诱导系统、行车诱导系统、网站发布系统和交通信息平台在内的五角场地区智能交通系统基本建成，实现了该区域行、停车系统高效和精细化管理。随着各商场智慧停车系统的逐步建成，各车库的停车地图、反向寻车等功能也将进一步实现集中共享，实现在 App 及微信等移动终端渠道的展示。

以五角场广场为核心，建设人流监控分析预警系统。掌握实时人流量能够及时预警，与消防、医疗、公安等相关部门合作，设立相应的应急预案，从而能够防止安全事件发生。商圈内主要商城均部署客流分析统计系统，可基于智能视频分析技术实现各商场主要出入口的客流统计。所有客流分析统计系统均提供开放接口，可实现客流信息的共享，后续各商圈的共享客流信息将随下沉广场改造后公共区域的客流信息一起，形成一个基于整个商圈的人流分析系统，服务于商业决策及公共管理等多种应用的需要。商圈内的部分商场已通过 Wi-Fi 和蓝牙 Beacon 技术实现基于消费者的 LBS 定位功能，不但可以为消费者提供定位导航和基于位置的精准推送服务，还可以为商场或商圈运营者提供用户轨迹和商业热区的大数据统计。商圈及商场内部分业务系统已逐渐迁徙并采用云平台方式。采用云计算及虚拟化等技术不但能够大幅降低建设和运维成本，还能够根据用户规模的变化快速、灵活地调整配置，加快应用服务部署上线的速度。

### （二）模式创新

不同于智慧城市其他领域的信息化建设，由于商圈中业务的参与主体众多，且利益和诉求有所差异，因此其在建设、运维和服务模式上很难实现完全统一。五角场商圈在信息化建设实践中，秉承"众筹建设、共享共赢"的原则，即对每种业务系统的建设，都独立考虑其最适合的建设主体和运营服务模式（包括商城、商圈、政府以及市场化资源），以确保业务具备可持续发展的能力；同时提前充分考虑系统间的接口开放和数据共享，在减少重复投资建设的基础上，实现共同利益的最大化。

以 Wi-Fi 建设为例，目前商圈内有条件的商场对其营业区域的网络采用自建自维的方式，而在公共区域或不具备自建自维的商业区域采用运营商或社会第三方参与的方式。虽然这两种方式在网络的物理设备建维上有着明确界限，但业务层面已经在考虑互联互通，目前五角场商圈已着手准备建设服务于 Wi-Fi 网络的统一身份认证平台，改善用户接入 Wi-Fi 时的使用体验。与此类似的还有智慧停车的实现，该商圈将商场自建的停车管理系统、市场化的第三方停车管理系统与商圈的综合停车信息共享平台相结合，各系统负责各自停车管理系统的建设和运维，同时又可实现数据共享和互通，相互促进业务应用被用户最高频率使用，形成良好的业务生态系统。

后续五角场商圈将建设商圈大数据平台，进一步规范数据采集渠道，扩充数据采集类型，并通过数据挖掘形成商圈独有的数据资产，除了可服务于商圈自身运营决策及政府公共管理之外，还可以逐步向其他市场第三方系统提供有偿数据服务，解决平台可持续运营的投入和收益问题，使不断累计的动态数据能够形成商圈的核心竞争力，如图 11-3 所示。

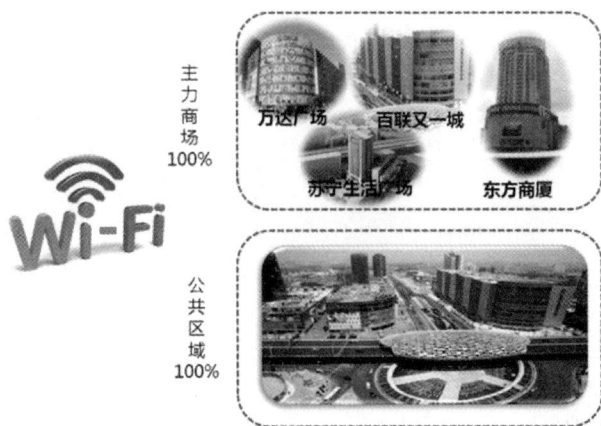

图 11-3 五角场商圈

（三）业态融合

五角场商圈作为新兴的城市综合体，除了购物消费区外，周边以科创中心为代表的商业办公区域也是商圈重要业态之一。五角场考虑周边年轻白领对工作午餐消费的刚性需求，通过与商圈内部分餐饮企业合作，将政府对区域办公白领的午餐补贴通过 App 内的"白领午餐"优惠券下发，在协助政府开展公益服务的同时，也使核心商城实现了与商业办公人群的互动并为其引流。

此外，目前商圈内各主要商城已逐步开始 O2O 建设的尝试，但单个商城的 O2O 在业务融合上的吸引力和影响力有所不足。目前五角场商圈将建设多功能互动平台，将实现对主要商城内及周边商户的分类展示，对各商城的 O2O 数据进行整合，在商圈层面进行跨商圈、定制化的团购和热卖，形成商城间的深度业态融合，打造用户对五角场商圈一体化品牌的认可。

（四）跨界融合

五角场商圈周边高校林立，高校所特有的文化氛围和资源为五角场商圈的建设提供了跨界互动的条件，其开始探索在信息网络技术支撑下的校区和商圈互动融合的发展之路。五角场商圈附近社区众多，周边居民也是商圈的固定消费群体，其通过在五角场广场建设多点分布的多媒体互动平台，提供相关信息服务，其中包含社区的街道服务信息、文化活动信息、社会民生信息、政府公告信息等，有利于体现商圈信息化中的公共服务功能。

资料来源：上海市经济和信息化委员会官方网站。

# 第十二章
# 零售店铺设计与商品陈列

【本章要点】
（1）零售店铺设计
（2）零售店铺的外观设计
（3）店铺内部设计的内容
（4）实体店商品陈列技巧

> 影响消费者购买动机的是他们的心理，因此掌握了顾客的购买心理也就掌握了顾客满意的诀窍。
>
> ——华人管理大师石滋宜
>
> 好的店铺设计和合理的陈列是无声的推销员。
>
> ——陈海权

 案例导读

### 沃尔玛大数据应用："啤酒+尿布"陈列法

走进不同的超市、商场，消费者会发现有些货架上的商品色彩艳丽，有温暖、舒适之感，容易激起消费者的购买欲望，有些则不然。有些商场会将看上去很不搭配的两种货品放在同一个陈列区，如尿布和啤酒，但销量却出奇好。

这些其实都是商家经过深度研究和论证后得出的商品陈列方式。千万不要小看商品陈列，科学的陈列方式能大大增加销量，加快商品周转率，反之会导致客单价低下，货品周转率低，甚至导致货品滞销。但是，要做到商品陈列合理并不容易，其中的秘密和学问非普通消费者能够参透。

在零售业内有一个著名的商品陈列法则——"啤酒+尿布"。这听起来匪夷所思，但当这两个看似风马牛不相及的东西撞到一起时，居然引发了高销量的化学反应。

通常，人们会将同类货品放在一起，但很多你认为根本没有关系的商品其实是有密切联系的，我们需要综合长期研究结果、数据支持和经验人士的意见后，将这些看似不相关但实际上有消费关联度的货品摆放在一起。"啤酒+尿布"就是一个经典案例。

沃尔玛经过长期研究和大量数据分析后发现，购买婴儿尿布的大部分消费者并不是妈妈，而是爸爸。爸爸们在购买完尿布后通常还会买啤酒，假如啤酒货架距离婴童用品太远，那么有些爸爸就懒得购买啤酒了。而我们将啤酒直接陈列在尿布货架边上时，发现啤酒销量大增。

类似于"啤酒+尿布"的陈列法则之后被广泛运用于各个商家门店中，这个法则体现出了商品的交叉和关联陈列技巧。要运用这种陈列技巧，首先商家要对货品关联度有深刻认识，如有些看似并无联系的货品间究竟有何种关联，人们的消费习惯怎样等。

资料来源：根据赢商网相关资料整理。

**思考题：** 沃尔玛等商家的商品陈列方式对零售企业有什么启示？

# 一、零售店铺设计概述

零售店铺设计是指零售店铺为了营造商业活动氛围，向消费者提供舒适的购物环境而进行的科学、合理、艺术化的内部和外部设计。其中，我们主要研究的是店铺设计的视觉效果、听觉效果、嗅觉效果以及店铺的服务设施、服务态度。

## （一）店铺设计的基本理念

店铺设计的基本原则，在于方便消费者进入店内，方便消费者看见商品，方便消费者购买商品。商家在进行店铺设计时，首先必须确立店铺设计的理念。

（1）店铺是消费者找到所需商品的地方，也是消费者与商家进行交易的地方。最近流行的"市场营销"，强调的"以客为尊"或者"消费者导向"，乃是商业经营的根本所在。

（2）店内通道乃为消费者而设。店铺设计要以消费者为主。为了方便消费者参观选购，通道设计必须能让消费者自由接近商品，这样才能发挥店内通道的原有功能。通道按照使用性质分为三类：消费者通道、员工通道、商品搬运通道。

（3）以商品为基础来思考设计。"商品"不仅指有形的商品，还包括"服务"这样的无形商品。

（4）商品受到场所（立地条件）的限制。

（5）进行店铺设计时，必须调和店内构成因素。店铺设计要以立地条件为基础。店铺为了顾客而存在，因此店铺设计除了要与经销的商品相关联，也要以消费者为主来做考虑，此时商品结构必须根据消费者需求进行调整。

（6）店铺是消费者行为心理与商店经营效率的连接点。好的店铺设计不仅能够降低消费者的抗拒心理，还能提高消费者对店铺的好感，使其乐于来此消费购物，而且对提高销售业绩乃至经营效率也有帮助。

（7）店铺设计需考虑各种经营效率问题。具体而言，一是如何提高进货、上架、陈列、销售等作业效率；二是空间效率的问题，即在一定的空间内，如何应用最有效率的方法来摆放商品。

## （二）店铺设计的原则

对于零售商来说，店铺是接待消费者的场所，也是零售商的"前沿阵地"。因此，店铺设计的好坏是决定零售商经营成功与否的重要因素。为了有一个好的店铺，充分发挥店铺的销售功能，零售商必须对店铺进行精心设计。进行店铺设计时，应遵循以下原则。

（1）满足需要原则。要根据消费者对商店的判断、期望，结合商店的业态形式、经营商品的种类及特点，确定店铺的规模、装修风格和档次等。

（2）适时、适地原则。店铺的内外装修要符合时尚和季节的变化，卖场内的气氛也要适时调整。同时，店铺的外观形象要与周围的环境相协调或与周围的商店相匹配。

（3）魅力原则或吸引力原则。店铺的设计和布局能够增加商品的魅力，刺激消费者的感官，增强消费者的购买欲望。因此，要丰富店铺内的商品，即使是对快脱销的商品，也要通过巧妙的陈列让消费者感觉该商品还很充足，同时还要通过高级商品的陈列使顾客"一饱眼福"。

（4）亲密、清洁原则。店铺必须从消费者生活水平和购买习惯上让消费者感到方便、亲切，同时要保持卖场与商品的清洁、整齐。

（5）便于挑选原则。由于消费者在购买商品时不仅要看，还要触摸，并尽可能自己挑选，因此，卖场内的商品陈列要便于消费者接触、挑选商品。

（6）店内流动自由原则。为了让消费者看到更多的商品，增加消费者在店内购买商品的机会，必须保证消费者在店内自由流动。为此，要充分考虑店铺的开放程度、卖场的设置及通道的宽度。

（7）销售效率原则。为了提高销售效率，方便消费者购买，应尽量缩短接待消费者、取货、付款、包装及补充商品等销售工作的流通半径。

（8）安全原则。为了避免或减少因地震、火灾、水灾、被盗等意外事故的发生而产生损失，零售商应事先采取一系列的预防措施，做到防患于未然。同时，零售商还要防止商品被晒、被冻，以保证商品品质。

（9）经济原则。店铺规模、店铺设施及内外装修的水平，必须与店铺的市场定位相吻合，避免盲目投资。

（10）弹性原则或柔软性原则。一般来说，根据商店的市场定位，在一定的投资水平下，店铺的外装修要坚固，内装修要相对易变、灵活，以便根据时令的变化而改装。

# 二、零售店铺的外观设计

零售店铺外观设计的内容主要包括店铺的建筑造型与门面设计、店铺的招牌设计和店铺的橱窗设计等。店铺的外观设计取决于零售业种与业态，即零售商应根据商店经营商品的种类与经营方式来设计店铺的外观。不同类型的商店，其外观设计是不同的。但是外观设计必须遵循两个基本原则，这就是"让顾客确知店铺的存在"和"让顾客来店"。

## （一）店铺的建筑造型与门面设计

店铺的建筑造型向消费者传递店铺存在的第一个信息，因此，零售商应使店铺的建筑造型富有特色，具有吸引力与辐射力。同时，要保证店铺的建筑造型符合城市或街区建筑规划的要求，既要与周围地区的建筑物相协调，又要与本店的行业特点相匹配。具体操作时，零售商应考虑的因素主要有建筑物形状、建筑物的高度、建筑材料、建筑物的外表颜色。

店铺门面通常有以下三种形式。

（1）封闭型。经营珠宝首饰、工艺制品、音响器材等高档商品的商店多采用这种门面形式。

（2）半开放型。经营化妆品、服装等中高档商品的商店多采用这种形式，如图 12-1 所示。

（3）开放型。商店正对大街的一面全部开放，没有橱窗，消费者出入方便，没有任何障碍。经营水果、蔬菜和水产品等大众化商品的商店多采用这种形式。在我国南方，大多数商店都采用开放型门面形式。

图 12-1 广州天河城

## （二）店铺的出入口设计

### 1. 店铺入口设计

零售店铺的入口与卖场内部配置关系密切，零售商在设计时，应以入口设计为先。零售店铺入口要设在消费者流量大、交通方便的一边。通常入口较宽，出口相对窄一些，出口宽度大约是入口宽度的 2/3。另外，入口处应靠近超级市场的大门，并留有一定的空间，以方便消费者进入。空间的大小应视超级市场的大小而定，还可适当张贴一些 POP 广告或安置一些促销商品进行销售。

一般来说，消费者会在 3～5 米的距离处进行判断，然后找自己要去的地方。所以零售商要根据出入口的位置来设计卖场通道，设计消费者流动方向。入口处一般会放置推车、购物筐等工具，以方便消费者购物，一般按 1～3 辆（个）/10 人的标准配置。

同时，在零售店铺内，入口处最好陈列对消费者具有较强吸引力的商品，这不仅可以发挥招徕作用，而且能够增强卖场对消费者的吸引力。

### 2. 店铺出口设计

零售店铺的出口必须与入口分开，出口通道宽度应大于 1.5 米。出口处设置收款台，按每小时通过 500～600 人设置。出口附近可以设置一些单位价格不高的商品，如口香糖、图书报刊、饼干、饮料等，供排队付款的消费者选购。

### 3. 店铺出入口设计的主要内容

店铺出入口设计主要包括三方面的内容：①出入口的数量；②出入口的类型；③出入口的位置。将出入口设在店铺的中央、左边还是右边，要根据具体的客流情况而定。一般来说，大型店铺的出入口可设在中央，消费者进入店铺后可自由地向左方、右方行进；同时，左、右两侧可以增设侧边门，以方便消费者走出商店。小型店铺的出入口则可设在两侧，否则，会浪费有限的店铺空间。

## （三）店铺招牌设计

招牌是指用来展示店名的标记。鲜明、醒目的招牌能吸引行人的注意，提高能见度。因此，具有高度概括力和强烈吸引力的招牌，可以对消费者的视觉产生强烈的冲击，从而吸引消费者来店。为了使招牌充分发挥其应有的功能，零售商应在招牌的文字设计、招牌材料的选择、招牌的装饰渲染等上多下功夫。

招牌的文字设计应注意以下几点：①店铺名的字形、凸凹、色彩、位置应相互协调；②文字应尽可能精简，立意要深，同时要朗朗上口、易记易认，使消费者一目了然；③文字内容必须与本店所销售的商品相吻合；④字体要大众化，中文和外文美术字的变形要容易辨认。

## （四）店铺橱窗设计

橱窗是店铺的眼睛，是店铺展示商品、介绍商品、传递信息、刺激消费者购买的重要手段。橱窗设计是以商品为主体，通过布景道具和装饰画面的运用，配合灯光、色彩和文字说明进行商品展示和商品宣传的综合艺术形式。在零售商业经营活动中，橱窗既是表现店铺外观形象的重要手段，又是一种重要的广告形式。构思新颖、主题鲜明、风格独特、装饰美观、色调和谐并与店铺的建筑造型和内外环境相协调的橱窗设计，对树立良好的店铺形象，促进商品销售具有重要作用。

橱窗设计与店铺类型有很大关系，不同类型的店铺，其橱窗设计是不同的。一般来说，百货店橱窗一般采取封闭式，即橱窗内侧四周与卖场隔离，橱窗底座的高度以成人消费者平视商品的高度为宜，小件商品的陈列高度可高些，大件商品的陈列高度可低些，同时零售商应注意橱窗的照明与艺术性。专业商店的橱窗设计则更为讲究，一般也是封闭式的，但是，专业商店的橱窗设计更要高雅、别致，应有动感与立体感，以起到渲染所售商品的作用。

# 三、零售店铺的内部设计

店铺内部设计主要包括卖场设计，通道设计，柜台、收款台设计，照明设计，音响设计，色彩设计，气味控制等。

## （一）卖场设计

卖场设计是店铺内部设计的核心，主要目的是吸引更多的消费者购买更多的商品。卖场设计的内容包括卖场的划分、面积分配、卖场布局。好的卖场设计与商品陈列不仅体现了一定的艺术美，还反映了零售店铺独特的经营理念与风格。

### 1. 卖场划分

在进行店铺内部设计时，首先要对店铺内部的有效空间进行分配，划分出卖场与非卖场。卖场就是直接用来陈列商品进行商品销售的场所。非卖场是指不能直接用来陈列和销售商品的场所，如楼梯、电梯、卫生间、休息室、办公室、卖场仓库等。

为了保证店铺的营业效率，科学规划卖场与非卖场的比例很重要。一般来说，一个店铺的卖场面积应占店铺使用面积的 60%～70%。如果一个店铺的规模较大，经营的商品较多，特别是多层建筑的店铺，零售商还要对卖场本身进行划分。其基本原则是，单位价值低、易于选择、所需存放空间较小的商品卖场应设在低层，而单位价值高、不易选择、所需存放空间较大的商品卖场应设在高层，低层卖场在经营时必须保证客流通畅。

### 2. 面积分配

为了提高卖场的销售效率，零售商必须合理地分配卖场面积。在分配卖场面积时，不能使用平均分配的原则进行分配，必须根据每个商品销售部门的销售能力与获利能力来分配。零售商分配卖场面积时，通常使用两种方法。

（1）销售额分配法

零售商可根据商品销售部门计划的销售总额，以及每平方米可能实现的销售额来进行卖场面积的分配，具体计算公式是：

$$\text{某商品销售部门的卖场面积} = \frac{\text{某商品销售部门的计划销售总额}}{\text{每平方米可能实现的销售额}}$$

（2）存货分配法

零售商可根据每个商品销售部门需要陈列的商品数量和备货数量来分配卖场面积。具体做法是：第一步，确定每个商品销售部门需要陈列的商品数量和备货数量；第二步，确定适当的陈列方式和存货方式；第三步，确定要使用多少陈列货架和备货箱；第四步，确定收银台、试衣室等所需要的空间；第五步，分配面积。

应该说明的是，卖场面积与销售额之间不一定呈线性关系。例如，当某一部门的商品销售处于饱和状态时，零售商即使增加卖场面积，也不会使销售额得到相应增加。因此，在分配卖场面积时，还要考虑获利能力（即毛利率）因素，应保证毛利率高的商品部门有足够的卖场空间。

### 3. 卖场布局

卖场布局有两层含义，一是指卖场的整体形状，二是指各商品部门在卖场内的具体分布（位置）。卖场的整体形状主要有三种，即直线式、曲线式、斜线式。各个店铺卖场布局的具体类型可根据店铺的空间形状和商品经营的特点来确定。卖场布局的另一个重要内容是对卖场内商品销售部门的具体位置进行确定。

（1）影响卖场布局的因素

确定各商品销售部门的具体位置时，必须考虑以下两个因素。

一是空间价值因素。由于卖场内每一个位置吸引消费者的数量不同，实现的销售额也不同，因而为商店提供的空间价值不同。在一个多楼层的店铺里，各楼层及同一楼层的不同位置所提供的空间价值是不同的。楼层越高，消费者相应越少，从而所提供的空间价值越低。不论是自建店铺还是租赁店铺，各层的租金或费用都是不同的。

二是商品因素。商品的特征对卖场部位有特别的要求。属冲动购买的商品应该布置在消费者流量高的卖场，以便广泛地引起注意，吸引消费者购买；高频率购买的商品应该布置在一层卖场，以方便消费者购买。商品之间的关联性也会对卖场布局产生影响。一些连带消费或连带购买的商品卖场应该毗邻而设，以方便消费者购买，促进关联商品的销售。

（2）平衡卖场布局

要设计一个良好的卖场布局，商店设计者必须平衡许多目标，而目标之间通常是相互冲突的。好的布局的第一个目标是良好的卖场布局应当引导消费者在商店内充分地浏览，购买比其事先计划更多的商品。一种方法就是使消费者置身于一种便利的特殊交通方式的布局中。例如，家居商店运用的就是这种布局方式。商店会诱导消费者穿过便宜的冲动购买型商品区，从而让他们购买较大、较昂贵的商品。只有那些意志非常坚定的人才会对这些区域及其摆设的令人喜爱的物品视而不见。另一种帮助消费者穿越商店的方法是提供充满变化的空间。商店设计者不应满足于放满长排架子和搁板的扁平空间，多层次和斜面可增强商店的变动性。如果地面必须是平整的，以便使用购物手推车，那么至少可以对展示高度进行变化，从而避免单调的展示方式。

好的布局的第二个目标是在给予消费者足够的空间进行购物与运用有限的空间放置更多的商品之间取得平衡。一个购物人数众多的卖场会让人产生一种兴奋和充满希望的感觉，从而增加购物欲望。但是，一家拥有过多货架和展示柜的卖场会让消费者迷失其中，一些百货连锁商店将其店铺分割成众多的小卖场隔间，以至于消费者连在哪里可以买到一条简单的丝绸裤子也不清楚。

零售商必须小心选择和使用家具，使其便于店内交通并且与卖场的整体形象相一致。最后，在布置卖场时，零售商还应该考虑残疾人的特殊需求。

在布置卖场时，零售商应考虑以下几个方面：①各种可选择的设计方法；②在特色商品区域和大批量销售区域之间分配空间；③有效利用墙壁。

（3）卖场布局设计

零售商大多运用三种类型的卖场布局形式：方格形、跑道式和自由格式。

第一种：方格形布局。对方格形布局运用的最好的是杂货店和药店。尽管方格形布局不是最美观、最令人愉悦的布局形式，但对于那些计划逛遍整个商店的消费者来说，它却是一种很好的布局形式。方格形布局也是在成本效益比方面最优的。比起其他类型，方格形布局是最节省空间的，因为它的通道都是同样的宽度并且刚好允许消费者和购物车通过。最后，因为家具通常是标准化和式样统一的，家具成本也可得到节省。方格形布局的一个缺陷是消费者不会自然地被吸引到卖场里来。对杂货店来说，这不成问题，因为大多数消费者在进入杂货店前，就对他们要买的东西十分清楚。

第二种：跑道式布局。跑道式布局（也称环形布局，Race Track Layout）通过设置通向卖场多个入口的大型通道，达到吸引消费者游逛大型百货商店的目的。这一穿越商店的通道环提供了通向各个小隔间的通路（部门设计成类似于较小的设备齐全的独立商店）。跑道式布局有利于冲动式购物。当消费者在跑道环中闲逛时，他们的眼睛会以不同角度视物，而不像在方格形布局中只能沿一条通道浏览商品。

第三种：自由格式布局。自由格式布局（Free-Form Layout）不对称地安排家具和通道。它成功地运用了小专业商店或大商店中小隔间的基本布局方式。在这个放松的环境中，消费者感觉他们正在某人的家里，能便利地浏览和购物。然而，一种令人愉快的氛围通常是价格不菲的。对此事来说，家具就像是昂贵的消费单元。因为消费者不会像在方格形和环形布局中那样自然地游逛，面向个人的推销变得更重要，还有销售代表不能轻易地观测到相邻的部门。此外，消费者牺牲了一些储存和展示的空间来创造更为宽松的购物环境。然而，如果自由格式的设计能被很好地运用，消费者就会感觉在家中一样，从而增加购物量，使零售商从增加的销售额和利润中抵消增加的成本。

## （二）通道设计

零售店铺的通道是指消费者在卖场内购物时行走的路线。通道设计的好坏直接影响消费者能否顺利地进行购物，影响零售店铺的商品销售业绩。零售店铺卖场中的通道可以分为直线式通道和回型通道两类。

### 1. 通道设计分类

（1）直线式通道设计

直线式通道也被称为单向通道。这种通道的起点是卖场的入口，终点是收款台，消费者依照货架排列的方向单向购物。其以商品陈列不重复，消费者不回头为设计特点，它使消费者在最短的线路内完成商品购买行为，如图 12-2 所示。

（2）回型通道设计

回型通道又被称为环形通道，通道以流畅的圆形或椭圆形线条按逆时针的方向环绕零售店铺的整个卖场，使消费者依次浏览商品、购买商品。在实际运用中，回型通道又分为大回型和小回型两种形式，如图 12-3 所示。

图 12-2　直线式通道　　　　　　　　图 12-3　回型通道

#### 2. 通道宽度的确定

通常，通道的宽度根据商品的种类、性质以及消费者的人流数量来确定。通道宽度是这样计算的，柜台前站立消费者的所需宽度为 450mm，通常一般人流所需宽度为 600mm，则通道宽度 $W$ 由人流系数 $N$ 来确定，即：

$$W=2×450+600N$$

表 12-1 所示为通道宽度标准。

表 12-1　通道宽度标准

| 种类 | 程度 | 一般商店宽度（mm） | 综合商店宽度（mm） |
|---|---|---|---|
| 主通道 | 最小 | 800 | 1 600 |
| | 普通 | 900～1 500～2 000 | 1 800～2 200～3 600 |
| | 最大 | 3 600 | 4 500 |
| 副通道 | 最小 | 600 | 1 200 |
| | 普通 | 750～900～1 500 | 1 500～1 800～2 100 |
| | 最大 | 1 500 | 2 100 |

（1）通道的宽度。卖场通道可分为主通道与副通道。通道的宽度因客流量及卖场面积的大小而不同，但最低应保持两人并行时所需要的宽度，即800～900mm。

（2）通道的形式。通道的形式主要有三种，即直线式、斜线式和自由式。

（3）通道设计的其他要求。为了保证通道设计科学、合理，零售商除要根据卖场的空间特征选择适当类型的通道，并保证通道具有足够的宽度外，通常还应遵循以下要求：笔直、平坦、少拐角，保证足够的照明度，没有障碍物。

在消费者购物过程中，零售商尽可能依货架排列方式，将商品以不重复、消费者不回头走的设计方式进行布局。例如，20 世纪 80 年代，美国连锁超市经营中形成了标准长度为 18m～24m 的商品陈列线。日本超市的商品陈列线相对较短，一般为 12m～13m。陈列线长短的差异，反映了不同规模超市在布局上的不同要求。通过表 12-2，我们不难发现，不同规模的超市卖场对卖场通道宽度的要求是不同的。

表 12-2　超市通道宽度设定值

| 单层卖场面积（m²） | 主通道宽度（m） | 副通道宽度（m） |
|---|---|---|
| 300 | 1.8 | 1.3 |
| 1 000 | 2.1 | 1.4 |
| 1 500 | 2.7 | 1.5 |
| 2 500 | 3.0 | 1.6 |
| 6 000 以上 | 4.0 | 3.0 |

### （三）柜台、收款台设计

流动性、开敞性、可变更性是营销空间的主要特点。其中，柜台（包括货架）起着基本框架的作用。因此，柜台划分空间、组织空间、调整空间的作用不容忽视。应该说，柜台本身不是艺术，也不是装饰，但是只要包含在营销环境中，就有可能使空间个性、空间氛围得以形成。因为它通过有规律的组合，可以给消费者一个方便的购物环境和统一、完整的空间感受。

柜台的功能具有双重性：一是用来陈列商品，二是用来划分空间。从环境这一角度论及的只是后一种功能。零售商必须考虑如何通过柜台各种形式的组合，形成不同的空间划分，如通道区、售货区、活动区等，从而使卖场布局达到功能分区明确、感觉舒适的目的。

柜台绝不是随心所欲地组合。它虽无固定模式，却也绝非无规律可循。一般来说，柜台的组合主要有如下几种形式。

（1）方格式布局。方格式布局条件下，商品以直线、平行方式陈列，大多数超市使用这种方式。方格式布局的好处在于可以提高店内营业面积利用率，但对消费者而言很不方便，因为消费者不能随心所欲地走动，要有店内货架引导。在百货店内采取这种方式会降低主通道上的客流量。

（2）自由流动式布局。自由流动式布局条件下，商品与货架的设计安排允许消费者自由流动，使消费者较方便地接近商品，消费者可以自由走动，移向任一方向，从而促进购买。

柜台组合无论采用哪种方式都具有独立的审美价值。但是，柜台的组合方式是相对稳定的，但不是凝固死板的；形式是有规律的，但规律的运用又是灵活的。零售商要有的放矢地改革那些不适用的旧形式，举一反三，创出与新生活相协调的新形式。

在考虑柜台组合时，零售商还要从柜台的功能出发，绝不可能脱离这一功能而追求某种形式美。其中，最主要的是要切身考虑消费者置身其中的感受。每组柜台之间的距离，即人行通道不可过宽，也不可过窄。过宽显得空荡，削弱了空间的营销气氛，使消费者感到无所适从；过窄则影响消费者的流动。因此，柜台的组合要自然形成，有分有合，宽窄适当。

同时，收款台的配置与设计也是非常重要的，收款台的数量应满足消费者在购物高峰时能够迅速付款结算。大量调查表明，消费者等待付款结算的时间不能超过8分钟，否则就会产生烦躁的情绪。在购物高峰时期，由于客流量增大，零售店铺卖场内人头攒动，这无形中会加大消费者的心理压力。此时，消费者等待付款结算的时间更要短些，以能够快速付款，走出店外，缓解压力。

## （四）照明设计

"一盏放在地板上的灯可以使建筑内产生一种幽灵般的气氛，一束有石头纹理、天花板和墙壁质地的顶光，把屋舍渲染得神奇和肃穆。"苏珊·朗格的观察表明，空间不但要通过光来表现，而且空间氛围、空间个性要靠光来渲染和控制。物体的质地和造型也会由于光影的强弱和角度不同而有所变化，并影响着空间体型的构成。例如，明亮的光可以使空间尺度感大于实际尺寸，反之，则使空间尺度感小于实际尺寸。所以，光影与色彩是创造空间氛围的重要环节，是影响人们的最直接因素。零售店内空间布局的光源有自然采光和人工采光两种。

阳光通过窗、门等进入室内，直射式扩散到需要的空间，称为自然采光。自然采光能给空间创造出富有情感氛围的自然光影。自然光虽然光色丰富，但光量不足且不易控制，所以在设计空间光影效果时起决定性作用的是人工采光。因此，经营者常按功能及审美的要求，将人造光源布置在一定的空间部位，达到一定的照明要求，产生一定的美感。

人工照明的主要方式如下。

（1）直接式：即利用灯罩或反光镜将光线全部投射到工作面或照明区内。

（2）间接式：即将灯光投射到天花板、墙面或其他物体上，产生柔和、均匀的光照效果。

（3）半直接式：即让部分光线向上投影，削弱受光面与天花板的亮度差别。其做法是使灯罩上部透光，又能向工作面投射大量光线。这样既削弱了受光面与环境光的差别，又能满足开展一定活动的光照需求。

（4）扩散式：即使用乳白色玻璃或是其他扩散透光材料制成的均匀发光灯具。它能有效地避免眩光，形成柔和的光照气氛。一般而言，布局空间以扩散式为主。

（5）半间接式：即采用上部透明、下部扩散透光的灯具，使空间的光线更为均匀、柔和。

现代零售店空间照明的发展趋势是变单光源为多光源，变平面照明为立体照明。所以，以上照明方式可以在同一空间里合理组织、综合运用，如图 12-4 所示。

图 12-4　人工照明效果示例

有如下两点应注意。

第一，在处理光照环境时，不仅要考虑照明充足，光线柔和、均匀、变化多样，还要考虑光的投射方向和角度，设计重点照明，形成视觉中心。

第二，不同的光照区域之间不宜有亮度突变，要有过渡。

不同的布光方式会产生不同的空间布局效果。

（1）不同的布光方式可以发挥光影对可视空间的创造性，即发挥对空间的切割与重组功能，以形成丰富多彩的不同个性的光影环境，或获得局部空间效果，增加空间与商品的魅力。例如，在珠宝销售区使用红、黄等富丽的光色界定特定的空间范围，既可以起到强调视点的作用，又可以为珠宝平添几分魅力。这种布光方式可以使空间层次发生变化，将整个布局空间隔成若干特定的空间。其特殊效果是用物质材料构筑第二空间所达不到的。

（2）不同的布光方式可以弥补空间环境的不足，使空间通过光影得到丰富，发生有韵律的变化。例如，空间过高时，可采用大吊灯、组合吊灯等降低空间、控制空间；天花板较矮时，则可采用满天星、发光顶棚等方式弥补不足。在这里，灯具不仅作为一种照明工具使用，它还使得空间在高度上有了一定的界限，增加了空间层次感。

（3）不同的布光方式可以制造、强化不同的环境氛围，以符合不同的心理需要和行为特征。例如，人际间往往存在着一定的心理距离，因而要求占有一个特定的空间范围，这种心理现象被称为"领域感"，如大型豪华商场为追求一种热烈的气氛，通常用华丽的吊灯来装点；而追求新潮的服装专卖店则采用彩色灯（如亮紫色灯），以烘托一种浪漫、前卫的气氛。

（4）不同的布光方式可以产生更多的空间效果。但是，无论采取哪种方式，都要合理恰当，以免弄巧成拙。拿音响销售区来说，如果在轻歌曼舞中辅以彩灯烘托气氛，则会使音乐臻于美妙，从而满足人们的视听感观，刺激其购买欲望。但如果在服装销售区配彩灯，则是画蛇添足，因为彩色灯光会干扰消费者对服装色彩的正确判断。

（5）光影可以对空间各色彩的明度起到平衡作用。明度高的色彩反射率大，如黄色。因此，布光时要考虑其反射性，不能产生过分的刺激感，注意与明度低的色彩相平衡。对直接式、间接式、半直接式、半间接式等照明方式的运用，也要注意色彩的不同变化，以避免造成强烈、突变、干扰、刺激等使人不安的心理效果。在色调上的处理也要恰如其分，局部照射或投射光可使消费者对商品产生高速信息反馈。

## 案例 12-1

### 服装实体店灯光设计技巧

若想将店铺装修得漂亮，一定要配好灯光。店铺的灯光非常重要。有些店铺灯光安装不合理；有些灯光亮度不够；有些店铺为了省电，有灯不开，这样只会因小失大！实体店铺灯光设计技巧有以下几个。

**一、LED 灯具选用和灯光设计**

（1）店铺门口主通道的灯光要足够明亮，突出店铺气氛和形象，并区别于周围其他店铺。

（2）注意店铺门口、通道、货架的亮度关系，以起到引导消费者进入和自然形成消费者行走路线的效果。注意店铺内整体亮度、局部亮度、重点亮度间的关系，以达到既有良好的气氛环境又能强调商品的目的。

（3）店铺内的一般照明可选用水平光线，而服装及货架等应采用垂直光线（如射灯）。

（4）对于立体商品（如模特身上的商品等），灯具的位置应使光线方向和亮度分布有利于加强立体感。

（5）应防止试衣镜、橱窗、玻璃货架等产生反光效果。

**二、潮流时装和饰品店的灯光照明**

赋予时装店以自己的个性，使其区别于其他店铺，在消费者心目中形象突出，是一项艰巨的任务。照明是赋予时装店形象的主要工具，进行照明的选择时应充分考虑目标消费者。照明区域可以充分突出主要产品，以吸引消费者的注意力。照明选择可以逐步地满足消费者的品位和要求。首先，完善商店的形象；然后，结合内部装修找到最适合的照明方案。为了分析得更清楚，以以下三种店铺照明方案为例进行介绍。

**1．高级品牌专卖店**

相对于较低的基本照度（300Lux），暖色调（2 500～3 000K）和很好的显色性（*Ra*>90）。使用大量装饰性射灯营造戏剧性效果，可吸引消费者对最新流行时尚的注意，并配合专卖店的氛围。

**2．普通时装店**

平均照度为（300～500Lux），自然色调（3 000～3 500K）和很好的显色性（*Ra*>90）。结合使用大量重点照明灯光营造轻松且富有戏剧性的氛围。

**3．大众化商店**

较高的基本照度（500～1000Lux），冷色调（4 000K），较好的显色性（*Ra*>80），营造一种亲切、随意的氛围。使用较少的射灯突出商店中特定区域的特殊商品。

**三、灯具的选择**

选择灯光的目的是让消费者可以轻易找到自己喜爱的服装款式，从容地试穿或感受衣服的质感。直接照射在服装上的光线应该比较明亮（>1000Lux）。在高级专卖店中建议使用高显色钠灯（2 500K），而在普通时装店、大众化商店中可使用 LED 轨道灯或 COB 象鼻灯（3 000～3 500K）。较好的显色性（*Ra*>80）可以引导消费者做出购买决定。

可用于照明的灯具具体有 LED 轨道灯、COB 轨道灯、COB 象鼻灯、LED 天花射灯、LED 豆胆灯、COB 豆胆灯、LED 内胆灯、LED 筒灯、LEDT5 灯管等节能环保产品。

照明应集中在产品上，平均照度应大于 750Lux，采用自然色调（2 750～3 000K）以配合服装的颜色，同时应具有很好的显色性（*Ra*>80）。高级品牌专卖店和普通时装店应该采用重点照明，而在大众化商店中，在衣架附近有针对性地采用嵌入式或悬挂式直管荧光灯具会比较有效。

**四、展示区的 LED 照明灯具选择**

展示区中采用多种美工设计来体现店铺内模特所穿服装最完美的一面。展示时应采用戏剧性（AF30：1）到低戏剧性（AF5：1）效果。

较亮的照明效果比较容易显示陈列商品的可见度。例如，对身着晚礼服站在餐桌边的模特，建议采用高显色钠灯或卤素灯，金属卤化物灯则更适合照亮沙滩服饰。对于较低端的商店，一个节能管筒灯可以提供展示区内的额外光线。

## （五）音响设计

现代商业，尤其是零售业特别重视音响的作用。音响的处理是否得当，直接影响着消费者的购物情绪。一项调查研究显示，在美国有 70%的人喜欢在播放音乐的零售店铺里购物，但并非所有音乐都能取得此效果。调查结果显示，在零售店铺里播放柔和而慢节拍的音乐，会使销售额增加 40%，快节奏的音乐会使消费者在商店里流连的时间缩短，从而减少购买量。这个秘诀早已被零售店铺的经营者熟知，所以每天快打烊时，零售店铺就播放快节奏的摇滚乐，迫使消费者早点离开。

不过，由于零售店铺内的空间对噪声源不具有约束力，因此零售商要注意防止回声、声聚焦等现象的发生。同时，对一些需要调试音效的商品，如收音机、电视机、乐器等，应尽量分行隔音，移至僻静处或其他的楼层。这时可以采用一些控制噪声的基本方法，如在天花板、地面、墙壁采用吸声表面材料，提高建筑物护墙及门窗的隔音能力等。

另外，在零售店的内部空间中，可采用"背景音乐"，用舒适的音响和频率冲淡噪音。同时，音乐的和声、旋律作为一种信号，可刺激大脑的神经细胞，使人产生兴奋、激昂、忧伤等情绪。

在购买高峰时，零售商可播放一些奔放的音乐，以加速消费者流动；在购买低峰时，播放一些清逸的轻音乐，以留住消费者。音乐与人的情感的对应关系比较明显，所以在不同的零售空间，零售商应该选播不同情绪色彩的音乐。音乐的确可以起到促销、减轻经营人员疲劳、调节工作节奏以及缓解噪声的作用。但是，如果使用不当，它也可能成为一种噪声源。因此，零售商在选播音乐时，一定要注意通过审美情趣的诱导，形成人们对高尚情操和审美理想的追求。

## （六）色彩设计

在店铺布局的各元素中，没有什么比色彩更能强烈地影响人的感觉了。其传达的信息量通常比其他对象传达的信息量更加丰富，更加直接，更加容易为人所接受。

色彩存在于营销空间环境中，能影响消费者进入商场的第一感觉。消费者在进入店铺时感到舒畅还是沉闷，都与色彩有关。科学家在研究色彩对生物的影响时发现，不同的色彩会使人的心理产生不同的反应。如果在零售店中恰当地组合和选用色彩，调整好人们与环境的色彩关系，会对形成特定的氛围空间起到积极的作用。

相同的色调在不同的空间取得的效果是不一样的。因为色彩不仅有审美的意义，还包含着感性创造的内容。不同的色调可以在人的心理上产生不同的空间感。

空间感是指人们受色彩的影响而产生的大与小或远与近的感觉。从光学上分析，暖色光的光波比较长，会造成视觉上的逼近感；而冷色光的光波较短，属隐退性色彩。利用色彩光波产生的视觉和错觉，我们可以改变原有的空间感觉。如对于窄长的空间，可以将两面较长的墙面饰以隐退性色彩，如灰绿、灰蓝。较短的墙面则涂以逼近性的色彩，如枯黄、黄、白等。对于天花板过高、过低，也可以利用色彩的进退性改变原有的感觉。

我们对空间的色调处理，还应该把平衡、强调、韵律、统调等复合体进行统筹考虑。

（1）平衡。在视觉艺术中，平衡是形式美法则之一。空间色彩的平衡是指空间构成要素的大小、明暗、色块在对比、变化的情况下所取得的稳定感。

平衡分为不对称平衡和对称平衡。商店布局空间由诸多元素构成，求得对称平衡比较费力，采取不对称平衡反而可以获得鲜明的个性。色彩中重与轻、明与暗、暖与冷都是相对立的，要使各自的面积和形状为保持平衡而有所变化。

平衡并不是普遍适用的形式美法则。按照传统的美学观点，平衡是美的，但在特定的条件下，打破平衡也是美的。例如，在体育用品商店就可以通过色调制造不平衡，使其符合这种特定空间的真实本质和内在规律，在人们的心中产生情感的张力。反之，如果一切既在或潜在对立因素都消融在和谐、平静的状态之中，就会减弱特有的空间氛围。

（2）强调。人们在一定的色彩平衡的空间内注意力来回摆动后，最终会停在中间的一点上。如果将其利用某种强烈的色彩加以标定，使人们的目光在此停驻下来，会在人的心中产生一种安宁、满足的情绪。在店堂布局空间中，这种色彩的强调效果常常出现在可以对消费者起视觉导向作用的各类招牌、指示标志、展台、模特等上。

（3）韵律。心跳、呼吸以及许多其他生理上的有规律的反应都是一种自然生理韵律。在视觉和听觉上的感觉知觉，是建立在有韵律的波动上的。当感官感触审美对象时，对象所表现出的节奏符合生理的自然韵律，人就会感到和谐。空间色调便是利用这种规律，使空间色彩达到多样统一美感的。我们在营销空间中，要调整色彩排列，以产生变化。如果按强、中、弱三色顺序排列，就是一种渐近的移动，会产生渐变的效果，即阶梯效果。如按强、弱、中或中、强、弱的顺序排列，便会产生韵律感。

（4）统调。商店空间需要一个基本的色调使多色配合的整体统一起来。这个基本的色调叫作"统调色"。空间色彩无论多么丰富，都可以从黑、白、金、银等色中择取一两种来进行统一调整，以呈现统一感。色彩的美不是孤立的，它是在与环境的相互作用下产生的。所以，有时一些色彩的出现会破坏这种统一感，如我们常见的一些商场内悬挂的彩旗和大红横幅标语。它们总以夺目的色彩跳入人们的眼帘，迫使人们去关注它。无论什么审美对象，都总要向审美主体传递丰富的信息流。这些信息大致有三个不同的层次：感觉的刺激，情感的愉悦，理性的思考。这种出于某种宣传需要的色彩块面，从审美的角度看，只能刺激人们的感官，污染视觉环境，是不能引起人们产生愉悦感的，因而也就失去了对理性思考的推动作用。

## （七）气味控制

### 1. 气味的作用

零售店铺卖场的气味也是至关重要的。如果卖场气味异常，那么，商品的销售是不会产生突破的。

人们的味蕾会对某些气味做出反应，有时只是凭借嗅觉就可感知某些商品的滋味，如巧克力、新鲜面包、橘子、爆米花和咖啡等。气味对人们的愉快心情也是有帮助的。花店中花卉的气味，化妆品柜台的香味，面包店的饼干、糖果味，蜜饯店的奶糖和硬果味，零售店铺礼品部散发的香气，皮革制品部的皮革味，烟草部的烟草味，均与这些商品相协调，对促进消费者的购买是有帮助的。

### 2. 卖场的通风设施配置

零售店铺内消费者流量大，空气极易污浊。为了保证店内空气清新、通畅、冷暖适宜，零售店铺应采用空气净化措施，加强通风系统的建设。通风可以分自然通风和机械通风。

采用自然通风可以节约能源，一般小型零售店铺多采用这种通风方式。而有条件的现代化大中型零售店铺，在建造之初就普遍采用紫外线灯光杀菌设施和空气调节设备来改善零售店铺内部的环境质量，为消费者提供舒适、清洁的购物环境。

### 3. 空调温度的设定原则

零售店铺内的空调温度设定应遵循舒适性原则，冬季应温暖而不燥热，夏季应凉爽而不骤冷，否则，会对消费者和员工产生不利的影响。例如，冬季暖气开得很足，消费者从外面进入零售店铺时都穿着厚厚的棉毛衣，在店内停留几分钟就会感到燥热无比，来不及细看就匆匆离开零售店铺，这无疑会影响零售店铺的销售。夏季冷气太足，消费者从炎热的外部世界进入零售店铺，会有不适应感，抵抗力弱的消费者难免出现伤风感冒的症状。因此，在使用空调时，维持舒适的温度和湿度是至关重要的。

## （八）其他影响因素

### 1. 服务设备

服务设备是布局中供消费者坐、行、看的设施，一般是不由经营者直接控制和使用的一系列服务性设备，如休息用椅、试衣室、扶手电梯等。

服务设备在布局中的重要作用在于表现出经营者的人情味。不难想象，一家商场，尤其是大型商场，不管其商品多么丰富，如果缺乏服务设备，就会给人一种冷漠的感觉。这种对人的漠视，自然会使空间环境失去宜人的氛围。对于服务设备，我们不能简单地认为只是功能性设备，还要考虑服务设备与整体环境的协调，使其起到既给人以好感，又给人以美感的效果。

服务设备作为布局的构成元素，一般以点的形式存在于营销空间环境中，营业设备则是其组合构成点的延长线。二者相互对比、有机协调，可为整体布局增加节奏感、韵律感。设备的安置可根据具体空间确定适宜的位置，并与营业设备的线形组合相互作用，彼此呼应，提高布局的整体效果。

另外还要注意，陈设、绿化等应放在点状空间内。如果将它们与营业设备一样放在线状空间内，就会因吸引人群而导致空间堵塞。

### 2. 陈设

陈设是为了给消费者提供一个舒适、优美的环境。陈设具有很强的灵活性、有效性，这是针对布局中的服务设备而言的。陈设可分为展示功能的陈设，导向功能的陈设，点缀环境、强化个性的艺术陈设。

（1）展示功能的陈设。展示功能的陈设一般设在比较醒目及空间结构不足的位置，以起到一种广告及联结弥补空间的作用。应该说，其功能相当于橱窗，但其自身的造型更有选择性。展示功能的陈设应把众多分散的信息点巧妙地编织成更醒目的一点，提高视觉冲击力。

在实际的商场布局中，模特是主要的陈设。其不仅可强化营销布局的生命力，还可以通过逼真造型直观地唤起人一定的意象和概念。模特作为传递信息的工具，构成了一种形象化的符号系统。它可以直接与消费者对话，传达商品的功能意义。因此，模特对整个布局的情调可起重要作用。

（2）导向功能的陈设。导向功能的陈设具有引导消费者顺利购买所需商品的功能。它是一种文字语言与视觉形象的有机结合物。导向功能的陈设可分为文字导向、图形导向和图文结合的导向三类。导向功能的陈设一般安放在电梯、电话亭、洗手间、服务台、收银台等地方。

导向功能的陈设是一种视觉语言。人类感知事物最敏感、最准确的就是视觉。因此，符号给视觉以刺激，让人感知事物，导向陈设就属于"符号"的范畴。它把复杂的事物用简单的形式表达出来，且给人的印象是瞬间的。因此，我们要特别注意导向功能的陈设的三个特征：一是形象独特而有别于其他个性化的元素，二是形象构成去繁就简的单纯美，三是在短暂的时间内传递明确的信息。

（3）艺术陈设。由一般元素构成的布局，给人的情感冲击并不强烈，但与艺术陈设相结合，就会产生审美的飞跃，向更高的审美精神空间迈进。它能够构成不同的"性格取向"，以其形式和内容产生的精神力量来强化布局整体环境的主题，给消费者以提示和启发，从而起到一种点缀、导向的烘托气氛的作用。

目前在许多商场里，经营者更多地注重字画、壁画等平面的艺术陈设，而忽略了占据三维空间的艺术陈设。其实，在一些适当的位置摆放一些艺术品会起到意想不到的作用。但要注意作为整体布局的元素，艺术陈设不能脱离环境凭空设置。在某一布局中，艺术陈设可以成为一个较明确的情感交流中心。例如，在体育用品店安放一座"掷铅球"塑像，就会使消费者萌生生命的跃动感。在宾馆、饭店等的布局中，则注意强调艺术陈设的不同个性，创造文化性、民族性、乡土性的氛围。

## 3. 绿化

现代城市中，人工景观把自然色逐出人的视野，建筑物更将人与自然隔离开来。零售布局中出现的一些绿色植物，会使空间多少带些田园情调，满足人与阳光、空气、植物直接接触的需求，从而带来舒适的美感，使人产生生机勃勃的感觉。

零售布局的设计，要突破"四堵墙"，尽可能与大自然保持亲近，消除内部空间的沉闷，以维持人与大自然生态系统的平衡。当然，绿化还可以起到划分区域、填充空间的作用。

植物绿化的意义还在于它与布局中的其他元素构成两种基本的对比关系。

（1）自然生命美与人工环境的凝固形成对比。绿化植物的存在使人工环境有了生命，体现了人工环境与自然环境的和谐，增强了空间的感染力。

（2）从视觉上看，各具姿态的绿化与规矩的其他形态形成对比，同时形成了一种质地上的反差美、冲突美。

### 案例 12-2

#### 新零售时代实体店环境设计——以小米之家为例

小米之家是小米公司成立的直营客户服务中心，为广大消费者提供手机及其配件的自提、技术支持、售后服务，也是"米粉"们的交流互动场所。小米之家不参与与任何经济交易挂钩的业务，即用户所有下单、付款、退款等操作都通过小米官网完成，门店只提供自提服务。若消费者在自提时发现产品有质量问题，可以当场按照退换货政策进行处理，其他订单用户也可以预约到小米之家服务站进行退换货。自 2016 年起，小米之家由服务型店面转型为集销售和服务为一体的直营店,并且将小米生态产品全部部署到店中。小米之家的环境设计秉承了小米产品和品牌的一贯风格——简约、清新。外部装饰、Logo布置、室内装修、柜面、产品展示等都保持了统一风格,与苹果旗舰店颇为类似。在产品展示上,新奇多样的智能化单品任由消费者自由体验,使得实体店具备了娱乐体验的功能。店内几乎没有明显的营销痕迹,如大量的价格或优惠宣传,也没有营业员的尽力推销。消费者可在店内自由地玩乐和体验,不会受到打扰。

小米之家对生态产品进行了品类划分,并且设计了体验区,消费者能够真切感受到产品买回来以后的实际效果。

小米之家布置了很多供消费者休息用的沙发和可以坐下来"玩"的座椅,这样有利于延长消费者体验的时间。

从小米之家的实践上看,小米公司具备研发产品和打造品牌的实力,其线上营销以及生态建设已十分完善,并且具备超强的把控力。小米科技已在消费者心目中成为"新国货"的代名词,加上其让人难以置信的产品价格,吸引了大量陌生消费者接触小米、选择小米。没有线下实体的深厚积累,是难以打破消费者的信任防线的,而小米之家依托先进的产品生态和线上运营模式,将体验和服务功能做到线下自营,从而在公司同样的流程和标准下自然而然地完成了线上线下的融合和互动。

借鉴小米之家的经验,传统实体店在环境设计方面可进行的尝试包括信息交互科技化、消费流程智能化、消费空间开放化、风格显性化。信息交互科技化是指在新零售时代,消费购物过程中都体现出了信息的交互,而在传统的实体店中,除了实物展示和店员推介,没有任何与互联网相关的信息交互,如电子订单、网络会员、支付入口、售后信息等。因此,新零售时代的实体店中的信息元素必须与互联网信息交互融合,让消费者进入实体店后不会出现信息交互的倒退或阻碍。消费流程智能化是指在实体店的营销过程中,减少传统的人为干预,让消费者通过店内的各种智能化体验,顺利、自主地完成消费。消费流程的智能化也体现在实体店消费信息和操作与线上的融合上,消费者在店里可能会产生消费联想,这就需要实体店能够通过边界的展示渠道,如电视大屏幕等为消费者提供其他商品的信息。实体店在空间设计上需要更加开放,将传统密集的商品展销方式转变为更加宽敞、开阔,兼具消费、休息、交流功能于一体的场所,使消费者能够放慢脚步甚至长时间停留,如此实体店的环境营造也就基本成功了。

实体店在附加商品买卖之外的更多消费功能后,还应突出自身风格特点,对空间装饰、产品展示、标注信息等进行统一化,从而改变"代理店"的形象,真正将实体店自身的品牌形象和产品形象融入环境设计中,最终印在消费者的心中。

消费环境是影响消费决策的最直观的要素。举个简单的例子,同样的食物在不同的环境下能够卖出具有极大差异的价格,除了更好的服务以外,消费环境的差异是促进消费者"买单"的重要因素。更何况在新零售时代,消费者的消费体验来自综合化的项目,包括商品买卖、娱乐体验、餐饮休闲等,消费者在实体店中实现的消费需求呈多样化和融合化。因此,实体店应按照微缩版或精华版商城的概念进行环境设计。

**案例点评:** 在新零售时代,传统零售商必须做出一定的改变来适应时代的变化,必须实现实体店的转型,对战略定位、经营理念、管理方法、经营工具进行变革,必须改变传统的"柜台"定位,走"自营综合消费服务商"的道路,将实体店设计、产品形象以及消费者需求相结合,从而促进消费。

资料来源：搜狐网。

# 四、实体店商品的陈列技巧

合理地陈列商品可以起到展示商品、刺激销售、方便购买、节约空间、美化购物环境等各种重要作用。据统计，店面如能正确运用商品配置和陈列技巧，销售额可以在原有基础上提高 10%。

## （一）商品陈列的基本原则

有效的商品陈列可以激发消费者的购买欲，促使其购买。做好商品陈列必须遵循一些基本原则，包括显而易见原则、最大化陈列原则、垂直集中陈列原则、下重上轻原则、先进先出原则、丰满陈列原则，如表 12-3 所示。

表 12-3　商品陈列的原则及原理

| 原则 | 原理 |
| --- | --- |
| 显而易见原则 | 在眼球经济时代，谁的商品能够引起消费者的注意力，谁就是赢家。商品陈列要让商品显而易见，这是完成销售的首要条件。让消费者看清楚商品并引起消费者注意，才能激起其冲动购买心理。所以商品陈列要醒目，展示面要大，力求生动、美观 |
| 最大化陈列原则 | 商品陈列的目标是占据较多的陈列空间，尽可能增加货架上的陈列数量。只有比竞争品牌占据更多的陈列空间，消费者才会购买你的商品 |
| 垂直集中陈列原则 | 垂直集中陈列不仅可以抢夺消费者的视线，而且容易做出生动有效的陈列面，因为人们的视觉习惯是先上下、后左右。除非商场有特殊规定，否则一定要把公司所有规格和品种的商品进行集中展示 |
| 下重上轻原则 | 将重的、大的商品摆在下面，小的、轻的商品摆在上面，便于消费者拿取，也符合人们的习惯审美观 |
| 先进先出原则 | 按出厂日期将先出厂的产品摆放在最外一层，最近出厂的产品放在里面，以避免产品滞留过期。专架、堆头的货物至少每两个星期翻动一次，把先出厂的产品放在外面 |
| 丰满陈列原则 | 要让自己的商品摆满陈列架，做到丰满陈列。这样既可以增加商品展示的饱满度和可见度，又能防止陈列位置被竞品挤占 |

## （二）商品结构布局设计

超市经营着成千上万种商品，确定每种商品配置面积的大小对于超市的经营起着至关重要的作用。不同类别的商品应配置不同的经营面积，如表 12-4 所示。良好的布局设计是超市经营思路的体现，其在功能性布局完成的同时，应该充分考虑商品的价值实现，即设定卖场中每一个区位应该达到的销售额。如果能将经营指标细化到每一个单品上，经营效果会更好。

表 12-4　超市商品类别的面积配置

| 商品类别 | | 面积配置（平方米） |
|---|---|---|
| 食品 | 水果蔬菜 | 5 |
| | 精肉配菜 | 3 |
| | 熟食品 | 3 |
| | 面包 | 2 |
| | 水产海鲜 | 1 |
| | 小吃 | 1 |
| | 冷冻食品 | 5 |
| | 酒水 | 5 |
| 杂货 | 干性杂货 | 15 |
| | 洗涤品 | 10 |
| 用品 | 手工制品 | 2 |
| | 日用品 | 6 |
| | 文教音像用品 | 3 |
| | 体育用品 | 4 |
| | 家电 | 20 |
| | 服饰 | 15 |

## 1. 商品陈列布局

商品放满陈列要做到以下几点：货架每一格至少陈列 3 个品种（畅销商品可少于 3 个品种），保证品种数量。就单位面积而言，平均每平方米要达到 11 个至 12 个品种的陈列量。当商品暂时缺货时，要采用销售频率高的商品来临时填补空缺商品位置，但应注意商品品种和结构之间的配合。放满陈列只是一个平面上的设计。实际上，商品是立体排放的，更细致的研究在于商品在整个货架上如何立体分布。

系列产品应该呈纵向陈列。如果它们横向陈列，消费者在挑选某个商品时，就会感到非常不便。因为人的视线上下夹角为 25° 时便于上下垂直移动。消费者在离货架 30~50cm 距离挑选商品时，就能清楚地看到 1~5 层货架上陈列的商品。而人视线横向移动时，就要比前者差得多，因为人的视线左右夹角为 50°，当消费者距货架 30~50cm 挑选商品时，只能看到横向 1m 左右距离内陈列的商品。这样就会非常不便。实践证明，两种陈列方式所产生的效果的确是不一样的。纵向陈列能使系列商品体现直线式的系列化，使消费者一目了然。系列商品纵向陈列会使 20%~80%的商品销售量提高。另外，纵向陈列有助于给每一个品牌的商品一个公平、合理的竞争机会。

### 2. 黄金分割商品陈列线

提高门店日常销售额最关键的手段是提高货架上黄金段位的销售能力。一项调查显示，商品在陈列位置进行上、中、下三个位置的调换，商品的销售额会发生如下变化：从下往上挪的商品的销售额一律上涨，从上往下挪的商品的销售额一律下跌。这份调查虽然不是以同一种商品进行试验的，但"上段"陈列位置的优越性已经显而易见。

实际上，目前普遍使用的陈列货架一般高 165～180cm，长 90～120cm。在这种货架上最佳的陈列段位不是上段，而是处于上段和中段之间的段位，这种段位被称为"陈列的黄金线"。以高度为 165cm 的货架为例，对商品的陈列段位进行划分：黄金陈列线的高度一般为 85～120cm，它是货架的第二、第三层，是眼睛最容易看到、手最容易拿到商品的陈列位置，所以是最佳陈列位置。此位置一般用来陈列高利润商品、自有品牌商品、独家代理或经销的商品。该位置最忌讳陈列无毛利或低毛利的商品，那样对零售店而言会产生利润上的巨大损失。其他两段位的陈列中，最上层通常陈列需要推荐的商品，下层通常陈列销售周期进入衰退期的商品。

## （三）卖场的功能性布局技巧

零售学中一般用磁石点理论来说明卖场的功能性布局技巧。所谓磁石，是指超级市场的卖场中最能吸引消费者注意力的地方。磁石点就是消费者的注意点。创造这种吸引力是通过使用商品的配置技巧来完成的。商品配置中磁石点理论运用的意义是，在卖场中最能吸引消费者注意力的地方配置合适的商品以促进销售，并且这种配置能引导消费者逛完整个卖场，以达到增加消费者冲动性购买率的目的。超市卖场磁石点分为五个，其应在不同的磁石点配置相应的商品，如图 12-5 所示。

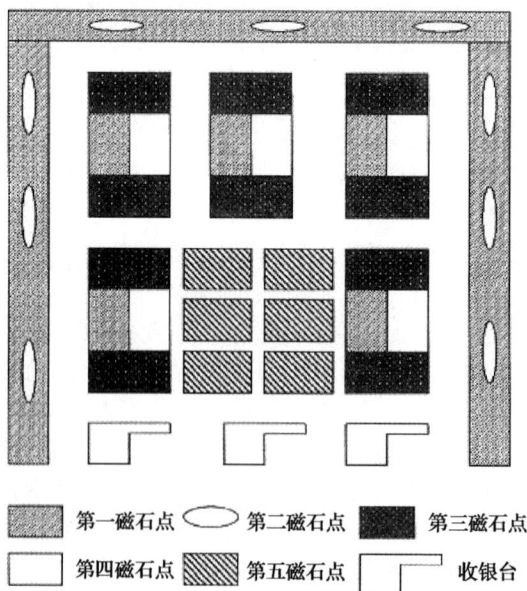

图 12-5　磁石点

## 1. 第一磁石点

第一磁石点位于卖场中主通道的两侧，是消费者必经之地，也是最主要的商品销售的地方。此处配置的商品主要是：①主力商品；②购买频率高的商品；③采购力强的商品。这类商品大多是消费者随时需要又时常购买的商品（见图 12-6）。例如，蔬菜、肉类、日用品（牛奶、面包、豆制品等）应放在第一磁石点内，以增加销量。

## 2. 第二磁石点

第二磁石点穿插在第一磁石点中间，分段引导消费者向前走。第二磁石点在第一磁石点的基础上摆放，主要配置以下商品：①流行商品；②色泽鲜艳、引人注目的商品；③季节性强的商品。第二磁石点需要超乎一般的照明度和陈列装饰，以最显眼的方式突出表现商品，让消费者一眼就能辨别出其与众不同的特点，如图 12-7 所示。同时，第二磁石点上的商品应根据需要隔一段时间便进行调整，保持其基本特征。

图 12-6　第一磁石点实例

图 12-7　第二磁石点实例

## 3. 第三磁石点

第三磁石点指的是超市中央陈列货架两头的端架位置。端架是卖场中消费者接触频率最高的地方，其中一头的端架对着入口，如图 12-8 所示。配置在第三磁石点处的商品，要起到刺激消费者、留住消费者的作用，可配置下列商品：①特价商品；②高利润商品；③季节性商品；④厂家促销商品。值得一提的是，我国目前有一些超级市场根本不重视端架商品的配置，失去了很多赢利机会；一些超级市场选择的货架两头是半圆形的，根本无法进行端架商品的重点配置，应积极地加以改进。

## 4. 第四磁石点

第四磁石点通常指的是卖场中副通道的两侧，是充实卖场各个有效空间的摆设商品的地点，如图 12-9 所示。这是让消费者在长长的陈列线中引起注意的位置，因此必须配置单项商品，即以商品的单个类别来进行配置。为了使这些单项商品能引起消费者的注意，零售商应在商品的陈列方法和促销方法上对消费者刻意表达诉求。其配置的主要商品有：①热销商品；②有意大量陈列的商品；③广告宣传的商品。

图 12-8　第三磁石点实例

图 12-9　第四磁石点实例

### 5. 第五磁石点

　　第五磁石点位于收银台前的中间卖场，是各门店按总部安排，根据各种节日组织开展大型展销、特卖活动的非固定卖场。其目的在于通过采取单独一处多品种大量陈列的方式，产生一定程度的消费者集中，从而烘托门店气氛。同时展销主题不断变化，也会使消费者产生新鲜感，从而达到促进销售的目的。

　　五个磁石点的具体特点如表 12-5 所示。

表 12-5　五个磁石点的具体特点

| 磁石点 | 店铺位置 | 配置要点 | 配置商品 |
| --- | --- | --- | --- |
| 第一磁石点 | 位于卖场中主通道两侧，是消费者的必经之地，是商品销售最主要的位置 | 由于具有特殊的位置优势，不刻意装饰即可产生很好的销售效果 | 主力商品、购买频率高的商品、采购力强的商品 |
| 第二磁石点 | 穿插在第一磁石点中间 | 有引导消费者走到各个角落的任务，需要突出照明度及陈列装饰 | 流行商品、色泽鲜艳、容易抓住人们眼球的商品，季节性很强的商品 |
| 第三磁石点 | 位于超市中央陈列货架两头的端架位置 | 是卖场中消费者接触频率最高的位置，赢利概率高，应重点配置，商品摆放时三面朝外 | 特价商品、高利润商品、厂家促销商品、季节性商品 |
| 第四磁石点 | 卖场中副通道的两侧 | 重点以单项商品来吸引消费者，需要在陈列方法和促销方式上刻意体现 | 热销商品、有意大量陈列的商品、广告宣传商品 |
| 第五磁石点 | 位于收银台前的中间卖场，是非固定卖场 | 能够引起一定程度的消费者集中，烘托门店气氛，展销主题需要不断变化 | 用于开展大型展销、特卖活动或者陈列节日促销商品 |

## （四）货架陈列位置的分类

商品陈列面积大小、陈列高低与时间长短均能引起销售上的变化。商品陈列高低的不同，会产生不同的销售额。依商品陈列的高度，货架分为三段。

（1）中段：为手最容易拿到的高度。中段高度，对于男性，为 70～160cm；对于女性，为 60～150cm。有人称这个高度为"黄金位置"，一般用于陈列主力商品或有意推广的商品，如图 12-10 所示。

（2）次上、下段：为手可以拿到的高度，一般用于陈列次主力商品。次上段的高度，对于男性，为 160～180cm；对于女性，为 150～170cm。次下段的高度，对于男性，为 40～70cm；对于女性，为 30～60cm。其中，次下段须消费者屈膝弯腰才能拿到商品，所以次下段比次上段较为不利。

（3）上下段：为手不易拿到的高度。上段的高度，对于男性，为 180cm 以上；对于女性，为 170cm 以上。下段的高度，对于男性，为 40cm 以下；对于女性，为 30cm 以下。其一般用于陈列低毛利、补充性和体现量感的商品，上段还可以有一些色彩调节和装饰陈列。

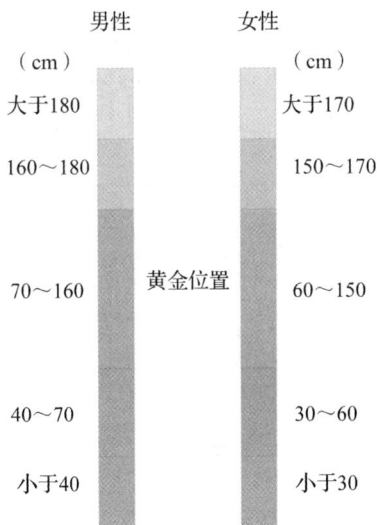

图 12-10　男女性货架取物的黄金位置

## （五）主力流动线的设计

主力流动线的模式及特点如表 12-6 所示。

超市可以考虑根据表 12-6 来设计主力流动线，配置主力商品。设计主力流动线时要从中央陈列架器具的物理性配置、商品群的配置和主力品种的配置角度考虑。主力商品的配置则要遵循让消费者到店铺最里面去选购商品或尽量延长消费者流动线的原则。一般情况下，让消费者环绕主要通路选购、围绕中央陈列架选购，能够帮助商店取得最高的销售额。

### 表 12-6　主力流动线的模式及特点

| 模式 | 特点 |
| --- | --- |
|  | 消费者绕生鲜食品主要通路一圈，再进入中央陈列架，消费者购买单位模式最高 |

续表

| 模式 | 特点 |
|---|---|
| | 消费者在绕生鲜食品主要通路的途中进入中央陈列架选购商品，再回到主要通路，最后到收银台 |
| | 消费者沿生鲜食品主要通路行走，再原路返回，进入陈列架选购 |
| | 消费者没有绕生鲜食品一圈，而是从与蔬菜水果相反方向的主要通路进入中央陈列架进行选购 |

## （六）商品的色彩语言

通过不同商品各自独特的色彩语言，消费者更易辨识商品，对商品产生亲近感。这种作用在零售店铺里特别明显。例如，暖色系统的货架上，放的是食品；冷色系统的货架上，放的是清洁剂；色调高雅、肃静的货架上，放的是化妆用品……这种商品的色彩倾向性，可体现在商品本身、销售包装及其广告上。

商品色是指不同大类商品上经常使用的能促进销售和便利使用的色彩或色调。商品色虽未有强制性规定，也称不上标准色，但在零售店铺经营环境设计中也不可轻易违反。有些色彩会给人以酸、甜、苦、辣不同的味觉感受，以及不同的嗅觉感受。例如，淡红色、奶油色和橘黄色点缀少量的绿色等，会促进食欲，因而食品类的陈列普遍采用暖色系的配色。

在色彩布置上，超级市场应以让消费者感到舒适、轻松为前提，不同的商品可以用不同的颜色做背景，如表12-7所示。家乐福超市将肉柜布置成鲜红色，将熟食柜布置成金黄色，而将水产品柜布置成浅蓝色，可让消费者身临其境，勾起强烈的购买欲望。不过，超级市场的色彩应以淡色调为主。若超级市场的面积不大，就不应用太多的色彩；相反，若面积较大甚至有多层，则可视商品、楼层的不同而采用不同的色彩。

表 12-7　大类商品的习惯色调

| 商品类别 | 特点 | 习惯色调 |
|---|---|---|
| 服装 | 讲求时尚与适合 | 均取高雅的色调。男性取明快的色调显示有活力、有气魄、粗犷有力;女性取和谐、柔和的色调,烘衬女性美 |
| 食品 | 安全与营养 | 多采用暖色 |
| 化妆品 | 护肤美容 | 多用中性色调和素雅色调,如淡淡的桃红色给人以健康、优雅与清香感 |
| 机电产品 | 讲求科学、实用与效益 | 多用稳重、沉静、朴实的色调。稍有活力的纯色,如红、黑、蓝色,给人以坚定、耐用的感觉 |
| 玩具和儿童文具 | 讲求兴趣与活泼感 | 多用鲜艳、活泼的对比色调 |
| 药品 | 讲求安全与健康 | 多采用中性色调。偏冷色调给人以安宁、不躁之感,蓝色、银色给人以安全感,浅红、金红色给人以元气、生气、健康与活力的感受 |

如果硬要标新立异,用青绿色调设计饼干的陈列,用银灰色设计午餐肉的陈列,可能就会产生误解,使人产生厌恶感,食欲减退。例如,美国一家无人售货商店发现肉类的销售量下降了,经过调查才发现,店里新安了一扇蓝色的窗子,蓝色使消费者对肉类感到反感。

## (七)商品陈列的方法

(1)主题陈列:即渲染气氛,营造一个特殊的环境,以利于某类商品的销售。

(2)端头陈列:即使商品超出通常的陈列线,面向通道突出陈列。

(3)突出陈列:突出陈列有很多种做法。有的在中央陈列架上附加延伸架,据调查这可以增加 180%的销售量;有的将商品直接摆放在紧靠货架的地上,但其高度不能太高。

(4)关联陈列:关联陈列也称配套陈列,即将种类不同但效用相互补充的商品陈列在一起,或将与主力商品有关联的商品陈列于主力商品的周围,以吸引并方便消费者购买。

(5)悬挂陈列:悬挂陈列是用固定的(或可以转动的)、有挂钩的陈列架陈列商品的一种方法。悬挂陈列能使消费者从不同角度欣赏商品,具有化平淡为神奇的促销作用。常规货架一般很难实现商品的立体陈列,尤其是一些小商品,使用悬挂陈列既方便消费者挑选,又方便商店修改陈列。

(6)量感陈列:量感陈列一般是指商品陈列数量的多寡。只强调商品的数量并非最佳做法,现在更注重陈列的技巧,使消费者在视觉上感到商品数量很多。量感陈列的具体手法很多,如店内吊篮、店内岛、店面敞开、铺面、平台、售货车及整箱大量陈列等。

(7)箱式陈列:箱式陈列也称盘式陈列,是量感陈列的一种方法。其一般做法是将包装用的纸箱按一定的深度进行裁剪,以底为盘、以盘为单位,将商品一盘一盘地堆上去。

(8)岛式陈列:即在商店卖场的入口处,中部或底部有时不设中央陈列架,而使用特殊陈列用的展台。岛式陈列可以使消费者从不同角度看到和取到商品,因此,其效果是非常好的。这种陈列方法能强调季节感、廉价感、时尚和丰富感,从而诱发消费者的购买欲望。

(9)散装或组合陈列:将商品的原包装拆下,或单一商品或几个品类组合在一起,陈列在精致的小容器中出售。商品一般以一个统一的价格或在一个较小的价格范围内出售，这种陈列方法使消费者对商品的质感观察得更仔细，从而诱发购买的冲动。

（10）墙面陈列：用墙壁或墙壁状陈列台进行陈列的方法。这种陈列方法可以有效地突出商品，使商品的露出度提高。一些价格高，希望突出高级感的商品，可以采用这种陈列方法。

（11）缝隙陈列：缝隙陈列是将卖场的中央陈列架撤去几层隔板，留下底部的隔板，形成一个槽状的狭长空间，用来突出陈列商品的方法。缝隙陈列打破了陈列架上一般商品陈列的单调感，有一定的变化，能够吸引消费者的注意力。

（12）交叉堆积陈列：一层一层地使商品相互交叉堆积的方法。这种陈列方法可增强商品的感染力，具有稳定感。这是为再现生活中的真实情景而将一些相关商品组合陈列在一起的陈列方式，如用家具、室内装饰品、床上用品布置室内环境，用厨房用具布置一个整体厨房等。这种陈列使商品显示出真实感、生动感，对消费者有强烈的感染力。

（13）投入式陈列：这种陈列方法是将商品投入某一容器中进行陈列，给人一种仿佛将商品陈列在筐中一样的感觉。投入式陈列给消费者一种价格低廉的感觉，即使陈列量较少，也易给人留下深刻印象。

（14）情景陈列：情景陈列是模仿现实生活中的真实情景，将一些相关商品组合陈列在一起的陈列方式。

# 【本章小结】

（1）店铺设计是零售店铺为了营造商业活动氛围、向消费者提供舒适的购物环境，而进行的科学、合理、艺术化的内部和外部设计。其中，我们主要研究的是视觉效果、听觉效果、嗅觉效果、服务设施、服务态度。

（2）店铺外观设计的内容主要包括店铺的建筑造型与门面设计、店铺的招牌设计和店铺的橱窗设计等。店铺的外观设计取决于零售业种与业态，即根据商店经营商品的种类与经营方式来设计店铺的外观。不同类型的商店，其外观设计是不同的，但是必须遵循两个基本原则，即"让消费者确知店铺的存在"和"让消费者来店"。

（3）店铺的建筑造型是向消费者传递店铺存在的第一个信息。因此，我们应使店铺的建筑造型富有特色，具有吸引力与辐射力，同时要使店铺的建筑造型符合城市或街区建筑规划的要求，既要与周围地区的建筑物相协调，又要与本店的行业特点相匹配。

（4）店铺的内部设计主要包括卖场设计，通道设计，柜台、收款台设计，照明设计，音响设计，色彩设计，气味控制等。

（5）合理陈列商品可以起到展示商品、刺激销售、方便购买、节约空间、美化购物环境等重要作用。陈设的功能是展示商品的种类及其在店内的位置，以吸引消费者；提高消费者对商品价值的认知程度；促进商品销售。

（6）有效的商品陈列可以激发消费者的购买欲，并促使其采取购买行动。做好商品陈列必须遵循一些基本原则，包括可获利性、好的陈列点、吸引力、方便性、价格、稳固性六个方面。

# 【本章重要概念】

店铺设计　　商品陈列的功能与基本原则　　商品陈列技巧　　磁石点　　黄金位置
流动线　　商品陈列方法

# 【拓展阅读】

## 宜家的门店陈列、商品策略、导线设计

互联网和电子商务的快速发展牵动着传统企业的神经，生存在这个时代的传统企业有着极度的不安全感。很多企业秉持"不变革等死"的理念，却非常容易地踏上"乱变革找死"的歧途。

宜家这家瑞典的家居零售巨头通过实际行动告诉我们在数字化时代生存的基本法则，就是回归到零售的本质：找到消费者并理解和把握他们的需求，用超出预期的商品和服务满足他们的期待，不断地为他们制造惊喜。

### （一）产品研发——神奇的产品矩阵

宜家每年要更新上万种商品。走进宜家，如同进入了商品的海洋——纺织品、厨房用品、办公用品乃至小吃零食……琳琅满目的商品令人眼花缭乱。那么，宜家是如何进行单品研发和管理的呢？其令人目不暇接的商品组合背后的商业逻辑是什么？其秘诀就是宜家的"产品矩阵"。首先，宜家会对产品的品类进行划分，这是矩阵的一个维度。其次，宜家根据色彩和家具风格将同一品类的商品分为乡村风格、斯堪的纳维亚风格、现代风格以及瑞典潮流风，这是宜家产品矩阵的第二个维度。最后，宜家将产品按照价格区间分为高价、中价、低价和超低价，用宜家内部的说法，超低价也就是心跳价，这是产品矩阵的第三个维度。就这样，品类、风格以及价格三个维度构成了宜家的产品矩阵。宜家就是在这样一个矩阵的框架内进行产品开发的。

《宜家真相》作者约翰·斯特内博认为，宜家的开发人员正是利用产品矩阵来发现其品类上的空白和疏漏的，这是宜家产品具有竞争力的核心因素。"首先，每种家具风格衍生出不同款式的家具组合，使得各个业务部门比较容易发现一个系列还需要哪些款式的产品，从而将开发需求提交给设计师。其次，对于消费者而言，产品矩阵让消费者在相同风格的家具中做出选择，满足自己的家具组合需求。"约翰·斯特内博表示。正是由于家具产品矩阵的存在，设计师才根据矩阵的框架制订家具的各种参数和配色方案。在开发新品时，设计师不需要从头开始，而是依据矩阵的规范设计具有宜家风格的系列新品。

### （二）门店陈列——划分"冷—热"区域

宜家的门店由家具展厅、家居展厅、仓库、收银台及餐厅组成。门店区域的物理空间划分和商品陈列会影响整个门店的销售业绩。有数据表明，根据科学原则进行的门店陈列和想当然实施的门店陈列，前者比后者业绩要高 30%~40%。那么，宜家是如何进行科学的门店陈列的呢？事实上，消费者从进入宜家的那一刻起，就被安置在天花板上的摄像头秘密跟踪。摄像头记录下了消费者的行进路线、停留时间。通过对大量消费者数据的分析，商家得出了这样一幅图像：每个

消费者的行进路线被标注在宜家门店地图上，当有大量消费者的路线图被标出时，有些路线会交叉重合。重合的地方越多，说明在这里停留的消费者越多；重合的地方越少，说明停留在这里的消费者越少。

根据路线图的疏密分布，宜家形成了门店的"冷—热"分布图。利用这样一个分布图，宜家门店人员就会将畅销品陈列在"热点"，而将相对不畅销的商品陈列在"冷点"。不可忽视的是，宜家餐厅也是其一大利润来源。据笔者观察，宜家餐厅客单价为 30~50 元，甚至更高，而且来客数不少，其以自助的形式减少人工费用，所以成本很低，利润丰厚。

**（三）商品策略——手拿销售"三a一王"**

在宜家的每个门店，营业人员手中都有自己的"三a一王"手册。这本手册用于指导该门店的商品选择。例如，德国人不喜欢橡木家具，因为橡木家具让人回想起油污、粗糙的传统家具环境；英国人比较喜欢富有装饰性的家具；荷兰人喜欢艳丽的橙黄色。宜家在全球拥有数百家门店，面对不同的地区差异，宜家如何在标准化的基础上进行差异化管理呢？这个时候"三a一王"手册起到了至关重要的作用。"三a一王"手册中，每个系列的商品都要突出三种类型的畅销产品，这就是所谓的"三a"：高营业额、高毛利以及心动品。在此基础上，再增加一种新产品，即"一王"——有望成为畅销品或者高利润的商品。

**（四）导线设计——进入"危险的仙境"**

当你踏入宜家，你就会被"导线"默默地引导着走完所有角落。你从入口处进去后就被唯一的一条曲折回转主路引入客厅家具、储物室等各个主区域，直到一个不落地走完才抵达出口。但细心的你会发现，为了确保一些消费者在购物中想快速离开或快速抵达感兴趣的区域，各个主区域间有一些较隐蔽的捷径作为辅助线。此外，宜家的指引牌指示清晰、随处可见，在墙上、地上、各种货架上，甚至购物车上，都会有清晰的退换货指示牌。除指示牌外，其每一种商品都会详细地标注尺寸，样板间也会标注面积的大小，让消费者可以快捷购物。

宜家通过这种独特的店面路线设计和购物指引，让消费者看完了所有商品。虽然中途避免不了有种走迷宫的感觉，但消费者找到东西的快乐被"延迟"了，最后买到东西时的快感会是原本"计划购物"的好几倍。因此走出"迷宫"后，你或许愿意再来一次。而对宜家来说，高达 60% 的购买品本不在你原本想买的清单之内，但你却选购了，那宜家的目的就达到了。

资料来源：赢商网。

**思考题：** 试分析宜家店铺设计和产品陈列的特征。

CHAPTER

# 13

# 第十三章
# 零售业信息化与数据应用

## 【主要内容】
（1）信息化的内涵
（2）中国零售信息化
（3）代表性信息系统
（4）零售业信息化应用案例

> 大数据的应用，最关键的是要有跨领域的思考能力。
>
> ——百度 CEO 李彦宏

## 案例导读

### 零售业信息化：十年完成三级跳

十多年前，中国连锁企业在考虑导入店铺信息管理系统时，讨论的重点之一是：用 ECR 收款机还是用 POS 机？用 ECR 收款机投入不到 4 万元，用 POS 机则需要投入将近 40 万元（包括扫描枪、服务器等）。今天，连锁企业已全面使用基于条码技术的扫描设备和 POS 机，数据基本上可以实现实时传输，部门、配送中心、门店各业务模块完整连接，效率和准确率都得到了质的飞跃，数据挖掘和商业智能也提上日程。这可以算是中国零售业信息化发展的一个缩影。中国零售业信息化是伴随着零售业的发展而发展的，可以分为三个阶段。

**第一阶段：探索阶段（1995—1999 年）。**

1995 年前后是零售业的发展初期，从南方和东部主要城市开始，陆续出现了一些连锁企业，当时它们以这一新的经营模式开创了零售业的新局面，企业自身也实现了快速发展。

当时的零售企业门店数量不多，配送中心的规模也不大，企业对于"联网"还没有迫切需求。总部与门店之间主要通过电话、传真等方式进行沟通，企业流程中单据是核心，票据传递员在当时是一个重要的岗位。当时的软件功能主要集中在门店的销售管理上，包括销售排行、简单的统计分析等。

**第二阶段：规模扩张阶段（2000—2009 年）。**

从 2000 年开始，中国连锁经营进入快车道，企业规模迅速扩张。根据中国连锁协会的统计，1999—2003 年，百强连锁企业同比销售增幅达到了 52%。企业的快速发展，一方面得益于经过初期的培育，很多企业具备了扩大规模的能力，面对巨大的市场，它们迅速扩充店面；另一方面，在 WTO 谈判中我国承诺的"到 2004 年年底零售业全面开放"起到了催化剂的作用。

越来越多的企业开始跨区域发展，大多数企业建立了配送中心，传统的管理方式已经无法满足规模扩大的需求，IT 开始真正发挥作用。其作用主要表现在以下三个方面。①企业内部网络建设：总部与门店、配送中心联网，实现实时数据传输；门店和配送中心内开始采用无线网络和 PDA；配合企业并购，进行流程再造（BPR）和重组；企业网络建设根据不同需求采用 B/S 和 C/S 结构。②关注供应链效率的提高：物流设计和物流管理系统（WMS）受到关注，并有大的投入；订单开始采用 EDI 形式；与大型供应商合作，尝试自动补货；财务系统大多实现"微机管理"。③关注消费者服务：开展会员制管理，促销行为以数据为基础，尝试以品类管理为核心的 ECR 技术。

联商网发布的《2007 年中国零售企业信息化应用调查分析报告》显示，在被调查的我国 436 家零售企业中，有 89.8%以上应用了 POS-MIS（销售点系统-管理信息系统）。也就是说，参与调查的企业中有近九成应用了第三代 POS 机并实行了单品管理。另外，部分企业使用了企业管理解决方案、零售管理、企业流程系统等其他软件。企业资源计划系统（Enterprise Resource Planning，ERP）的应用更是成倍增长，在其他方面（如客户关系管理、供应链管理）应用软件的使用情况相比 2005 年均有所提高。出现这样的情况是由于国内的零售企业对信息化的认知有所提高，除了部分管理比较先进的企业在应用更为复杂化的信息化软件之外，大部分零售企业在信息化的应用上不再盲目跟风，而开始关心企业实现信息化的真正意义。此外，这一时期的另一个热点是电子商务。B2B、B2C、B2B2C 等众多电子商务平台让人眼花缭乱。"鼠标+水泥"一时被认作是最成功的商业概念，一些大型连锁企业相继建立起自己的网站。

**第三阶段：精细化管理阶段（2010 年至今）。**

进入 21 世纪后，零售企业的发展速度明显减缓，企业从规模数量型向效益效率型方向转变。突出的变化体现在两个方面：一是企业由全国扩张向区域领先转变，出现了一批优秀的区域优势企业；二是由同质化向差异化方向转变，新的业态和经营模式不断出现。同时，企业的利润水平不断提高，经营者的信心逐步增强。

在这一阶段，信息化的重点是建设供应链系统（由企业向供应商方向延伸）、数据集成与分析（用于商品分析以及客户管理）、业务流程重组（满足并购、多业态发展需要）等，具体包括 ERP 的选型和实施、流程重组和优化、IT 外包服务、VMI 管理、数据仓库（Data Warehouse）和数据挖掘（Data Mining）、商业智能、自助结账（Self Checkout）等。

这期间发生了很多重要事件，如扫描设备和 POS 系统的普及大大提高了效率；手持终端

（PDA）的使用和普及，减少了盘点和日常操作的劳动量；生鲜条码秤的使用和普及，改变了生鲜售卖方式；电子标签的出现和使用，是店铺价格管理的一场革命；RFID 的发展道路虽然漫长，但它的提出促成了零售信息化新的革命。在这一过程中，信息厂商的贡献是很大的，很多先进的理念都是由它们引进或提出的。

总体来看，中国零售企业的管理信息化方兴未艾。信息化建设普遍偏重于门店前台业务管理，对后台集中管控关注度不够。此外，连锁零售业随着集中度的进一步提高，向大型连锁零售集团方向发展已经成为必然趋势，零售商对集团管控需求凸显。最后，连锁模式向更多行业和业态延伸，IT 解决方案也相应地需要多向延伸。

**思考题：** 信息化对零售业经营与管理有哪些影响？

# 一、何谓企业信息化

## （一）企业信息化的内涵

企业信息化（Enterprises Informatization）是指将企业的生产过程、物料移动、事务处理、现金流动、客户交互等业务过程数字化，通过各种信息系统网络加工生成新的信息资源，提供给各层次的人们洞悉、观察各类动态业务中的一切信息，以做出有利于生产要素组合优化的决策，使企业资源合理配置，以使企业适应瞬息万变的市场经济竞争环境，求得最大的经济效益。

企业信息化是技术手段和管理模式的统一，是管理变革与信息技术相互促进的互动过程，只有先进的硬件设备和先进的技术手段而不进行自身机制的变革，或只进行机构和职能的重组，却没有规范的管理模式，企业都无法实现信息化。信息流是商品流、资金流、票据流、人才流的综合体现。

不过，任何的信息都可以分解，因此最重要的是信息的质量，而不是信息的数量。管理的本质不是管人，而是管过程。因此，我们可以认为，企业的信息化过程就是为了适应急剧的环境变化，通过引入信息技术，在提高企业信息处理能力的同时，不断进行自我创新的过程。

## （二）企业信息化的层次

一个企业不是孤立于社会的孤岛，而是处于与社会和行业信息紧密联系的信息链、价值链上。从企业信息化到信息化企业是商业企业的必然进化过程。企业信息化包括以下四个层次。一是社会集成，是指将这个社会的信息集成起来，建立企业战略级的数据中心，使得信息可以在整个商业价值链上流动起来，这牵涉整个供应链上企业的全面协同和价值匹配。二是信息集成，是指将企业中所有的系统集成起来，建立应用服务和流程再造的总线，使信息的获得和发布更加便利，摆脱无序信息及信息孤岛的困扰，应用更加先进的开发工具和网络技术进行数据挖掘和工作流驱动，形成协同商务平台和企业信息管理门户。三是应用集成，是指一些专用的信息系统的实施和集成，如 OA、HR、POS-ERP、SCM、CRM 等，这是企业信息化的关键，也是目前大多数企业所处的层次。四是系统集成，是企业信息化的第一步，而且是不可逾越的一步，内容包括企业内部网和外联网的建设、基本软硬件的配置等。

### （三）企业信息化的作用

从表面上看，企业信息化似乎就是买设备、上系统，但事实上，它决不是简单地以计算机网络代替手工劳动，而是一场全面而深刻的管理革命。信息化的本质是信息共享。信息化可以降低成本和提高效率，是一个自我组织化的过程；企业信息化更是一项复杂的系统工程，并且具有层次性、阶段性，企业在不同的发展阶段需要进行不同的信息化内容建设。企业信息化建设的根本目的是改变企业管理粗放、落后的面貌，建立起一种符合市场经济体制的现代企业管理模式，实现企业的跨越式发展。

### （四）需要注意的地方

企业的信息化建设必须要注重战略与策略相结合。首先，企业应当确定信息化建设的战略，合理进行企业的 IT 规划；另外，企业根据不同的发展阶段来分步进行信息化建设。在信息化建设过程中，企业需要投入大量的人力和物力，还需要对原有的组织机构、管理体制、工作方式等进行变革。

# 二、零售业信息化

## （一）零售业信息化的历史

随着计算机技术的发展和计算机价格的下降，越来越多的各类型的零售商开始开发内容丰富的信息系统。1978 年，美国仅有 200 家超级市场使用计算机扫描系统。20 世纪 70 年代中期，大部分计算机系统仅用于减少收款员的错误和完善存货管理。进入 20 世纪 80 年代，收银机（Point of Sale，POS）、条形码、基于 POS 服务的管理信息系统（Management Information System，MIS）、财务管理软件等广泛应用于零售业。目前，计算机常常构成零售信息系统的基础，并已渗透到消费者调查、订货、商品运输等各个领域。

沃尔玛是世界上信息化水平最高的零售企业之一，是最早使用计算机跟踪存货（1969 年）、最早使用条形码（1980 年），最早采用 EDI（1985 年），最早使用无线扫描枪（1988 年）及实时存货和现金流量信息管理零售连锁系统的零售企业。这些投资都使得沃尔玛明显降低成本、提高销售额、减少缺货损失，进一步减少库存，大幅提高资本生产率和劳动生产率。应用零售信息系统能够预测零售经营者的信息需求，连续地收集、组织和存储相关数据，并将信息流提供给决策者。

在中国，零售业信息化开始于 1981 年，这一年原商业部从日本进口了 4 000 台 Omron528 收款机，以计划分配形式在全国主要城市各大商场使用。从此，POS 机、条形码技术、色码技术、基于 POS Server 的 MIS、财务管理软件、系统集成产品广泛应用于零售业。1997 年发布的《关于中小企业信息化的实施意见》，再一次推动了商业自动化、商业 MIS 系统的开发和应用。

进入 21 世纪，以光纤通信、局域网、广域网、Internet 为载体的现代通信技术、网络技术、数据管理技术得到极大发展，商业 ERP、商业智能 BI、供应链管理 SCM 与客户关系管理 CRM 等高端产品不断被零售企业采用，极大地扩展了企业的信息化管理范围，使大批量、多品类的统一采购和分散销售得以实现，代替了传统零售业的大量手工制单、只管金额不管商品和消费者的落后交易方式。IT 带来了新的管理变革和流程优化（BPR），极大地改变了中国零售业的面貌和内涵，使发展大规模连锁化的零售组织成为现实。2003 年，中国连锁经营协会专门成立了"信息化专业委员会"，开始系统地总结和推动零售企业的全面信息化建设，迎接全行业信息化、网络化时代的到来。

从 2010 年开始，线上业务对线下传统超市进行了一波又一波的冲击，使得零售业的经营模式发生巨大的变化，传统的百货零售业向规模化、连锁化方向发展。面对激烈竞争，零售业不仅需要调整业务模式，还需要借助信息化手段扩展经营手段。现如今，大数据技术的应用成为大势所趋：大数据带来的信息风暴正在改变我们的生活、工作和思维。大数据开启了一次重大的时代转型，将为人类的生活创造前所未有的可量化维度，已经成为新发明和新服务的源泉，更多的改变也正蓄势待发。

## （二）零售业信息化的特点与需求变化

与其他行业相比，零售业对信息系统的依赖性较强，信息系统已经成为其不可或缺的经营手段，一旦系统出现故障，零售商店将无法营业。同时，大多数行业的信息化顺序是从后台推向前台，零售业却恰好相反，是从前台推向后台。当前，我国大多数零售企业都形成了一大堆前台和后台应用系统，面临系统集成或更换平台的重要任务。对传统零售企业而言，信息化带来的不仅仅是电商渠道的增加，还是企业组织架构、组织制度、运营方式、业务流程、盈利模式的系统性、全方位重构。

从信息化应用角度看，目前国内零售企业的信息化普遍专注于操作层面（如收银、收货、库存管理等），而在管理决策层面（如供应链管理、客户关系管理）上的应用普遍很少，缺乏战略级的信息化规划和应用，在销售、管理、财务、客户关系以及数据挖掘等系统上的应用落后于国外企业。

## （三）中国零售业信息化的制约因素

目前，我国零售企业的信息系统存在如下突出问题：数据静态化、模块分割、现有信息技术系统落后。现行的以商品、管理、流程为中心的信息技术系统已经不能适应当前发展环境的需要，整体的系统优化、系统效率、企业效率并没有得到根本改变。典型零售信息系统如图 13-1 所示。

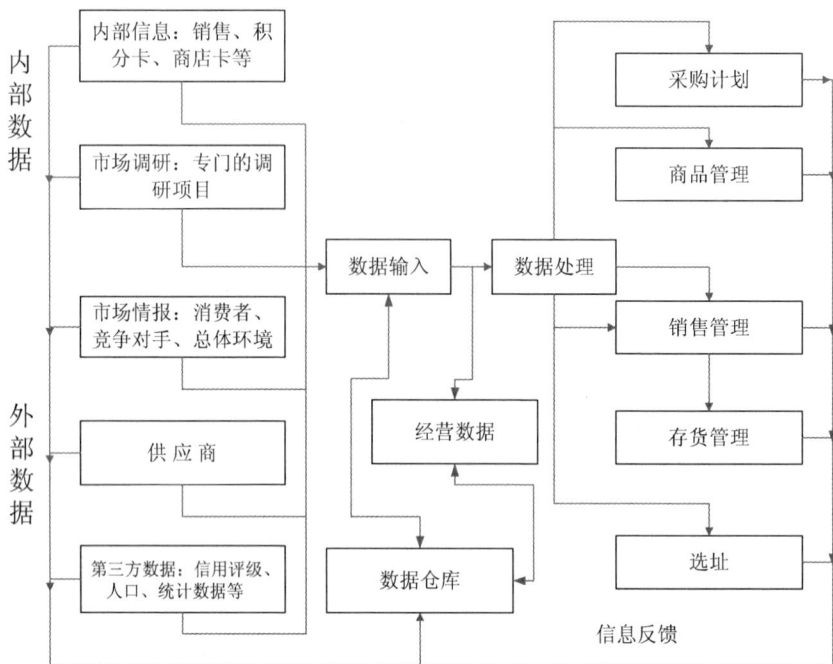

图 13-1　典型零售信息系统

（1）观念影响着零售业信息化。企业首席执行官（Chief Executive Officer，CEO）习惯用眼前的投资回报来衡量投资的优劣：买一套软件能增加多少销售额？降低多少成本？如果看不到明显的回报，他就不会追加投资。这种观念制约着零售企业信息化的进程，拉大了中国零售企业与发达国家零售企业间的差距。

（2）资金制约着零售业信息化。受资金实力的影响，大多数零售企业软件系统的投资额为 10 万～50 万元，软件投资额超过 100 万元的零售企业在国内不到两成。一般来说，零售企业应用 ERP 系统，软件投资额都会超过 100 万元，这个比例充分说明了我国零售企业的信息化水平还处于一个起步发展的阶段。

（3）IT 解决方案供需不对接。零售企业和软件开发商在信息技术应用上的矛盾和认识上的不统一对零售企业信息化产生了很大的负面影响，严重制约了我国零售软件开发行业的发展。在未来几年内这种情况不能得到改善的话，将有可能成为中国零售业发展的瓶颈之一。

（4）对实施服务不满意。调查显示，将近 90%的零售企业表示对目前所用的软件"比较满意"或"还过得去"，很少有对软件非常满意的企业，也很少有对软件很不满的企业。不同于有形资产，软件购买者最看重的是软件的功能和售后服务，管理思路是企业管理的关键，所以软件的功能是最为重要的。其次是售后服务，没有良好的实施和服务，软件功能再强大，也没办法很好地发挥。

## （四）中国零售业信息化的发展趋势

零售市场规模越发庞大，消费者正逐渐改变着这个巨量市场的游戏规则。据前瞻产业研究院发布的《零售行业市场前瞻与投资战略规划分析报告》，中国零售行业的总规模已达到4.5万亿美元。伴随着中产阶级的崛起和消费者对购物便利性要求的提高，传统消费方式被颠覆，科技正持续改变着消费者购买商品的方式，零售企业也在摸索中坚定不移地向数字化、信息化方向转型。由于零售业信息化的发展，人们越来越关注跨区域发展、专业分工、体验消费、整体效益和人才培养。

（1）更专业的服务、更个性的需求。面向特定群体的专门店、专业店已经走上前台，大商场、购物中心无论面积多大，其服务的个性化已经成为一种趋势。不同的群体、不同的嗜好、不同的生活方式与消费习惯，越来越多的个性需求将主导商场向专门化、专业化方向发展。

（2）从注重内部品类管理走向服务消费者管理。零售企业过去更多的是想知道如何进行品类管理，今后可能更需要知道消费者的需要和购买路径。例如，消费者进入店铺后，他会在哪里购买哪一件商品？在哪里停留？按什么顺序查看不同的商品类别？这对于了解消费者需求，进而进行相应的店堂布置、品类分布，为消费者提供更有价值的服务至关重要。美国索伦森公司（Sorensen Associates）研发的"路径跟踪者"，由安装在购物手推车底部的"路径跟踪者" RFID 标签和接收器组成，可以记录手推车在整个商店内的移动路径，并可利用手提式跟踪设备，使研究人员实时跟踪购物者的行为模式。消费者再次进入商店时，零售商由于已经知道消费者来过多少次，都买了什么、浏览了什么、放弃了什么，就可以提供给消费者相关建议，以非常个性化、有效的方式与消费者互动，并为其他正在寻找类似产品的消费者提供有用的提示。

（3）向整个链条要效益。要想满足消费者的需求，必须进行供应链管理研究。零售企业不再盯着一个点上的效益，而是着眼于从整个供应链上获取效益。供应链管理可把原料供应商、生产商、分销商、零售商等在一条供应链上的所有节点企业整合起来，优化人、财、物等诸多因素的配置，使商品以最快的速度通过生产、分销环节变成增值产品，送达消费者手中。零售商通过将自己的数据库向合作的供应商开放，使得供应商可以随时了解其商品在商店里的销售情况，以便做进一步改进。运用开放的数据库平台，生产企业的成本大大降低，而这种合作使传统的零售商与供应商之间简单地以利润分配为核心的博弈，转变为整个供应链价值增值的过程。

（4）从数据搜集到挖掘价值。零售商可利用数据挖掘技术分析消费者的购物模式，对将来的购物趋势和购物行为进行预测，支持企业的决策。经过对企业数据库系统的分析，数据挖掘工具可以回答诸如"哪个客户对我们的促销活动最有可能做出反应？为什么？"等类似的问题。将数据挖掘工具运用到客户关系管理中，就能在海量的客户数据库中，对看似无关联的数据进行筛选、净化，提取出有价值的客户关系，对客户需求做出恰当的回应，并预测需求趋势。真正的价值，并不是拥有不菲的 IT 设备和系统，而是利用这些设备和系统采集的信息，支持企业决策，加强企业运营管理，使零售企业更加健康地发展，创造更多的利润，并最终推动零售行业的信息化建设。

（5）人才培养和电子商务。一方面，人依然是第一要素，人才培养战略将依然是支持零售企业快速发展与扩张的主要支柱之一，支持人才培养战略也将是零售企业信息化的任务之一。另一方面，虚拟化的电子商务将成为零售业未来的发展重点，新的信息化规划与目标将令我们期待。

## （五）中国零售业信息化的市场热点

### 1. 供应链协同

在国家"扩大内需"政策的持续支持下，门店渠道向三四线城市发展、覆盖。门店的扩张将产生店面管理和供应链管理等多种零售业信息化应用的需求。

其中，供应链协同将更受重视。供应链管理是零售业重点关注的信息化建设方向之一，优化供应链管理，降低企业运营成本，强化企业补货能力，成为零售业信息化应用的重点。

### 2. 数据大集中

零售业如今处于并购和整合的动荡时代，数据大集中在不断地并购和整合中提上日程。将营业数据收归集团就意味着以后所有的服务器都将在总部部署，从而使单店的维护费用降低。数据大集中对于零售业信息化而言是一个质的飞跃，由原来的分散部署走向集中部署，由原来的不交互走向协同交互，这不仅是应用的深化，更是与以往完全不同的部署模式。数据大集中也意味着后续一系列集团管控的加强，这些都需要系统来支撑。例如，由过去的分布式管理架构转变为中央集权管理架构，其中涉及诸多管理结构的转变，如财务、人力资源、采购等各个方面。

### 3. 商业智能

瞬息万变的市场环境、琢磨不透的客户需求以及海量的业务数据，决定了零售业是商业智能应用的热点行业之一。近年来，商业智能在零售业的发展中得到了充分应用，越来越多的零售企业开始实施商业智能项目。目前，外资零售企业在客户行为精准分析方面具有较大的优势，而大部分内资零售企业依然处于会员折扣类的粗放式管理阶段。未来，国内大型零售企业的信息化建设将向 BI 商业智能分析系统和商场布局管理系统等精细化管理方向转移。

### 4. 客户关系管理

随着零售行业竞争压力的加大，客户关系管理将向深入挖掘客户消费行为的方向发展。POS系统的前端销售数据与消费者的消费习惯之间的关联分析研究将成为零售企业未来信息化建设的新趋势。通过对目标消费者的行为习惯进行精准研究，零售商可为消费者提供个性化服务，增强客户黏性，以提高企业的市场竞争力。

### 5. 系统升级换代

目前，国内零售企业在信息化的投入上还没有完全认同持续投入的理念，不少企业购买了必需的系统之后，后续投入没有持续跟进。目前，国内很多零售企业的原有信息系统已经使用多年。

伴随着零售市场的剧烈变化，信息技术必须支撑这些变化。一般而言，3～5 年为信息系统升级换代的一个周期。

### 6. 电子商务

电子商务将成为零售业信息化投入的重要趋势之一，这也是一个绝对不容忽视的潜力市场。进军互联网的零售企业主要有三种类型：第一类是生产企业开展产品直营业务的产销一体化尝试；第二类是传统零售企业的互联网渠道扩展；第三类是企业电子商务网站的建设，特别是"生产企业互联网直营的尝试"和"传统零售商互联网渠道的拓展"，成为目前零售企业信息化投入的亮点。

# 三、有代表性的信息系统

## （一）自动补货系统

自动补货系统（CRP）是一种库存管理系统，是将掌控销售信息和库存量作为市场需求预测和库存补货的解决方法，由销售信息得到消费需求信息，供应商可以更有效地计划、更快速地反映市场变化和用户需求，因此 CRP 可以用来降低库存量、改善库存周转，进而维持最佳库存量。供应商与批发商通过 CRP 分享重要信息，双方都可以改善需求预测、补货计划、促销管理和运输装载计划等。

自动补货系统能使供应商对其所供给的所有分门别类的货物及其销售点的库存情况了如指掌，从而自动跟踪补充各个销售点的货源，增强了供应商供货的灵活性和预见性。由供应商整理零售库存，并承担零售店里的全部产品定位责任，可使零售商大大降低零售成本。

**案例 13-1**

### 沃尔玛以自动补货实现精益供应链管控

**（一）开展自动补货业务的背景**

沃尔玛为保证卖场里的商品低价，采用在全球范围内采购、运输和销售策略，在品质最佳、价格最低的地区采购商品，运送到最好销售的地方去。这对物流成本和效率提出了很高的要求。

20 世纪 80 年代末，沃尔玛开始利用电子交换系统（EDI）与供应商一道建立自动订货系统。该系统又称无纸贸易系统，通过网络系统，向供应商提供商业文件、发出采购指令、获取收据和装运清单等，同时让供应商及时、准确地把握其商品销售情况。沃尔玛还利用先进的快速反应系统代替采购指令，真正实现了自动订货。

**（二）自动补货系统解决方案**

沃尔玛的自动补货系统利用条形码扫描和卫星通信，随时自动生成订单，汇总发给供应商，同时与供应商每日交换商品销售、运输和订货信息，供应商根据数据进行备货。凭借先进的电子信息手段，沃尔玛做到了商店的销售与配送保持同步、配送中心与供应商运转一致。通过技术的完善实现货物的高能见度和精确度，从而减少了库存，保证了店里的零库存和整个供应链的无缝连接。

1．自动记录销售信息并汇总，生成订单

沃尔玛的自动补货系统可进行自动识别，只要消费者在收银台为其购买的商品买单，库存补货系统就立即直接向供应商发出新的订单信息。每个商品都有条形码，销售终端记录每一个经过收银台的商品条形码，并向沃尔玛总部的中央计算机发送交易处理信息。该计算机系统收集沃尔玛商店的所有订单，然后将它们发送给供应商。因为这一系统可以快速补充库存，所以沃尔玛不需要为在自己的仓库中保持大量存货而支付很多费用。使用电子识别技术可以实现自动化工作流程，可以自动下订单，自动排序和挑选。

2．构建数据交换系统，支持数据高效传输与共享

为了传送公司的数据和信息，沃尔玛构建了美国最大的私有卫星系统。这种以卫星技术为基础的数据交换系统，使公司与供应商及各个商店实现了有效连接，沃尔玛总部及配送中心在任何时间都可以了解每一个商店现在有多少库存，有多少商品正在运输过程中，有多少商品存放在配送中心等；同时，还可以了解某种商品上周卖了多少，去年卖了多少，并能够预测将来能卖多少。

沃尔玛的供应商也可以利用网络直接了解自己昨天、今天、上周、上个月和去年的销售情况，还可以利用网络得到沃尔玛的库存数据。在供应链中，各成员互享信息，维持长久、稳定的战略合作伙伴关系。

3．终端翔实的数据为总部及供应商的业务分析带去便利

计算机系统能随时给沃尔玛采购员提供资料。保存两年的销售历史记录了所有商品（具体到每个规格、不同颜色的单品）的销售数据，包括最近各周的销量以及存货数量。这样的信息支持能够使采购员知道什么品种该增加、什么品种该淘汰，热销的品种每次进多少才能满足需求又不致积压。

这样翔实的数据也使生产商能细致地了解哪些规格、哪些颜色的商品好销，然后按需组织生产。

（三）自动补货系统的成效

沃尔玛店内货物种类在八万到十万种之间，每周大概有900件商品进入自动挑选行列。采用电子识别技术后手工订单减少了很多，库存下降，供应链非常有效。数据表明，使用电子识别技术削减了大概10%的手工订单。

20世纪80年代后期，沃尔玛从下订单到货物到达各个店面需要30天，现在采用了这项先进技术后，这个时间只需要2～3天，大大提高了物流的速度和效益。沃尔玛采用过站式物流管理方式，即由公司总部"统一订货、统一分配、统一运送"的物流供应模式，使补货时间从行业的平均水平6周减少到36小时。

（四）自动补货系统实现成本节约

零售业的平均利润只有3%，可称为"刀片一样薄"的利润。沃尔玛通过使用自动补货系统可

实现物流和人力成本的节约，从而在激烈的竞争中立于不败之地。

**1．物流成本仅是行业平均水平的1/5**

一般来说，物流成本占销售额的10%左右，有些食品行业甚至达到了20%～30%。但是沃尔玛的配送成本仅占销售额的2%，而凯马特是8.75%，西尔斯是5%。灵活、高效的物流配送使得沃尔玛在激烈的零售业竞争中占据优势。

**2．中学生就能驾驭补货系统**

采购系统人员操作自动补货系统前，当然需要对员工进行培训。但是，沃尔玛的物流工人工资并不高，因为这些工人基本上是初中生和高中生，只经过了沃尔玛的特别培训，以达到工作技能需求。在信息系统的强大支撑下，沃尔玛极大降低了对人员能力与学历的要求。而电子商标自动识别导致手工订单减少，大大减少了采购人员的工作量，从而实现人力成本的最小化。

目前，我国众多的零售企业也在开展精益供应链体系建设，如何学习和效仿沃尔玛等全球企业的领先实践，成为能否快速提高自我能力的关键环节。不过，学习沃尔玛，首要的努力并非盲目仿效建立庞大、先进的信息系统，而是能够理解其打造精益供应链的思维和管控模式，因地制宜地开展自身的自动补货实践，并带动供应链体系的优化。

## （二）快速反应系统

快速反应系统（Quick Response Deliver System，QR）是指通过零售商和生产厂家建立良好的伙伴关系，利用电子数据交换（Electronic Data Interchange，EDI）等信息技术，进行销售时点以及订货补充等经营信息交换，用多频度、小数量配送方式连续补充商品，以此实现销售额增长，客户服务的最佳化以及库存量、商品缺货、商品风险和减价最小化目标的物流管理系统模式。

### 1．QR 实施的三个阶段

第一阶段：所有的商品单元条码化，利用 EDI 传输订购单文档和发票文档。

第二阶段：增加内部业务处理功能，利用 EDI 传输更多的文档，如发货通知、收货通知等。

第三阶段：与贸易伙伴密切合作，以对客户的需求做出迅速反应。

### 2．QR 实施成功的条件

Black Burn 在对美国纺织服装业进行研究的基础上，认为 QR 成功的 5 个条件如下。第一，改变传统的经营方式、企业经营意识和组织结构。企业不能局限于依靠本企业独自的力量来提高经营效率的传统经营意识，要树立通过与供应链各方建立合作伙伴关系，努力利用各方资源来提高经营效率的现代经营意识。企业必须改变传统事务作业的方式，利用信息技术实现事务作业的无纸化和自动化。第二，开发和应用现代信息处理技术。第三，与供应链各方建立战略伙伴关系。第四，改变传统的对企业商业信息保密的做法，将销售信息、库存信息、生产信息、成本信息等与合作伙伴交流共享，并在此基础上，要求各方一起发现问题、分析问题和解决问题。第五，供应方必须缩短生产周期，降低商品库存。具体来说，供应方应努力做到：缩短商品的生产周期；进行多品种、少批量生产和多频度、少数量配送，降低零售商的库存水平，提高服务水平；在商品实际需要将要发生时采用 JIT 方式组织生产，减少供应商自身的库存水平。

### 3. 实施 QR 的收益

研究结果显示，实施 QR 的收益如表 13-1 所示。

表 13-1　实施 QR 的收益

| 对象商品 | 实施 QR 的企业 | 零售业者的 QR 效果 |
|---|---|---|
| 休闲裤 | 零售商：Wal-Mart<br>服装生产厂家：Semiloe<br>面料生产厂家：Milliken | 销售额：增加 31%<br>商品周转率：提高 30% |
| 衬衫 | 零售商：J. C. Penney<br>服装生产厂家：Oxford<br>面料生产厂家：Burlinton | 销售额：增加 59%<br>商品周转率：提高 90%<br>需求预测误差：减少 50% |

应用 QR 系统后之所以产生这样的效果，是因为：第一，销售额大幅度增加；第二，商品周转率大幅度提高；第三，需求预测误差大幅度降低。

## （三）有效客户反应系统

有效客户反应系统（Efficient Consumer Response，ECR）是流通供应链上的各个企业以业务伙伴方式紧密合作，了解消费者需求，建立的一个以消费者需求为基础、具有快速反应能力的系统。有效客户反应是零售企业满足消费者需求的解决方案和核心技术，目标是高效地满足消费者不断增长、多样化的需求。只有更好地满足消费者的需求，零售商、分销商和制造商才能生存和发展，才更有竞争力。

### 1. 产生的背景

ECR 系统的产生可归结于 20 世纪商业竞争的加剧和信息技术的发展。20 世纪 80 年代，特别是到了 20 世纪 90 年代以后，美国日杂百货业零售商和生产厂家的交易关系由生产厂家占据支配地位，转换为零售商占主导地位；在供应链内部，零售商和生产厂家为取得供应链主导权，为商家品牌（PB）和厂家品牌（NB）占据零售店铺货架空间的份额展开激烈竞争，使得供应链各个环节间的成本不断转移，供应链整体成本上升。

从零售商的角度看，新的零售业态（如仓储商店、折扣店）大量涌现，日杂百货业的竞争更趋激烈，零售商开始寻找新的管理方法。从生产商的角度看，其为了获得销售渠道，直接或间接降价，牺牲了厂家自身利益。生产商希望与零售商结成更为紧密的联盟，这样对双方都有利。从消费者的角度看，过度竞争忽视了消费者的需求：质量好、新鲜、服务好和价格合理。许多企业通过诱导型广告和促销来吸引消费者转移品牌。可见，ECR 系统产生的背景是从消费者的需求出发，提供满足消费者需求的商品和服务。

为此，美国食品市场营销协会（Food Marketing Institute）联合 COCA-COLA、P&G、KSA 公司对供应链进行调查、总结、分析，得到了改进供应链管理的详细报告，提出了 ECR 的概念体系，被零售商和制造商采用，广泛应用于实践。

在当今的中国，制造商和零售商为渠道费用而激烈争执，零售业中的工商关系日趋恶化，消费者利益日趋受到损害。ECR 系统是真正以消费者为核心，转变制造商与零售商对立统一关系，实现供应与需求一整套流程转变方法的有效途径。

### 2. 实践效果

（1）建立了稳定的伙伴关系

在传统的商品供应体制中，生产者、批发商、零售商联系不紧密或相互间较为紧密，发生的每一次订货都有很强的随机性，这就会造成生产与销售之间商品流动的极不稳定性，增加了商品的供应成本。而 ECR 系统恰恰克服了这些缺点，在生产者、批发商、零售商之间建立了一个连续的、闭合式的供应体系，改变了三者相互敌视的心理，使其结成了相对稳定的伙伴关系，规避了商业交易中的钩心斗角，实现了共存共荣，形成了一种新型的产销同盟和产销合作形式。

（2）实现了非文书化

ECR 系统充分利用了信息处理技术，使产购销各环节的信息传递实现了非文书化。无论是企业内部的传票，还是企业之间的订货单、价格变更通知、出产通知等文书，都通过计算机间的数字交换（EOI）进行自动处理。由于利用了电子数据交换，生产企业在出产的同时，可以把出产的内容电传给进货方。作为进货方的零售企业，只要在货物运到后扫描集运架或商品上的电码就可以完成入库验收等处理工作。由于全面采用了电子数据交换，企业可以根据出产明细自动地处理入库，从而使处理时间近似为零。这对于迅速补充商品、提高预测精度、大幅度降低成本起到了很大作用。

## （四）QR 系统与 ECR 系统的比较

### 1. QR 系统与 ECR 系统的差异

（1）服务对象及目标不同。

ECR 系统主要以食品行业为服务对象，其主要目标是降低供应链各环节的成本，提高效率。

QR 系统的服务对象主要集中在一般商品和纺织行业，其主要目标是对客户的需求做出快速反应，并快速补货。这是因为食品杂货业与纺织服装行业经营的商品特点不同：食品杂货业经营的产品多是一些功能性商品，每种商品的寿命相对较长（生鲜食品除外），因此，订购数量过多（或过少）的损失相对较小；纺织服装行业经营的产品多属创新型商品，每一种产品的寿命相对较短，因此，订购数量过多（或过少）造成的损失相对较大。

（2）侧重点不同。QR 系统侧重于缩短交货提前期，快速响应客户需求；ECR 系统侧重于减少和消除供应链的浪费，增强供应链运行的有效性。

（3）管理方法的差别。QR 系统主要借助信息技术实现快速补发，通过联合商品开发缩短产品上市时间；ECR 系统除了能够快速有效引入新商品外，还可以实现商品的有效管理。

（4）适用的行业不同。QR 系统适用于单位价值高、季节性强、可替代性差、购买频率低的行业；ECR 系统适用于商品单位价值低、库存周转率高、毛利少、可替代性强、购买频率高的行业。

（5）改革的重点不同。QR 系统改革的重点是提高补货和订货的速度，目的是最大限度地消除缺货现象，并且只在商品有需求时才去采购。ECR 系统改革的重点是效率和成本。

### 2. QR 系统与 ECR 系统的共同特征

QR 系统与 ECR 系统的共同特征表现为超越企业之间的界限，通过合作追求物流效率化，具体表现在如下三个方面：一是贸易伙伴间商业信息的共享；二是商品供应方进一步涉足零售业，提供高质量的物流服务；三是企业间订货、发货业务全部通过 EDI 进行，实现订货数据或出货数据传送的无纸化。

# 四、零售业信息化应用案例

零售企业的信息化不单单与企业内部的分销物流系统相结合，要充分重视和利用整条供应链中的内外部信息流，并通过信息系统反馈到自己的战略应用中去。从整个供应链的角度看，信息系统的全面应用将对零售企业产生深远影响。

案例 13-2

#### 便利店之王：美宜佳的信息化建设

近年来，新奇的数字标牌吸引了越来越多的便利店利用其改变顾客观感，以创造更好的购物体验，美宜佳就是其中之一。作为国内便利店行业的先行者之一，美宜佳门店总数现已超过了10 000 家。尤其是在珠三角地区，"美宜佳"几乎跟"便利店"画上了等号。

为了给客户提供更优质的服务，美宜佳携手数字标牌行业先驱飞利浦在全国多个门店部署数字标牌。美宜佳尝试在每个门店安装 5 块飞利浦 BDL3230QL，通过采用 1×5 横屏的排列组合方式，用于商品销售价格单、新品广告、活动促销等信息的展示与发布，该项目不仅提高了美宜佳超市的信息化水平，还是美宜佳快速提高品牌知名度的有效方法。

对每一个门店店主来说，商店的形象直接影响顾客的采购决策。因此，店内环境、商品陈设和店面设计，不仅是消费者在购物时的重要参考因素，还是影响他们是否再度返回店里购买的关键。飞利浦 BDL3230QL 是一款高性能的显示器，采用先进的 LED 显示屏，拥有 1 920 像素×1 080像素的分辨率。经过优化，BDL3230QL 用一种更环保的方式产生更为惊叹的清晰画质。通过这种高画质视讯，门店可以让顾客产生一种高科技与现代化的感受，可以让顾客的购物变得更加轻松、愉悦。

以往商店店主发布信息大多依赖印刷品，如海报、传单，不但操作烦琐，时效性差，而且贴满促销海报的商店的店铺整体环境看起来很乱，不利于品牌形象的提升。飞利浦 BDL3230QL 操作灵活，拥有 USB 多媒体播放功能、流媒体网络信发功能，既可以满足连锁便利店统一管理所有数字终端的需求，又可以根据单个门店的需求微观管理内容，让便利店的管理更加科学化、现代化。

图 13-2　美宜佳门店

另外，飞利浦 BDL3230QL 支持一键开关机，内置时钟，用户可以自定义自动开关机时间，有效规避了无效使用区间，延长了面板使用时间并降低了功耗，可为每个门店节省了一笔可观的开支。

现在，数字标牌商品已逐渐成为商业体中消费者获得有效信息最经济、最快捷的方式，为商业模式的完善和拓展提供了有效助力，日渐成为各大商家竞相选择的传播方式。目前，美宜佳数字标牌部署项目还在推进，相信随着更多已建成项目投入应用，美宜佳将会更强烈地意识到数字屏幕带来的好处，未来这种数字标牌应用模式将会推广到更多的门店中。

# 【本章小结】

（1）企业信息化（Enterprises Informatization）是将企业的生产过程、物料移动、事务处理、现金流动、客户交互等业务过程数字化，通过各种信息系统网络加工生成新的信息资源，提供给各层次的人们洞悉、观察各类动态业务中的一切信息。

（2）一个企业不是孤立于社会的孤岛，而是处在与社会和行业信息紧密联系的信息链、价值链上。从企业信息化到信息化企业是商业企业的必然进化过程。

（3）自动补货系统（CRP）是一种库存管理系统，是将掌控销售信息和库存量作为市场需求预测和库存补货的解决方法，由销售信息得到消费需求信息，供应商可以更有效地计划、更快速地反映市场变化和用户需求，因此 CRP 可以用来降低库存量、改善库存周转，进而维持最佳库存量。供应商与批发商通过 CRP 分享重要信息，双方都可以改善需求预测、补货计划、促销管理和运输装载计划等。

（4）快速反应系统（Quick Response Deliver System）是一种用来降低零售商用于接收商品的引导时间，从而降低存货投资，改善服务水平，降低分销成本的库存管理系统。

（5）有效客户反应系统（Efficient Consumer Response System）是流通供应链上的各个企业以业务伙伴方式紧密合作，了解消费者需求，建立的一个以消费者需求为基础、具有快速反应能力的系统。

（6）零售企业的信息化不单单与企业内部的分销物流系统相结合，要充分重视和利用整条供应链中的内外部信息流，并将其通过信息系统反馈到自己的战略应用中去。

# 【本章重要概念】

信息化　　信息共享　　零售信息化　　快速反应系统　　自动补货系统　　有效客户反应系统
大数据营销

# 【思考与练习】

（1）零售企业为什么要进行信息化建设？
（2）我国零售企业信息化水平和今后的发展方向是怎样的？
（3）传统零售企业发展网络零售有哪些困难？如何突破？
（4）B2C电子商务市场的发展趋势是怎样的？

# 【拓展阅读】

## 日本伊藤洋华堂的食品物流系统改革

伊藤洋华堂公司在东京圈内的新食品物流系统可通过深入地研究和统筹店内物流来减轻店铺的作业负担，到货精度达到了49 999/50 000。这样的高度现代物流系统在传统零售企业中是很少见的。

（一）供应链的大幅度改革

伊藤洋华堂公司在很久以前就引入了"窗口批发商制度"，致力于物流的效率化。1999年10月，新的加工食品物流中心投入运营。其具体做法是，废弃三所集散型物流中心，将六所在库物流中心集中于四所整合物流中心，中心的运营委托给食品批发商和各个公司。这样一来，其做到了从窗口批发商到店铺的物流效率化，大大减少了作业量。新物流系统对店铺的销售物流和厂家物流进行了合理化的调整，加强了供应链管理的意识。

（二）由信息技术支撑的补货方式

在连锁店中，从商品到达，到将商品展示到专场的过程往往负担较重。区分一般商品和特卖商品、验货、在不同的货架码放等细致的作业需要从入货口开始就要做一次分拣、二次分拣、验货、上货等工作。新的物流系统对这些中间作业全部进行了合理整合并进行了改善，实现了商品卸货后可以向卖场直接上货，能够达到这样的效果完全靠的是信息系统。新补货方式以货架为单位，按顺序进行，做到效率最大化。首先，对各店铺的货架与存放的商品进行调查，将商品与其在货架上的货位信息输入到物流中心的计算机系统中，建立起商品、店铺乃至货位的对应关系，通过计算机系统自动识别哪种商品有多少，应该补充到哪一家店铺的哪一个货位上。完成这样复杂工作的区分作业系统误差只有 1/50 000，应用如此高精度的物流系统，当然就不需要再进行验货作业了。

新物流系统还引入了鲜度维持管理系统，商品的主文件中设定了商品有效期和准许销售期限，在商品入库时输入制造年月，计算机系统就可以自动判断商品能否入库。在库商品严格地按照先进先出原则进行作业，每日由作业人员检验商品日期，为保证不出现超过准许销售期限的商品，系统针对将近准许销售期限的商品进行预警，采用双重保险方式。

### （三）川口加工食品共同配送中心

共同配送中心的物流、信息系统是由运营的食品批发商和伊藤洋华堂公司共同开发的，基本的物流操作是一致的。以川口加工食品共同配送中心的作业为例，该中心坐落在与东京相邻的埼玉县川口市，为伊藤洋华堂公司在东京都、埼玉县、枥木县、茨城县的 51 家店铺供给商品，全年 365 天运转，年基本业务处理量约 250 亿日元，中心运营由食品批发业大公司菱食公司承担。中心占地面积 2 618 平方米，建筑面积 4 786 平方米，保管商品 4 500 种，其中加工食品 2 400 种、点心 1 500 种、酒类 600 种。库内有与伊藤洋华堂公司交易的 16 家批发商的商品，中心对其采用共同保管方式。

该中心上午进行入库作业，为了提高作业效率，采用指定时间到货方式，对送货迟到的时间限制最大可放宽到 15 分钟。作业人员使用下载了订货数据的手持式计算机终端，对入库商品进行扫描确认，然后将商品分别按A、B、C、特卖的分类放入保管区或自动仓库。店铺接收订货截至中午 12 点，配送作业从下午 2 点半开始，根据每日的订货量不同一般需要进行到晚上 8 点左右。较近的店铺的商品在傍晚时分出库，在晚上 8 点左右送达，较远的店铺的商品在第二天的早上 7 点至 8 点到货。考虑噪声等问题，其在避免深夜到货的同时必须在开店前到货。

货物配送采用三种方式：A类商品和特卖商品采用清单配送方式，即用叉车将商品搬送到出库区域，使用扫描器对出货商品进行核对和确认，随后将信息反馈到计算机系统。B、C 类商品采用手推式配货台车的方式。台车式样是伊藤洋华堂公司自己设计的，能够识别货架的位置，可以自动选择最短的距离。台车上配置自动数据采集终端，专门用来下载不同店铺和不同通道出货信息。将商品从货架上取下后，经扫描确认，按品类放入可折叠的货箱中。配货完成之后再进行数据上传，将打印出的标签贴到货箱上，之后由自动分拣机进行分拣。自动分拣机的出货口排列着轮式托盘，包装箱和货箱上粘贴有通道编码标签，作业人员在分类的同时将商品放入按通道准备出货的轮式托盘上，轮式托盘带有分隔板，可以在一个轮式托盘上放置多个通道的商品。

### （四）5亿日元以上的成本降低效果

过去，在伊藤洋华堂店铺，员工8:00上班，11:00补货还未完成的情况屡见不鲜。新物流系统投入使用后，货物在 10:00 之前可完全上架完毕，补货效率大大提高。

接货作业的时间从 80 分钟大幅度压缩到 20 分钟，而且实现了店铺的无验货作业。缩短的时间用来进行订货和接待顾客，使店铺的服务水平得到了提高。如此不仅节省时间，也使同个店铺一年的人员费用能够节省 200 万～300 万日元。现在东京圈物流中心的配货店铺数合计为 177 个（伊藤洋华堂公司 117 个店铺、其他 60 个店铺），结果可以减少约 5 亿日元的经费。

伊藤洋华堂公司正尝试在其他地区采用新加工食品物流系统，其中已经初步确定了北海道、静冈县、中京地区的三个地区作为候补。伊藤洋华堂公司与日本的外资零售业公司不同，没有多余的店铺库存，也没有无效的物流作业。伊藤洋华堂可以称得上企业物流革新的典范。

# 第十四章
## 零售战略与管理创新

【主要内容】

（1）战略管理

（2）零售战略

（3）零售企业成长模式

（4）管理创新

> 对企业来说，未来至关重要，经营战略使企业为明天而战！
>
> ——彼得·德鲁克

### 案例导读

#### 太平洋百货的衰败

太平洋百货淮海店是一家陪伴了上海市民 20 年的老牌高端百货商场。2016 年 11 月 13 日，上海太平洋百货淮海店的谢幕折扣横幅随处可见。由于租约到期，营业了 20 年的太平洋百货淮海店将于 2016 年 12 月 31 日撤店谢幕。太平洋百货淮海店的关闭似乎在提醒着人们，实体零售业的"关店潮"来了！一家家带着岁月记忆的实体店黯然离场，或不得不闭店改造，表明实体零售业整体进入了休整期。近几年接连倒闭的百货店不胜其数，从外资第一店的百盛，到要关掉国内一半百货门店的万达。

2015 年中国百货公司"关店潮"席卷了全国 17 个省份、14 个品牌、63 家百货门店。从关店分布地区来看，东部地区百货公司关店最严重。福建省成为百货公司关店的重灾区，2015 年共有

9 个百货公司门店关店。其中，仅万达百货就在福建省关闭了 8 个门店。从关店品牌角度看，万达百货以关闭 35 家门店位居首位，其次为天虹百货（关闭 5 家）、玛莎百货（关闭 5 家）、金鹰百货（关闭 5 家）。此外，2015 年关店的百货公司不仅包括万达百货、王府井百货等全国性百货品牌，百盛、华堂商场（伊藤）、玛莎百货等外资品牌也难逃关店命运。

**思考题：** 在经营环境发生变化的背景下，即使是零售业巨头，也会遭遇被市场淘汰的厄运。请从战略视角分析国内多家零售百货公司关店的原因。

# 一、成与败的分歧点：来自跨国零售业巨头的经验教训

市场的多变性使各大零售巨头受到非常大的冲击，有些甚至因为不能适应市场的变化而被市场抛弃。在这一部分内容中，我们向读者介绍几大零售巨头的发展历史及面临的危机，希望读者能从中体会到如何经营企业才能更好地面对市场。

## （一）凯玛特的失败与启示

位于密歇根州特洛伊市的凯玛特（Kmart）是美国屈指可数的老牌名店，其历史远远超过了第一大零售商沃尔玛，曾经是美国第三大零售商。凯玛特一直是沃尔玛的最大竞争对手，于数年前就转变策略，要求每一家凯玛特店"真正理解什么是生活中要紧的"。2000 年，凯玛特旗下拥有连锁店 2 100 多家、雇员 25 万余人，年度营销总收入达到了 359 亿美元，名列《财富》全球 500 强企业的第 84 位。然而，凯玛特在 2001 财年亏损额达到 24.2 亿美元，并在 2002 年 1 月份向芝加哥联邦破产法院申请破产保护，成为美国历史上寻求破产保护的最大零售商。

### 1. 凯玛特的发展史

1897 年，创始人塞巴斯蒂安·克雷斯吉和约翰·麦克罗瑞在底特律和孟非斯创办了"五分一毛"杂货店。1899 年，两位合伙人分家，克雷斯吉开办了克雷斯吉公司，从此一路发展，成为美国最大零售商之一。1962 年，克雷斯吉公司开办了第一家凯马特折扣商店；1977 年，其正式更名为凯马特公司。20 世纪 80 年代，凯玛特以"农村包围城市"的方式，取得了节节胜利，于 1987 年成为美国第二大零售商，时年销售额高达 240 亿美元，超出沃尔玛一倍。

### 2. 凯玛特的辉煌

从创建到走向辉煌，凯玛特走过了整整一个世纪。凯玛特在发展过程中不仅创造了自己的辉煌，也创造了美国零售业乃至世界零售业的辉煌。凯玛特的折扣销售改写了美国零售业的历史。

20 世纪 70 年代，"凯玛特"成为美国零售业高质低价的代名词。在日后的规模扩张与竞争中，凯玛特先后成为利用报纸广告、电视促销等营销方式的先驱。1974 年，其销售额就达到了 46 亿美元，遥遥领先于现今世界零售第一巨头的沃尔玛（Wal-Mart），当时沃尔玛的销售额仅为 1.67 亿美元。

### 3. 从辉煌到衰败，凯玛特只用了短短 10 年

1990 年，凯玛特制订了新的 5 年计划，决定加快业务扩张进程。但也正是从这时开始，

凯玛特为自己的衰败埋下了祸根。1991 年，作为该计划的一部分，凯玛特在美国俄亥俄州开设了第一家超级购物中心，提供 7×24 小时服务。但到 1994 年上半年，虽然凯玛特的销售额达到了创纪录的 160 亿美元，纯利润却首次出现了高达 8 200 万美元的亏损。2000 年，凯玛特净利润亏损达 2.34 亿美元。2001 年，亏损进一步加剧，第 2 财季亏损 9 500 万美元，销售额较 2000 年同期下降 1%；第 3 财季亏损更是接近 2000 年全年水平，达 2.24 亿美元，即每股亏损 45 美分。到 2001 年 10 月 31 日，凯玛特在美国国内资产总额为 170 亿美元，负债高达 113 亿美元。

### 4. 凯玛特的启示

"冰冻三尺，非一日之寒。"长期以来，凯玛特管理层决策失误、内部治理体制僵化以及技术手段落后，致使该企业经营成本居高不下，在与后起之秀的激烈竞争中逐渐丧失了优势。凯玛特的迅速衰败，在给中国零售企业敲响警钟的同时，带给了我们更多的启示。

（1）应该开的店要多开，不该开的店一家也不能开。20 世纪 80 年代初，当沃尔玛开拓性地推出仓储店时，几乎所有大零售商都如法炮制、亦步亦趋，唯独凯玛特自视高明，继续沉湎于以往陈旧的经营模式，另辟蹊径，开展多元化经营。1984 年，凯玛特公司开办了餐厅、书店、药房等，后又因经营不善相继卖出。直到 1988 年，凯玛特才步沃尔玛后尘，开始进入仓储领域，但已经太晚了。最后的结果是，凯玛特失去了自己的市场份额，被竞争对手沃尔玛所抢占。

（2）降价不是灵丹妙药，降低费用至关重要。多年来，在与沃尔玛等竞争对手的激烈竞争中，凯玛特一味将降价作为促销手段，而忽略了为消费者提供有更多附加值等的服务。商品价格降下去了，但公司的管理费用却没降。1994 年，凯玛特的日常行政开支近总收入的 23.4%，沃尔玛的却只占总收入的 16.1%。凯玛特的管理费用上升到销售成本的 29%，而其竞争对手沃尔玛的下降为 16%，这致使凯玛特销售利润率出现逐年下降的趋势。1976 年，凯玛特的销售利润率为 3.1%；1980 年下降到了 1.3%；到 2000 年，这一比率更是下降为 1%。沃尔玛和凯玛特单个雇员的销售额对比如图 14-1 所示。

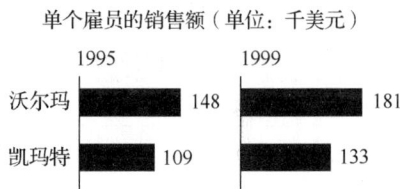

单个雇员的销售额（单位：千美元）

| | 1995 | 1999 |
|---|---|---|
| 沃尔玛 | 148 | 181 |
| 凯玛特 | 109 | 133 |

图 14-1 单个雇员的销售额对比

（3）大的连锁零售商店必须掌握对物流的控制权。在供货商队伍培养和配送中心建设上，凯玛特也远远输给了其竞争对手沃尔玛。与沃尔玛自建强大的配送中心相比，凯玛特选择把大部分物流作业外包出去。从短期来看，凯玛特这样做似乎降低了公司的运营成本，但从长期来看，却丧失了对物流的控制，使总成本大幅提高。统计显示，每 1 美元商品销售额中，凯玛特在配货方面要花费 5 美分，而沃尔玛只需 1 美分多。

## （二）沃尔玛的制胜策略

沃尔玛是当今世界上最大的零售企业，2015 年销售额超过 4 800 亿美元。沃尔玛的制胜策略有两个：一是品牌商品，天天平价；二是饱和式扩张。

饱和式扩张具有极强的侵占排外性，沃尔玛所有门店距离其各配送中心均在一天路程之内，从最外围开始开店，再内向蚕食，就像下围棋，以点连圈、以圈连片，打下一片又一片的江山。沃尔玛于 1962 年开业，在美国已有 5 000 家店，在全球已有 15 000 家店。世界上每周有 2.6 亿人进出沃尔玛。2002 年，沃尔玛的 130 万员工创收 2 180 亿美元，占折价零售业市场一半的份额。

### 1. 沃尔玛的核心竞争力

沃尔玛店中商品充实，库存成本却比对手都低。该竞争力源于沃尔玛在配送系统及运作信息系统上的投入、经验及能力（见表 14-1）。沃尔玛自设卫星通信网络及管理信息系统，对每个店的各部门，甚至各部门中各商品的销售数据进行实时收集、分析、总结和分享，为决策提供支持。

表 14-1　沃尔玛管理信息系统的发展历程

| 年份 | 供应管理 | 订单管理 |
| --- | --- | --- |
| 1985 | 地区分销中心开始采用 EDI | 集中采购 |
| 1986 | 每周的订货和送货周期交叉使用账台 | |
| 1988 | 全面推广 EDI 无线扫描枪 | 多层次采购 |
| 1989 | 72 小时订货到送货时间 | |
| 1990 | | IT 供应商通过互联网进行销售分析 |
| 1992 | 如果要求，可以每天/当天送货 | |
| 1995 | 减少店员 | 加快供应链速度 |
| 1995 | 实时销售和库存数据 | |
| 1998 | | 用于小型/当地供应商自动化供应链 |
| 2000 | 一年时间，网站的访问量增长了 570% | 感恩节当天取得了 11 亿美元的历史上最大单日销售额 |
| 2001 | 10 月 31 日，重新启动了经过改造的网站 | 网站改进搜索引擎后，消费者能够很容易地找到 50 万种商品中的任意一种 |

### 2. 沃尔玛的"十尺态度"

沃尔玛的管理系统沿袭创始人山姆·沃顿的管理宗旨，崇尚不断为消费者服务，降低成本及提高利润，并运用与此相辅相成的员工激励机制。山姆·沃顿开创了"十尺态度"，即在离消费者十尺（约 3m）之内时，都必须目不斜视并致意，并询问消费者是否需要帮助。

### 3. 沃尔玛面临的挑战

沃尔玛在创立 50 多年的时间里业绩骄人，基本策略简洁明了，公司的资源、设施、管理系统、能力与基本竞争策略配合得天衣无缝，其在世界零售业中的地位如日中天。但对沃尔玛来说，世界零售霸主的地位并没有使它高枕无忧。美国乃至世界其他地区的消费环境正发生着革命性的变化。面对消费族群需求多样化的发展趋势，沃尔玛"一锤子定乾坤"的零售方式相形见绌。另一种零售业趋势是零售环境将集饮食、购物于一体，由食品带动购物频率，进而带动销售额的增长。

**案例 14-1**

### 沃尔玛宣布改名，同时关闭63家门店

2018 年 1 月 11 日，美国多家媒体陆续报道沃尔玛旗下多家"山姆会员商店"集体关闭！随即，沃尔玛发表声明，证实了这一事件，并表示一共关闭了 63 家门店。每家山姆会员店约有 150 名员工，63 家门店关闭，意味着有近 10 000 名员工失业。据了解，这 65 家店中，将有 12 家成为电子商务中心，用来支持沃尔玛电子商务业务的发展。沃尔玛选择关闭的是在部分地区表现不佳的商家。

当老牌实体店明白了线上消费的新趋势后，也投入到了电商领域，走向新零售。沃尔玛除了收购大量的线上平台外，还下了"狠心"：将用了 47 年的名字改了。之前沃尔玛的全名是 Wal-Mart Stores Inc，从 2018 年 2 月 1 日起，沃尔玛将正式使用新名字 Wal-Mart Inc。这意味着沃尔玛将最能突出其意义的"Stores"一词，从公司名中去掉了。

# 二、零售战略与企业成长

当今社会环境比以往任何时候都复杂多变。面对不断变化的经营环境，企业要做到变中求变、变中求新。

## （一）什么是战略

战略源于军事领域，英语中的 Strategy 一词来源于希腊语中的 Strategos，意为将军、地方行政长官。希腊语中的 Strategos 是动词，意思是"对资源的有效使用加以规划，以此打败敌人"。《孙子兵法》中写道："用兵之道，以计为首……计先定于内，而后兵出境。"这里的"计"就是谋划和战略。

在企业竞争日益激烈的情况下，人们会深刻地体会到"商场如战场"。相应地，军事战略的思想体系被广泛应用到企业中。战场上，双方直接拼杀，一方的胜利以另一方的失败为前提；商场上，一方的胜利却不以对方的倒闭为前提，竞争的目的是双赢。企业制定战略的核心是创造企业价值和为消费者创造价值。

从运营和业务的角度看，我们可以为战略下如下定义：战略就是创造一种独特、有利的定位，涉及各种不同的运营活动。"竞争战略之父"迈克尔·波特（Michael Porter）教授在其战略观中阐述了以下观点：战略必须代表一种与众不同的价值主张；战略的实质是在运营活动中选择不同于竞争对手的运营活动，或者不同于竞争对手的活动实施方式；正确的战略从树立正确的目标开始。

## （二）零售战略

零售战略也可称为零售发展战略，是指零售商或零售企业在变化的环境中为了求得生存和发展，有效利用企业资源，而建立的长期发展目标，以及实现目标的行动纲领。对于零售战略的定义，我们应该从以下几个方面来理解。第一，战略是一种计划，是指导未来行动的纲领；第二，战略是在对企业环境进行分析的基础上制定的，制定的战略必须适应环境；第三，战略是长期的行动模式，而不是当前的战术；第四，企业制定零售战略的目的是建立零售竞争优势。

零售战略是企业战略的一部分，是在企业总体战略的制约下，指导和管理战略经营单位的计划和行动。迈克尔·波特教授对竞争战略的定义是：所谓竞争战略，就是创造差异性，即有目的地选择一整套不同的运营活动，以创造一种独特的价值组合。战略定位有三个不同的原点，一是基于种类的定位（Variety-Based Positioning），二是基于需求的定位（Needs-Based Positioning），三是基于接触途径的定位（Access-Based Positioning）。

## （三）零售企业成长的路径与方式

### 1. 成长路径

（1）店铺连锁化。连锁经营不是一种业态的选择，而是商业制度的全面更新，是世界性的经济现象。在发达国家，如果说 20 世纪 90 年代中国连锁商业的发展过程仅仅是一个探索的过程，是一个导入过程，那么从 2001 年开始，中国连锁商业开始进入发展期，预计到 2030 年，中国连锁会进入成熟期，连锁经营的销售额将占社会商品零售额的 50%以上。商业连锁化是企业研究和制订战略规划时必须考虑的发展趋势。

西方发达国家的零售业经过多年的发展与变革，传统的百货零售方式正面临着越来越严峻的挑战，取而代之的是连锁经营方式。特别是跨国连锁经营，正以高速增长的态势成为现代零售业的主导经营方式。当今世界零售业位居前列的零售商，如美国的沃尔玛、法国的家乐福、荷兰的 Royal Ahold 超市集团、德国的麦德龙、日本的伊藤洋华堂等，无一例外都是靠连锁经营的方式迅速发展壮大，成为国际零售业"领头羊"的。走连锁经营发展道路的大型零售企业主要依靠自身的独特品牌优势和先进的管理方式吸收中小型零售企业加盟，实现商业资源的快速整合与重组，以增强企业的竞争力和抵御风险的能力。

（2）业态多元化。多元化扩张是指零售商进入一个全新的领域，试图在这一领域再一次成功。零售商实施多元化扩张时，可以选择向商品供应链前一环节扩张，从而进入企业供货领域，另一种选择是投资到完全新的、与原有事业不相关的商品和服务领域。因此，多元化包括关联业务的多元化和非关联业务的多元化。

① 关联业务的多元化。当前区域零售企业的发展战略已从围绕传统的商品销售获利模式，向关联产业的多元化方向发展。这主要有如下五点表现。a. 区域零售企业在传统商超和百货业态的

基础上，开始涉足大型商业综合体和社区商业中心等商业地产领域。b. 针对不同区域市场消费者的特点，实行细分自有多品牌发展策略，在高端市场和折扣店领域表现突出。c. 加快建立电子商务与实体店相结合的销售模式，其有望成为未来效益新的增长点。d. 供应链管理向上游延伸，大型物流配送中心建设、原产基地采购、改善供应商合作模式等，将更加巩固主业核心竞争力。e. 区域零售企业间并购将成为热点，未来还会涉足金融领域。

② 非关联业务的多元化。非关联业务的多元化是指进入有确定财务收益的新行业和新业务领域，这些新的业务与企业现有业务之间既无经营层面的相关性，又无企业层面的相关性。非关联业务多元化的积极作用表现在：a. 经营风险在不同行业中分散，通过投资有着最佳利润前景的行业可以使企业的财力资源发挥最大作用。b. 企业的获利能力可以更加稳定。c. 当企业的经理们能非常聪明地发现具有利润上升潜力的廉价企业时，可以增加股东财富。

## 2. 成长方式

企业的成长有两种方式，一种是利用内部资源的内部成长方式，另一种是利用外部资源的外部成长方式（包括战略联盟）。从内生资本积累式发展走向外生资本扩张式并购，是产业发展到一定阶段的必然选择。

（1）内部成长方式。内部成长是指通过自己投资，建立新的零售门店，并使其逐步发展壮大。这种成长方式可以使新门店一开始就能按企业的统一标准运行，有利于企业实施一体化管理，原先的经营理念和模式也能得到充分检验。但这种方式前期投入大，且零售商对新区域的市场有一个了解、认识、把握的过程，当地消费者需要时间了解、接受新进入者。

（2）外部成长方式。外部成长即收购兼并，是指采用资本运营方式，将现有的零售企业收购、兼并过来，再进行整合，使兼并企业与母体企业融为一体。这使企业比较容易进入一个新市场，然而，兼并过来企业本身的组织结构、管理制度及企业文化与母体企业相差较大，企业需要对其按母体企业的标准进行改造，有一个磨合阵痛期，这同样需要成本。

一般来说，实现企业多元化经营常常采用兼并和收购两种方式。兼并（Mergers）是企业之间的交易行为，是指两家企业同意在基本相同的基础上将它们的运营整合在一起，因为资源和能力合在一起可以创造更大的竞争优势。收购（Acquisitions）是一家企业购买另一家企业的交易行为。收购方企业相信将被收购企业并入经营组合之中，可以更好地利用被收购企业的核心能力。

兼并一般分为横向兼并、纵向兼并和混合兼并三种。当兼并企业与被兼并企业处于同一行业，产品面向同一市场时，这种兼并称为横向兼并。企业的纵向兼并是指兼并企业处在产业链的不同阶段，企业的商品间存在着一定的关联性。企业的混合兼并是指兼并与被兼并企业归属于不同的产业部门，有不同的商品市场和差异的目标消费群体，并且这些产业部门的商品间没有替代关系，兼并双方企业也没有产业关联。

美国著名经济学家施蒂格勒在考察美国企业成长路径时指出："没有一家美国大公司不是通过某种程度、某种形式的兼并收购成长起来的，几乎没有一家大公司主要是靠内部扩张成长起来的。"即使是商业零售业的巨头们，如美国沃尔玛公司等，也是通过兼并重组发展壮大起来的。

与世界上一些巨型零售业企业相比，我国企业规模不够大。但是，企业规模的扩大不是依靠

"一窝蜂"式的大合并，也不能将舢板简单地捆绑起来当作航空母舰。企业规模扩大的内涵包括三个方面。首先，是大型商业企业间的兼并，通过巨人的强强联合，做到优势互补，催生一个更大、更强的大型企业。其次，是大型企业收购中型企业。最后，是促进中小型企业自愿连锁，提高企业组织化程度是商业现代化的客观要求。

（3）企业兼并、并购的优势。从企业成长的角度来看，与企业内部资本积累相比，企业并购可以给企业带来多重绩效。

第一，并购能结合企业，产生规模经济效应。这主要体现在两个方面。一是企业的生产规模经济效应。企业可以通过并购对企业的资产进行补充和调整，达到最佳经济规模，降低企业的生产成本。并购也使企业有条件在保持整体产品结构的前提下，集中在一个工厂中进行单一品种生产，达到专业化水平。二是企业的经营规模效应。企业通过并购可以针对不同的消费者或市场进行专门的生产和服务，满足不同消费者的需求；可集合足够的经费用于研究、设计、开发和生产工艺改进等，来迅速推出新产品；采用新技术扩大企业规模，使得企业的融资相对容易等。

第二，并购能给企业带来市场权力效应。企业的纵向并购可以通过对大量关键原材料和销售渠道的控制，有力地控制竞争对手的活动，提高企业所在领域的进入壁垒，增加企业的差异化优势；企业通过横向并购活动，可以提高市场占有率，通过减少竞争对手来增加对市场的控制力。

第三，并购能节约企业的交易费用。首先，企业通过研究和开发的投入获得知识。在信息不对称的情况下，知识的市场价值难以实现，即使得以实现，也需要付出高昂的谈判成本。此时，如果通过并购使知识在同一企业内使用，就可达到节约交易费用的目的；其次，企业的商标、商誉作为无形资产，其运用也会遇到外部性的问题。因为某一商标使用者降低其产品质量，可以获得成本下降的大部分好处，商誉损失则由所有商标使用者共同承担。解决这一问题的方法有两种：一是加大监督力度，但这会使监督成本大大增加；二是通过并购将商标使用者变为企业内部成员。作为内部成员，降低质量只会承受损失，而得不到利益，从而消除了机会主义动机；通过并购使知识在同一企业内使用，就可达到节约交易费用的目的。

**案例 14-2**

## 家电连锁企业成为我国零售巨头的原因和模式

近年来，随着以苏宁、国美为代表的家电连锁企业在全国范围内的迅速扩张，家电连锁企业在家电产品零售终端扮演着越来越重要的角色。家电连锁企业凭借其专业性，以及连锁经营所产生的规模经济效应，以低价策略在我国家电零售市场上取得了领导地位。2015 年，苏宁、国美的销售额都超过了 1 600 亿元，成为我国零售业的领军企业。

### （一）高速成长的外部原因

第一，生产领域的变化。20 世纪 90 年代中后期，随着我国本土家电企业的崛起，本土品牌的家电产品逐渐取代了"洋品牌"家电产品的领导地位。同时，在家电技术不断进步的大背景下，家电产品的生命周期越来越短，出现生产过剩的现象，价格战成了本土家电厂商获取市场份额的重要手段，新型家电销售渠道呼之欲出。

第二，消费者需求的变化。首先，20世纪末，在居民消费水平不断提高的背景下，人们对耐用消费品的需求正不断变换。其次，在本土家电产品质量不断提高和价格相对便宜的背景下，消费者开始逐渐接受本土家电产品。最后，我国消费者喜欢货比三家，一站式购物成为一种购物潮流，家电专业店比单一品牌的家电专卖店更受消费者青睐。上述消费者行为的变化为我国家电专业店的高速发展创造了条件。

第三，商业地产的发展。改革开放为我国商业地产的发展创造了无限商机，城市化和城市现代化步伐的加快、城市消费人口的剧增以及市民物质生活水平的逐步提高，又在很大程度上刺激了商业地产市场的发展。大量商业设施的开发为包括国美电器在内的零售商提供了店铺选址资源，从而促进了店铺扩张。

### （二）我国家电连锁企业高速增长的商业模式

我国家电连锁企业采取的经营组织形式是总部统一采购，销售部门开展同一业态的多店铺经营；而国美电器采取的连锁类型是门店均由总部全资开设直营连锁，并在某一地区集中建店，形成分部。各分部在总部的直接领导下实行统一管理，各门店的经营管理由所辖分部具体实施。另外，各门店按不同的品牌（厂商）进行招租，以专柜的形式进行经营，并由国美电器进行统一管理。

如图14-2所示，我国家电连锁企业的低价优势是建立在其积累的规模效应所获得的议价能力之上的，这使其可以以最低的价格获得商品，收取进场费，然后在保证自身利润的前提下把商品以超低的价格推向市场，与竞争商家形成较大的价格落差，以薄利多销的方式获得规模效益。

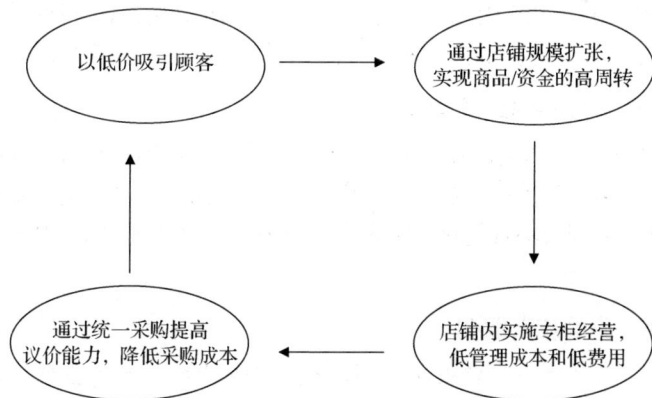

图14-2 我国家电连锁企业的商业模式

急速增长背后的资源互补机理：我国家电连锁企业高速发展必须拥有的资源是店铺开发的资金和人力资源。除了利用商品账期所产生的短期资金以外，我国家电连锁企业还向供应商收取进场费、促销费、管理费等，确保了利润的重要来源。国美电器的利润主要由两大块构成：一是商品的进销差价（主营业务利润）；二是其他非主营业务收入，包括安装维修业务利润，促销活动、展示活动、代理活动产生的利润，以及广告费、加盟费等。

从上述分析中我们可以看出，我国家电连锁企业急速发展除了依靠专业店和连锁经营的模式以外，巧妙地利用外部资源也是关键要素之一。

**（三）急速成长背后的困境与应对策略**

近年来，我国家电连锁企业店铺规模的迅速增加导致了单位面积销售额持续下降、租金持续上升，也导致了店铺运营能力的持续下降。且不说与世界家电连锁巨头 Best Buy 相比，就是与名列国内第二位的苏宁电器相比，国美电器的毛利率和净利润率都比较低。探索如何提高质量的增长（利润等）已经是我国家电连锁企业实现可持续发展的重要课题。

同时，我国家电连锁企业采用的低价策略是建立在不断压低厂家出货价格以及收取进场费基础上的，偏离了作为零售企业通过差价实现利润的本来角色，从长远上看不具有可持续性。我国家电连锁企业今后的生存困境在于如何在经营模式（包括进场费的取舍问题）、内部管理以及物流技术等方面进行创新，以取得内生性的持久竞争优势。另外，在互联网、电子商务发展的背景下，随着京东等新竞争对手的出现，我国家电连锁企业又会面临全新的挑战。

资料来源：陈海权. 我国家电连锁企业高速增长的轨迹及其成长机理. 商业经济与管理，2007（4）.

# 三、中国零售企业的创新思维

## （一）我国零售业面临的困境

### 1. 我国零售业正处于一个"知识恐慌"的年代

我国正处在变革时期，互联网等新技术使中国企业产生了强烈的市场竞争的危机感。因此，大部分企业患上了严重的知识饥渴症，期望通过学习新的管理理论提高企业的竞争力。与此同时，企业创新理论层出不穷，令企业应接不暇，我们将这种现象称为"知识恐慌"。

### 2. 我国零售业界战略的趋同倾向

激烈的竞争已使这些零售商店在管理方式、商品种类、定价机制、店堂布置、服务态度等方面的传统标准变得越来越模糊。各类零售商店在经营战略上出现了趋同倾向，这主要表现在百货商店超市化、超级市场百货化、零售商店连锁化、购物商场郊区化和传统商店网络化等方面。

### 3. 中国零售企业的应有取向

在"知识恐慌"中，企业一定要做到"以我为主，博采众长"，根据企业现状、我国现状进行变革，不要轻易相信权威，合适才是最好的。只有将先进的管理理论融入我国文化中，才有可能成为中国企业变革的制胜法宝。

变革的关键是要形成一种变革文化，塑造一种支持变革的价值观。变革的关键在于变心，没有一颗变革之心，就不会有成效。企业要先创建变革之心，然后才能开展变革行动。

## （二）我国零售业创新的新思维

改革开放以来，我国零售业演绎了独特的发展轨迹。在与国外零售企业的碰撞和交汇中，伴随着新的理念和业态的引入和推广，我国零售业进行了一次又一次的创新。

零售业是一个瞬息万变的行业。在消费者需求多样化、竞争越来越激烈的年代，零售企业必须增强创新意识，在改革创新中不断寻求发展。创新是零售企业不断满足消费者增长的需求、打破千店一面的局面、不断提高经营能力的助推器。唯有创新，才能使零售企业在竞争中出类拔萃并立于不败之地。

零售业是根植本地的产业。在改革创新的浪潮中，零售企业只有对本地市场进行进一步挖掘，并保证基本的日常运营能力，才有可能在竞争中处于优势地位。零售业与人们的生活息息相关，其创新经常不需要惊天动地，而在于细节。只有把细节作为着眼点，才能深化企业的内涵，实现企业利润区的突围，不断寻找到新的增长点。因此，创新既需要实时把握消费者的需求和购物行为的变化，对现有购物体验设计进行不断修正，以更好地适应当地市场的需求，又离不开基本运营能力的保证和提高。

零售业今后需要做好以下七件事。一是明确定位，做好关心消费者的第一步工作。二是不要一味追求店铺数量的增长，要适当注意质量的增长。三是培育探索消费者需求的能力。根据消费者需要，积极调整商品结构，同时优化卖场布局，强化餐饮等非商品的服务功能。四是做好 VIP 客户的跟踪和售后服务。五是注重整合效应，积极探讨资本合作的可能性，从而提高行业的集中度。六是构建与百货商店相适应的食品超市业态，加大百货商店的聚客能力。七是鼓励有能力的企业积极开发自有品牌，逐步探讨部分回归自营的道路。

在严峻挑战面前，谁能够最快地吸收各种最新知识，谁就会获得竞争的主动权；谁拥有更多的知识，谁能够通过管理创新把更多的知识转化为独特的能力，谁就能够赢得未来。

### 案例 14-3

### 苏宁易购：线上线下融合发展战略

苏宁易购是苏宁云商集团股份有限公司旗下新一代 B2C 网上购物平台。

自 1999 年起，苏宁电器开始了长达 10 年的电子商务研究，先后对 8848、新浪网等网站进行拜访，并承办新浪网首个电器商城，尝试门户网购嫁接，并于 2005 年组建 B2C 部门，开始进行电子商务尝试。

2005 年，苏宁网上商城一期面世，销售区域仅限南京。2006 年 12 月，苏宁网上商城二期在南京、上海、北京等大中城市上线。2007 年，苏宁网上商城三期上线，销售网络覆盖全国并且拥有了单独的线上服务流程。2009 年，苏宁电器网上商城全新改版升级，更名为苏宁易购；8 月 18 日，新版网站进入试运营阶段。其此次改版整合了全球顶级资源，携手 IBM 打造新一代系统，建立了一个集购买、学习、交流于一体的社区，全面打造出了一个专业的家电购物与咨询网站，旨在成为中国

B2C 市场上最大的专业销售 3C、空调、彩电、冰箱、生活电器、家居用品的网购平台。

苏宁易购采用了贴合网络购物特点的页面风格、采购体系、物流规划、商品清单、页面设计、购物流程、支付手段、配送售后等，努力为用户营造轻松、和谐、愉悦的购物环境，不断丰富品牌类型、优化产品结构，不仅为消费者提供家电类产品，还提供家居用品及办公用品，极大地改善了消费者的购物体验，改变了传统的网购模式，让消费者充分享受网购的同时，体验人性化服务。

2011 年，苏宁易购强化虚拟网络与实体店面的同步发展，不断提高网络市场份额。未来，苏宁易购将依托强大的物流、售后服务及信息化支持，继续保持快速的发展步伐。到 2020 年，苏宁易购计划实现 3 000 亿元的销售规模，成为中国领先的 B2C 平台之一。苏宁易购位居中国 B2C 市场份额前三，总部位于南京。2015 年 8 月 17 日，苏宁易购正式入驻天猫。随着转型的深入，苏宁易购品牌也从线上走到线下。从 2015 年起，苏宁线下门店统一更名为"苏宁易购"，完成了线上线下品牌的统一，逐步实现线上线下 O2O 融合运营。

如今，苏宁易购的业务范围几乎涵盖了能想到的一切，如家居、百货、图书、音像、运动及户外、在线服务等。苏宁集团董事长兼总裁张近东对苏宁的期望是"沃尔玛+亚马逊"，线上线下齐头并进。

在 2017 年 12 月举行的苏宁智慧零售大开发战略发布会上，其发布了"一大、两小、多专"等 10 个业态的产品族群，计划未来三年新开互联网门店 15 000 家，2020 年增至 20 000 家左右。

2018 年 1 月 14 日，苏宁云商发布公告称，计划将苏宁智慧零售的品牌名称"苏宁易购"升级为公司名称，以便"统一公司名称与渠道品牌名称，突出智慧零售主业，进一步提高品牌知名度及美誉度"。变更后，公司名称将变为"苏宁易购集团股份有限公司"，证券简称变为"苏宁易购"。

# 【本章小结】

（1）在市场竞争中，好的企业战略能让企业掌握自己的命运，主动塑造企业未来。在变化的环境里，企业应该采取主动态度预测未来，而不是仅被动地对变化做出反应。企业领导者如果仅仅预见到了未来，而不采取行动适应变化，那么这样的企业战略是失败的。

（2）战略管理是一种"生活方式"，是动态的过程。成功的战略管理能为企业未来的发展提供合乎逻辑的方法。进行战略管理不能保证企业经营一定成功，但不进行战略管理，企业功能一定会失调，最终导致企业经营失败。因此，对未来进行管理，应当成为企业的生活方式。

（3）在当今瞬息万变的环境里，企业只有不断调整发展战略，保持发展活力，并将这种活力转变成惯性，通过有效的战略不断表达出来，才能获得并持续强化竞争优势。

# 【本章重要概念】

战略　　零售战略　　竞争战略　　管理创新

# 【思考与练习】

（1）为什么我国本土零售业需要注重战略？
（2）我国家电连锁企业为什么能够实现高速发展？
（3）何为新零售战略？

# 【拓展阅读】

## 百联 RISO 杀入新零售战局的战略

RISO 是百联构建"线下场景化+体验化+产业生态链+高效供应链"的新型零售探索样本。
2017 年 6 月 26 日，百联麾下的 RISO 首店在上海正式开业。该店主打"餐饮+生鲜+书店"
融合模式，是百联对新零售业态的率先探索。近年来，永辉的超级物种、阿里系的盒马鲜生等相
继推出，传统的商业购物空间变成休闲娱乐的社交空间，线上和线下全渠道融合，这会是新零售
的未来方向吗？

### （一）门店布局突出场景化

不同于百联目前旗下的联华超市、东方商厦、第一八佰伴等传统商超和百货，RISO 融合了超
市、餐饮、书籍和音乐等元素，整体模式类似于"大店套小店"，定位于一家"快捷、时尚的美食
饮品生鲜精品生活市集"。店内片区划分清晰，突出布局场景化。百联的首家 RISO 店有两层，合
计面积为 3 200 平方米。体验区的面积非常大，能给予消费者比较轻松的环境。一层基本是生鲜
食品，顾客可以请大厨现场加工，也可半加工带走；二层则结合了餐饮店和书店。

RISO 设有早餐、午餐、下午茶和深夜食堂，目标用户为 25～45 岁、中上收入、追求个人
乐趣和舒适的人群。所以，核心客群是有较高消费能力的白领阶层。这种以中高端商品为主的
组合结构，既顺应了消费升级的趋势，又能有效提高门店客单价。此外，店内还为个性独立的
白领推出了一人餐"如宴"，理念为"就算孤单一人，无论成功挫败，也要用如宴的仪式感来犒
赏自己"。

商品的分类大概是：50%餐饮、25%生鲜、20%食品饮料以及 5%日用品。全店 60%的产品为
进口中高档产品。这不仅跟上海普通商超卖场拉大了差距，而且跟 city' super、Ole'等高端超市定
位大不相同。RISO 的优势在于，将来可以根据各类别商品、服务的受欢迎程度、业绩来分别进行
评估，在今后开的门店里进行微调，应用大数据做到"千店千面"。RISO 犹如百联的一块"试验
田"，为今后全渠道新零售的模式探路。

### （二）"融"字成为概念店的最大特点

RISO 意在还原生活的本来味道，在意大利语中是"米"的意思。这个概念店最大的特点是"融"，
表现为轻食与品质的融合、空间与场景的融合、线上与线下的全渠道融合。

（1）轻食与品质的融合。餐饮是 RISO 的一大特色。RISO 的所有餐饮档口和团队均为自建自
营。餐饮自建的核心在于把握开发商品的能力，RISO 会考虑按照不同节气进行相应的菜品研发，

围绕顾客的口味不断做需求方面的满足和调整，不断强化自身菜品的开发能力。

（2）空间与场景的融合。门店减少货架，增加体验区的面积。当消费者进入店内后，看到的不是传统商超货架、走廊式的设计，而是一个个的片区，如进门后是一个卖花的摊位，生鲜、果汁吧、烘焙坊各居一隅，楼上还有书吧和专门的餐厅、下午茶区域。

（3）线上与线下的全渠道融合。与门店开业同步，RISO 上线了独立的 App，RISO 门店内的所有餐饮档口都可以提供外送服务。消费者可以从 RISO 的 App 上下单，享受 1 小时速达或定时送达以及代加工服务。在体验上，RISO 的很多线下活动，都能通过跨业组合营销，实现线上分流分享，如设有拍照互动、二楼的"漂流书吧"等活动。另外，RISO 还开发了内容驱动的社群 App，同时与"i 百联"实现会员通、支付通、营销通。其会员既可以是评头论足的资深吃货，又可以成为 RISO 的"民星厨师"，能因其他会员打赏而获得更多的会员权益。

### （三）新零售转型在于重塑零售价值

由于电商不断冲击，经营成本高企，传统零售业态的发展遭遇瓶颈，百联也不例外。百联对麾下第一百货、东方商厦等部分项目进行调整，进行整体新零售变革。2016 年，"i 百联"全渠道平台正式上线，下属多家旗舰门店也相继完成转型。这一系列新零售领域的重大举措，被业界解读为百联正在通过互联网大数据的开发应用进行整合创新，开启新型智慧场景的消费体验。

RISO 首家店面由百联旗下永安珠宝变身而来，这也是百联正在进行的业态整体转型的一步，是百联在新零售发展中寻觅和探索的阶段性成果。在门店拓展方面，RISO 计划在上海开两至三家门店，下一家门店将有可能选址在静安寺附近。发展到一定程度后，RISO 还会衍生出社区店和便利店，将融入艺术、文化等更多业态进行扩张。

百联总裁徐子瑛说："商业零售正在从价格型消费向价值类消费、体验式消费、个性化消费方向转变，百联集团的新零售模式，着重于重塑零售价值和生活方式，并不仅仅是简单的线上线下融合。"这些新式业态能否在竞争中获得成功，还要看其实力、创新力、颠覆力是否足够。

资料来源：搜狐网。

# 第十五章
## 零售组织与企业文化建设

【主要内容】
（1）零售企业的组织管理
（2）组织内部沟通
（3）企业文化建设

> 我发现，帮助我的部属成功，便是整个公司的成功，当然更是我个人的最大成就。
>
> ——贝尔公司董事长
>
> 早在多年前，山姆·沃尔顿就指出我们成功的秘诀之一就是尊重个人。做到了这一点，我们就有可能做到一切。
>
> ——沃尔玛 CEO 李·科特

**案例导读**

### 伊藤洋华堂的企业文化

伊藤洋华堂于 1920 年创立，前身为"羊华堂洋品店"，是日本的主要零售企业，总部位于东京，是世界五百强企业。伊藤洋华堂企业文化的核心是以服务为本。高水准的服务意识和服务质量体现在伊藤洋华堂工作的各个方面。

伊藤洋华堂所倡导的服务原则是始终站在消费者的立场上考虑问题，一切工作的出发点和落脚点都应是消费者的需求。伊藤洋华堂管理者认为，只有不断适应市场的变化，满足消费者的要求，商场才能发展，这也是零售业的立业之本。在思想上，其将消费者的惠顾看作商场发展和自身生存之本。高水准的服务意识体现在一些细微之处。例如，伊藤洋华堂的各个店铺内都备有轮椅和婴儿手推车，这是其特意为残疾人和带小孩的消费者准备的。消费者经常能在这些小地方体会到伊藤洋华堂为他们服务的热情。

近年来，伊藤洋华堂的一些日本店铺门前出现了为消费者专设的冷藏柜，这是考虑消费者购买冷冻食品时可能出现的不便而增设的。由于不必担心冷冻食品出现问题，一些消费者延长了在店内的逗留时间，潜在的商机由此产生。以服务为本的意识是伊藤洋华堂所有经营管理特色的核心。正是以这种意识为保障和基础，其他思想才得以产生，其他技术手段才得以实现。

**思考题：**企业文化与员工形象、服务态度之间有何关系？

# 一、零售企业的组织管理

## （一）人与组织的概念

### 1. 人

企业的成败在于人。这句话意味着企业成长和发展的原动力是在该企业工作的人。不管个人的力量多么强大，创建、支撑企业发展的终究是许多的人。如果企业里有一批能灵活、有效地运用经营管理知识和富有创新精神的人才，则企业必定越来越强。

"7-11"在用人时非常看重一个人观察事物、及时处理各种问题的能力。例如，"7-11"招聘临时店员时，非常注意观察应聘者是否能看到地板上的小垃圾，并伸手把垃圾拾起丢进垃圾桶。对"7-11"来讲，这不仅是一个主动捡垃圾的小问题，而是在考查这个人是否有及时发现问题、解决问题的能力。如果一个人没有这种意识和习惯，那么到后来小问题可能会发展成大问题，那时再解决可能为时已晚，且要投入的精力、花费的成本都比当初大得多，而且很多问题往往积重难返。

### 2. 组织

将3~5人组织起来比较简单，把很多人组织起来就比较困难。因为每个人的社会背景不同，修养与见解各异。若要使许多人步调一致、同心协力，向着一个目标迈进，就必须先使目标明显而固定。

组织是人们为了达成一些目的而组成的协力团体，企业的组织可以说是企业为了达成企业的目的而组成的协力团体。组织设计的成果是"组织结构"或"组织形态"。美国管理学之父德鲁克说过这样一句名言："组织的目的只有一个，就是使平凡的人能够做出不平凡的事。"

一个能发挥效能的组织能使每个人都秉持达成共同目标的愿望，并能集合群力朝共同的方向努力；组织内的每个人都具有协调合作的意愿与精神；组织内每个人的意见、想法都享有正确传达、协调与受尊重的权利。

### 3. 人与组织

在组织行为学中，人是组织中最重要的因素。西蒙认为，管理良好的组织，对于达到重要的社会目标而言是有利的工具。它并不束缚成员，着重于扩展人的理性，而不是把组织看作非人化的官僚组织。经典理论很重视组织中的秩序，而忽视人的情感。相反，我国企业很重视人的情感，推崇所谓"情理法"，而不是"法理情"，忽视组织中的秩序。

人的工作动机，归根结底是追求经济利益。人为经济利益的最大化而努力工作。每个人都只是组织的一个构成要素，只能受制于组织，并按组织的命令与指示行事。任何人离开了组织的约束与激励，都不可能有效地采取行动并产生积极的影响。人的情感本质上不具有合理性，人们往往受感情因素的影响，不能合理估量个人的经济利益。因此，我们必须排除感情因素的干扰，绝不允许组织目标与个人目标对立，必须使两者一致。

人与组织之间的信息不对称是造成人力资源出现问题的根源。这种广义信息包括目标的一致、价值观的一致、组织行为和个体行为的一致。

所以，人与组织间的矛盾需要从三个层面解决。

（1）实现人与组织的协同。人与组织需要在组织认同和理念目标上达成一致，这就是我们所研究的全员组织。判断一个人是否适应这个组织，要看其是否具有全员素质（理念与目标的认同）。选对人对于管理者而言非常重要。

（2）专业能力、专业素养。这跟流程的业务模式有关系，组织需要考量这个人是不是符合这个组织中某类工作的人力要求，具备流程所需的专业素质和专业能力。

（3）岗位适应能力。组织一定要关注人，同时人也要关注组织发生的变化和岗位提出的要求。总之，组织应该更多地关注人，人也应该更多地关注组织。

## （二）零售组织的结构

### 1. 组织结构的概念

组织结构（Organization Structure）是指工作任务的分工、分组和协调合作，是描述组织的框架体系。组织结构具有三种属性：复杂化、正规化和集权化。复杂化（Complexity）指的是组织分化的程度。正规化（Formalization）是指组织依靠规则和程序引导员工行为的程度。集权化（Centralization）是指决策权的集中的程度。在一些组织中，决策是高度集中的；而在另外一些组织中，决策权被授予下层人员，这被称作分权化（Decentralization）。

组织的内部结构可以用于解释和预测员工的行为。也就是说，除了个体和群体因素之外，员工所属组织的结构对员工的态度和行为具有重要影响。组织结构有助于减少不确定性，明确工作内容，澄清员工关心的问题，解决他们提出的"我应该做什么""怎样做""我向谁汇报工作""如果我有问题，去找谁来帮我"这类问题，这就对员工的态度产生了影响，并激励他们提高工作绩效。

当然，组织结构在某种程度上也限制着员工的所作所为。例如，如果组织的正规化、专门化程度很高，命令链很牢固，授权程度较低，控制跨度较窄，员工的自主性就较弱，这种组织控制严格，员工行为的变化范围很小；相反，如果组织的专门化、正规化程度较低，控制跨度较宽，能给员工提供较大的活动自由，员工的活动内容就会丰富得多。策略、规模、技术、环境决定着组织的结构类型。

为简洁起见，我们可把组织结构设计为两种模型：机械模型和有机模型。组织结构对员工工作绩效和满意度的影响与员工的个人喜好有关，受个体差异调节，如图15-1所示。

组织结构需要与企业的零售战略相匹配。以价格反应敏感的消费者为目标消费者的零售企业，非常重视建立竞争性成本优势，以保持其商品的低价位。

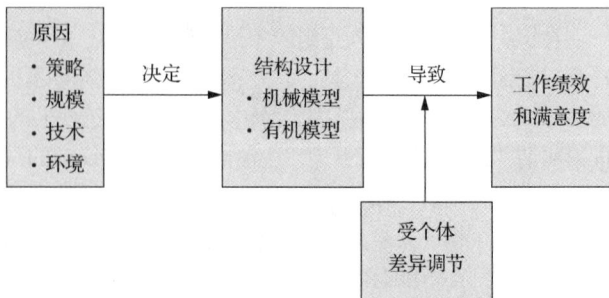

图 15-1　组织结构对个体的影响

这种成本优势是通过将决策权集中于企业总部的少数人手中，从而使企业保持最低限度的中央集权式组织结构来实现的。组织结构也会随着企业类型和规模的不同而变化。

## 2. 零售组织结构类型

（1）小商店的组织结构模式。许多小商店采用简单的组织结构，如图15-2所示。其业主可能就构成了该商店的整个组织结构，或者其只有两三个人事层次（业主与员工），由业主亲自管理业务，监督员工。由于人员数量有限，小商店业主很少对其员工进行专业分工。商店

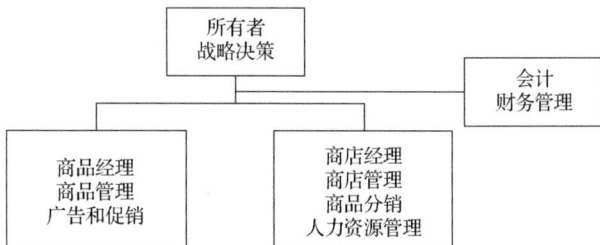

图 15-2　小商店的组织结构

的每一名员工都从事范围很广的活动，业主则负责所有的管理业务，而且没有分支机构。随着业务的不断扩充和销售额的不断增加，业主开始雇佣管理人员，这时管理分工就产生了。

（2）单体大中型商店组织结构模式。目前，许多大中型百货公司仍在沿用梅热结构（Mazur plan）的修正形式作为自身的组织结构。梅热结构于1927年出现，把整个零售活动分为四个职能部门：商品销售、公关宣传、商店管理及财会与控制。四个职能部门分别负责相应的部门任务，如表15-1所示。

表 15-1　职能部门的任务

| 职能部门 | 部门任务 |
| --- | --- |
| 商品销售 | 采购、销售、库存计划与控制、设计促销活动 |
| 公关宣传 | 橱窗设计和店内陈列、广告、设计和实施促销活动（与商品销售经理合作）、广告调研、公共关系 |
| 商店管理 | 商品保管、顾客服务（如服务台）、购买商店自用品和设备、商店保洁、运营活动（如商品入库、检查、贴标签、送货以及看管库房）、商店和商品保护（如保险和保卫）、员工培训和报酬、工作场地管理等 |
| 财会与控制 | 信用和信用审查、开支预算和控制、库存计划和控制、记录保存 |

随着分店的增多，梅热结构产生了三种衍生形式。①母子型分店组织（Mother Hen with Branch Store Chickens Organization），由总部人员对分店进行监督和经营；②独立型商店组织（Separate Store Organization），由各分店负责采购；③平等型商店组织（Equal Store Organization），采购集中化，各分店是地位平等的销售单位，如图 15-3 所示。

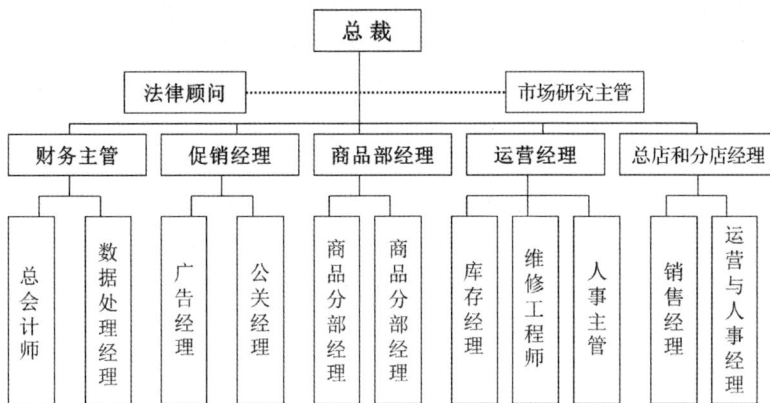

图 15-3　平等型商店组织结构

（3）连锁店（集团）的组织结构模式。连锁店组织分为多个职能部门，如促销、商品管理、配送、商店运营、不动产、人事和信息系统。权责高度集中，各分店经理负责销售，运营标准化（固定设备、商店布置、建筑设计、商品系列、信用政策和商店服务）。完善的控制系统使管理保持一致。一定程度的分权使分店能更好地适应当地情况，并增加商店经理的责任感。

例如，在一些大型连锁店中，将其营业网点业务量的 80%～90%标准化之后，商店经理可以根据当地市场情况拥有 10%～20%的调整余地。这的确是一种授权方式，但只在商店的经理层采用。

（4）网络零售商的组织结构模式。网络零售是在信息技术的支持下产生的新型零售业态。它借助网络这一交互媒介，颠覆了传统零售企业的经营模式。一个结构完整的 B2C 电子商务团队一般可分为七个部门：客服部、市场部、采购及物流部、技术部、网站运营部、财务部和人力资源部。客服部的职能主要是进行客户服务、客户咨询、客服培训和客服考核等，通过各种方式提高用户满意度、订单转化率和平均订单金额；技术部负责网站、呼叫中心（Call Center）和电子商务系统的建设，以及采购系统、仓储系统、CRM 系统和各种系统之间的对接等；市场部负责互联网和其他媒体推广、品牌宣传和公关、网站合作、支付合作、网站策划、CRM 营销（会员制分级、EDM 营销、会员合作营销、数据挖掘等）；采购及物流部负责根据采购名单进行招标和采购、网站仓储在全国的布局和设计、制定仓储标准和物流配送标准、设计仓储管理系统、选择物流配送合作伙伴、设计产品配送包装、根据订单信息进行配送、根据销售状况调节产品在不同仓储之间的库存等；网站运营部负责产品定价，设计产品文案，拍摄并处理产品图片，分析各类型产品，制订采购名单，优化购物流程，优化顾客的购物体验，并根据销售状况制订促销方案，配合市场部完成对外推广的促销宣传。

## （三）大型零售企业组织结构

作为一个零售商，无论是全球性的，还是全国性的、区域性的，甚至只是一个零售单店，其主要工作任务如下。①经营和发展战略规划。②采购、运输和接受商品。③进货核对、价格制定及贴价格标签。④存货管理及库存控制。⑤商品的店内管理，如货架摆放、陈列管理等。⑥零售设备管理。⑦零售营销组合的制订以及运用。⑧商品数据采集和分析、销售预测和计划制订。⑨消费者投诉的处理。⑩人员管理。⑪售后服务。⑫财务管理以及财务运营指标监督。⑬一般性管理工作等。对这些任务进行分解和归类组合，便形成了零售商的组织结构。事实上，大型零售商的总部管理机构和门店的管理机构是很不同的，因为管理的重点和任务几乎完全不同。所以，大家在认识零售企业组织结构的时候，必须分成两部分来描述：总部结构和门店结构。本文只讨论大型零售企业的典型组织结构，其他非典型组织结构以及小型零售企业的组织结构不在这里描述。

### 1. 总部结构

这里主要介绍三种典型的大型零售企业的总部结构。一是职能型组织结构。职能型组织结构有明显的优缺点：优点是可以实现专业化管理，纵向指挥容易，横向事权划分清楚；缺点是容易形成多头管理，没有一个部门承担最终经营责任，有时部门只顾自己的利益，往往缺乏创新。职能型组织结构的权责划分如图 15-4 所示。

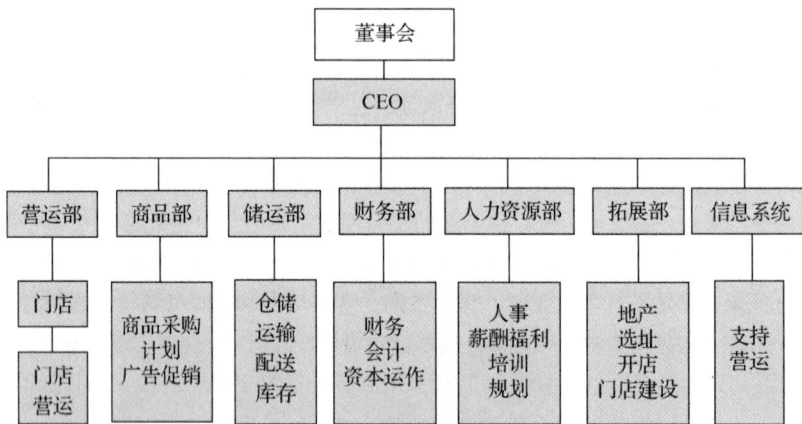

图 15-4　职能型组织结构的权责划分

二是事业部型组织结构，如图 15-5 所示，总部一般负责战略管理、资源规划、财务和法律事务管理，为各事业部提供营运支持，各事业部拥有相对独立的运营权利，接受损益指标考核，而且每个事业部都有独立的职能部门。它最大的缺点有两个，一是职能部门重复配置，管理成本上升；二是总部对经营的控制力有所减弱。

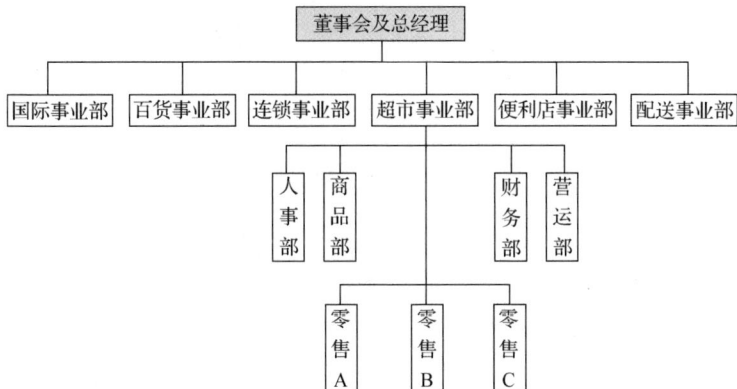

图 15-5　事业部型组织结构

随着大型零售集团逐渐向多元化方向发展，多元化零售商组织结构应运而生，如图 15-6 所示。

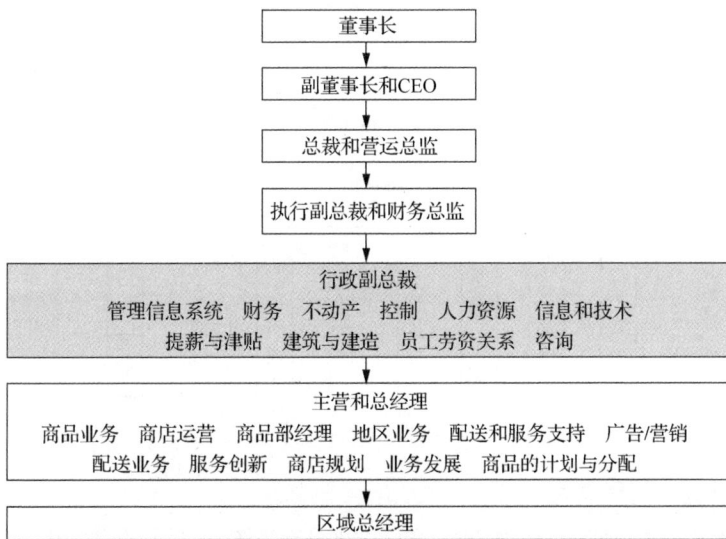

图 15-6　多元化零售商组织结构

## 2. 门店结构

这里介绍两种门店结构主要形式。一种是矩阵型结构，如图 15-7 所示：门店采用矩阵型结构，可以在管理职能和业务项目两个层面做到专业化运作，同时，每个业务项目部又能够获得相同职能部门的支持和指导，但这种结构容易造成混乱，干扰了统一指挥的原则。另外一种门店结构是职能性结构，如图 15-8 所示。

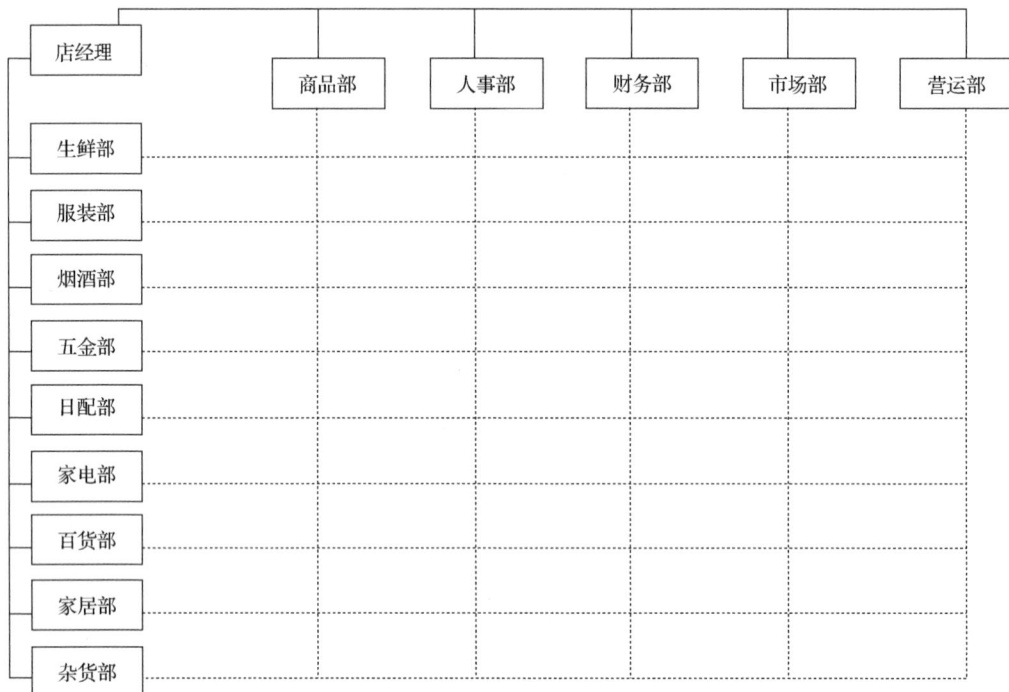

图 15-7　矩阵型结构

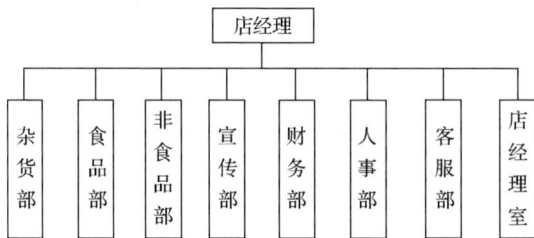

图 15-8　职能性结构

### 3. 总部营运和门店营运

从完整的意义上讲，同组织结构一致，营运应该分为两部分：一是总部结构完成的总部营运，二是门店结构支持的门店营运。

（1）零售商的总部营运。从零售商的总部组织结构图中可以看出，总部营运的中心内容在于：制定零售经营和发展战略，这里既包括短期战略，又包括中长期战略，内容包括：本零售企业的经营目标，未来应该成为什么样的零售企业，为什么样的消费者提供服务，怎样达成战略目标和财务目标等；各门店目标如何与总目标一致并成为总目标的组成部分；商品采购和品类的统一规划；总部及各门店营运规则的设计和管理；人力资源规划、开发、培训等；新产品的开发；零售商自有品牌的发展；零售商的整体形象定位、设计、传播和管理；零售营销组合的制订和实施；零售业态的规划；新门店的开发等。

上述关键任务主要是靠董事会、CEO及其领导的商品部、财务部、人力资源部、营运部、管理信息系统部、物流部几个关键部门整体协调运作来完成。

战略制定和执行是总部的关键职能之一，零售商总部一般会明确定位公司为消费者提供的产品和服务组合，确定公司的成长策略，并考虑如何在竞争激烈的零售市场上建立竞争性优势，根据这些设计总部的组织结构、运作流程和管理规则。

财务管理是零售商营运管理的中心。总部财务主要将精力集中在现金流量管理、销售目标和利润目标确定、预算和资产管理等方面，在涉及资本运营时还要提出具体的关于收购、兼并或者重组方面的建议和专业的运作方法。

商品的采购和计划是零售商营运的核心，直接反映零售商的竞争策略，也是实现零售商战略和财务目标的基本保证。

人力资源的管理和运作，尤其是合格的高层人员和中层人员的储备和培养，是零售商业务稳定发展以及扩张的基础。

零售商在扩张过程中经常需要开发新的门店，总部还需要做好零售门店的选址工作，主要从人口、便利性、竞争以及成本四个方面来考虑，开业则主要是门店营运的内容。总部的营运部是非常重要的，它负责协调和管理各个门店的运作并提供支援。

总之，零售商的总部是整个公司的大脑，综合协调指挥，指明方向，通过各个不同职能部门的有效运转发挥作用。

（2）零售门店营运。正是因为有了门店的有效营运，零售商才能够真正实现销售目标和毛利目标，因为和消费者的交易就是在门店发生的。没有门店，零售商没有办法成长（无店铺销售除外），任何经营和发展战略都是空谈。门店营运的主要内容有：门店开业，门店日常管理，门店购物环境的设计、布局、展示，门店商品配置，订单处理和接收产品，价格管理，店内运输，库存管理，促销管理，消费者服务管理，现金管理，损耗管理，等等。同任何一个部门一样，评价门店营运效果应用关键业绩衡量指标。主要的衡量指标见表15-2。总之，了解门店的营运内容以及衡量门店的营运效果对零售管理有重要意义。

### 表15-2 门店营运效果衡量指标

| 衡量指标 | 内容 |
| --- | --- |
| 门店销售额 | 一般主要考虑竞争状况和成长要求 |
| 商品加价率 | 门店对加价率的追求是永恒的，这是实现毛利的关键工作 |
| 人员成本 | 用生产率来衡量，即每位员工实现的销售额（人均劳效） |
| 货架效率 | 每平方米营业面积产出的销售额（平效） |
| 门店损耗 | 正确的方法和有效管理可以使损耗降到最低 |
| 消费者关系 | 每个门店都为一定半径内的消费者服务，留住消费者、提高消费者对门店的忠诚度是赢利的重要保证 |

# 二、组织内部沟通

## （一）沟通的定义

沟通是指主体将某一信息（或观念）传递给客体或对象，以使客体做出所期望反应的过程。它包含以下三种含义。

### 1. 沟通是一种互动行为

沟通包括人与人、人与机、机与机之间的沟通。其中，人与人之间的沟通是组织内部公共关系的主要沟通内容。人与人之间沟通时不仅进行信息交流，而且进行情感、思想、态度、观点交流。由于人的知识、经历、职业、观念等不同，其对同一信息可能会有不同的看法与理解，因而人与人之间的沟通有其特殊性。

### 2. 沟通是一个过程

沟通主要体现在以下几个方面。①沟通主体，即信息的发出者或来源。②编码，指主体采取某种形式来传递信息的内容。③媒体，即沟通渠道。④译码，即客体对接收到的信息进行解释、理解。⑤客体，即信息的接收者。⑥做出反应，即沟通的效果。⑦反馈，即信息的接收者向信息的发出者或来源传递信息。

### 3. 沟通渠道的重要性

编码、译码和沟通渠道是沟通取得成效的关键环节。

## （二）组织内部沟通的定义

所谓组织内部沟通，是指组织内部信息的交流，即信息在传送者和接收者之间交换的过程，是人与人之间传达思想、感情和交流情报信息的过程。它在两个或更多人之间进行关于事实、思想、意见和感情等方面的交流，以取得相互之间的了解，形成良好的人际关系。这种沟通的特殊性在于它不仅是信息交流，还有感情、思想、态度和观点上的交流。

沟通之于组织，就好比资金流通之于经济命脉。资金流通能为国家经济提供强大的生命力，没有有效流通的资金，经济就会萎靡不振，难以繁荣发展。沟通可确保组织内的各部门、个人获得工作所需的各种信息，并增进相互间的了解和合作。任何决策的执行、任何目标的实现都有赖于合理、及时的信息流动与交换。缺乏必要的沟通，组织内各部门、个人的工作将会紊乱，这样整个组织就犹如一盘散沙，难以运转。

每个人自出生起就生活在各种不同的组织和群体中。因工作和生活的需要，人必定要与其他人和组织、群体进行各种形式的交流。对每个群体而言，为了完成群体的工作任务，满足成员的需要，成员间需要不断地交换信息。在一个组织中，各部门和个人在分工协作、达成组织共同目标的过程中，也需要不断进行信息沟通。将组织中的各种行动协调一致是沟通的首要目标。要达到这一点，组织内必须共享信息和表达感情，因为其对协调行动起支持作用。共享信息主要是为了让各部门和各成员了解组织的目标、工作任务、工作结果及组织决策等各方面的信息。由于环境不同，个人的兴趣、态度、性格、思想观念、价值观、利益和知识、经验各异，组织成员对组织内的某些问题、某一决策或政策措施的态度和认识不可能整齐划一，这会影响人们的行为，进而影响组织活动的效果及组织目标的实现。如果组织成员间的分歧过大，就容易危及组织的存在，导致组织分裂和解体。因此，共享是为了使人们达成共识，理解并执行组织的决定，以便统一思想，统一行动，最终实现组织目标，塑造优秀的组织文化。表达感情是沟通中不可缺少的部分，是组织成员间增进了解、相互沟通的前提。

总之，任何一个组织、任何一个群体都离不开信息的沟通和交流。信息沟通无处不在，缺少信息沟通的组织和群体，就像植物缺少水分一样，萎靡不振，没有一丝生气，最终影响组织的生存和发展。

## （三）组织内部沟通的重要性

组织内部沟通在管理人员的工作中占有非常重要的地位，对于领导工作具有特别重要的意义。人力资源管理和组织行为科学理论告诉我们，组织目标能否实现及实现程度取决于组织内部是否能有效沟通。有效的组织内部沟通有利于内外信息在组织内部充分流动和共享，可以改善组织内部的人际环境，提高组织的工作效率，增强组织的内聚力和组织决策的合理性、科学性。

组织内部沟通是人力资源管理中最为基础和核心的环节，关系到组织目标的实现和组织文化的塑造。不能进行有效沟通的人，是不能成为优秀的领导者和管理者的。组织内部沟通与工作效率之间存在紧密的联系，主要表现在以下两个方面。

### 1. 组织内部沟通与组织成员工作效率的关系

马斯洛需要层次理论告诉我们，当人们满足温饱等物质需要后，人们的需要就逐渐上升到追求良好人际关系和社会归属感等精神情感的需要。只有当人们的精神需要得到满足后，人们才会有较强的安全感、归属感和荣誉感，从而才能激发自身的工作热情和积极性，最终提高组织内部整体工作效率。因此，在一个沟通顺畅，人与人之间相互尊重、有着较深厚的感情、相互交往频繁、关系融洽、气氛和谐的组织中，组织成员能够在相互认同的基础上协调一致地行动，有着较强的凝聚力，能够同甘共苦，组织内部整体工作效率就较高。相反，在一个个体与个体、部门与部门之间相互敌对、排斥，个体行为不协调一致，人际关系糟糕的组织中，其信息不能充分共享流动，个体间的情感需要得不到满足，组织成员必定没有安全感、归属感，自身价值得不到认同和尊重，最终必将导致组织成员情绪低落，行为消极，工作没有热情，组织整体工作效率低下。总之，组织内部工作效率的高低与组织内部是否有效沟通有着紧密的联系。沟通顺畅的组织，其工作效率高；沟通不畅的组织，其整体工作效率一般较低。

### 2. 组织内部沟通与管理效率的关系

一个组织的领导往往是该组织成员行为的典范。不同的领导风格，会导致组织成员不同的态度和行为。一般来说，组织领导采用兼顾成员利益和情感需要的民主管理方式时，组织内部人际关系融洽，组织内部通常能够进行准确、有效的沟通。这说明领导的管理效率高，组织绩效高。如果组织领导采用专制或放任自流的管理方式，组织成员的工作积极性必将受到打击，易产生不受重视的感觉。成员与成员间、部门与部门间弥漫着猜疑、不信任的气氛。组织内部无法进行有效的沟通，成员行动不能协调一致，员工工作效率低下，这表明领导管理效率低。除此之外，组织内部领导者的沟通管理能力、沟通语言方式和沟通手段能否合理搭配，也往往与其管理效率成正比。当领导者注重良好的沟通技能时，其管理效率高；当领导者在沟通过程中不注重员工的感情，不善于采用合理的沟通方式、沟通语言和沟通渠道时，就会导致沟通管理效率低下。可见，一个组织的内部沟通情况往往是领导沟通管理效率的一面镜子。

## （四）组织内部公共关系沟通的作用

### 1. 传递组织信息，增进员工对组织的了解

由于每个员工都有自己的岗位，只是从事一项或有限的几项工作，因此，他们虽然在企业中工作，但大多数人对企业情况的了解很不全面。但了解本组织的情况是员工的权利，内部沟通则是实现这一权利的基本手段。通过沟通，员工可随时了解组织的新政策、新变化，了解发生在组织中的、与他们切身利益有关的部门大事、小事。维护他们的知情权，是组织内部公共关系部门必须要做好的工作。其做好了这项工作，就会让员工感到他（她）对组织是了解的，他（她）在组织中是重要的。这对调动员工的积极性和主动性具有特别重要的意义。

### 2. 减少摩擦，化解冲突

在公共关系工作中，由于组织与员工处于不同地位，存在着利益上的差异和矛盾，再加上管理机构和管理人员的行为不可能做到十全十美，因此，员工和组织、员工和管理层之间经常会发生这样或那样的摩擦和冲突。摩擦是小的冲突，冲突是大的摩擦。这些摩擦和冲突会分散员工的精力，导致员工不满，进而削弱组织的凝聚力和战斗力。因此，组织的公共关系部门必须充分运用公共关系的艺术性和技巧性，努力协调好各种摩擦和冲突，以形成和谐的人际关系和良好的组织氛围。

加强沟通，增进联络，促进理解，相互配合，是解决组织内部摩擦和冲突的有效办法之一。为此，组织首先应健全内部沟通机制，完善内部沟通渠道，做到上情下达、下情上呈；其次，组织要建立起一种公平、合理的利益分配制度，理顺各种利益关系；最后，应在组织中提倡一种相互理解、相互信任的组织文化，提倡一种通过协商、合作来解决问题的价值观念。实际上，通过组织内部沟通，促使广大员工形成强大的工作动力和为事业献身的奋斗精神，从而把组织塑造成一个坚强、团结的集体，是那些成功公司的共同经验。员工都希望自己在组织中感受到家庭般的温暖，在一个融洽的氛围中使自己取得一定的成就。那些获得卓越成就的公司，都十分关心员工，致力于培养企业内部和谐、融洽的人际关系和"家庭式氛围"，其管理者总是把企业看成一个扩大了的家庭。例如，美国著名的德尔塔航空公司就在公司中大

力提倡和培植广大职员的"家庭情感",并把"家庭观念"融入各项管理制度之中,这就是其获得成功的关键。

### 3. 培育员工的价值观

根据中外企业组织成功的经验,组织要成功应具备七个基本要素,即"7S":组织结构(Structure)、经营战略(Strategy)、组织系统(System)、组织班子(Staff)、组织作风(Style)、实务技能(Skills)与员工的价值观念(Shared Value)。其中,员工的价值观念是核心要素。

组织在内部开展公共关系活动时,首要任务是造就和培养共同的员工价值观念,以达到团结广大员工、使员工思想和行动协调一致的目的。例如,日本松下公司在内部公共关系实践活动中,就明确地向全体员工传递这样一种信念:唯有本公司成员齐心协力,公司才能进步与发展。我们每个人都要时时刻刻记住这一信条,努力促使本公司不断进步。为此,其在内部公共关系活动中制订了"松下精神",即产业报国的精神、光明正大的精神、和亲一致的精神、力争向上的精神、礼节谦让的精神、顺应同化的精神、感谢报恩的精神。同时,松下公司还向员工明确这一信条的沟通方法:进行独特的"松下精神"的学习教育。每隔一个月,员工们至少要在其所属的群体中进行 10 分钟的演讲,说明本公司的精神价值观念,以及公司与社会、个人之间的相互关系。松下公司的内部沟通最终使公司内部形成良好的公共关系,成为松下公司腾飞的重要动力。

**案例 15-1**

### 新零售组织模式的重构

打造更富活力、创新力的新零售企业组织,将会彻底改变企业效率。以适应工业化时代为目标的连锁企业组织模式,已不能完全适应当前互联网环境下的企业发展新要求。传统连锁企业组织的封闭特性,强调执行的组织特性及僵化的标准化、流程化管理特性已不能完全适应当前的企业环境。企业需要尽快打破以往的组织模式,重构新的更富有企业活力、更具备创新发展能力的新组织模式。

要重新定义员工的价值。在互联网环境下,人人都有成为主角的可能。一个普通的员工可能已经创建了一个非常有价值的公众号,他不仅是一个简单的理货员。企业要改变"胖总部、瘦门店"的连锁机制,要更多地给门店放权,为门店赋能。如果门店的连接器价值发挥不出来,不能吸引消费者,再好的商品、再庞大的总部也无能为力。以往连锁化的企业组织、运行机制必须要改变,要变革为更具活力、更具创造力的新零售组织与运行机制。

## (五)提高组织内部沟通效率之道

面对日益复杂多变的市场竞争环境,顺畅的沟通是组织保持活力的有效保障。提高组织沟通效率既需要使用外部力量，如商学院的教育、职业化的人力资源供给等，又需要企业从内部改善沟通环境及机制。

### 1. 建立沟通标准

任何沟通只有在有了标准的情况下才有意义，那么企业内部的沟通标准何在？作为营利性组织，企业以经营业绩为核心。衡量任何沟通活动的意义时，都会最终追溯到业绩目标。领导的话可以被下属揣摩，但这种揣摩应该是为了达成经营目标，而不是为了领会领导的好恶。从这个方面来看，企业组织必须首先构建好自身的业绩管理体系，通过设置明确、科学的业绩目标，指导企业行为（包括沟通行为）。

### 2. 强化内部培训

强化内部培训是为了在企业内部构建统一的沟通风格和行为模式，减少因沟通形式不一而产生的摩擦。企业通过培训可以将一些概念性的东西固定下来，形成大家一说出口就能被理解的企业话语。GE的克劳顿管理学院有着明确的使命，那就是：创造、确定、传播公司的学识，以促进GE的发展，提高GE在全球的竞争力。克劳顿管理学院的课程分为三类。第一类是专业知识，如财务、人事管理、信息技术等，其目的是使GE员工在某一技术领域更专业、更深入。第二类是针对员工某一事业发展阶段而设计的课程，如新经理发展课程、高级经理课程、高层管理人员发展课程等。第三类是为推广全公司范围内的举措而设置的课程，如六西格玛培训、变革加速进程等。这些培训，一方面可让GE的管理人员学习必要的管理技能、业务技能、沟通技能等，另一方面，也统一了大家的意识和管理理念，为企业内部的有效沟通与执行奠定了良好基础。

### 3. 转换领导意识

中国企业经过前期的快速发展已经变得越来越复杂，管理的难度也在不断增加。这对于企业的创始人来说既是挑战，又是不得不经历的历程。企业高层首先必须转变过去的思维模式、行为模式，不能让所有员工都围着自己的想法转。如果不解决这个问题，企业迟早会出事。企业高层必须让企业各级管理者根据企业总体战略目标的要求担负起责任，各司其职，清晰地知道自己该向谁负责、向什么负责。目前，国内企业中，在这方面做得最好的无疑是万科。虽然王石依然是企业的精神领袖，但万科的业绩管理体系已经能够顺畅、自如地运作，企业内部的沟通层次明确，效率自然很高。

总而言之，良好的沟通能够给企业带来的不仅是信息的顺畅流动，还能为组织的决策与执行力提供基本的保障。努力提高执行力的中国企业，应充分意识到这个工具的重要意义，尽快打破阻滞企业内部沟通的障碍。

## （六）连锁组织的沟通

企业发展依靠自己的员工。但是如果员工不想承担责任，企业就会像空中楼阁一样，终究会倒闭。企业必须让员工知道自己该做什么，还要向他们充分授权，让他们做出对企业和消费者都有利的决定，即让员工成为"消费者的代言人"。这样做就意味着让员工"尽你所能去满足消费者的要求，解决他们的问题，并激发消费者对你的赞扬"。

假如你能让员工知道服务为什么是一种能让消费者再次光临的无形产品，员工就会以更加努力地工作来作为回报。员工越早意识到企业的业绩及经营状况与消费者的回头率紧密相关，就越会努力地工作。

### 1. 连锁组织的沟通制度

连锁组织形式的一个主要特征是采购和销售分离。这种分离基于这样一个事实：采购人员经常在总部，销售人员则分散在全国各地的零售店里。因此，采购人员与销售人员最好能保持紧密联系，这样采购人员就能了解每天面对消费者的销售人员的想法，销售人员也能知晓采购人员所购物品的质量。因此，连锁组织最好能够建立起三个层面的沟通制度。一是总经理与中层经理的沟通制度。沃尔玛每周都设有总经理接待日，中层经理或员工都可以在这个时间直接与总经理对话。二是中层经理之间的沟通制度。日本伊藤洋华堂每周召开一次店长会议，让总部各部门经理与各店长、店长与店长之间沟通，消除各种各样的关系障碍。三是中层经理与下属的沟通制度。每周至少召开一次例会，经理与下属之间进行交流，每季度需要开展一次郊游或联欢活动，增强组织的凝聚力。培训也是沟通的一项重要内容。有效的培训能使大家具有相似的理解水平和经营理念，更容易相互理解与信任。

### 2. 经理是教师和顾问

管理销售额和库存的责任由总部授权给商店主管人员，并通过他们全职与兼职的全体员工授权。经理们把自己看作教师和顾问，而不是决策者。例如，他们让一个兼职员工负责监控销售额和订货、陈列并管理一定数量的库存。这种方式可以让各商店的一线人员全面地了解消费者的需求及当地的竞争状况，并有针对性地开展工作。

## （七）组织激励

### 1. 惩罚与赏识

现代管理学认为，人的进取意识和创新精神需要进行不断强化。强化的手段有两种：一种是消极强化，即惩罚；另一种是积极强化，即赏识。两者不可偏废，后者更为重要。

每位员工都有强烈的自我意识和独立意识，自尊心和自主性都很强，希望别人尤其是店长能尊重自己的劳动和人格。

如果店长能注意每位营业员并对其赋予积极的期望，使其能充分感受到被尊重和成功，就能最大限度地调动营业员的积极性和创造性。而要做到这些，店长必须学会赏识营业员。

### 2. 激励机制

管理工作中十分重要的一部分管理工作是对人的管理，人力资源管理主要通过激励来实现。所谓激励，就是指管理者遵循人的行为规律，运用多种有效的方法和手段，最大限度地激发下属的积极性、主动性和创造性，以保证组织目标的实现。由此可见，激励机制运用得好坏是决定企业兴衰的一个重要因素。如何运用好激励机制成为各个企业面临的重要问题。

激励机制主要包含四个因素。一是分享和交流，即让员工明白企业改革的出发点、目标、策略及工作程序；二是言出必行；三是善于倾听员工意见；四是信任员工，并让员工清楚地知道他们受到信任。

## 案例 15-2

## 成为店长的条件

### 1. 员工激励能力

赏识员工绝非一件轻而易举的事。赏识与表扬不同，表扬是一种行为，是在一定场合对营业员某一成绩的肯定和颂扬，它并不完全取决于情感；赏识是一种心态，是从内心深处对员工某些个性特征的赞赏。因此，店长要想做到赏识员工，必须具备良好的自身修养。

首先，店长要有较高的思想境界。店长只有从超市整体利益角度出发，才能从善如流，挖掘和珍惜每位员工的点滴之长；相反，如果心胸狭窄，自然会"横挑鼻子竖挑眼"，使得员工人人自危。

其次，店长要博学多识。店长只有做到博中有专、专博相济，具有广泛的兴趣爱好和深厚的知识储备，才能更多地从员工身上找到与自己的共同点，从而形成赏识心态。

再次，店长要具有思维的广阔性和深刻性。店长要善于变换思维角度，进行换位思考。店长只有善于换位思考，多从员工的角度去体验、去揣摩，才能发现员工许多潜在的优势和特长。

此外，店长要具有良好的心态。店长在各种场合，面对各种情况，都应有较强的自我控制和自我调节能力，注意把握分寸和态度。店长如果顺时乐不可支，逆时怨天尤人、到处迁怒，则很容易失去理智，致使言行出格，有意无意地伤害员工。有时即使未造成伤害，也会因喜怒无常、形象欠佳，而难以在员工心目中产生有效的、非权力性影响。在这种情况下，纵然店长赏识该员工，该员工也会怀疑店长的诚意。久而久之，店长就会失去该员工的信任和支持。

### 2. 门店管理能力

一个优秀的店长，仅能激励员工是不够的，如果缺少图 15-9 所示的四种管理能力，最终将使门店经营不善。就拿其中一项能力"具有高瞻远瞩的眼光，了解行业发展趋势，明确门店定位"来说，如果店长不具备此项能力，将不能有效地开展门店布局、商品陈列，促销管理等多项具体活动（见图 15-10）。

具有高瞻远瞩的眼光，了解行业发展趋势，明确门店定位

具有较强的商品管理能力，不断促进门店商品的销售

**优秀的店长应具有的门店管理能力**

具有较强的成本管理意识，实现门店低成本、高利润

具有较强的数据分析能力，通过数据发现问题，寻找解决方案

图 15-9　店长的门店管理能力

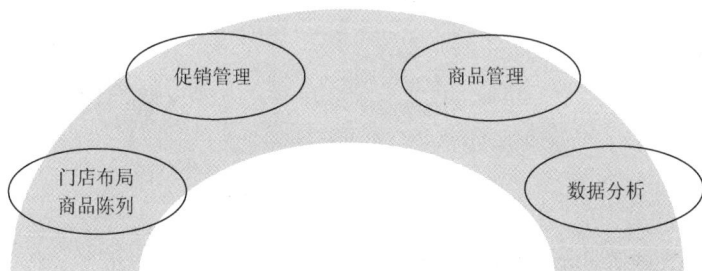

促销管理

商品管理

门店布局商品陈列

数据分析

图 15-10　了解行业发展趋势及门店定位的能力

# 三、零售企业的企业文化建设

## （一）什么是企业文化

企业文化是在一定的社会历史文化背景中兴起并发展起来的，往往与企业创始人的品格、创业意识、经营思想、工作作风有直接关系。企业文化是指一系列指导企业成员行为的价值观念、传统习惯、理解能力和思维方式。企业文化需要很长的时间才能形成，一旦形成后，它又趋向于稳定不变。强有力的企业文化由于得到员工的普遍认同，要改变它是很困难的。因此，当一种既定的企业文化随着时间的推移而不再适合企业发展或成为企业发展的障碍时，则需要一定的时间才能改变。

## （二）文化与战略的关系

企业文化是一个公司独有的价值观、理念、传统、经营风格和内部工作环境的体现。企业文化要和企业战略愿景及战略相一致。例如，以成本、创新、客户导向、卓越服务、变革等为主体的文化要和相应的战略相匹配。符合战略的文化可以为战略的实施提供一种非正式的规则制度和周围监督的压力，也可以促使员工采取一种有效实施战略的方式开展工作。结果和绩效导向的文化会成就卓越的战略实施。成功的战略实施和文化变革需要高层领导者身体力行。企业文化建设的流程如图 15-11 所示。

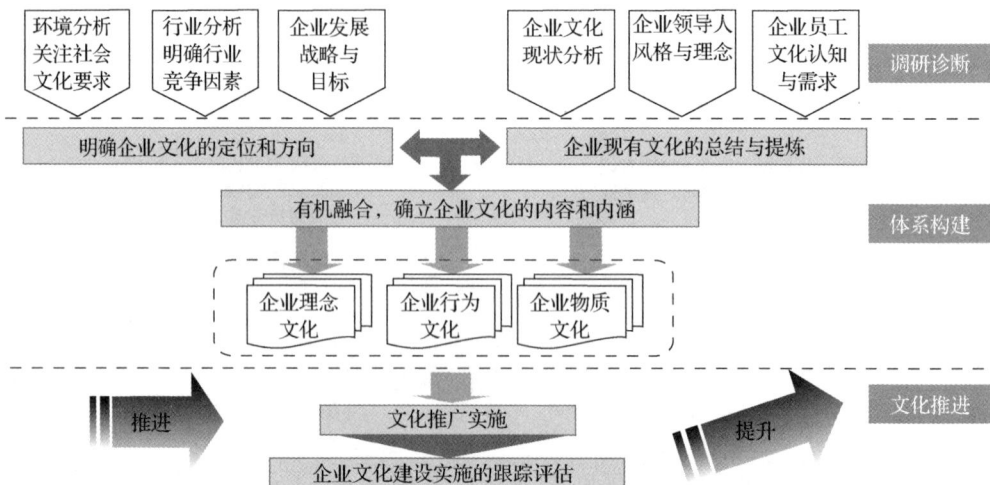

图 15-11　企业文化建设的流程

## （三）成功零售企业的企业文化

许多成功零售企业拥有自己强有力的企业文化，并用它来指导员工，使员工明确他们应当在工作中做些什么，以及应该怎样做才能与公司的战略相一致。成功的企业倡导的价值观、制定的行为标准，常常激励着全体员工，使企业具有文化特色，并成为对外界的一种精神象征。例如，沃尔玛的企业文化集中于降低经营成本，以为消费者提供廉价的服务。

沃尔玛使用一些标记和标志性行为，以强化公司重视控制成本和与消费者保持密切联系的形象。标记是一种有效地与员工沟通的方式，因为员工很容易记住标记所代表的含义。在沃尔玛总部，复印机上都装有杯子，为的是让员工在复印个人资料时交费。公司总部设施十分简朴。

沃尔玛的 CEO 格拉斯称："在沃尔玛，没有超级明星。我们是一个由实现超过预期目标的普通人组成的公司。"沃尔玛的供应商对这些合伙人的评价是："沃尔玛是由极其忠诚的一群人管理的一个廉洁的公司，只要能与这些人接近，不论在哪里，都是令人激动的事。他们活着就是为沃尔玛的荣誉工作。这可能听起来像胡说八道，但这是真的，每一个访问沃尔玛的人都对这一点感到难以置信。"

企业文化建设不是一朝一夕的事情，需要在实践中不断摸索，总结完善。企业积极、有效地推进企业文化建设，除了需要考虑企业的定位、行业属性以及业务范围之外，还必须鼓励员工积极投身其中。

### 1. 沃尔玛的企业文化

（1）消费者是"老板"。员工整天为"老板"服务，谁来服务员工呢？在沃尔玛，公司领导服务员工。员工的工资不是从总经理那儿获得的，而是来自他们的"老板"——消费者。只有把"老板""伺候"好了，员工的口袋里才会有更多的钞票。员工作为直接与"老板"接触的人，其工作状态至关重要。因此，领导的工作就是指导、支持、关心、服务员工。员工心情舒畅，有了自豪感，就会更好地服务消费者。

（2）员工是合伙人。沃尔玛通过平等对待雇员来赢得雇员对企业的忠诚。把员工当作合伙人，正是沃尔玛留住人、发展人、吸引人的直接体现。零售业是一个非常重视细节的行业，要求每一个员工在工作中都能充分体现主人翁精神，因为没有主人翁精神，要做到细节化的管理根本不可能。所以，沃尔玛强调员工就是合伙人，强调沃尔玛是所有员工的沃尔玛。

（3）信息共享。情报就是力量，从公司股东会议到极其简单的电话交谈，沃尔玛通过各种方式与员工沟通。公司把有关信息共享方面的管理看作公司力量新的源泉。当公司仅有几家商店时就这么做，让商店经理和部门主管分享有关数据资料。这也是形成沃尔玛管理者和员工合作伙伴关系的重要内容。

沃尔玛的成功发展实践再次证明，企业文化是企业生存和发展的精神支柱。不管企业的力量是强是弱，文化的运用在整个企业中都产生着深刻的影响，实际上影响着企业的每一件事，决定着企业的成败。众所周知，我国零售企业与沃尔玛的差距十分明显，除了规模不大、竞争力不强、技术落后、员工整体素质不高等原因之外，企业文化建设的落后甚至缺乏也是一个不可忽视的因素。

### 2. 沃尔玛对我国零售企业的启发

（1）以人为本，建立健全企业文化制度。沃尔玛成功的最主要原因在于它的以人为本的企业文化。尽管沃尔玛雇员成千上万、遍布世界，也造就了多位亿万富翁，但时至今日，企业员工之间的关系仍如兄弟姐妹。雇员大多数被称为合伙人，因为他们几乎都拥有公司的股份，年底根据股份分红。他们既是雇员，又是雇主。沃尔玛的口号是零售业大同小异，所不同的是沃尔玛的员工。从沃尔玛"以人为本"的战略中我们可以看出，股份分红是符合员工利益的，员工努力工作也会使自己手中的股票升值，自然就有工作积极性。

（2）争取消费者，必须靠良好的服务。服务是中国零售业的薄弱之处，是一个再怎么强调都不显过分的话题。零售商随同商品一起销售的是企业提供的服务。要让国内每一家零售企业的每一名员工每时每刻心中都想着消费者，并不是简单地喊几句口号就能做到的。路漫漫其修远兮，国内零售商们必将上下而求索。沃尔玛不仅靠大规模的统一采购、供应使成本降至最低，而且所推行的如"超期望服务"原则、"十步服务"原则等从本质上均属隐性打折行为。这种超值服务给消费者带来极大的心理满足，相当于在其所卖的商品效用值上增加了服务产生的效用，或者反过来可以说相对于商品的价格又进一步打了折扣。价格降低了，自然消费者如云，财源滚滚。沃尔玛善待消费者，将满足消费者、尊重消费者、服务顾客放在第一位，赢得了消费者信任，并产生了巨大回报。

（3）高举"诚信"大旗，重视长远收益。为了给消费者提供物美价廉的商品，沃尔玛不仅通过连锁经营的组织形式、高新技术的管理手段，努力降低经营费用，让利于消费者，而且采取各种措施保护消费者的利益。例如，在销售食品时，在其保质期的前一天降价30%销售，保质期当天上午10点将相应商品全部撤下柜台销毁。这充分体现了公司"诚信为本"的经营哲学。

（4）将献身精神和团队精神融入企业文化。与其他竞争对手相比，沃尔玛的另一个独特优势是其员工具有献身精神和团队精神。沃尔玛员工为共同目标一起努力、相互尊重、相互信任、畅所欲言。看他们发自内心的微笑，便知晓他们有一种自发的工作热情。沃尔顿及其继承人一再强调人对于沃尔玛成功的重要性，并身体力行，着力培育和发展一种企业文化氛围，使他们所赞扬的品质在公司内得以发扬，成为公司成长最可靠的基石。沃尔玛人精力充沛，敏于行动。沃尔玛喜欢雇佣有干劲和敏于行动、为着共同的目标而努力的人。

（5）不断提高全员素质，塑造学习型企业。在沃尔玛，每位上进的员工都可以得到接受训练的机会。沃尔玛有许多繁杂的寓教于乐的内部培训项目，并分为各种层次：通过公司企业文化培训，向职员全面灌输沃尔玛的经营理念；通过在岗技术培训，指导员工如何使用机器设备，如何调配材料，如何加工面包，等等；进行专业知识培训，如计算机应用培训、外语培训等；进行领导艺术和管理技巧的培训，这主要针对有不同潜能的管理人员。另外，沃尔玛还实行轮岗制，经常要求各级主管轮换工作，通过担任不同的职务，接触公司内部的各个层面，相互间形成某种竞争，最终能把握公司的总体业务，并掌握各种技能。

# 【本章小结】

（1）在组织行为学中，人是组织中最重要的因素。当前，我国商业服务业人才队伍的整体水平与社会主义市场经济的要求还有较大差距。人才是商品是否畅销、企业能否成功的决定性因素。

（2）组织是人们为了达成一些目的而形成的协力团体，企业组织可以说是企业为了达成企业的目的而形成的协力团体。

学习型组织是这么一种组织，"在其中，大家不断突破自己的能力上限，创造真心向往的结果，培养全新、前瞻而开阔的思考方式，全力实现共同的抱负，以及不断一起学习如何共同学习"。

（3）组织结构（Organization Structure）是指工作任务的分工、分组和协调合作，是描述组织的框架体系。

（4）零售组织有不同的结构类型，大型零售商的总部管理机构和门店管理机构是很不同的，因为管理的重点和任务几乎完全不同。所以，大家在认识零售商组织结构的时候，必须分成两部分来描述：总部结构和门店结构。

（5）企业文化反映一个企业的精神风貌，决定着企业内在凝聚力的大小，是企业进行管理的一种内在基础。一个理顺了文化和战略、组织结构关系的企业，势必会形成具有凝聚力、激发力和运转良好的企业文化，使企业的整体战略适应市场，在科学、合理的组织结构中得以真正贯彻与实施。

# 【本章重要概念】

学习型组织　　零售企业组织结构　　组织内部沟通　　企业文化

# 【思考与练习】

1. 你是如何理解零售企业企业文化建设的呢？你觉得什么样的企业文化更适合零售企业？
2. 请利用网络对一些有代表性的零售企业进行调查和比较研究。

# 【拓展阅读】

## "7-11"便利店——平台经济的演绎者

日本"7-11"有8 000多名员工，2016年创造了近百亿元人民币的利润，人均创造利润接近120万元人民币。日本"7-11"从1974年创立以来，保持着连续41年的增长势头。日本"7-11"在全日本已有18 572家连锁店，其中直营店只有501家，每天光顾人次超过2 000万。"7-11"不仅是一家便利店，还是平台经济的演绎者。

第一，"7-11"是一个具有互联网基因的共享经济平台。在很多人的眼里，"7-11"就是一个传统的便利店，但是让人惊讶的是，"7-11"是一个比任何一家互联网公司更加互联网的公司，比任何一家强调自己是共享经济平台的公司还具有共享经济平台的特征。更重要的是，它在这两方面都取得了骄人的成绩。

第二，"7-11"既是一个特许加盟连锁的利益共同体，又是一个命运休戚相关的命运共同体。"7-11"构造了一个相互依靠的生态系统，用自己独特的价值主张，为所有合作伙伴打造了一个共享经济的平台。日本"7-11"只聘用了8 000多名全职员工，其余人员全部都是加盟店、制造商和供应商的雇员。日本"7-11"在已经开店的区域中设有171家专用工厂，几乎所有工厂都是由制造商或供应商投资，配送车辆也是如此，它们高频率地将商品配送到各加盟店的150多座物流中心。

第三，"7-11"拥有全球最有效率的共同配送系统。"7-11"整个共享经济平台的从业人员总数超过40万人，其中在加盟店工作的超过30万人，服务于工厂、物流配送的人员有10多万人。共同配送系统打破了制造商和企业之间的高墙，跨越了商品品类的框架。

第四，"7-11"既是共享消费者的平台，又是共享信息、共享物流、共享采购和共享金融的平台。"7-11"作为一个共享经济平台，为所有参与方创造了巨大的商机。亚洲最大服装零售商优衣库线上的订单，可以到日本大部分"7-11"商店自提，这极大方便了消费者，消费者不用在家等着收快递，可以选择在离家或者办公地点较近的"7-11"便利店提货。

# 参考文献

[1] 肖怡. 信息时代商业企业管理变革与创新[M]. 广州：广东人民出版社，2002.

[2] 李飞. 零售革命[M]. 北京：经济管理出版社，2003.

[3] 迈克尔·波特. 竞争战略[M]. 陈小悦，译. 华夏出版社，2005.

[4] 陈海权. 制约广东大型流通企业集团的主要因素分析[J]. 商业经济文萃，2005（1）.

[5] 吴小丁. 零售业态发展规律与城市商业网点规划[J]. 商业时代（理论版），2005（23）.

[6] 吴小丁. 新"零售之轮"及其对我国零售业态发展的启示[J]. 财贸经济，2005.

[7] 彭建国，汤放华，朱忠东. 试论消费心理与购物行为对大型综合超市规划布局的影响[J]. 湖南城市学院学报（自然科学版），2005（3）.

[8] 陈海权. 生态位理论的本质及其在我国零售企业应用的战略意义[J]. 商业经济与管理，2005.

[9] 樊飞飞，肖怡. 信息时代零售企业的生存空间与管理创新[J]. 北京工商大学学报（社会科学版），2006.

[10]（美）罗伯特·史伯格特，帕特里克·麦克卡锡. 就这样赢得客户的心[M]. 王红，译. 哈尔滨：哈尔滨出版社，2006.

[11] 胡松评. 向沃尔玛学供应链管理[M]. 北京：北京大学出版社，2006.

[12] 荆林波，黄国雄. 现代零售战略与管理[M]. 北京：中国物资出版社，2007.

[13] Rigby D.The future of shopping[J]. Harvard Business Review，2011(12) :64-75.

[14] Gronroos C.From marketing mix to relationship marketing: toward a paradigm shift in marketing[J]. Management Decision,1994,32(2) :4-20.

[15] Cases A, S. Perceived Risk and Risk Reduction Strategies in Internet Shopping [J].International Review of Retail, Distribution and Consumer Research,2002, 12(4):375-394.

[16] 曾鸣. C2B 是新的商业生态[J]. IT 经理世界，2012（13）.

[17] 王晓锋，张永强，吴笑一. 零售 4.0 时代[M]. 北京：中信出版社，2015.

[18] 游五洋. C2B-互联网时代的商业范式[R]. 阿里研究院，2016.

[19] 陈海权. 中国电商竞争的新焦点与 O2O 模式变革[R]. 暨南大学 EMBA 讲堂——管理研究，2015.

[20] 张波. O2O 移动互联网时代的商业革命[M]. 北京：机械工业出版社，2013.

[21] 李飞. 全渠道零售的含义成因及对策——再论迎接中国多渠道零售革命风暴[J]. 北京工商大学学报（社会科学版），2013（2）.

[22] 王国顺，何芳菲. 实体零售与网络零售的协同形态及演进[J]. 北京工商大学学报（社会科学版），2013（6）.

[23] 刘煜，汤定娜，刘遗志. 零售企业实现全渠道战略的路径图[J]. 商业经济研究，2015（3）.

[24] 刘向东. 移动零售下的全渠道商业模式选择[J]. 北京工商大学学报（社会科学版），2014（30）.